桂林博物馆 ◉ 编

桂林博物馆文集

第十二辑

广西师范大学出版社
GUANGXI NORMAL UNIVERSITY PRESS

·桂林·

图书在版编目（CIP）数据

桂林博物馆文集. 第十二辑 / 桂林博物馆编. -- 桂林：
广西师范大学出版社，2025.8. -- ISBN 978-7-5598-8610-1

Ⅰ. G269.2-53

中国国家版本馆 CIP 数据核字第 2025H12J27 号

广西师范大学出版社出版发行

（ 广西桂林市五里店路 9 号　邮政编码：541004 ）
网址：http://www.bbtpress.com

出版人：黄轩庄

全国新华书店经销

广西昭泰子隆彩印有限责任公司印刷

（ 南宁市友爱南路 39 号　邮政编码：530001 ）

开本：787 mm × 1 092 mm　1/16

印张：24　　字数：444 千

2025 年 8 月第 1 版　　2025 年 8 月第 1 次印刷

定价：98.00 元

如发现印装质量问题，影响阅读，请与出版社发行部门联系调换。

目 录

文物研究与保护

考古学研究

历史学研究

博物馆学研究

文化遗产论坛

CONTENTS

Research and Protection of Cultural Relics

Archaeological Research

Historical Research

Museology Research

Culture Heritage Forum

文物研究与保护

Research and Protection of Culture Relics

环碧园考略

林京海

【提　要】环碧园，又名李园、皆山草堂，园门署曰"栗里"，原位于今桂林市叠彩山仙鹤峰之北至西北麓，由寓居桂林之江西临川人李秉绶于道光四年（1824 年）购自宋氏，约建成于道光八年（1828 年）秋。园林占地面积百亩，以山水"真境"，并"山在城中园在山"为最突出特点。其建筑精构，隐于崇山清流、茂林修竹之间。园以李秉绶风雅好客、延宾宴集，成为一时文会雅集胜地，于桂林乃至岭南近代文化产生甚大影响，为清中叶一代名园。咸丰之后，园林荒落，今则惟余山水依旧。

【关键词】环碧园　李秉绶　清代　桂林园林

【作　者】林京海　原桂林市文物保护与考古研究中心　副研究馆员

桂林清代私家园林，见于光绪《临桂县志》记载者约有六处，其中以李秉绶环碧园为最著名。李秉绶（1783—1842 年），字佩之，号芸甫，又作芸圃、芸父、筼圃，一号体坤，清江西抚州府临川县杨溪村（今属南昌市进贤县）人。因父业盐广西，寓居桂林，曾任工部都水司郎中，人因称为"李水部"。壮岁，即以乞养归寓桂林，依叠彩山仙鹤峰北麓建环碧园，又名李园、皆山草堂，因自号曰碧霞山人、碧霞主人、李园客等，板舆奉母，啸傲林碉以为乐。据徐珂《清稗类钞·园林类》记载："桂林李园，在城西北角，距容门最近，为一时胜地，以江西李翁亶诚重望著名也。……李园遗址，荒落莫稽，陂水可数十亩，闻其四至，占城中十分之三。盛时船艇游泳，极似江南，亭沼花木，备极清华，四方文学之士过从宴乐，不减淮浙盐商诸家。"[1] 是可以知其园林面积宽广，自然山水秀美，台榭楼阁精构，为一时文会雅集之区。然自咸丰之后，

---

[1]　徐珂：《清稗类钞》，中华书局，1984 年，207—208 页。

逐渐荒落，今则惟余山水依旧。故后人虽多称道，实于其园名、园址、园景及购建过程等，或有莫稽。今因检诸文献，查其实地，试考其往事并其风貌。

一

据光绪《临桂县志》卷二六《胜迹志二·署宅二》记载有云："环碧园，一名李园，又名板栗园，在叠彩山侧，临川李宜民建。"[1] 其所称李宜民，为李秉绶之父，即上揭徐珂《清稗类钞·园林类》"李园"所称"李翁亶诚（一作丹臣）"者。因检诸李园建成之初，有李秉绶次兄李秉礼作《环碧园为佩之十弟作》诗云："吾弟夙有烟霞癖，不惜兼金新买得。"[2] 又陈文述亦因李秉绶之请，作《李园诗寄李芸甫水部秉绶桂林》诗序亦云："哲兄名重韦庐石，更与佳名署环碧。"[3] 是知园为李秉绶以兼金"新买得"，由其兄李秉礼为之命名曰"环碧园"，并非其父所建且以重望而著名。[4] 今园址内山崖石壁上，犹存李秉绶题《环碧园即景诗十四首》，其十云："桂林城一角，两峰将园拓。委我一席安，费尽天公作。"[5] 即其明证。

环碧园又名"皆山草堂"，或省称为"皆山堂"，不著于地志，而见诸时人诗文之记载。如邓廷桢《出西郭十里，见一山，山半一洞正圆如镜，东西通彻，可以径达，较他洞尤奇，记以诗》之"桂林山故奇，洞穴不胜纪。昨游皆山堂，时见一斑耳"句有注云："李芸甫郎中别墅也。"[6] 又梁章钜有观李秉绶藏画题跋二则，其一跋元倪瓒《墨竹图轴》云："道光丁酉，芸圃水部出此示，观于皆山草堂，因识眼福，并缔墨缘。"[7] 其二跋明沈周《东庄图册》云："道光丁酉，芸圃水部招游皆山草堂，获观此册，因识眼福，且缔墨缘。"[8] 梁章钜观画之"道光丁酉"，谓道光十七年（1837年），事又见其《李园八首次南山司马韵》诗之六云："良辰兼韵事，虹月起中间。趣洽烟云际，神游董巨班。墨缘新欲结，眼福许将还。不有赏心处，谁知边吏闲。"其首联有注云："是日畅观墨宝。"又颈联注云："时将唐拓《云麾碑》及沈石田《东庄图》带回细阅。"[9] 因据其诗之一云："皆山是真境，难得近依城。"可知其招游观画之皆山草堂，即所题

［1］　光绪《临桂县志》下册，桂林市档案馆翻印，1963年，153页。

［2］　（清）李秉礼：《韦庐诗外集》卷四，清道光十年（1830年）刻本，21页。

［3］　（清）陈文述：《颐道堂诗选》卷二八，《清代诗文集汇编》，上海古籍出版社，2010年，503页。

［4］　李秉绶购李园在道光四年（1824年），其父李宜民卒于嘉庆三年（1798年）。

［5］　石刻在仙鹤峰，参见桂海碑林博物馆编《桂林石刻碑文集》下册，漓江出版社，2019年，343页。

［6］　（清）邓廷桢：《双砚斋诗钞》卷十五，《清代诗文集汇编》，上海古籍出版社，2010年，109页。

［7］　（清）陆心源：《穰梨馆过眼续录》卷三，《续修四库全书》，上海古籍出版社，2001年，466页。

［8］　庞元济：《虚斋名画录》卷十一，《续修四库全书》，上海古籍出版社，2001年，636页。

［9］　（清）张维屏：《松心诗集》辛集附，《清代诗文集汇编》，上海古籍出版社，2010年，259页。

诗之李园。今园址内山崖石壁上，有李秉绶跋刻宋文彦博"江山万里"榜书，其题跋自署题识"秉绶谨跋"，末钤印鉴二方，一方作"皆山草堂"，又一方作"碧霞主人"。由此可以知，环碧园又名曰"皆山草堂"，或省称为"皆山堂"。惟其所以命名为"环碧"与"皆山"之意，除符合于园之自然环境外，意者或又取于园内瞻鹤洞旧刻元马宗成《碧霞洞庆真阁之碑记》有云："南北东西环绕皆山也，山皆平地拔起而碧玉簪之秀者。"[1]

园又有名曰"李园"，亦见于时人文献所常称。惟据前揭陈文述诗序，并吕璜《〈李园图〉跋》云："李园之名，载在志乘，先后仍之而未有改。"[2]知为沿用购园之前既有之"旧名"。因检吕璜所称"志乘"，即嘉庆《临桂县志》卷三《山川志二》所记叠彩山瞻鹤洞云："旧名碧霞洞，在叠彩山北。居山半，……可登眺，下瞰李园，花时弥望如积雪。"[3]其所谓"花时"者，据罗辰题《白鹤洞》诗序，谓之"花时苇绡叠障，弥望皎洁如积雪"。[4]故邓显鹤《寄题李芸甫水部秉绶李园并引》诗序云："以多李树得名。"[5]又宗稷辰《李园记》亦云："或传当时有石氏桃李园，后省称曰'李'，为园所自起。"[6]是知其园以旧多种植李树，每当春季花时，"苇绡叠障"，皎洁如一幅雪景图，桂林旧俗以此为春游佳境，因此而有"李园"之名。惟园既归于李秉绶之后，仍然沿用其"旧名"，则据郭麐《李园记》云："至其言李园之名，适相符合，若留之以待人。"[7]又宗稷辰《李园记》亦云："天所待以扩大而昌显之者，不已得其人与？以'李'名园，乃称其实而不可易矣。"[8]是或可以知，李秉绶所以"先后仍之而未有改"之原因，不仅"名从其朔，以是为昔所固然耳"，[9]且实有承唐宋时人"发明"桂林山水之遗意，而有取于韩愈《燕喜亭记》所谓"俟德之丘"之深意存焉。

又环碧园之"旧名"，据时人诗文，又有谓之"仙李园"者。如梁章钜《楹联丛话》卷七《胜迹下》云："桂林城北仙李园，……今为李芸甫水部所得，仍名李园。"[10]又崔瑛《惜余春慢》词"都道仙李名园"句注云："园本靖藩别业，旧名仙李，芸甫水部得

[1] 石刻在瞻鹤洞，参见桂海碑林博物馆编《桂林石刻碑文集》上册，漓江出版社，2019年，589页。

[2] （清）吕璜：《月沧文集》卷一，《岭西五家诗文集》，桂林典雅社，1935年，11页。

[3] 嘉庆《临桂县志》卷三，清光绪六年（1880年）补刊本，10页。

[4] （清）罗辰：《桂林山水》，清道光十一年（1831年）刻本，20页。

[5] （清）邓显鹤：《南村草堂诗钞》卷十八，《清代诗文集汇编》，上海古籍出版社，2010年，160页。

[6] （清）宗稷辰：《躬耻斋文钞》卷十一，《清代诗文集汇编》，上海古籍出版社，2010年，458页。

[7] （清）郭麐：《灵芬馆杂著三编》卷六，《清代诗文集汇编》，上海古籍出版社，2010年，560页。

[8] （清）宗稷辰：《躬耻斋文钞》卷十一，《清代诗文集汇编》，上海古籍出版社，2010年，458页。

[9] （清）吕璜：《月沧文集》卷一《〈李园图〉跋》，《岭西五家诗文集》，桂林典雅社，1935年，12页。

[10] （清）梁章钜：《楹联丛话》，上海商务印书馆，1935年，91页。

之，仍名李园。"[1]因检所谓"仙李"者，出《神仙传》关于李姓来源之传说，谓老子生于李树之下，因指其树曰："以此为我姓。"[2]故今见时人诗文，如宋鸣琦《孟夏送叶琴柯中丞，归途访南薰亭、白鹤洞诸胜，芸甫水部留饮延春楼，率赋二律，前首纪游，后首留别》诗二首之二云："片语临歧君听取，由来仙李重蟠根。"[3]又陈文述《李园诗寄李芸甫水部秉绶桂林》诗云："天留福地待才人，园名早署蟠根李。仙李蟠根古伯阳，柯条万叶溯皇唐。"[4]实均借"仙李"之传说以喻李秉绶其人，即陈文述诗所谓"仙人来作名园主"之意，而非谓李园旧时既有"仙李"之名。且李园虽多种李树，然在归于李秉绶之前，曾先后为石氏、刘氏、朱氏、熊氏、宋氏所居，而不为李氏所有，则其园于旧时可以"李园"名，而不可以"仙李园"名。是所以张维屏《李园八首为芸甫水部作》诗之一"仙洞古名李，家园今李名"句注有云"栖霞洞，一名仙李洞"，[5]而不云李园"一名"仙李园。因由苏煜坡《仙李园》诗云："风流诗酒地，花落悄无言。谁信荒榛薮，昔为仙李园。"[6]是知所谓"仙李园"者，应非李园既归李秉绶前之旧名，而应为归于李秉绶之后，时人因其姓名之传说，而别称之雅名。

环碧园又有"板栗园"之俗称旧名，并为后人所沿用。据宗稷辰《九月初二日，李芸甫水部丈招游李园，设宴赏菊，同六安阎鉴波其渊、吴县佘侣梅文植、历城朱时斋育、新建曹午亭学敏暨小松提举宗潮，赋诗八首》之三"老栗前朝种，相传地得名"句注云："园中多栗，俗呼板栗园。"[7]又况澄《题李园八首》诗之六"藕香秋并夏，栗里醉还醒"句注云："园旧多栗，故颜曰'栗里'。"[8]是知其园，自宋、元以来，即多为果圃种植之地（详说见后），至清代虽以李树生长最多，因称李园之名，然其他花木之盛，亦不乏松竹梨栗桃柳之属，故旧时又有"桃李园"或"板栗园"等相传俗称。而李秉绶建成环碧园之后，乃自署其园门之匾额曰"栗里"，则实有双关之意寓焉。一则如时人所常言，溯其"园故多栗树"之旧有俗传之名；二则借东晋陶渊明归隐栗里故事，所谓"渊明三径在，巢父一枝安"，[9]又或云"柴桑卧彭泽，安乐栖尧夫"，[10]乃自

[1] 叶恭绰编：《全清词钞》卷二八，中华书局，1982年，1482页。

[2] （唐）欧阳询：《艺文类聚》卷八六，汪绍楹校，上海古籍出版社，1985年，1465页。

[3] （清）宋鸣琦：《心铁石斋存稿》卷十二，《清代诗文集汇编》，上海古籍出版社，2010年，512页。

[4] （清）陈文述：《颐道堂诗选》卷二八，《清代诗文集汇编》，上海古籍出版社，2010年，503页。

[5] （清）张维屏：《桂游日记》卷二，清道光十七年（1837年）刻本，23页。

[6] （清）苏煜坡：《萃益斋诗集》卷二，民国八年（1919年）刻本，23页。

[7] （清）宗稷辰：《躬耻斋诗钞》卷六下，《清代诗文集汇编》，上海古籍出版社，2010年，160页。

[8] （清）况澄：《西舍诗钞》卷五，清同治十三年（1874年）刻本，32页。

[9] （清）况澄：《西舍诗钞》卷五，清同治十三年（1874年）刻本，33页。

[10] （清）潘正亨：《万松山房诗钞》卷一《题李芸甫李园图用坡公周茂叔先生濂溪诗韵》，《清代诗文集汇编》，上海古籍出版社，2010年，349页。

标举其"碧山学士焚银鱼，深意长留隐君迹"之志趣。[1]是故李秉绶于其园门两楹，复化用宋人诗句"一带林塘诗境界，四时花果隐生涯"书为柱联，而获时人称其联语能切合其情景，于"园之体用备焉"。[2]

<h2 style="text-align:center">二</h2>

李秉绶"新买得"李园之时间，据张维屏《桂游日记》卷二云："岁甲申，归李芸甫水部。"[3]又宗稷辰《李园记》亦云："及道光四年，而地始归于水部。"[4]知在道光四年（1824年）间。然检诸文献，则早在此前五百余年之宋、元时期，其园已然"自起"；而至于二百余年前之明代晚期，其园名且已"稍著"于时。至李秉绶建环碧园，则实在前此之基础上，"扩大而昌显之"耳。

李园所自起，据今见文献记载，始于南宋石兴甫所辟桃园。检嘉庆《临桂县志》卷三《山川志二》记瞻鹤洞云："壁镌元延祐刘法真舍地券，谓系石兴甫桃园，盖自昔为果圃矣。"[5]又光绪《临桂县志》卷二六《胜迹志二·署宅二》云："石兴甫桃园，在瞻鹤洞下，见石刻元延祐四年刘法真地券。"[6]又宗稷辰《李园记》亦云："惟元季有羽人留题，或传当时有石氏桃李园，后省称曰'李'，为园所自起。"[7]其所云元季留题壁镌舍地券石刻，今犹存于瞻鹤洞石壁，记元靖州路人刘法真于皇庆元年（1312年）十二月，"买到碧霞岩前石兴甫桃园地段一所"，后因"无人耕种，欲要还家"，先将东段卖与徐德甫，复于延祐四年（1317年）十二月，将其余园地"舍入碧霞法院"。[8]据此，虽李园"昔为果圃"之时间犹失所考，然可以推知，至迟在南宋末年，石兴甫已于此地辟有桃园，并在元朝年间卖于刘法真；而刘法真则在买到之后不久，又分为东西两段，先后卖与徐德甫和捐与碧霞岩道院。

[1]（清）陈文述：《颐道堂诗选》卷二八《李园诗寄李芸甫水部秉绶桂林》，《清代诗文集汇编》，上海古籍出版社，2010年，503页。

[2] 联见梁章钜：《楹联丛话》卷七《胜迹下》，并云"传是周山茨升桓所撰"，上海商务印书馆，1935年，91页。又孙梓《余墨偶谈续集》卷五记上联首二字曰"十亩"，又云："一日于缝工案头见有《月洞诗集》一本，为宋县尉平昌介翁王铭著，……其咏尹绿波闲吟云：'……一片林塘诗境界，四时花果隐生涯。……'知其句出于此也。"清同治十二年（1873年）刻本，8—9页。

[3]（清）张维屏：《桂游日记》卷二，清道光十七年（1837年）刻本，2页。

[4]（清）宗稷辰：《躬耻斋文钞》卷十一，《清代诗文集汇编》，上海古籍出版社，2010年，458页。

[5] 嘉庆《临桂县志》卷三，清光绪六年（1880年）补刊本，10页。

[6] 光绪《临桂县志》下册，桂林市档案馆翻印，1963年，153页。

[7]（清）宗稷辰：《躬耻斋文钞》卷十一，《清代诗文集汇编》，上海古籍出版社，2010年，458页。

[8] 石刻在瞻鹤洞，参见桂海碑林博物馆编《桂林石刻碑文集》上册，漓江出版社，2019年，583页。

李园之名稍著，在明代万历年间，因时有靖江王府宗室于此建为别业。据嘉庆《临桂县志》卷三《山川志二》记瞻鹤洞云："前明宗室镇山者，据为别业，因号瞻鹤道人。朝士题赠，悉勒诸石。"[1] 又宗稷辰《李园记》云："至胜国时，宗藩镇山者，旷然高寄，兴遐举之思，于是立瞻鹤洞、化山诸名，因以稍著。"[2] 又作《九月初二日，李芸甫水部丈招游李园，设宴赏菊，同六安阎鉴波其渊、吴县佘侣梅文植、历城朱时斋育、新建曹午亭学敏暨小松提举宗潮，赋诗八首》之一"旧邸青山剩"句注云："园本明宗室镇山别业，亦称瞻鹤园。"[3] 其所称"宗藩镇山"者，为明靖江王府宗室，名未详于文献记载。惟据万历二十四年（1596年）曲迁乔题刻诗序云："宗望镇山年七十余，别号瞻鹤道人。"[4] 又何乔远《瞻鹤洞歌》诗序云："宗大王孙所居洞，故名仙鹤，以其先侯之号，易为瞻鹤。"[5] 知其别业"瞻鹤园"，或建于万历年间，于时多有"朝士题赠"，其名因此而闻于远近。此外，在瞻鹤洞以东叠彩山脚之混沌岩与冰壶洞，亦分别见有靖江王府宗室松坡并其祖、父刻像与题刻榜书，及包裕为题赠诗刻，时间为弘治八年（1495年）与正德三年（1508年），意者或为另一处宗藩之别业。

至于清代，李园在归于李秉绶之前，曾先后为熊氏与宋氏所居，见于前揭宗稷辰《李园记》云："迨国朝初，为江西熊氏所有，既而入宋氏。寝且荒为废墟，竞恣刍采，而李园之名仅存。临川李氏寓粤将百年矣，前此亦有意于斯园。及道光四年，而地始归于水部。"其云李园为"江西熊氏"所有，今未见于其他文献记载，据记文注云，见于"熊氏有石刻"，[6] 今检诸崖壁，亦未能见存。故熊氏有园之时间，不能详知。惟李园既"入宋氏"之后，虽云"寝且荒为废墟"，然其泉石花木之盛，仍不失为胜境，故颇见于时人纪游诗文，如欧阳辂有《敬之郎中招同诸人自宋氏园至华景洞小集》诗，李秉礼亦有《同诸子游宋氏园》诗。因据邓显鹤《寄题李芸甫水部秉绶李园》诗序云："旧为宋氏有，故又名宋氏园，今归芸甫水部。往余客粤时，与水部群从春湖侍郎、小松提举诸君，侍其兄松甫丈觞咏于此，非一日矣。"[7] 又谢启昆有《李松圃邀同人看梨花，余不能赴，口占二首奉柬》诗与《次日邀友人看花，方知误以"李"为"梨"，得诗二首，聊以解嘲》诗各二首，[8] 亦游于宋氏园作，其时间在嘉庆七年（1802年）春。

[1] 嘉庆《临桂县志》卷三，清光绪六年（1880年）补刊本，10页。
[2] （清）宗稷辰：《躬耻斋文钞》卷十一，《清代诗文集汇编》，上海古籍出版社，2010年，458页。
[3] （清）宗稷辰：《躬耻斋诗钞》卷六下，《清代诗文集汇编》，上海古籍出版社，2010年，160页。
[4] 石刻在瞻鹤洞，参见桂海碑林博物馆编《桂林石刻碑文集》中册，漓江出版社，2019年，543页。
[5] （明）何乔远：《镜山全集》卷四，陈节、张家壮点校，福建人民出版社，2015年，144页。
[6] （清）宗稷辰：《躬耻斋文钞》卷十一，《清代诗文集汇编》，上海古籍出版社，2010年，458页。
[7] （清）邓显鹤：《南村草堂诗钞》卷十八，《清代诗文集汇编》，上海古籍出版社，2010年，160页。
[8] （清）谢启昆：《树经堂诗续集》卷八，《清代诗文集汇编》，上海古籍出版社，2010年，446页。

是知其园由熊氏而入宋氏，应在乾隆年间或者更早。

今人著述，除误认环碧园为李宜民所建外，又有误以为李秉礼所建者。然据上文所揭宗稷辰《李园记》云"临川李氏"中最早"有意"于斯园者，则非李秉绶，而实为李秉礼。因据李秉礼《同诸子游宋氏园》诗序云："城北碧霞岩下有园，宽可廿余亩，元时为石氏桃园，入明为宗室别墅，今属宋氏，而泉石花木之盛，犹见旧规。予过而乐之，拟购此娱老焉。"并诗云："余方厌尘鞅，结念在林泉。行将此卜居，聊以娱衰年。依山结茅屋，近水开稻田。兴来扶杖出，倦即枕书眠。缅怀白居士，载咏池上篇。"[1] 其诗作于嘉庆二十一年（1816年）春。复据前揭谢启昆、欧阳辂、邓显鹤等人所作纪游诗，或曰"李松圃邀同人看梨花"，或曰"敬之郎中招同诸人宋氏园至华景洞小集"，又或曰与诸君侍"松甫丈觞咏于此"，皆是由于李秉礼招邀来游。因或可以测知，李秉礼应早在嘉庆初年已然有意于李园，故屡邀友人，再三前往游观；至于嘉庆末年，则"行将此卜居，聊以娱衰年"矣。而李秉绶之初心所"有意"者，乃为城东漓江中之訾家洲，据况澄《题李园八首》诗之二"訾洲风景好，夙愿未能偿。因卜北山北，浣花开草堂"句注云："初，李芸甫水部欲訾洲，未果，始营此园。"[2] 可以见当时之情形。惟其所以欲购訾洲而未果之原因，复据况澄《仲春六日与怡卿訾家洲闲眺》诗云："兹辰风日好，唤渡清溪头。昔为訾家洲，今有谢家楼。"[3] 是知或已为"谢家"先期买得。故当道光三年（1823年）秋，其兄李秉礼既已由原位于城东之"我园"老埠，"移居城西，仍筑韦庐"之后，[4] 李秉绶乃于翌年购得位于城北之李园。

李秉绶"不惜兼金"购得李园事迹，又见于吴兰修《题李芸圃水部〈李园图〉》，诗云"千金真许买岩阿"，[5] 又邓显鹤《寄题李芸甫水部秉绶李园》诗亦云："快哉奇事世亦有，黄金一掷高于斗。"[6] 可以知其为购李园，所花费资金之巨。惟其购园之后，据张维屏《桂游日记》卷二云："庀工饬材，数月而成。"[7] 则环碧园建成之时间，似在道光四年（1824年）下半年至道光五年上半年之间。然今检诸时人记载与题咏环碧园之诗文，均作于道光八年秋月之后，在此之前则未见有片言只字。因据张维屏《题李园八首》诗之五"画禅三昧得，诗债十年偿"句注云："芸甫属赋李园诗已十年。"并李秉绶《南山亲家来桂林，惠题李园，赋此奉谢，并订后期》诗亦云："我索君诗已十

[1]（清）李秉礼：《韦庐诗外集》卷二，清道光十年（1830年）刻本，12—13页。

[2]（清）况澄：《西舍诗钞》卷五，清同治十三年（1874年）刻本，32页。

[3]（清）况澄：《西舍诗钞》卷二，清同治十三年（1874年）刻本，24页。

[4]（清）李秉礼：《韦庐诗外集》卷三《移石》，清道光十年（1830年）刻本，23页。

[5]（清）吴兰修：《荔村吟草》，香港文艺出版社，2013年，63页。

[6]（清）邓显鹤：《南村草堂诗钞》卷十八，《清代诗文集汇编》，上海古籍出版社，2010年，160页。

[7]（清）张维屏：《桂游日记》卷二，清道光十七年（1837年）刻本，2页。

年，此来笔下走云烟。"[1]两人诗均作于道光十七年（1837年）夏，应为追记李园初建成时，李秉绶索其"亲家"张维屏为之"赋李园诗"事，因以虚数计年逆推其时间，适为道光八年。复检是年秋月，李秉礼有《环碧园为佩之十弟作》诗云："吾弟夙有烟霞癖，不惜兼金新买得。划锄泥阏通泉源，翦劚荆榛树松柏。茸亭山之颠，筑屋山之侧。浮岚飞翠扑帘栊，小草幽花映篱隙。溪流曲折石梁横，一叶渔舟漾空碧。"[2]为今见最早题咏环碧园诗，由其诗意，知亦为李秉绶建成新园而赋诗。由此可以知，道光四年，应为李园"地始归于水部"之时间，环碧园"庀工饬材"而成，应不止于"数月"，而是经历了四年，建成于道光八年（1828年）之秋月。

<h2 style="text-align:center">三</h2>

环碧园位于今桂林市叠彩山仙鹤峰北至西北麓。据前揭李秉礼《同诸子游宋氏园》诗序，当其于嘉庆末年"拟购此娱老"时，宋氏所有之李园，仅"宽可廿余亩"。然至于道光八年秋，李秉绶建成之环碧园，则已占地"百亩"，或曰"广逾百亩"。[3]因检况澄《李园二首》诗之一云："栗里今易李园名，园北园南地合并。"[4]是其新建之园，虽仍沿用李园旧名，然已远超旧时范围，乃"扩大而昌显之"甚多。今因参照清光绪《桂林省城图》与宣统《广西省城警区全图》，[5]结合叠彩山北麓（今木龙湖景区）现有地形，依据"百亩"面积试作推测，环碧园大概位于仙鹤峰北面山体及其西麓仰山庙以北、东镇门街（今东镇路）以南、清左右火药局（其间小路，在1949年后名东镇路南一里，今已取消不存，约位于混沌岩一带）向西、北门大街（今木龙湖桥及其南、北中山路段）向东之间的位置。因检朱庭珍《题李兰生必昌观察〈环碧园图〉》诗云："山环三面枕城北，六街烟水邻园西。"[6]其所谓"山环三面"者，为叠彩山、铁封山与仙鹤峰；又云"六街烟水"者，为北门大街，是可谓环碧园地理位置之实录。

环碧园既为叠彩山、铁封山与仙鹤峰所环抱，三山之外，复环绕以"远峰十百数"，以助斯园之奇，人因称其形势"如三岛然"。园内半笼仙鹤峰北壁，又沿明末之称曰

---

[1]（清）张维屏：《松心诗集》辛集附，《清代诗文集汇编》，上海古籍出版社，2010年，258页。

[2]（清）李秉礼：《韦庐诗外集》卷四，清道光十年（1830年）刻本，21页。

[3]（清）李秉礼：《韦庐诗外集》卷四《环碧园为佩之十弟作》，清道光十年（1830年）刻本，21页。（清）蒋宝龄：《墨林今话》卷十五《芸甫水部》，黄山书社，1992年，361页。

[4]（清）况澄：《西舍诗钞》卷十四，清同治十三年（1874年）刻本，22页。

[5] 林哲、何丽、王晶：《时光未老，故纸犹温：桂林城市历史地图萃选与考释》，西苑出版社，2016年，145—147页。

[6]（清）朱庭珍：《穆清堂诗钞续集》卷四，《清代诗文集汇编》，上海古籍出版社，2010年，282页。

"化山"，屹然建标，为"园之主极"；而李秉绶"自言前生为杭之定山僧"，于《环碧园即景诗十四首》之五云："一片岁寒心，难忘定山月。"[1]因复名其山峰曰"定山"。是其山既如蓬瀛仙山，园被称为世外仙境，园主人自言其前生为遗世高僧，于是而有"仙人"或曰"真仙"之目。[2]

仙鹤峰复多岩洞，人称为"园中尤胜"，又称"桂郡一大观"。[3]据张维屏《桂游日记》记载，其岩洞在山上者两处，最高处为"明月洞"，以"皓月东升，清辉满洞"得名；在半山者即"瞻鹤洞"，有明代靖江王府宗室别业遗址，多存古迹与石刻。其在山脚者三处，一名"墨云深处"，洞前为竹林，洞口犹存李秉绶题刻榜书与《环碧园即景诗十四首》；东面相邻一洞名"冰壶"，有余文植题刻榜书；又一洞"林屋"，未详所在，据张维屏记载岩洞顺序，意者或为最东面之混沌岩。[4]又检宗稷辰《李园记》与所赋诗，谓"山有洞六"，或曰"六洞中辟"，然其所云第六洞，既未详记其名称与位置，今则均不能知矣。

环碧园所以有名于时，据黄宗起《知止盦笔记》卷一记其特点有云："因山结构，林亭郁然，寓公觞咏，一时称盛。"[5]而其三者之中，实又以"因山结构"，为古今私家园林从来未有之造园特点。其一，园内山崖岩洞均于天地间自然生成，而非出于人工累土叠石所造之假山，即宗稷辰《李园记》云："世之引泉凿石以为园，安知天壤间，自然岩壑，不烦经营，其奇乃若此乎？"[6]其二，园林复坐落于"六街烟水"之城市中，而非远在郊外僻壤，即前揭梁章钜诗云："皆山是真境，难得近依城。"又卞士云《风洞山李园公宴，和尹愚谷观察试灯日即事韵》诗云："山在城中园在山。"[7]又陶澍《李芸甫水部于桂林北郭作园，以书索题》诗云："胜境即逍遥，岩谷自深邃。山林城市里，啸傲此堪寄。"[8]惟其能"何须游于域外"，而于城市之中兼享山林真境，则为古今私家造园"由来"未有之孤例。[9]

[1] 石刻在仙鹤峰，参见桂海碑林博物馆编《桂林石刻碑文集》下册，漓江出版社，2019年，343页。

[2] （清）宗稷辰：《躬耻斋文钞》卷十一《李园记》，458页；《躬耻斋诗钞》卷六下《九月初二日，李芸甫水部丈招游李园，设宴赏菊，同六安阎鉴波其渊、吴县佘侣梅文植、历城朱时斋育、新建曹午亭学敏暨小松提举宗潮，赋诗八首》，并见《清代诗文集汇编》，上海古籍出版社，2010年，160页。

[3] （清）梁章钜：《楹联丛话》卷七《胜迹下》，上海商务印书馆，1935年，91页。

[4] （清）张维屏：《桂游日记》卷二，清道光十七年（1837年）刻本，2页。

[5] （清）黄宗起：《知止盦笔记》，上海书店，2014年，9页。

[6] （清）宗稷辰：《躬耻斋文钞》卷十一，《清代诗义集汇编》，上海古籍出版社，2010年，459页。

[7] （清）卞士云：《退思斋诗存》卷二，《清代诗文集汇编》，上海古籍出版社，2010年，398页。

[8] （清）陶澍：《陶文毅公全集》卷五四，《清代诗文集汇编》，上海古籍出版社，2010年，208页。

[9] （清）吴其沅：《梅花书屋诗·游李园呈芸甫工部兼以志别，次芷林中丞用张南山韵》，《清代诗文集汇编》，上海古籍出版社，2010年，398页。

因山结构外，环碧园复擅池上之胜。据宗稷辰《李园记》记当年建园情形有云："峙者为之高，流者为之深。"[1]其所谓"流者"，原为南宋末年扩建静江府城时新浚北城之壕河，后因城池再度扩建，遂成内城壕河，内城消失后，渐变为城内湖塘，并日见堙废。李秉绶建环碧园，乃为铲除泥污，"出泉为荷池"。据梁章钜《李园八首次南山司马韵》诗之四云："新水多于地，扁舟别有天。潇湘翻似此，濠濮已悠然。"[2]可见当年水面之宽阔，尤多于园内之陆地；而其池水演漾，泛舟其间，使人顿生濠濮之想。又其池水中"日暖池荷犹弄叶"，与簪碧堂后"霜迟篱菊故含花"，[3]并"苇绡叠障，弥望皎洁如积雪"，则尤为园中四时花季之胜景。

环碧园内建筑，皆倚山临水而建。据罗辰自题《白鹤洞图》诗序谓之云："乃构风亭水榭十余处，与茂树清流相映带，殆不减辋川之胜。"[4]其所云"十余处"建筑，今则久已毁圮不存，即其遗址亦多难寻。惟据张维屏《桂游日记》，[5]并时人题咏诗文，尚或能蠡测其大概。

其园址西向，据张培仁《闻小芬招游李园》诗云"入门一径踏寒碧"，[6]又梁章钜《李园八首次南山司马韵》诗之一云："入门青迤逦，夹道碧峥嵘。"[7]又张维屏《桂游日记》谓有"小门"在"水南"，知环碧园之园门开于西南，近仙鹤峰西北麓，朝向北门大街（约在今木龙湖桥南侧）。园门不甚宽广，门额书题"栗里"二字，两楹化用宋王镃诗句"一带林塘诗境界，四时花果隐生涯"为柱联。园门一侧建楼三间，竹壁茅檐，外编疏篱，亦朝向于西门大街，仿村店为酒肆，门前高悬酒帘曰"杏花村"。据况澄《桂林竹枝词》之四云："谁添茅店依村坞，娇婢当炉酒更香。"[8]知应为当时声闻城里、顾客盈门之"名店"。

由园门入于园中，沿路循仙鹤峰北麓而进，左侧临水有"藕香榭"，右侧倚山有"一笠亭"。过一笠亭，有缘山开凿之磴道，可以登半山之瞻鹤洞。沿路山崖多建亭台，初上为"寄云亭"，朱庭珍《题李兰生必昌观察〈环碧园图〉》诗谓之"危厂跨空绿"。[9]复上为"豁然台"，今遗址犹存，其石壁有李秉绶刻宋文彦博"江山万里"榜书，并题

[1]（清）宗稷辰：《躬耻斋文钞》卷十一，《清代诗文集汇编》，上海古籍出版社，2010年，459页。

[2]（清）张维屏：《松心诗集》辛集附，《清代诗文集汇编》，上海古籍出版社，2010年，259页。

[3]（清）宗稷辰：《躬耻斋诗钞》卷六下《九日环碧园登高，次郎静谷太守锦骐书感韵》，《清代诗文集汇编》，上海古籍出版社，2010年，161页。

[4]（清）罗辰：《桂林山水·白鹤洞》，清道光十一年（1831年）刻本，21页。

[5]（清）张维屏：《桂游日记》卷二，清道光十七年（1837年）刻本，2页。

[6]（清）张培仁：《金粟山房诗草》卷三，清同治七年（1868年）刻本，4页。

[7]（清）张维屏：《松心诗集》辛集附，《清代诗文集汇编》，上海古籍出版社，2010年，259页。

[8]（清）况澄：《西舍诗钞》卷十二，清同治十三年（1874年）刻本，6页。

[9]（清）朱庭珍：《穆清堂诗钞续集》卷四，《清代诗文集汇编》，上海古籍出版社，2010年，283页。

跋云："道光壬辰夏日，镌于李园之豁然台，以镇山隈。"[1]再上有"招鹤亭"在瞻鹤洞下，见况澄《题李园八首》诗之六"瞻鹤俯招鹤"句注。[2]又于山麓建有"茅亭"，见梁章钜《楹联丛话》卷七《胜迹下》云："芸甫新于水竹佳处筑一茅亭，以供逭暑，自题联云：'乍来顿远尘嚣，静听水声真活泼；久坐莫嫌荒僻，饱看山色自清凉。'"[3]因据张维屏《桂游日记》记墨云深处又曰"竹深处"，知此茅亭应在其洞附近。又东莞市博物馆藏李秉绶《仿石涛兰竹图轴》自署题识云："作于绿云深处之又一村。"不知此"又一村"是否即此茅亭之名，或又有另外一处建筑。

簪碧堂为环碧园主体建筑，人称"园中最胜处"。[4]并与所围绕诸堂馆楼榭，共成一组建筑群落。因据张维屏《桂游日记》云："由杏村过竹深处，至簪碧堂。"又云："堂之右有水。"又彭昱尧《十二日同香甫、少兰、小沧、莲丞游李氏园，得诗六十韵》云："竹深得池馆。"[5]又李秉绶《环碧园即景诗十四首》之九云："阴深水尽头，堂随鱼鸟游。"[6]知簪碧堂应位于墨云深处偏东面不远处。其堂坐东朝西，为三楹二层楼，一楼名曰"簪碧堂"，堂中悬楹联云："北院喜新成，有寒碧千层，远青一角；东君如旧识，正庭槐垂荫，梁燕将雏。"[7]二楼名曰"看山第一楼"，据宗稷辰《九月初二日，李芸甫水部丈招游李园，设宴赏菊，同六安阎鉴波其渊、吴县佘侣梅文植、历城朱时斋育、新建曹午亭学敏暨小松提举宗潮，赋诗八首》之四"因楼月意疏"句注云："楼名通月。"[8]知又名曰"通月楼"。簪碧堂北侧，临水有"补萝芳榭"，后有"深柳读书堂"。簪碧堂之后，辟有"射圃"，其后复莳菊一区，时人有诗云："十亩金穰菊有年，餐花醉月洞中天。"[9]菊圃中建有"澹如亭"，一名"憺如亭"，宗稷辰诗"石交多憺如"句注云："时坐憺如亭。"又张维屏《桂游日记》未见记载之建筑，有"定止书屋"，见宗稷辰诗"重辟读书堂"句注云："君葺定止书屋，为课子地也。"又据吕璜《〈李园图〉跋》记"海内有名称诸公题咏之琅然满四壁"，[10]意者各处建筑之间，应有互相沟通，并题满诗文之长廊。

[1]　石刻在仙鹤峰，参见桂海碑林博物馆编《桂林石刻碑文集》下册，漓江出版社，2010年，342页。

[2]　（清）况澄：《西舍诗钞》卷五，清同治十三年（1874年）刻本，33页。

[3]　（清）梁章钜：《楹联丛话》，上海商务印书馆，1935年，91页。

[4]　（清）崔瑛：《惜余春慢》词，《全清词钞》卷二八，中华书局，1982年，1482页。

[5]　（清）彭昱尧：《致翼堂诗集》卷一，《岭西五家诗文集》，桂林典雅社，1935年，15页。

[6]　石刻在仙鹤峰，参见桂海碑林博物馆编《桂林石刻碑文集》下册，漓江出版社，2019年，343页。

[7]　（清）梁章钜：《楹联丛话》卷七《胜迹下》，上海商务印书馆，1935年，91页。

[8]　（清）宗稷辰：《躬耻斋诗钞》卷六下，《清代诗文集汇编》，上海古籍出版社，2010年，160页。

[9]　（清）宗稷辰：《躬耻斋诗钞》卷六下《又次佘侣梅赏菊元韵》，《清代诗文集汇编》，上海古籍出版社，2010年，161页。

[10]　（清）吕璜：《月沧文集》卷一，《岭西五家诗文集》，桂林典雅社，1935年，11页。

簪碧堂前，即"水尽头"之荷池东岸，迎门有"小虹桥"跨于池水之上。据罗辰所绘《白鹤洞图》，作单拱石桥。[1]荷池对岸，沿水际有长廊与石桥连接，名曰"倚虹廊"，张培仁《闻小芬招游李园》诗谓之"虹廊九曲"，[2]并建有"知乐亭"，以为俯羡游鱼之所。[3]池中有"玉雨洲"，盛植李树。西南有圆亭立于池水之中，可以围坐五六人，名曰"镜亭"，与一笠亭水陆相望。[4]镜亭接以"留春桥"，通于山麓，据张维屏《桂游日记》记云："过桥即岩之麓，循崖而上，有亭曰寄云。"知应建于登瞻鹤洞之上山路不远处。镜亭下系有扁舟，以泛于荷池，名曰"恰受航"，据舟悬有梁章钜集唐韩愈、杜甫诗句为作楹联云："灌池才深四五丈，野航恰受两三人。"[5]又张维屏《桂游日记》与彭昱尧所作诗，皆记有与五六人乘舟游览于荷池事迹，因知此"扁舟"实为架以枋楣橼柱之文鹢画舫。

环碧园以擅自然山水与建筑精构，而为"海内有名称诸公"所称道。如邓显鹤《寄题李芸甫水部秉绶李园》诗序谓之云："极林壑、亭台、池树之盛。"[6]又彭昱尧《十二日同香甫、少兰、小沧、莲丞游李氏园，得诗六十韵》称之云："倚山为藩篱，茂树隐楼阁。结构因自然，妙手谢雕斫。竹深得池馆，林缺见粉膡。"[7]宗稷辰《李园记》则赞之云："入其园，升巘陟原，忘其为园也；沿其山，楼飞庑耸，忘其在山也。"[8]是可以知环碧园建筑之特点，其一能融入崇山清流之中，其二能隐于茂林修竹之间。是故宗稷辰乃谓其"园之奇，大者在山，其余后起以佐此奇者"。是园不仅由于"妙手"之人工，而尤能得于"自然"之地灵。

四

环碧园建成之后，虽有文献记载为李秉绶"板舆奉母"而"居之"新宅，[9]然因其旧宅招隐园［建于嘉庆二十五年（1820年），在叠彩山南面］仍然为其与家人主要居住

[1]（清）罗辰：《桂林山水》，清道光十一年（1831年）刻本，20—21页。

[2]（清）张培仁：《金粟山房诗草》卷三，清同治七年（1868年）刻本，4页。

[3]（清）彭昱尧：《致翼堂诗集》卷一《十二日同香甫、少兰、小沧、莲丞游李氏园，得诗六十韵》，《岭西五家诗文集》，桂林典雅社，1935年，15页。（清）朱庭珍：《穆清堂诗钞续集》卷四《题李兰生必昌观察〈环碧园图〉》，《清代诗文集汇编》，上海古籍出版社，2010年，683页。

[4]（清）况澄：《西舍诗钞》卷五《题李园八首》，清同治十三年（1874年）刻本，33页。

[5]（清）梁章钜：《楹联丛话》卷七《名胜下》，上海商务印书馆，1935年，91页。

[6]（清）邓显鹤：《南村草堂诗钞》卷十八，《清代诗文集汇编》，上海古籍出版社，2010年，160页。

[7]（清）彭昱尧：《致翼堂诗集》卷一，《岭西五家诗文集》，桂林典雅社，1935年，15页。

[8]（清）宗稷辰：《躬耻斋文钞》卷十一，《清代诗文集汇编》，上海古籍出版社，2010年，458页。

[9]（清）蒋宝龄：《墨林今话》卷十五《芸甫水部》，黄山书社，1992年，361页。

之所，故又称此别业为"北园"，或曰"北院"。且据吕璜《〈李园图〉跋》引述李秉绶答时人有疑其所以"仍之而未有改"李园旧名者云："诸君亦游隐山，游栖霞，游龙隐、刘仙诸岩乎？有不乐之者乎？惜其远在郭外也，有不怅匆匆兴不克尽者乎？吾用是引而近之，然非吾所欲私也。四时佳日游观于中者，弗之禁；冠盖往来衍嘉宾宴集于中者，弗之却也。"[1] 是知环碧园虽为李秉绶私人别业，然却具有一定程度的开放性质，既可以供市民入内游览，亦可以供官员与士绅宴集其中。这一情形，在清代桂林私家园林中或非孤例，然其开放程度与对社会所产生之影响，则未见能与比肩者。

因检诸时人诗文记"四时佳日游观于中"之情形。其见于时人记载者，如越南出使清朝之燕行使者李文馥于经留桂林时作《次韵李小芸兄弟四章》诗序云："余抵粤，每闻人言城左边有李侍郎园者，体势宏雄，往往供各人赏玩。"[2] 又见于后人回忆者，如崔瑛《惜余春慢》词云："都道仙李名园，酒酾花浓，游人如织。"[3] 是均可以见当年"四时佳日"游观于环碧园，并非仅一二游客偶然前往之行为，而为"如织"游人"往往"发生之常情；又其"每闻"于人口者，亦非一二路人偶然所言，而为当时人人所常言之共识。因据王衍梅《北城望李花如雪，遂有邓尉看花光景》诗，记其"晚至北山下，远望花溶溶"时所目睹游观情景，既见"茫然但一白，花影皆弥缝"之美景，复有"大道盛裙屐，往来如蜜蜂"之盛况，因生"坐忆香雪海，梦闻寒山钟"之遐想。[4] 则可谓当年春季花时，桂林城中居民盛装出行，虽至晚景月上，犹熙攘争趋，群游于环碧园之生动描述。

李秉绶不禁城中居民"四时佳日游观"于环碧园，或为顺从民意，沿袭李园旧有春游习俗。惟于"冠盖往来衍嘉宾宴集于中者"，则或不仅为被动之"弗却"，而应为主动之"延宾"行为。因据文献记载，李秉绶为人性情豪迈，任官工部都水司时，即以"重交游，名溢辇毂下"。又尝数至吴门，寓居山塘绮楼，每日"画舸系门，名士咸集"。[5] 归寓桂林后，既"继先业，主矺务"，则尤以"散金结客，座上常满，舆马冠盖相望"，[6] 而享有"风雅好客"之名。[7] 是或可以想见，环碧园宴集必多为其亲自主盟，因有"主人高坐，佳客满园"之情景。即或如官府公宴，亦必多经其赞助，由下

［1］（清）吕璜：《月沧文集》卷一，《岭西五家诗文集》，桂林典雅社，1935年，11页。

［2］［越南］李文馥：《周原杂咏草》，《越南汉文燕行文献集成》，复旦大学出版社，2010年，175页。

［3］叶恭绰编：《全清词钞》卷二八，中华书局，1982年，1482页。

［4］（清）王衍梅：《绿雪堂遗集》卷十六，《清代诗文集汇编》，上海古籍出版社，2010年，524页。

［5］（清）蒋宝龄：《墨林今话》卷十五，黄山书社，1992年，361—362页。

［6］（清）邓显鹤：《南村草堂文钞》卷十七《诰授资政大夫工部左侍郎提督浙江学政李公行状》，《清代诗文集汇编》，上海古籍出版社，2010年，436页。

［7］（清）黄宗起：《知止盦笔记》卷一，上海书店，2014年，9页。

士云《风洞山李园公宴，和尹愚谷观察试灯日即事韵》诗云："人来酒绿灯红里，地介松涛竹韵间。永夕声闻箫鼓竞，晴风香破李桃悭。故藩杯斝摩挲久，清宴真宜静夜闲。"并注云："园为明桂王别业，主人出其所藏杯盘示客。"[1] 或可以略见其中之消息。

环碧园宴集或出于各种不同之原因，然据时人诗文记载最多者，则为每年上巳修禊与士人文会雅集。其记上巳修禊者，如钱守璞《李芸甫水部六十寿诗》云："兰亭被禊邀耆旧，花榭壶觞羡主宾。"[2] 又记士人文会雅集者，如江国霖《陪梁茞林中丞，丁伊辅师学使，郭韵泉方伯，林湘帆廉访，尹愚谷观察，兴静山、许芍友两太守，阿朗山同年同游风洞山、李园诸胜》诗云："名园自占奇山水，雅集应添古画图。"[3] 而其中又以士人文会雅集，无论四时佳日，皆可以"逍遥物外集朋俦，把酒高歌朝复夕"，[4] 故期会最为频繁。如李宗瀛《小沧见过谈艺，翌日赋长律四十韵赠之》诗"北园观鲍老"句注云："往时文宴，多在城北李园。"[5] 又梁章钜《李园八首次南山司马韵》诗之七云："半载来三度，幽情未有涯。"[6] 又爰庆源《余挈家累还西湖，行有日矣，离绪惘然，作留别诗》十五首之七云："名园集冠盖，佳地屡过从。"[7] 而期会之宾客，少或二三人，"云霞深结纳，谈宴自雍容"[8]，多则"且约兰亭四十辈，共看霜华重九天"[9]。又其参与之人，既有在桂林任职与候补之各级官员，复多本地文人士绅，以及客居桂林之游寓士人，"一时画人骚客咸归之"。[10] 其宴集之内容，则为"烟云供养，翰墨因缘，山水清言，不及公事"，[11] 同时还伴以家僮度曲，声伎歌舞。因据时人有诗记之云："银烛金尊送唱酬，歌声人影半浮空。"[12] 又后人回忆亦云："当其盛赫时，冠盖集嵬嵬。"[13] 可以想见当时雅集之繁华。而当其宴集时，不仅"海内有名称诸公题咏之琅

［1］（清）卞士云：《退思斋诗存》卷二，《清代诗文集汇编》，上海古籍出版社，2010年，398页。

［2］（清）钱守璞：《绣佛楼诗稿》卷二，清同治八年（1869年）刻本，60页。

［3］（清）江国霖：《梦甦斋诗集》卷二，《清代诗文集汇编》，上海古籍出版社，2010年，676页。

［4］（清）李秉礼：《韦庐诗外集》卷四《环碧园为佩之十弟作》，清道光十年（1830年）刻本，21页。

［5］（清）李宗瀛：《小庐诗存五》，《杉湖十子诗钞》卷十九，清同治七年（1868年）刻本，7页。

［6］（清）张维屏：《松心诗集》辛集附，《清代诗文集汇编》，上海古籍出版社，2010年，259页。

［7］（清）爰庆源：《小栗山房诗钞》卷八，《清代诗文集汇编》，上海古籍出版社，2010年，722页。

［8］（清）爰庆源：《小栗山房诗钞》卷八，《清代诗文集汇编》，上海古籍出版社，2010年，722页。

［9］（清）宗稷辰：《躬耻斋诗钞》卷六下《又次芸甫邀同人李园雅集元韵用南村体》，《清代诗文集汇编》，上海古籍出版社，2010年，161页。

［10］ 莫固：《桂林画人录》附录，《桂林市文献委员会会刊》第三期，1949年，22页。

［11］（清）张维屏：《桂游日记》卷二，清道光十七年（1837年）刻本，22页。

［12］（清）傅潢：《一朵山房诗集》卷十八《游李园并寄芸甫水部》，《清代诗文集汇编》，上海古籍出版社，2010年，778页。

［13］（清）彭昱尧：《致翼堂诗集》卷一《十二日同香甫、少兰、小沧、莲丞游李氏园，得诗六十韵》，《岭西五家诗文集》，桂林典雅社，1935年，15页。

然满四壁",并"先后为之记,亦不一篇",^[1]更有"远近丹青之士,咸为作图"。^[2]由此,环碧园既以"风流诗酒地",或曰"四方文学之士过从宴乐,不减淮浙盐商诸家",于清中叶称一代名园;而李秉绶于园中延宾宴集,实主文坛,因有宋人西园雅集之誉,传为当年桂林文化之盛事。

李秉绶于环碧园延宾宴集,不仅为当年桂林一时文化盛事,且如前人所言,于桂林及广西近代文化发展亦有重要影响。如张家瑶《李芸甫兰竹石刻跋》云:"先生之尚文好客,盖亦不下于丹臣先生。先生世代相承,发扬风雅,影响桂林之文化甚大。"^[3]又朱荫龙(鹃屋)《苏台五美图题咏》亦云:"其影响社会亦甚大,广西近代文化之甚,李氏为力颇多。"^[4]其所谓有"甚大"影响者,固有"桂林临川李氏"家族之世代相承,反映于社会文化之各个方面,而不局限于环碧园一时一地。惟于环碧园延宾宴集而言,一方面由于其"宴集"本身所具有的地域高端属性,必然对地方文化产生刺激与鼓励效应。而更直接之一方面,是李秉绶由"延宾"而聘请外省艺术家来桂林,于环碧园教授绘画,促成了桂林及广西绘画艺术在清末之发展。据文献记载,李秉绶所"尚文",虽兼及文学与艺术,然由于其本人夙善绘画,时有"贤主是营邱"之誉,^[5]生平"所至搜访画士,虚怀谘询,凡精一艺擅片长者,皆与缔交"。^[6]故其所"好客",尤多"远近丹青之士",并常馆于家,"令子侄以师礼事之,厚其赡给,务尽其技"。^[7]其中尤以江苏阳湖县(今常州市)孟觐乙与吴县(今苏州市)宋光宝,并以精以画艺而为其环碧园之"上客",^[8]人有"三千珠履妒君无"之羡称。^[9]于时,李秉绶之子侄辈或即于园中之"定止书屋"亲炙画艺,由此成就"一门风雅,为吾桂之冠"。^[10]而桂林乃至广西,甚至如绘画世家之永福李氏,亦皆推重并接受其画法与风格,多有私淑,或从其再传弟子学画者,由此形成了清末至民国时期广西花鸟画新的艺术风格。^[11]

---

[1] (清)吕璜:《月沧文集》卷一《〈李园图〉跋》,《岭西五家诗文集》,桂林典雅社,1935年,11页。

[2] (清)蒋宝龄:《墨林今话》卷十五,黄山书社,1992年,361页。

[3] 张家瑶:《李芸甫兰竹石刻跋》,载《中央日报(桂林)》,1946年10月1日第四版。

[4] 鹃屋:《苏台五美图题咏》,载《广西日报》,1946年3月31日第四版。

[5] (清)梁章钜:《李园八首次南山司马韵》,张维屏《松心诗集》辛集附,《清代诗文集汇编》,上海古籍出版社,2010年,259页。

[6] (清)蒋宝龄:《墨林今话》卷十五,黄山书社,1992年,361页。

[7] 鹃屋:《苏台五美图题咏》,载《广西日报》,1946年3月31日第四版。

[8] 孙轶:《粤西画识稿》卷下,民国稿本。张家瑶《李芸甫兰竹石刻跋》,载《中央日报(桂林)》,1946年10月1日第四版。谷庚:《颂斋书画小记》,广东人民出版社,2000年,689页。

[9] (清)汤贻汾:《琴隐园诗集》卷三六《偶检孟丽堂都门为予赠别书画感题》,《清代诗文集汇编》,上海古籍出版社,2010年,440页。

[10] 孙轶:《粤西画识稿》卷下,民国稿本。

[11] 光绪《临桂县志》卷三一《人物志四·流寓》,桂林市档案馆翻印,1963年,348页。

李秉绶环碧园延宾宴集，于近代绘画艺术发展所产生"甚大"影响，复有超出桂林乃至广西，而远及于广东者。则由于广东番禺县（今属广州市）人居巢，早年侍父宦游广西，其父卒于官后，贫不能归，广西巡抚梁章钜悯其为廉吏而落拓如此，乃为之赁屋，寓居于桂林。[1]据居巢尝自名其寓居之所曰"樱桃转舍"，[2]因检王衍梅《临川李郎中侧室郭孺人墓志铭》云："芸甫家葺平泉，园俘梓泽。每至花疏蝶懒，柳弹莺娇，大妇同行，并憩樱桃之馆。"[3]知其所寓居处，应即李秉绶之园宅。复据居巢题李秉绶画云："党家豪举陶家韵，复有楼台占好山。一洗画家寒乞气，蛮笺十万落人间。"[4]又孙鼛《粤西画识稿》卷下记之云："得晤宋藕塘先生于环碧园，相与讲求六法，所作益进。"[5]由此可以知，居巢亦为李秉绶之客，并曾参与"宴集"，深受李秉绶之影响，或亦于环碧园学习绘画，并师从孟觐乙与宋光宝。至于咸丰年间，居巢随张敬修归于广东，寓居其"可园"作画，遂自成一家，并教授于其堂弟居廉。居廉后归番禺，于"十香园"教授弟子，开清末"粤派"。[6]民国初年，居廉弟子高剑父、高奇峰、陈树人等，复继承其所学，而开创"岭南画派"。是近世学者推原"岭南画派"之肇始，则皆归源于李秉绶之环碧园，如简又文于《广东绘画之史的窥测》云：广东花鸟画在道光以前，陈陈相因，贫弱特甚，后经李秉绶聘孟觐乙与宋光宝来粤教授，"岭南画风遂为之一振，渐而生气勃发，演成新派。李氏有造于广东艺术之功，诚不可没也。"[7]又今于东莞可园内，犹可以见当年张敬修为纪念李秉绶与其环碧园，而建环绕全园之"环碧廊"。[8]

五

李秉绶于道光二十二年（1842 年）九月去世。此后，环碧园仍由其后人居住，并继续保持"游观"与"宴集"之开放性质。因据况澄《题李园八首》诗之三记其"还乡频访胜，先入此园来"，又诗之八记其乡居期间，"独去访金谷，时来凭画栏"。[9]又

［1］同治《番禺县志》卷四五《列传一四》，清同治十年（1871 年）刻本，2—3 页。

［2］（清）居巢：《今夕庵诗钞·见樱桃》，清光绪十六年（1900 年）刻本，4 页。

［3］（清）王衍梅：《绿雪堂遗集》卷二十，《清代诗文集汇编》，上海古籍出版社，2010 年，590 页。

［4］（清）居巢：《今夕庵读画绝句三十四首》，《美术丛书》，江苏古籍出版社，1986 年，826 页。

［5］孙鼛：《粤西画识稿》卷下，民国稿本。

［6］汪兆镛：《岭南画征略》卷十引《渌水园读画记》，广东人民出版社，1988 年，209 页。

［7］简又文：《广东文化之研究》五《广东绘画之史的窥测》，《广东文物》，中国文化协进会刊行，1941 年，682 页。

［8］刘长文：《岭南园林·东莞可园》，吉林文史出版社，2009 年，89 页。

［9］（清）况澄：《西舍诗钞》卷五，清同治十三年（1874 年）刻本，32—33 页。

张祥河《板栗园望白鹤洞》诗记其在桂林任官期间，"不是移尊便煮茶，频来乞竹又看花"。[1]又赵德湘《李园大风雨歌，小韦丈席上作》诗记于园中宴集云："我醉斯园亦已再，兹游奇绝真雄哉。"[2]又前揭越南出使清朝之燕行使者李文馥于《次韵李小芸兄弟四章》诗序记其"每闻人言"，知当道光末年时，环碧园胜景依然"宏雄"，游观如旧不绝，宴集仍然时或有之。惟已无复李秉绶时"风雅好客"之气度，远逊"当年多韵事，题赠满吟屏"之繁华，而不免"影事前尘感寂寥"之感叹矣。

　　环碧园废毁于咸丰初年，据李宗瀛于咸丰三年（1853 年）春作《一春闭门听雨，花事将阑，柬游春诸子》诗"东观尘芜桃李月，北园亭榭棠梨烟"句注云："李园亦废为殡宫。"[3]又何绍基《桂林留别》诗云："桃李花时冠盖辏，惜哉荒颓毁自寇。"[4]是知环碧园或毁于咸丰二年（1852 年）二月至四月间太平军围攻桂林时。此后园景应再未修复，以至于光绪初年，黄宗起来游于园中时，则"惟见乱山榛莽中，方池水涸，残础一拳而已。"[5]然惟后人于空园徘徊之际，面对其间"断桥平沼，疏树危堤"，犹不乏追想其当年"盛时"者。[6]如张培仁于"闲居无事，偶忆桂林诸山及名胜之地，各赋一律"之《李园》诗"惟余乔木在，过客重低徊"句注云："主人李芸甫水部，擅声伎及园林之美，余总角时犹及见之。"[7]又崔瑛《惜余春慢》词亦云："想堂开簪碧，平章风月，主人难得。"[8]又周幹臣《板栗园怀李筼辅工部》诗亦云："桂林耳目尚喧嚣，梓泽宾月久寂寥。诗集曾夸何水部，平泉犹说李文饶。"[9]是环碧园之园景虽已不在，而惟余山水依旧，然李秉绶于其园中主持文会、倡导风雅，"一时画士骚人咸归"之往事，则持续影响于后世，直至清末民国间，其余响犹存。

[1]（清）张祥河：《小重山房诗词全集·桂胜集》，《清代诗文集汇编》，上海古籍出版社，2010 年，225 页。

[2]（清）张凯嵩：《杉湖十子诗钞》卷二十《丽则堂诗存》，清同治七年（1868 年）刻本，13 页。

[3]（清）李宗瀛：《小庐诗存五》，《杉湖十子诗钞》卷十九，清同治七年（1868 年）刻本，8 页。

[4]（清）何绍基：《东洲草堂诗钞》卷二四《桂林留别》，《清代诗文集汇编》，上海古籍出版社，2010 年，233 页。参见李宗瀛于咸丰三年（1853 年）作《一春闭门听雨，花事将阑，柬游春诸子》诗"北园亭榭棠梨烟"句注云："李园亦废为殡宫。"《杉湖十子诗钞》卷十九《小庐诗存五》，8 页。

[5]（清）黄宗起：《知止盦笔记》卷一，上海书店，2014 年，9 页。

[6]（清）刘名誉：《纪游闲草·李氏园记》，清宣统元年（1909 年）刻本，19 页。

[7]（清）张培仁：《金粟山房诗草二集》卷二，清同治七年（1868 年）刻本，6 页。

[8]叶恭绰编：《全清词钞》卷二八，中华书局，1982 年，1482 页。

[9]（清）周幹臣：《补疏山馆诗集》，民国三十三年（1944 年）石印本，3 页。

龙隐岩、龙隐洞考释

吴文燕

【提　要】龙隐岩、龙隐洞在历史上有桂林诸岩洞第一之称，其中摩崖石刻之众，使之壁无完石，尤为其他岩洞所未有。本文通过对历代石刻与文献的梳理与考释，从岩洞名称的由来及演变，游人于游览线路的选择、对岩洞景观的品题，讨论龙隐岩、龙隐洞之所以被称为第一的成因，揭示历代石刻与诗文赋予岩洞的幽隐意境和文化含义。

【关键词】龙隐岩　龙隐洞　桂林　石刻

【作　者】吴文燕　桂海碑林博物馆　副研究馆员

桂林山水甲天下，今人以"山清、水秀、洞奇、石美"目为四绝。然今检诸历代文献，尤其是桂林石刻，可见古人特别称道者，常以"洞奇"居首。如宋李与等游龙隐岩题名即云："八桂岩洞，为天下奇观。"[1] 又明王士性论天下名山各擅其胜，亦云："天下名山，太华险绝，峨眉神奇，武当伟丽，天台幽邃，雁宕、武夷工巧，桂林空洞，衡岳挺拔，终南旷荡，太行逶迤，三峡峭削，金山孤绝。"[2] 桂林以山水为城，环城皆山，无山不洞，宋代已有"二十四岩洞"之盛名。其中尤以龙隐岩、龙隐洞为最著名，所谓"游观美而舟舆凑，学士集而雕镂繁，终宋之世，腾、隐两岩，衣冠填委"，且于游观之际，仰观俯察，吟咏品题，"镌题之众，至环两岩，使壁无完石，他岩未之有也"。[3] 因自宋代以来，即享有"先贤评桂山，推尔居第一"的盛誉，[4] 屡被称为桂林

---

[1]　桂海碑林博物馆编：《桂林石刻碑文集》，漓江出版社，2019年。本文所引石刻碑文，凡未注明出处者，均参见此书。

[2]　（明）王士性：《王太初先生杂志·胜概》，《四库全书存目丛书》，齐鲁出版社，1996年，799页。

[3]　（明）张鸣凤：《桂胜 桂故》卷七，杜海军、阎春点校，中华书局，2016年，114、135页。

[4]　（宋）刘克庄：《后村先生大全集》卷六《龙隐洞》，《四部丛刊》，商务印书馆，1919年，8页。

诸岩洞之冠。

一、岩洞名称演变

（一）龙隐岩名见于北宋初年

龙隐岩、龙隐洞，位于漓江支流小东江东岸的月牙山之西南麓[1]。据岩洞内现存石刻，有唐乾宁元年（894 年）张濬与刘崇龟《杜鹃花唱和诗》，可以知在晚唐时期，已然有"名流之所尝游"。然今于唐代文献与石刻中，却并未见有"龙隐岩"或"龙隐洞"名之记载。历史上以"龙隐"为岩洞之名称，据今所见最早记载，出现在北宋至和二年（1055 年）刻于龙隐岩石壁的《僧义缘镌智者大师等像记》。记文云："城里崇明寺住持碁僧义缘，谨用斋资，命匠者镌庄就天台教主智者大师、擎天得胜关将军、坛越关三郎。相仪圆具，在龙隐岩释迦寺开光斋僧，上报四恩，下资三友。"末署题识云："至和二年乙未九月五日谨题，小师法巽、法稳、法衮。金符书，匠人易仕端，刊石卢迁。"据此石刻，虽仍未能了解龙隐岩、龙隐洞得名的确切时间，然应可以推知，至迟在北宋至和二年之前，"龙隐岩"名已然传诵于时人之口。[2]

又今日有学者认为，在龙隐岩、龙隐洞得名之前，曾经有过其他的名称，或称为"山居洞"，又或称作"回穴"。

认为曾称为"山居洞"的依据，出自唐张濬《杜鹃花诗》。据其诗题云："山居洞前得杜鹃花，走笔偶成，用别桂帅仆射，兼寄呈广州仆射刘公。"今有学者因此认为，该诗为张濬贬官唐绣州（今广西桂平市），在赴官途经桂林时，曾小住于"山居洞"即今龙隐洞前，后于离开桂林时，所作与"桂帅"周元静告别诗。[3]然据史书可知，张濬诗虽刻于龙隐洞，但并非"小住"桂林时所作，此则早已由清谢启昆《粤西金石略》辨析明白。据其《跋张濬杜鹃花诗》云："濬贬连、绣州，均未至，居华州依韩建。乾宁元年，正依建时也。"[4]其所依据之史传，见《旧唐书》卷一七九本传云："寻贬连州刺史，驰驿发遣。行至蓝田关不行，留华州依韩建。"[5]又《新唐书》卷一八五本传亦云：

[1] 月牙山，约得名于明正德十年（1515 年）前后，之前与今普陀山通称为"七星山"。

[2] （宋）李昉等：《太平御览》卷四九《地部十四·西楚南越诸山》，据前代文献记桂林诸山（书编成于太平兴国八年，983 年），有弹丸山、百丈山、漓山、隐山、独秀峰、南溪山、龙蟠山等，文渊阁《四库全书》，14—16 页。又乐史《太平寰宇记》卷一六二《岭南道六·桂州》记桂林诸山（书著成于雍熙末至端拱初年间，约 988 年前后）有駮鹿山、漓山、隐山、弹丸山、独秀山、南溪山等，中华书局，2007 年，3100 页。

[3] 参见黄家城、曾有云主编《远胜登仙桂林游》，漓江出版社，1998 年，165 页。

[4] （清）谢启昆：《粤西金石略》卷一，清嘉庆六年（1801 年）刻本，17 页。

[5] 《旧唐书》卷一七九，中华书局，1973 年，4661 页。

"罢濬为武昌军节度使，三贬绣州司户参军。全忠为申请，诏听使便。濬乃至蓝田依韩建。"[1]因检吴廷燮《唐方镇年表》卷七，周元静于乾宁元年任桂管都防御观察处置等使兼桂州刺史。[2]是知张濬诗，乃其在华州依韩建时送周元静来桂林任官所作"赠别"诗（《粤西金石略》云"当时寄桂帅"者，亦稍误），而由周元静携至桂林，刻于龙隐洞；其诗所称得杜鹃花之"山居洞"，实在唐华州（今陕西渭南市），而非桂州（今桂林市）之龙隐洞。

又认为曾名"回穴"之依据，出自宋元丰元年（1078年）刘谊《曾公岩记》。其记文云："夫桂之洞穴最多，南有白龙，北有石门，回穴据其东，隐山在其西，皆唐名流之所尝游也。观其咏歌序刻，莫不极道其胜概，而叹前人之所遗者。"今有学者据其所举四处洞穴，以"石门"在宋代更名为叠彩岩，因此推断"回穴"亦为在宋代更名的"唐或唐以前的龙隐洞名"。[3]然据唐《叠彩山记》石刻云："其西岩有石门，中有石像，故曰福庭。"可见叠彩岩在唐代实称作"福庭"，其记文所谓"石门"，是说洞穴高广如门，乃当时所有岩洞之泛称，并非此处岩洞之洞名。[4]是由"石门"而推断"回穴"为龙隐岩、龙隐洞在唐代甚至以前的名称，并不足以凭信。因据宋人石刻，称"回穴"者，又有熙宁六年（1073年）许彦先等题名曰"过回穴，约分按诸郡"，熙宁七年（1074年）张觐等题名曰"同寻回穴山，饭于是岩"，元丰二年（1079年）曾布等题名曰"游回穴"，时间均在熙宁至元丰年间，在此前后皆未有见。且由其题名文意，可见其所称"回穴"，应非追述唐代旧有之岩洞名，而为记述宋代现行之岩洞名。

龙隐岩、龙隐洞，是指由两处均位于今月牙山西南麓，相互之间并不存在地质结构联系的个体状岩洞，由于人为命名的原因，组合而成的一组岩洞群。今人于两处岩洞，有明确的"岩"与"洞"的区分，称位于山脚有小东江纵贯其中的穿洞为龙隐洞，称俯临小东江而高踞于山半的岩厦为龙隐岩。然据石刻与文献，"龙隐岩"名不仅出现的时间较早，而且通常包括了今龙隐岩和龙隐洞。如宋周刊《释迦寺碑》云："龙隐岩穴旁实弹丸之山，而释迦寺乃在斗构之一，摄提之次也。岩穴弯环，俯漓江别派，是为建水。山色清润秀发，凛凛逼人。洞穴两达，有左右门，其中穹然明广。其地坦夷，其顶嵌空嶙峋，有龙卧遗迹；其旁凝乳四垂，两壁峭峙。穴之阳为岩，岩之深处与穴

---

[1]《新唐书》卷一八五，中华书局，1975年，5413页。

[2] 吴廷燮：《唐方镇年表》，中华书局，1980年，1112页。

[3] 黄家城、曾有云主编：《远胜登仙桂林游》，漓江出版社，1998年，117页。

[4] 古人以"石门"泛称洞穴，常见于桂林石刻与文献中，除唐元晦《叠彩山记》外，又如唐莫休符《桂林风土记》谓栖霞洞"有石门"，宋黄邦彦《重修蒙记》谓还珠洞"石门砑张"，宋范成大《复水月洞铭》谓之"石门正圆"，又《桂海虞衡志》谓曾公岩亦云"山根石门砑然"。是石门可以为所有洞穴之泛称，而非某一洞穴专属之名，可以明矣。

相直，石脉连属，故通号龙隐岩。"[1] 可见当时"龙隐岩"名，与今含义不同，实为今龙隐岩与龙隐洞之统称，故谓之曰"通号"。

以"龙隐岩"为龙隐岩、龙隐洞之"通号"，在北宋时为典型。今检岩洞内石刻，可见不仅龙隐岩例皆题作"龙隐岩"，如元符二年（1099 年）留怙等题名云"同游龙隐岩"，建中靖国元年（1101 年）诃谈题记云"龙隐岩高而明"，政和元年（1111 年）陈仲宜等题名云"同游龙隐岩"，政和二年（1112 年）王先之等题名云"晚会于龙隐岩之环翠阁"。而且于龙隐洞亦皆题作"龙隐岩"，如嘉祐六年（1061 年）李师中题诗云"留题龙隐岩"，嘉祐七年（1062 年）作《宋颂》云"勒于桂州之龙隐岩"，治平元年（1064 年）余藻等题名云"泊龙隐岩"，治平四年（1067 年）章岘题诗云"留题龙隐岩"，元符二年张寿之等题名云"同游龙隐岩"，政和三年（1113 年）谢勋等题名云"泛舟过龙隐岩"。是以北宋石刻无论题于龙隐岩与龙隐洞，均作"龙隐岩"，其作"龙隐洞"者未见有一例。

（二）龙隐洞名始见南宋初年

据石刻与文献，"龙隐洞"名最早出现于南宋淳熙二年（1175 年）范成大《桂海虞衡志》。其于《志岩洞》云："龙隐洞、龙隐岩，皆在七星山脚，没江水中，泛舟至石壁下，有大洞门，高可百丈。鼓棹而入，仰观洞顶，有龙迹夭矫，若印泥然，其长竟洞。舟行仅一箭许，别有洞门可出。岩在洞侧，山半有小寺，即岩为佛堂，不复屋。"[2] 其所谓"没江水中"者，即龙隐洞；而"在洞侧"者，为龙隐岩。是以两岩洞之名，第一次分别以"洞"与"岩"命名。因据南溪山有绍兴二十四年（1154 年）赵夔题刻《桂林二十四岩洞歌》，内有"龙隐岩"而无龙隐洞名，然由其诗云"何年龙隐冲霄去，鳞鬣形模镵石路"，知所歌之"岩"，实为今之龙隐洞。又龙隐洞有建炎三年（1129 年）佚名"提点刑狱公事"诗刻，诗题一作"留题龙隐岩寺"，一作"留题龙隐岩洞"。是或可以推知，当南宋初年，"龙隐岩"仍为两岩洞之通号，故淳熙元年（1174 年）范成大龙隐洞题名犹云"泛舟驾船来游龙隐岩"；然已出现如"寺"与"洞"之类区分两岩洞的倾向。故至淳熙二年，范成大乃采时人口头称谓之语，著之于文，为之分别命名，以旧时通号之"龙隐岩"为半山岩厦之专属名称，以"龙隐洞"为山脚穿洞之新名称。

然复检诸南宋石刻，又可见两处岩洞之名，并无固定统一的称谓，而出现有如下三种情形。其一，明确区分两处岩洞名称的石刻，唯见有庆元四年（1198 年）张埏题诗，其《龙隐洞》诗云："几年鳞甲蛰清渊，一旦飞腾石自穿。遗迹漫存离旧隐，定应

[1]（宋）周刊：《释迦寺碑》，《粤西文载》卷四一，文渊阁《四库全书》，4 页。
[2]（宋）范成大：《桂海虞衡志校注》，严沛校注，广西人民出版社，1986 年，7 页。

衔雨去朝天。"又《龙隐岩》诗云："洞内岩高着数椽，湫灵听法护金仙。腾身一跃天池后，云雾于今尚瀴然。"其二，以"龙隐洞"为二处岩洞的新"通号"，见于朱晞颜留题石刻，如绍熙五年（1194年）题龙隐洞诗序云："龙隐洞，石壁玉立，两门虚明相映，江流横贯其中。"又庆元元年（1195年）题龙隐岩诗序云："泛舟过龙隐洞小酌。"又跋石曼卿题名云："刻之龙隐洞之石室。"是其所谓"龙隐洞"，包括了今龙隐岩，而别之曰"石室"。此情形又见于庆元二年（1196年）滑懋刻张釜《随斋先生七咏·龙隐洞》诗。其三，占绝大多数的石刻，如淳熙元年（1174年）许子绍题诗，淳熙四年（1177年）李景亨等题名，淳熙十四年（1187年）詹仪之等题名，嘉定三年（1210年）唐人杰跋《平亭诗》，嘉定七年（1214年）方信孺跋陆游"诗境"榜书与题诗，虽题刻于龙隐洞，然皆称"龙隐岩"，是犹沿用其"通号"。因检南宋地理学文献，如王象之《舆地纪胜》与祝穆《方舆胜览》所记两处岩洞，虽多引录《桂海虞衡志》之文，然均沿用"龙隐岩"之旧通号，而亦未区分"龙隐洞"之新名称。[1]

　　元至清代，无论石刻与文献，所记载龙隐岩、龙隐洞名称，均与南宋时的三种情形相似。其一，犹以沿用"龙隐岩"为通号者居多，其见于龙隐洞石刻如明景泰五年（1454年）李棠等题诗，正德十年（1515年）陈彬等题名，约嘉靖二年（1523年）汪渊题诗，清同治十二年（1873年）萧浩题诗，光绪二十四年（1898年）林德均等题名；见于地理学文献如元刘应李等《大元混一方舆胜览》[2]，明王士性《桂海志》[3]，张鸣凤《桂胜》等[4]；见于方志如明万历《广西通志》[5]，清康熙、雍正《广西通志》等[6]；见于纪游诗文如明徐弘祖《粤西游日记》[7]，清戴铉《粤西纪游》[8]等。其二，以"龙隐洞"为通号者仍有见，然惟见于龙隐岩石刻，如明弘治二年（1489年）屠滽题刻榜书，清康熙二十三年（1684年）高层云题诗，嘉庆十九年（1814年）蒋攸铦等题名。此外，文献中又有以"龙隐岩"与"龙隐洞"并为通号的记载，如明李贤等《大明一统志》

[1]（宋）王象之：《舆地纪胜》，中华书局，1992年，3166页。又祝穆：《方舆胜览》，中华书局，2003年，685页。

[2]（元）刘应李、詹主谅：《大元混一方舆胜览》卷下《岭南广西道肃政廉访司·静江路》，郭声波整理，四川大学出版社，2003年，688页。

[3]（明）王士性：《五岳游草》卷七《滇粤游上》，周振鹤点校，中华书局，2016年，114页。

[4]（明）张鸣凤：《桂胜 桂故》卷七，杜海军、阎春点校，中华书局，2016年，114页。

[5] 万历《广西通志》卷四《山川志上》，《中国史学丛书》，台湾学生书局，1986年，76页。

[6] 万历又康熙《广西通志》卷五《山川志一》，清康熙二十三年（1684年）刻本，7页。又雍正《广西通志》卷十三《山川志》，文渊阁《四库全书》，12页。

[7]（明）徐弘祖：《徐霞客游记》卷三上《粤西游日记一》，褚绍唐、吴应寿整理，上海古籍出版社，1980年，311—312页。

[8]（清）戴铉：《粤西纪游》卷二，清康熙六十一年（1722年）序刻本，25页。

卷八三《广西布政司·山川》记龙隐洞云："又名龙隐岩。"[1]清顾祖禹《读史方舆纪要》卷一百七《广西二·桂林》、穆彰阿等《嘉庆重修大清一统志》卷四六二《桂林府一·山川》记龙隐岩并云："又曰龙隐洞。"[2]嘉庆《广西通志》卷九四《山川略一》记龙隐岩云："亦曰龙隐洞。"[3]为前所未有之新称谓。

这一时期于"岩"与"洞"有明确区分之记载，多见于方志。如嘉靖《广西通志》卷十二《山川志一》云："龙隐岩，在城东二里。漓江之水分流绕其下，其后连属七星山。岩后有洞名龙隐，其下水深莫测。"[4]清嘉庆《临桂县志》卷九《山川志八》、光绪《临桂县志》卷十《山川志二》，均从范成大《桂海虞衡志》作"龙隐洞、龙隐岩，皆在七星山脚"。[5]复据明张鸣凤《桂胜》，知从明代开始，又出现以"龙影"与"龙腾"作为区分"洞"与"岩"之新名称。其书卷七云："或曰'龙影'，以龙去影存，游者刺舟，转碕入窦，见其上石裂数丈，作鳞甲形。登崖缘麓，则有大岩，如排高门，坐堂皇，可以广宴，或题曰'龙腾'，谓龙已绝地上飞天汉。"[6]其所谓"龙腾"之大岩，据又云："腾岩又有滴玉泉，……中故有释迦寺。"可以知即龙隐岩，今犹存明万历二十六年（1598年）龚文选题刻诗序云："同戴中丞宴集龙腾岩，见石上有飞腾迹。"又有佚名题"龙腾岩"榜书，俱其明证。其所谓"龙影"者，据云"游者刺舟，转碕入窦"，又清张维屏《桂游日记》卷二记游龙隐洞云："洞顶有龙迹夭矫，若印泥然，或曰'龙影'，以龙去影存也。……余大书'龙影'二字刻洞石。"[7]又金武祥《漓江杂记》卷一云："仰观洞顶，其上石裂数丈，龙迹夭矫，作鳞甲形，故又名'龙影'。"[8]又光绪四年（1878年）吴尊任题月牙山诗后序云："自龙影洞登月牙山题壁。"可以知即今之龙隐洞。

由此可明龙隐岩、龙隐洞名称之演变。以"龙隐岩"出现较早，约在北宋早期，并在历史上有广狭二义。其广义为统称今龙隐岩与龙隐洞之"通号"，自北宋至清代，不仅一直沿用，且保持有最高的使用频率；其狭义仅指山半岩厦，始见于南宋初年，

[1]（明）李贤等：《大明一统志》，三秦出版社，1990年，1268页。

[2]（清）顾祖禹：《读史方舆纪要》，中华书局，2005年，4816页。（清）穆彰阿等：《嘉庆重修大清一统志》卷四六二《桂林府一》，《四部丛刊续编》，上海商务印书馆，1934年，7页。

[3] 嘉庆《广西通志》卷九四《山川略一》，清同治四年（1865年）刻本，21页。

[4] 嘉靖《广西通志》卷十二《山川志一》，《北京图书馆古籍珍本丛刊》，书目文献出版社，1998年，176页。

[5] 嘉庆《临桂县志》卷九《山川志八》，清光绪十八年（1892年）刻本，1—2页。光绪《临桂县志》卷十《山川志二》上册，桂林市档案馆，1963年，464—465页。

[6]（明）张鸣凤：《桂胜 桂故》卷七，杜海军、阎春点校，中华书局，2016年，114页。

[7]（清）张维屏：《桂游日记》卷二，清道光十七年（1837年）刻本，13页。其云大书"龙影"二字刻洞石，今未见存。

[8]（清）金武祥：《漓江杂记》卷一，清光绪二十三年（1897年）刻本，16页。

并与其"通号"并存，至明代又有"龙腾岩"之新名称。而"龙隐洞"出现稍晚，与"龙隐岩"狭义名称同时见于南宋初年，或许有一个由口头称谓至书面记载的过程。之后也曾用作"通号"，但影响远不及于"龙隐岩"，其名称更多是指山脚穿洞，至明代又有"龙影洞"之新名称。无论是广义或狭义的"龙隐岩"与"龙隐洞"名，或是更为形象生动的"龙腾岩"与"龙影洞"名，均缘于古人对于岩溶景观的想象及其心灵感受的累积。

（三）龙隐岩、龙隐洞得名原因

龙隐岩、龙隐洞得名原因，据石刻与文献记载，出于"昔有龙隐此"之传说。其见于石刻如宋嘉祐六年（1061年）李师中题龙隐岩诗云："传云此处昔龙隐，阴岩凛凛犹疑存。"绍熙元年（1190年）朱晞颜题刻诗序云："世传昔有龙蟠伏其间，因以名焉。"其见于地理文献如宋祝穆《方舆胜览》卷三八《广西路·静江府·山川》云："俗传昔有龙蟠伏其间。"[1]清罗辰《桂林山水》云："相传有龙隐此，一夕雷雨，破空飞去。"[2]其所谓"昔有龙隐此"之传说，乃起因于有"神龙遗迹"留存于岩洞之中。[3]

据现代对岩溶洞穴的研究，龙隐岩与龙隐洞的地质成因虽有不同——龙隐岩为小东江水流自山外流入，后由于地面抬高而形成的一次发育性的横向洞穴；龙隐洞则为小东江地面水道旁，由两侧洞口向中部汇流而形成的回流洞穴——然其共同点是均形成于水流的溶蚀作用。[4]所谓"神龙遗迹"，即是由于水流溶蚀而形成的岩溶洞穴景观。

此由岩溶景观形成的"神龙遗迹"，历代又有在龙隐洞与在龙隐岩之不同。称"龙迹"在龙隐洞者，谓在洞顶与洞体等长之天沟，呈波状流痕，状若龙鳞。其记载始见于宋代，如元符二年（1099年）周刊《释迦寺碑》云："洞穴两达，有左右门，其中穿然明广。其地坦夷，其顶嵌空嶙峋，有龙卧遗迹。"[5]淳熙二年（1175年）范成大在《桂海虞衡志》中《志岩洞》云："泛舟至石壁下，有大洞门，高可百丈，鼓棹而入，仰观洞顶，有龙迹夭矫，若印泥然，其长竟洞。"[6]绍熙五年（1194年）朱晞颜题刻诗序云："龙隐洞，石壁玉立，石门虚明相映，江流横贯其中。上有祥龙纹，如印泥然，亦异矣。"至于明清，又见于张鸣凤《桂胜》卷七云："游者刺舟，转碛入窦，见其上

［1］（宋）祝穆：《方舆胜览》，中华书局，2003年，685页。

［2］（清）罗辰：《桂林山水》，清道光十一年（1831年）刻本，36页。

［3］（明）张祐题"神龙遗迹"榜书，摩崖石刻在龙隐洞。

［4］中国地质科学院岩溶地质研究所：《桂林岩溶地质之五：桂林岩溶地貌与洞穴研究》，地质出版社，1988年，135—137页。

［5］石刻今已不存，见《粤西文载》卷四一，文渊阁《四库全书》，4页。

［6］（宋）范成大：《桂海虞衡志校注》，严沛校注，广西人民出版社，1986年，7页。

石裂数丈，作鳞甲形。"[1]嘉靖《广西通志》卷十二《山川志一》云："洞名龙隐，其下水深莫测，仰视其上，龙迹夭矫，长竟数丈，鳞鬣宛然。"[2]康熙《广西通志》卷五《山川志一》云："岩后有洞，名龙隐，其下水深莫测，上有龙迹。"[3]

称"龙迹"在龙隐岩者，谓悬垂于洞顶之钟乳，由内向外延伸，呈蜿蜒曲折状。其有明确记载者见于明代，以徐弘祖《粤西游日记》记载最为生动。其云："洞门西向，高穹广衍，无奥隔之窍，而顶石平覆，若施幔布幄。有纹二缕，蜿蜒若龙，萃而为头，则悬石下垂；水滴其端，若骊珠焉。此龙隐之所由其名也。"[4]龙隐岩内石刻有正德六年（1511年）朱相璁题诗云："神物已从云里去，灵踪还向洞中留。"万历二十六年（1598年）龚文选题刻诗序云："同戴中丞宴集龙腾岩，见石上有飞腾迹。"又诗云："龙窟何年成变化，石形此日尚依稀。"然据宋治平四年（1067年）章岘题诗有云："苍崖石室俯清涟，蟠蛰灵虬不记年。"则以"龙迹"在龙隐岩，似在宋代已隐存其意。至于清代，犹见影响，如康熙十八年（1679年）毛浑题诗云："屈曲形如画，斑斓影若遗。……滴玉为霖润，悬珠许月窥。"同治十二年（1873年）萧浩题诗亦云："遂有神龙来隐藏，后人因之名诸岩。我来神龙已飞去，空留龙涎滴潺潺。"惟其影响远不及"龙迹"在龙隐洞者深入人心。因检查礼《游龙隐洞龙隐岩记》云："范石湖《桂海虞衡志》云：'仰观洞顶，有龙迹夭矫，若印泥然，其长竟洞。'今观其状，始信其说。龙隐之名以此。"复记其游云："鼓棹而入，洞长二百尺，宽一二十尺，左右尽石刻。舟从洞后出，缘山脚百五十尺至岩。舍舟登山，由磴道上数十武，即龙隐岩。岩与洞近，故以洞之名名岩。"[5]若诚如其说，则"龙隐岩"名最初虽为两岩洞之"通号"，然其名称之由来，实出于今之龙隐洞；后则转移于今龙隐岩，因复有"龙隐洞"名，以名今之龙隐洞。

二、桂林岩洞之冠

桂林诸岩洞孰为第一，因游人喜乐差异而有不同的选择。然若以历代称誉次数计，则龙隐岩、龙隐洞无疑首屈一指。其见于石刻，如北宋周刊《释迦寺碑》云："龙隐岩

[1]（明）张鸣凤：《桂胜 桂故》卷七，杜海军、阎春点校，中华书局，2016年，114页。

[2]嘉靖《广西通志》卷十二《山川志一》，《北京图书馆古籍珍本丛刊》，书目文献出版社，1998年，176页。

[3]康熙《广西通志》卷五《山川志一》，清康熙二十三年（1684年）刻本，7页。

[4]（明）徐弘祖：《徐霞客游记》卷三上《粤西游日记一》，褚绍唐、吴应寿整理，上海古籍出版社，1980年，312页。

[5]（清）查礼：《铜鼓书堂遗稿》卷二九，《续修四库全书》，上海古籍出版社，2002年，210—211页。

于桂林为第一。"[1] 南宋朱晞颜题刻诗序云："桂林岩洞，龙隐其最也。"张埏题龙隐洞与龙隐岩诗后序云："岩洞固多，此尤冠绝。"唐文杰跋李訦《平亭》诗云："桂林溪山之胜，龙隐岩居其最。"明钱叒题诗云："两承恩命下南夷，历览名山此最奇。"见于纪游诗文，如宋刘克庄《龙隐洞》诗云："先贤评桂山，推尔居第一。"[2] 明徐弘祖《粤西游日记》云："内瞩重洞，外瞰深流，此为最胜。"[3] 清杨翰《粤西得碑记》云："桂林诸岩，各有奇妙处，而以龙隐岩为最胜。"[4] 今据石刻与文献所记，揆其被称"第一"，或曰"最奇""最胜"之原因，约为二端，其一谓龙隐洞具泛舟寻幽之奇，其二谓龙隐岩擅登临高会之胜。

（一）游观线路

历代游观龙隐岩、龙隐洞，其线路约有三条。其一，横渡小东江溪桥，抵龙隐岩。据宋周刊《释迦寺碑》载，宋元符二年（1099 年）之前，因"限于建水"，游观龙隐岩、龙隐洞有"病涉之难"与"跻攀之苦"，乃于小东江"缆彩舟为浮桥"；后程节重修释迦寺，并由前住持仲堪重新架桥，游人因此可以直抵龙隐岩"高穹"之下。其二，由花桥东渡小东江，经辅星山谷口，自东北转西南，迂回至龙隐岩之山路。据徐弘祖《粤西游日记》载，崇祯十年（1637 年），他游览龙隐岩亦循此山路，并在中留下详细记录。由此知此迂回于辅星山之山路，实为当时通行龙隐岩、龙隐洞之"大道"。胡直与徐弘祖记文所载沿途所见"端拱之石""大塘""隐真岩""怡云亭废迹"等，今皆有遗迹可寻。其三，由小东江泛舟穿行龙隐洞之水路，是游览龙隐岩的主要线路。今见石刻与文献记载，可谓连篇累牍，兹略举数例。其见于北宋者，如政和元年（1111 年）朱辂等题名云："游曾公岩，登风洞，浮江下龙隐"；见于南宋者，如淳祐七年（1247 年）陈信伯等题名云："自癸水泛舟来游龙隐"；见于明代者，如正德十年（1515 年）陈彬《游龙隐岩赋》云："驾楼船于江浒，遣从属于同寅，相浮于龙隐山之下"；见于清代者，如戴铉《粤西纪游》云："岩在七星山南，小江东绕其下，洞门踞江水中，游者鼓棹而入"[5]；等等。

由前揭石刻与文献可见，历代游观龙隐岩、龙隐洞，以选择泛舟穿行龙隐洞之水路为最多，且以宋代为尤甚。其所以多选择水路，固然因为由"大道"绕行，山路崎

［1］（清）汪森：《粤西文载》卷四一，文渊阁《四库全书》，4 页。

［2］（宋）刘克庄：《后村先生大全集》卷六，《四部丛刊》，商务印书馆，1919 年，8 页。

［3］（明）徐弘祖：《徐霞客游记》卷三上《粤西游日记一》，褚绍唐、吴应寿整理，上海古籍出版社，1980 年，312 页。

［4］（清）杨翰：《粤西得碑记》，民国十三年（1924 年）刻本，21 页。

［5］（清）戴铉：《粤西纪游》卷二，清康熙六十一年（1722 年）序刻本，25 页。

岖，多有"跻攀之苦"；而横渡"溪桥"，因时有倾圮，常患"病涉之难"，尤以春夏水涨弥岩，更是"非舟不通"。[1] 然而最重要的，还应与宋代以来泛舟游览之风气有关。桂林城池经唐宋不断修浚，环城水网日趋完善，不仅形成了"环城有水，如血脉之荣一身"的山水城格局，[2] 并由此形成了连接各处山水名胜的环游水路。于时游人自伏波山或水东门登舟，向北经木龙洞至虞山，可以沿西、北濠塘游于隐山西湖，再从阳江游雉山，入漓江；也可以东渡二江口，沿小东江游七星山，从穿山出漓江，游南溪、象鼻诸山。[3] 而龙隐岩、龙隐洞即处于小东江环游水路之间，因据宋元丰二年（1079年）曾布游龙隐洞题名云："尽室泛舟，历览东观岩穴之胜。"又淳熙元年（1174年）范成大题名云："泛舟驾船来游龙隐，历览千峰百嶂，溪流纵横，城东山水，揽胜探奇，盖尽得之眼前。"则历代所以泛舟而游于龙隐岩、龙隐洞之原因，可以明矣。

（二）景观之胜

龙隐岩、龙隐洞已知是由月牙山西南麓两处并不存在地质结构关系的个体状岩洞，因历史上人为命名组合而成的岩洞群。其岩与洞，既有明确区分的专属名称，又有合并统称之"通号"。而其岩与洞之景观，亦相应有其分别不同的、因自然生成的岩溶现象而被命名的山水景观；同时作为一处组合岩洞群，又被历代游人通过诗文与石刻，赋予了互生关联、相辅而成的含义。

龙隐岩之景观，前人或曰因近龙隐洞而得名，或有视洞顶悬垂之钟乳亦为"龙迹"者，然检诸历代石刻，实别有胜概在焉。龙隐岩景观之胜，因其高踞于月牙山之半山，俯临江水，而生数端。其一，为"复临深溪"，乃以小东江水浟流于岩下山麓，故于此凭岩俯察，则可以坐赏"龙隐岩前拥碧流，水光山色共清幽"[4]，目"江流奔腾"之胜概。即徐弘祖《粤西游日记》所称"内瞩重洞，外瞰深流，此为最胜"者。其二，有"登览之富"，乃以岩门高广开阔，故于此登临仰观，则可见四望无际，山岚城郭，触目成色，"一境之美赴焉"。如宋周刊《释迦寺碑》云："造物之炉锤，表里呈露。凭栏虚襟，挂眼千里。神担白龙绕其左，庄岩风穴屹其右。远有西峰粉堞之差池，近有惊湍茂林之映带。"[5] 又宋方信孺题诗云："眼中在处画图开。"其三，以岩穴"高而明，虚

[1]（明）胡直：《游龙隐洞记》，《粤西文载》卷二一，文渊阁《四库全书》，24 页。

[2]（宋）张仲宇：《桂林盛事》，摩崖石刻在桂林中隐山。

[3] 参见曾度洪、覃树冠、魏华龄《桂林简史》第四章《宋元时期的桂林·宋代桂林风景营建与旅游的兴旺》，广西人民出版社，1984 年，65 页。

[4]（明）刘希旦龙隐洞题诗，摩崖石刻在龙隐岩。

[5]（清）汪森：《粤西文载》卷四一，文渊阁《四库全书》，5 页。

而有容"，夷旷可以坐数百人，或曰二三千指。其中"上下数丈，悬若幢盖"[1]，兼有洞顶滴水涓涓不绝，既可以"饭于是岩，酌石乳之溜，试郝源新芽"[2]，复能聆其"堕石穴琤然作清响"[3]，故不必雅歌鸣瑟，而成山水间天然雅集之佳境。是故历代游人，多有于此"轻裘缓带，蜡屐囊锦，从宾僚，走厨传，雍容谈笑，揽山水之清晖"[4]，解衣盘薄于其间，并因此摩崖题刻，以记其胜游者。

三、龙隐岩、龙隐洞的人文内涵

桂林环城诸山以"龙"命者不止一处，而可以俯清流、仰远峰之岩洞亦不少见，然则历代何以唯独中意于龙隐岩、龙隐洞？因据宋佚名"提点广西刑狱公事"题诗云："岩高隐灵迹，地胜隔嚣埃。"明林维翰题诗云："琼杯迭献酬，迥觉尘氛隔。"徐海龙题诗云："恍入华胥境界游，从知身与世俱浮。"陈彬《游龙隐岩赋》云："意潜蛟之踪迹，犹恍惚于深渊，殊有以绝尘嚣之味也。"可以知其岩洞之景观，不仅有奇幻之胜概与观览之快感，且在历代游人书目中，能够产生一种远离世俗、摒除尘虑、超然物外的心理安慰作用。其见诸石刻者，如明张祐题诗云："轻航一乘兴，回首倦红尘。"又宋颜颐仲等题名亦云："乘暇幽寻，超然物外，髣髴乎日、月华君之与游也。"是所以宋代程节在重修释迦寺后，复建有轩阁多处，"名其最高者为骖鸾，其次为环翠，又名其轩曰静"[5]。其所谓"骖鸾"者，乃用唐韩愈"远胜登仙去，飞鸾不暇骖"名意[6]，即宋方信孺题诗云"何须骖鸾去，此即白玉京"，及和人诗韵题诗云"骖鸾未办乘风去，浮鹢何妨载雨来"之意。是历代游观于龙隐岩、龙隐洞者，其于凌汪洋、观龙迹、俯清流、仰远峰之际，实多有享受精神上获得的隐逸乐趣。

惟此精神上的隐逸乐趣，据历代石刻与文献，乃通过赋予龙隐岩、龙隐洞景观以两种象征性的暗示而获得。其一，为龙隐岩名称所蕴含的隐逸意义。其岩洞以"龙隐"命名，固然因为龙隐洞顶之岩溶沟槽有若"神龙遗迹"，又其深层含义，则借物事以喻人事，假自然景观以抒发主观胸臆。龙在中国传统文化中的解释有多重意义，就其人事而言，常以喻君，为帝王之象征，如《三国志》卷三二《先主传二》记蜀群臣劝刘

---

[1]（明）胡直：《游龙隐岩记》，《粤西文载》卷二一，文渊阁《四库全书》，24页。

[2]（宋）张觐等题名，摩崖石刻在龙隐洞。

[3]（明）张鸣凤：《桂胜 桂故》卷七，杜海军、阎春点校，中华书局，2016年，114页。

[4]（宋）周刊：《释迦寺碑》，《粤西文载》卷四一，文渊阁《四库全书》，5页。

[5]（宋）周刊：《释迦寺碑》，《粤西文载》卷四一，文渊阁《四库全书》，5页。

[6]（唐）韩愈：《韩昌黎诗系年集释》卷十二《送桂州严大夫》，钱仲联集释，上海古籍出版社，1984年，1242—1243页。

备进帝位云："闲黄龙见武阳赤水，九日乃去。《孝经·援神契》曰：'德至渊泉则黄龙见。'龙者，君之象也。《易·乾》九五：'飞龙在天。'大王当龙升，登帝位也。"[1]同时，又为古代文人士大夫之自喻，为其涵养道德与实现功业理想的表现方式，如三国裴玄《新言》云："龙潜之水，乘云跃鳞，虎啸之声，因风奋烈。达则振缨朝堂，穷则身亲南亩。"[2]今因检诸龙隐岩、龙隐洞石刻，如宋张田题诗云："龙隐晦冥时莫考，龙骧挐攫迹堪惊。孔明久卧养全德，老子忽飞归太清。"许子绍题诗云："霖雨几时岩墅去，卧龙底处草庐空。眼中要识真英物，寓迹何劳想下风。"所谓"吁嗟腾与隐，消长洞中求"[3]，其石刻大多或明或晦地表达了这样一种主题。

广西历史上政治、经济与文化均相对落后于中原，故南来任职官员或游寓士人，常怀有不能施展抱负的失落情绪。如宋初杨蟠谈阳朔山水之美，被王赞揶揄曰："某未曾打人唇绽齿落，安得而见？"[4]明末张鸣凤欲由湖北辞官归籍桂林，王世懋致书劝留云："有杨大夫为僚长，吴参政为邦人，差胜八桂间杂瑶黎而耕，厌厌无与共语耳。"[5]时人因于从政余暇，多借山水以抒胸臆，而"龙隐"所蕴含的意义，无疑最能合其当时心态，投其彼时趣味。是今检诸石刻，见其人于凌汪洋、观龙迹、俯清流、仰远峰之际，所吟咏品题者，既有"江山胜处须拼醉，名利场中已息机"的豁达[6]，又有"嗟余出处不自重，遇事轻发难为神"的自省[7]，复有"委蜕去为天下雨，抱珠归作洞中眠"的期待[8]，更有"霖雨傅岩终有望，风雷禹穴许谁攀"与"品题一啸下山去，岩龙惊起腾苍旻"的自信[9]，所表达者实皆前揭所谓"达则振缨朝堂，穷则身亲南亩"之意。而清刘德宜题刻龙隐洞藏头联云："龙从何处飞来，看秀峰对峙，漓水前横，终当际会风云，破浪不尝居此地；隐是伊谁偕汝，喜旁倚月牙，下临象鼻，莫便奔腾湖海，幽栖聊为寄闲身。"是为龙隐岩名称所蕴含隐逸意义的最好注脚。

其二，由小东江沿岸多生长桃树而联想于历史故事的幽寻意境。因龙隐岩、龙隐洞内摩崖石刻殆遍，几乎使壁无完石，为桂林其他山峰与岩洞所未有，故此后人多以

[1]（晋）陈寿：《三国志》卷三二《先主传二》，中华书局，1964年，888页。

[2]（宋）李昉等：《太平御览》卷九二九《鳞介部一》，中华书局，1960年，4131页。

[3]（清）刘楚英：《石龛诗卷》卷二三《榕湖别馆集·桂梧十景图·龙隐摩碑》，清同治九年（1870年）刻本，页数失记。

[4]（宋）孙光宪：《北梦琐言》卷五《阳朔山水》，中华书局，2006年，101页。

[5]（明）王世懋：《王奉常集·文部》卷四一《答张羽王书》，《四库全书存目丛书》，齐鲁书社，1997年，620页。

[6]（明）袁凯：《陪胡方伯、江宪使游龙隐岩》诗，摩崖石刻在龙隐岩。

[7]（宋）李师中：《留题龙隐岩》诗，摩崖石刻在龙隐岩。

[8]（宋）章岷：《留题龙隐岩》诗，周进隆龙隐洞题诗，摩崖石刻均在龙隐洞。

[9]（明）闵珪：《与人同游龙隐岩赋诗》，摩崖石刻在龙隐岩。

为这里必然为历代游人往来最多之处，或谓之"宋游最盛"[1]，又或曰"从来游屐甚盛"[2]。然据前文所揭历代通往龙隐岩、龙隐洞的三条游览线路，可知旧时环境与今日现状，实有旧貌新颜之不同。不仅其岩洞"断壁削崖"[3]，地势险峻；且与周边有"石壁隔绝，下绕江水"，路塞莫通，交通不便，远非今一片坦途可以比拟。故时人欲往游览者，自溪桥横渡固不免"病涉之难"，由山路绕行则尤多"跻攀之苦"，而经水路泛舟，须有专门向导，非随时可以成济。因知其岩洞，或非普通游人易往游览之地。是故明杜衡题诗有云："云埋翠壑龙湫远，路接丹丘鸟道悬。"而当清同治元年（1862年）春，何绍基来游桂林，"遍游桂林诸山，皆以岩洞胜"，而惟以"党人碑拓久藏购，龙隐攀寻杳未觌，斯为缺憾使心疚"[4]。因据宋方信孺题诗云："爱山那惜走千回，生怕前驱后骑催。石上参差鳞甲动，眼中在处画图开。"又题《西江月》词云："绝壑偏宜叠鼓，夕阳休唤归鞍。"是知龙隐岩、龙隐洞应非"宋游最盛"，或曰"游屐甚盛"，而或为远离尘俗，可以无惧"前驱后骑催"之地；其所以石刻最多，恰因其为少有喧嚣，"正堪愒广宴"，能于其中从容盘桓，"抵掌谈文艺，娱情水石"之幽境[5]。

　　称龙隐岩、龙隐洞为一处远离尘俗、少有喧嚣之幽境，历代石刻，屡见不鲜。如宋佚名"提点刑狱公事"题诗云："层轩飞杳霭，幽径出氛埃。"颜颐仲等题名云："乘暇幽寻，超然物外。"明潘洪题诗云："一水盈盈古洞幽，凭高凝望豁吟眸。"王鸣鹤题刻诗序云："既探洞壑之幽奇，复藉樽罍以酬酢。"因据明萧銮题诗有云："胜地谁从物外寻，仙源有路水云深。清溪渺渺通幽涧，翠壁亭亭出远林。"其所谓有清溪与幽涧通往之胜地，并非普通的山水清幽之境，而为一处可以超然物外之"仙源"。因复检诸宋方信孺和人诗韵题诗云："雨脚初收鱼尾霞，满溪流水半溪花。寻源曾识武陵洞，泛宅如浮云水家。"由此可以知，萧銮诗所谓"仙源"，即方信孺诗所云"武陵洞"，乃古代士大夫理想中的陶渊明笔下的桃花源。

　　据方信孺诗云"满溪流水半溪花"，知小东江沿岸旧有桃树成林，花开烂漫。故游人泛舟缘江而行，忽逢龙隐洞，"初入稍狭，转行即见穹朗"，出后洞舍舟，江岸皆峭壁，惟由磴道上至龙隐岩，"一境之美赴焉"，兼有岩洞高而明，虚而有容，复临深溪，

［1］（明）张鸣凤：《桂胜 桂故》卷七，杜海军、阎春点校，中华书局，2016年，1114页。

［2］（清）赵炯：《栖霞寺志》卷上《基地》，清康熙刻本，30页。

［3］（明）徐弘祖：《徐霞客游记》卷三上《粤西游日记一》，褚绍唐、吴应寿整理，上海古籍出版社，1980年，312页。

［4］（清）何绍基：《东洲草堂诗钞》卷二四《桂林留别》，清同治六年（1867年）刻本，10页。

［5］（明）张鸣凤：《桂胜 桂故》卷七，杜海军、阎春点校，中华书局，2016年，135页。

其中"正堪娱广宴,谁为寄幽栖"[1]。是其游览之情景,发人之联想,皆于陶渊明《桃花源记》颇多冥合默契。故历代纪游诗文,除前揭宋方信孺与明萧銮题诗外,又如明江勋题诗云:"石洞孤峰天竺境,桃花流水武陵溪。"袁凯题诗云:"山联桂岭峰峦秀,地胜桃源草树香。"谢少南《龙隐岩》诗云:"移舟有芳讯,霞烂碧桃溪。"[2]顾璘《龙隐岩》诗云:"拟约东风重载酒,碧桃迷路恐难寻。"[3]多有借桃花源情景以拟其于游览时所见所闻,假其"寓义之文"以表达其于彼时的超然物外之志。而龙隐岩、龙隐洞则因其联想而益增幽寻意境,被赋予了更为丰富的隐逸文化内涵。

---

[1](明)曹学佺:《石仓诗稿》卷二九《桂林集·栖霞洞、龙隐岩在东门外二三里,诸公答都阃于其处》,《四库禁毁书丛刊》,北京出版社,1997年,537页。

[2](清)汪森:《粤西诗载》卷十二,文渊阁《四库全书》,4页。

[3](清)汪森:《粤西诗载》卷十六,文渊阁《四库全书》,32—33页。

故宫博物院藏书籍雕版概述*

周　莎

【提　要】在北京故宫博物院的众多藏品中，有 23 万余件雕版文物。在这些雕版文物中，书籍雕版是古代书籍印刷的前提。主要包括了经部、史部、子部、集部等各类别的雕版板片。清宫旧藏的书籍雕版较为著名的是"十三经注疏"和"二十一史"雕版。这些雕版历经明清两朝，不断递修和增补，留存下了大量的历史信息。根据雕版版面信息，可以按不同朝代进行对比研究；也可以按相同类别、相同内容，进行文献学研究。同时，雕版本身所蕴含的文物信息也可以按照文物学的材质、类别、内容、工艺等要素进行分析研究。因此，清宫雕版为学术研究提供了真实可信的实物资料，是研究清代雕版、宫廷史、版本学的重要文献之一。

【关键词】清宫雕版　书籍雕版　十三经注疏　二十一史

【作　者】周莎　故宫博物院图书馆　馆员

一、故宫典藏书籍雕版研究资源概述

北京故宫博物院雕版藏品数量繁多，有 23 万余件。丰富的藏品内容为研究者提供了丰富的研究资源。雕版藏品的来源包括明宫旧藏（如明代经厂刻版）、清宫旧藏（如清代武英殿刻版、内府刻版及臣工进呈刻版）、文物局拨交。故宫所藏有一大部分刻有明确的文字纪年，为文物研究提供了坚实有力的依据和丰富的实物资源。雕版年代自 14 世纪中期至民国初期均有涉及。其中，藏品中最晚的雕版时代为民国初年，即徐世昌退耕堂雕刊的书籍、诗集雕版。"徐世昌雕版"的来源，为文物局调拨，并非清宫

*　本成果得到故宫博物院"英才计划"和北京故宫文物保护基金会学术故宫万科公益基金会专项经费资助。

旧藏。

2002 年之前，雕版文物尘封达半个世纪之久。这批雕版并没有算在故宫藏品之内，没有文物号码，甚至连存了多少块雕版，存了哪些内容的雕版，都不得而知。2002 至 2009 年，经过故宫七年的院藏文物清理工作，基本摸清了这批雕版的数量，以及大致的品种类别。

故宫博物院所藏雕版中，主要有三大类，分别是书籍雕版、文书雕版和图样雕版。书籍雕版按其刊刻的内容类别，可分为经、史、子、集四部。其内容多选取常用的典籍进行刊刻。

以经部雕版为例，分别刊刻并收藏国子监刊刻的板片有《易疏》《书疏》《诗疏》《语疏》《孟疏》《书经》《诗经·大雅》《论语》《孟子》；武英殿刊刻的板片有《周易注疏》《尚书正义》《尚书注疏》《诗谱序》《毛诗注疏》《周礼注疏》《十三经注疏》《仪礼注疏》《春秋正义》《春秋左传》《春秋左氏传注疏》《左传注疏》《春秋公羊传》《春秋榖梁传注疏》《孝经注疏》《论语注疏》《孟子注疏》《尔雅注疏》《钦定周官义疏》《钦定仪礼义疏》《钦定礼记义疏》等；清代内府刊刻的板片有《御纂周易折中》《月令辑要》《钦定春秋传说汇纂》《三合圣谕广训》《御制数理精蕴》《钦定诗经传说汇纂》等。

以史部雕版为例，分别刊刻并收藏武英殿的板片有《史记》《汉书》《后汉书》《三国志》《晋书》《宋书》《南齐书》《梁书》《陈书》《魏书》《北齐书》《周书》《隋书》《南史》《北史》《新唐书》《新五代史》《宋史》《辽史》《金史》《元史》等。

故宫所藏的子部佛经类雕版，以《清文翻译全藏经》经版最为丰富，且最有特色，在弘扬佛教典籍的基础上，继承与发展，刊刻了多种文字版本，如《清文（满文）翻译全藏经》、藏文《四体楞严经》、蒙古文《甘珠尔经》、蒙古文《秘密经》等，其雕刻工艺精湛、版式布局合理、图像细微，体现了佛经仪轨的庄严与神圣。

由上所述，经部的书版如"四书五经"，史部的雕版如"二十一史"，子部的雕版如《清文翻译全藏经》，以及集部的雕版如《晚晴簃诗汇》等。笔者根据现有并公布的资料，对故宫所藏经学书版、史学书版举例，以便直观了解目前故宫所藏书版的类别与版面样式。

二、经学书版的样式

（一）"十三经注疏"雕版

清宫雕版的来源多为明代宫廷旧藏雕版，清廷在接收保管这批书版后，根据其完残情况，将书版进行了再利用，即刷印刊行。从雕版实物上，可看到有"挖补填刻"的痕迹。挖补的地方多为书口处，填刻内容为"某某年校刊""某某年重修"等表示时间、年代的字样。

　　"十三经注疏"雕版是清宫旧藏中时间刊刻较早的经学典籍。所谓"注疏"，是指后人为方便查阅"十三经"的"注"和"疏"，将唐代陆德明的《经典释文》注音，合刊一体的"十三经"。包括《易疏》《诗疏》《书疏》《周礼》《礼记注疏》《仪礼注疏》《左传注疏》《公羊传注疏》《榖梁传注疏》《孝经注疏》《论语注疏》《尔雅注疏》《孟子注疏》。

　　故宫现藏的"十三经注疏"雕版并不完整，仅存六部。其中，《记疏》（内容为《礼记》）雕版有挖补填刻的内容，为"康熙二十五年重修"。笔者此处仅选如下诸例，作为经学书版的样式，以期抛引玉之砖。

　　《记疏》刻板刊刻于明万历二十二年（1594 年）至明万历三十四年（1606 年），由北京国子监刊刻，清康熙二十五年（1686 年）内务府重修此版。以《记疏·卷四十五·一》雕版为例（图1），现存雕版尺寸呈长方形，长 30.5 厘米，宽 23.2 厘米，厚 2.8 厘米。雕版版面上下单边，左右双边，黑色单鱼尾，白口，半叶 9 行，小字双行，行 20 字，大字单行，行 20 字。其中，在雕版白口偏左的地方，有挖补填刻的内容，为"康熙二十五年重修"。（图2）恰可证明，清代康熙朝利用明代刻版，对其进行修补、重刷的工作。此版应与明万历本版框格式、内容相一致。

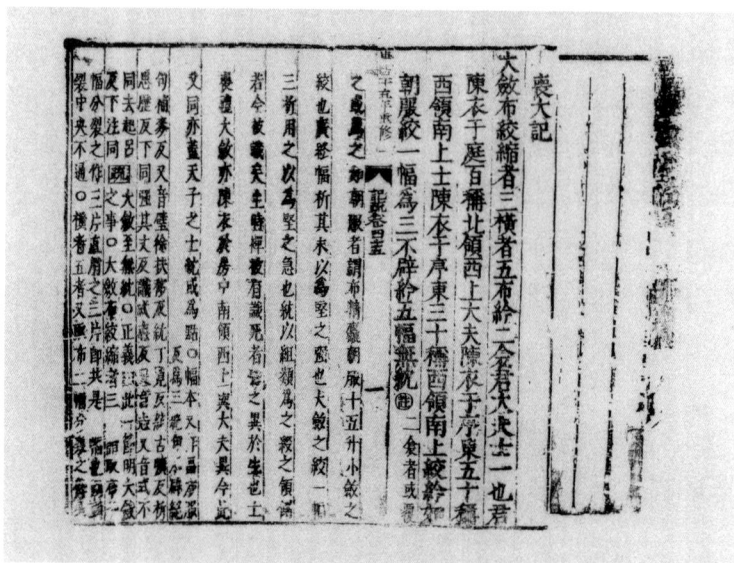

图 1　《记疏》雕版刷印样张

图 2 《记疏》雕版及其局部（康熙二十五年重修）

　　《尔雅注疏》刻板刊刻于明万历十四年（1586 年）至明万历二十一年（1593 年），由北京国子监刊刻。以《尔雅注疏·卷五·二》雕版为例（图 3），现存雕版尺寸呈长方形，长 31 厘米，宽 23 厘米，厚 2.8 厘米。雕版版面上下单边，左右双边，黑色单鱼尾，白口，半叶 9 行，小字双行，行 20 字，大字单行，行 20 字。

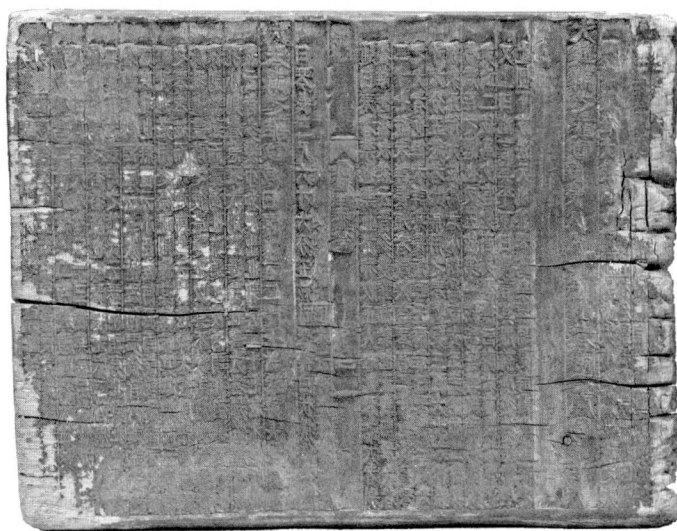

图 3 《尔雅注疏》雕版

（二）北京国子监版"四书五经"雕版

与上述经学书籍刊刻于同一时期、同一地点的雕版还有"四书五经"。现存雕版有《书经》《礼记》《诗经》《春秋》《论语》《孟子》，其雕版版面的版本信息分别如下：

《论语》刻板由北京国子监刊刻。以《论语·子路·七之三》雕版为例（图4），现存雕版尺寸呈长方形，长29.7厘米，宽20.6厘米，厚2.8厘米。雕版版面四周单边，无鱼尾，半叶9行，小字双行，行17字，大字单行，行17字。

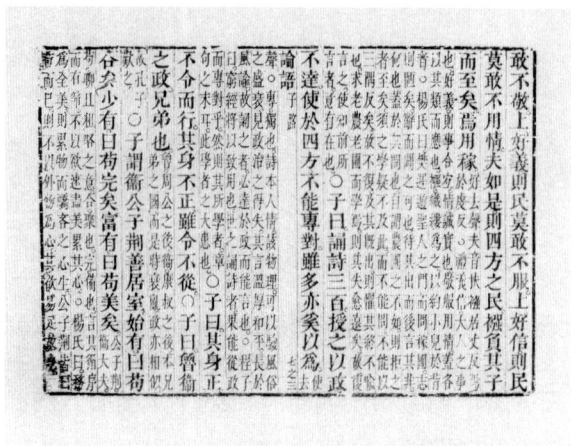

图4 《论语》雕版刷印样张

《孟子》刻板由北京国子监刊刻。以《孟子·万章·五之二十三》雕版为例（图5），现存雕版尺寸呈长方形，长29.9厘米，宽21.1厘米，厚2.8厘米。雕版版面四周单边，无鱼尾，半叶9行，小字双行，行17字，大字单行，行17字。

图5 《孟子》雕版

（三）武英殿版"十三经注疏"雕版

清代初期，清宫刊刻书籍的中心——武英殿刻书处，也雕刊有"十三经"书版。主要有：《周易注疏》《尚书正义》《尚书注疏》《诗谱》《毛诗注疏》《周礼注疏》《仪礼注疏》《春秋正义》《春秋左传》《春秋左氏传注疏》《左传注疏》《春秋公羊传注疏》《春秋穀梁传注疏》《孝经注疏》《孝经疏》《论语注疏》《孟子注疏》《尔雅注疏》等。

《周礼注疏》刻板刊刻于乾隆四年（1739年）至乾隆十二年（1747年），由武英殿刊刻。以《周礼注疏·卷四·天官·十七》雕版为例（图6），现存雕版尺寸呈长方形，长30.4厘米，宽22.3厘米，厚3.4厘米。雕版版面上下单边，左右双边，黑色单鱼尾，白口，半叶10行，小字双行，行21字，大字单行，行21字。其中，在雕版白口偏左的地方，有挖补填刻的内容，为"乾隆四年校刊"。

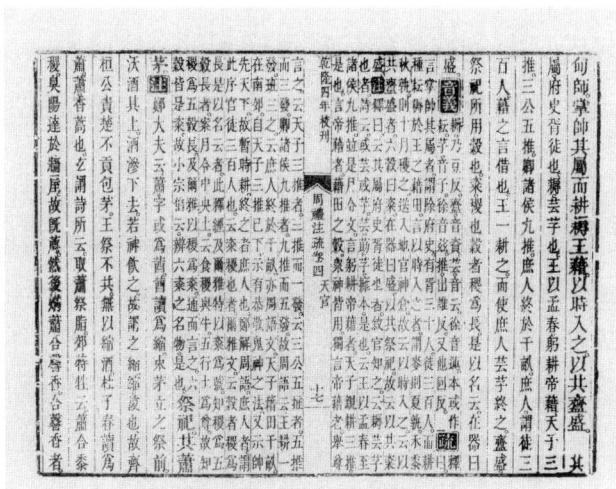

图6 《周礼注疏》雕版刷印样张

《孝经注疏》刻板刊刻于乾隆四年（1739年）至乾隆十二年（1747年），由武英殿刊刻。以《孝经注疏·卷四·二》雕版为例（图7），现存雕版尺寸呈长方形，长30.9厘米，宽22.4厘米，厚3.6厘米。雕版版面上下单边，左右双边，黑色单鱼尾，白口，半叶10行，小字双行，行21字，大字单行，行21字。其中，在雕版白口偏左的地方，有挖补填刻的内容，为"乾隆四年校刊"。

图7　《孝经注疏》雕版

三、史学书版的样式

（一）武英殿版"二十一史"雕版

在清代初期时，史部类纪传体通史书籍仅有"二十一史"行世，到了清朝乾隆时期，清宫刊刻了《明史》，史称"二十二史"。目前，故宫所藏雕版板片中，武英殿所刊之板存17种。

《史记》刻板刊刻于乾隆四年（1739年）至道光十六年（1836年），重修版，由武英殿刊刻。以《史记·卷十九·年表·二十三》雕版为例（图8），现存雕版尺寸呈长方形，长31.3厘米，宽22.5厘米，厚3厘米。雕版版面上下单边，左右双边，黑色单鱼尾，白口。

图8　《史记》雕版

《前汉书》刻板刊刻于乾隆四年（1739年）至道光十六年（1836年），重修版，由武英殿刊刻。以《前汉书·卷四十四·列传·十二》雕版为例（图9），现存雕版尺寸呈长方形，长31厘米，宽22.6厘米，厚2.9厘米。雕版版面上下单边，左右双边，黑色单鱼尾，白口，半叶10行，小字双行，行21字，大字单行，行21字。

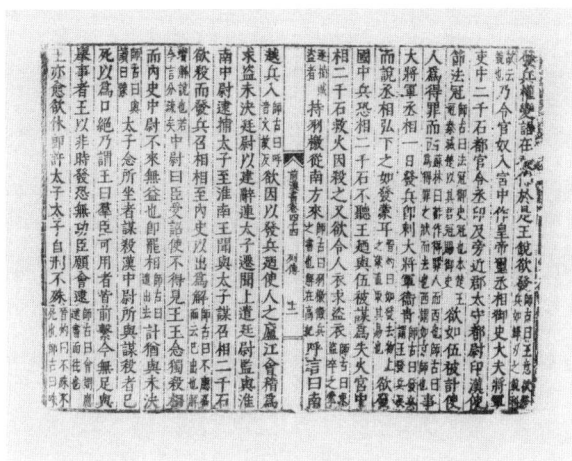

图9 《前汉书》雕版刷印样张

《后汉书》刻板刊刻于乾隆四年（1739年）至道光十六年（1836年），重修版，由武英殿刊刻。以《后汉书·卷十二·律历志·七》雕版为例（图10），现存雕版尺寸呈长方形，长31.3厘米，宽22.9厘米，厚2.5厘米。雕版版面上下单边，左右双边，黑色单鱼尾，白口，半叶10行，小字双行，行21字，大字单行，行21字。

图10 《后汉书》雕版

《晋书》刻板刊刻于乾隆四年（1739 年）至道光十六年（1836 年），重修版，由武英殿刊刻。以《晋书·卷四十六·列传·十四》雕版为例（图 11），现存雕版尺寸呈长方形，长 31 厘米，宽 22.5 厘米，厚 4.5 厘米。雕版版面上下单边，左右双边，黑色单鱼尾，白口，半叶 10 行，小字双行，行 21 字，大字单行，行 21 字。其中，在雕版白口偏左的地方，有挖补填刻的内容，为"道光十六年重修"。

图 11 《晋书》雕版

《宋书》刻板刊刻于乾隆四年（1739 年）至道光十六年（1836 年），重修版，由武英殿刊刻。以《宋书·卷九五·列传·二十八》雕版为例（图 12），现存雕版尺寸呈长方形，长 31 厘米，宽 22.5 厘米，厚 4.5 厘米。雕版版面上下单边，左右双边，黑色单鱼尾，白口，半叶 10 行，小字双行，行 21 字，大字单行，行 21 字。其中，在《宋书·卷一·本记·六》雕版白口偏左的地方，有挖补填刻的内容，为"道光十六年重修"（图 13）。

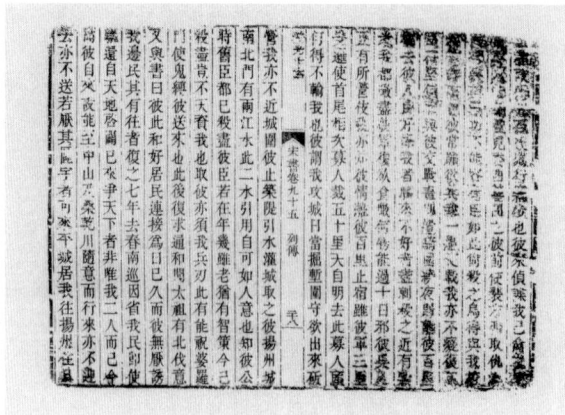

图 12 《宋书》雕版刷印样张

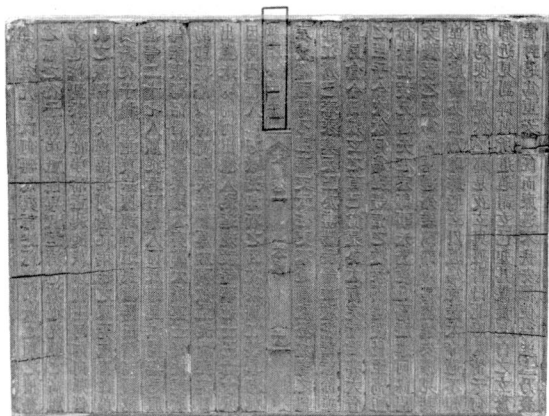

图 13 《宋书·卷一·本记·六》雕版

　　《南齐书》刻板刊刻于乾隆四年（1739 年）至道光十六年（1836 年），重修版，由武英殿刊刻。以《南齐书·卷二十三·列传·四》雕版为例（图 14），现存雕版尺寸呈长方形，长 22.5 厘米，宽 22.5 厘米，厚 4 厘米。雕版版面上下单边，左右双边，黑色单鱼尾，白口，半叶 10 行，小字双行，行 17 字，大字单行，行 21 字。其中，在雕版白口偏左的地方，有挖补填刻的内容，为"道光十六年重修"。

图 14 《南齐书》雕版

　　《魏书》刻板刊刻于乾隆四年（1739 年）至道光十六年（1836 年），重修版，由武英殿刊刻。以《魏书·卷九十五·列传·十二》雕版为例（图 15），现存雕版尺寸呈长方形，长 31 厘米，宽 22.3 厘米，厚 3.1 厘米。雕版版面上下单边，左右双边，黑色单鱼尾，白口，半叶 10 行，小字双行，行 21 字，大字单行，行 21 字。

图 15 《魏书》雕版

《隋书》刻板刊刻于乾隆四年（1739 年）至道光十六年（1836 年），重修版，由武英殿刊刻。以《隋书·卷七·礼仪志·十六》雕版为例（图 16），现存雕版尺寸呈长方形，长 31 厘米，宽 23.1 厘米，厚 3 厘米。雕版版面上下单边，左右双边，黑色单鱼尾，白口，半叶 10 行，小字双行，行 21 字，大字单行，行 21 字。

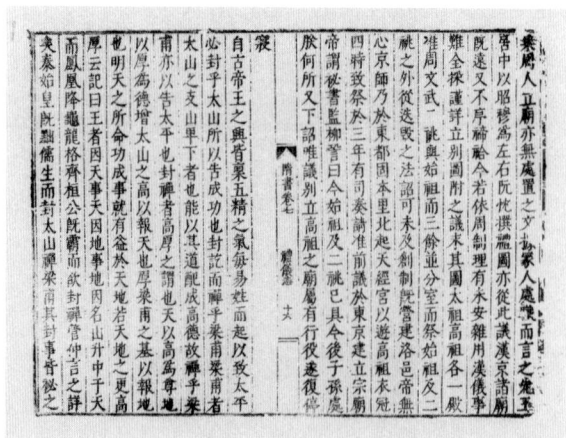

图 16 《隋书》雕版刷印样张

《北史》刻板刊刻于乾隆四年（1739 年）至道光十六年（1836 年），重修版，由武英殿刊刻。以《北史·卷一·帝纪·二十四》雕版为例（图 17），现存雕版尺寸呈长方形，长 31 厘米，宽 22.8 厘米，厚 3.4 厘米。雕版版面上下单边，左右双边，黑色单鱼尾，白口，半叶 10 行，小字双行，行 21 字，大字单行，行 21 字。其中，在雕版白口偏左的地方，有挖补填刻的内容，为"道光十六年重修"。

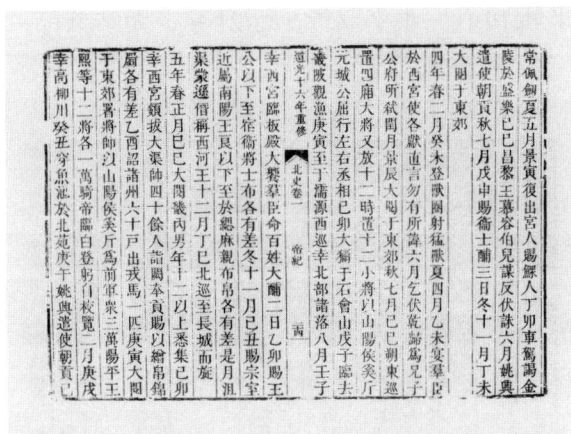

图 17 《北史》雕版刷印样张

（二）北京国子监版"二十一史"雕版

北京国子监刊刻的史学书版仅存 3 种，现在留存的皆不全。

《魏书》（图 18）刻板刊刻于明万历二十二年（1594 年）至明万历三十四年（1606 年），由北京国子监刊刻。以《魏书·魏志·卷十八·传·八》雕版为例，现存雕版尺寸呈长方形，长 30.5 厘米，宽 23.2 厘米，厚 2.8 厘米。雕版版面上下单边，左右双边，黑色单鱼尾，白口，半叶 10 行，小字双行，行 21 字，大字单行，行 21 字。

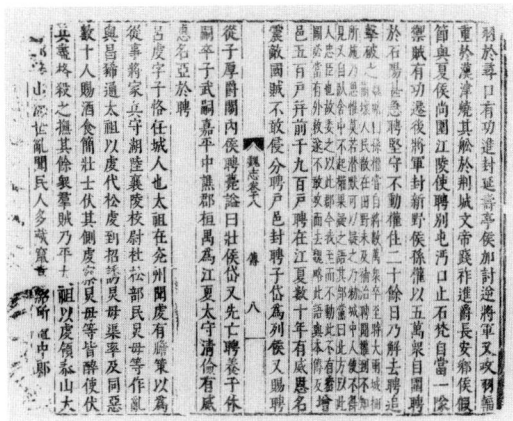

图 18 《魏书》雕版刷印样张

《隋书》刻板刊刻于明万历二十二年（1594 年）至明万历三十四年（1606 年），由北京国子监刊刻。以《隋书·卷十五·音乐志·十七》雕版为例（图 19），现存雕版尺寸呈长方形，长 31 厘米，宽 23.1 厘米，厚 3 厘米。雕版版面上下单边，左右双边，黑色单鱼尾，白口，半叶 10 行，小字双行，行 21 字，大字单行，行 21 字。为"康熙二十五年重修"。

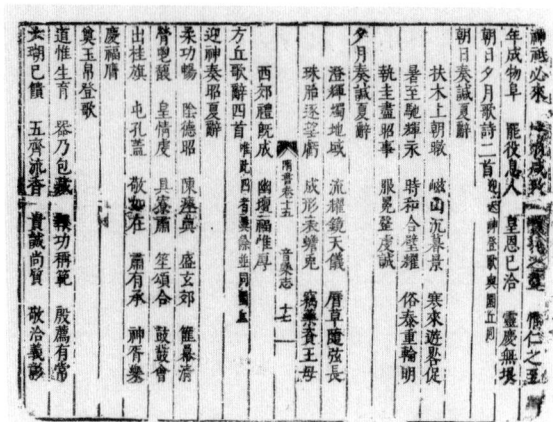

图 19 《隋书》雕版刷印样张

《宋史》刻板刊刻于明万历二十二年（1594 年）至明万历三十四年（1606 年）年，由北京国子监刊刻。以《宋史·卷五十一·天文志·一》雕版为例（图 20），现存雕版尺寸呈长方形，长 30.5 厘米，宽 23.2 厘米，厚 2.8 厘米。雕版版面上下单边，左右双边，黑色单鱼尾，白口，半叶 10 行，小字双行，行 21 字，大字单行，行 21 字。

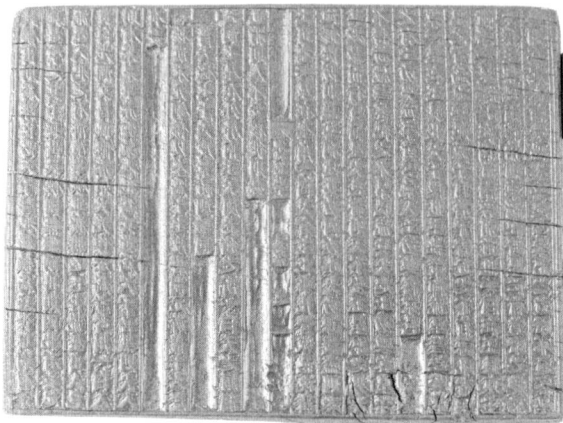

图 20 《宋史》雕版

（三）"典章类"书籍雕版

清廷除了刊刻经部、史部典籍外，还会刊刻宫中则例等书板，这使宫廷管理及制度研究进一步变得规范化。例如：

《钦定内务府总管现行则例》刻板刊刻清咸丰二年（1852 年）校刊，武英殿刻板。

以《钦定内务府总管现行则例·卷四·赏罚功过·二》雕版为例（图21），现存雕版尺寸呈长方形，长29厘米，宽19.5厘米，厚3.6厘米。雕版版面四周双边，黑色单鱼尾，白口，半叶8行，大字单行，行20字。

《钦定王公处分则例》刻板刊刻清咸丰六年（1856年）校刊，宗人府刻板。以《钦定王公处分则例·公左·卷一·三十二》雕版为例（图22），现存雕版尺寸呈长方形，长29厘米，宽18厘米，厚2厘米。雕版版面四周双边，黑色单鱼尾，白口，半叶8行，大字单行，20字。

图21 《钦定内务府总管现行则例》雕版

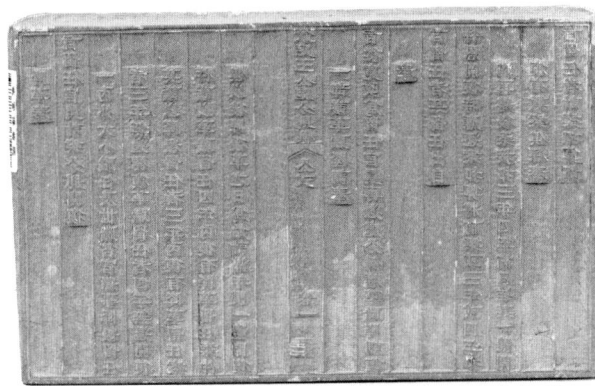

图22 《钦定王公处分则例》雕版

（四）乾隆朝书籍雕版

以乾隆朝刊刻书籍为例，并根据《故宫博物院藏品大系：善本特藏编19，内府雕版（中）》所公布的雕版图片，属于乾隆时期刊刻的书籍板片有：《皇朝礼器图式》《南巡盛典》《钦定吏部则例》《平定两金川方略》《春秋公羊传》《史记》《后汉书》《宋书》《旧唐书》《钦定国子监则例》雕版板片等。除史部雕版外，仅举诸例如下：

《皇朝礼器图式》刻于乾隆三十一年（1766年），现存雕版尺寸呈长方形，纵19厘米，横 33 厘米，厚 3.1 厘米。雕版版面四周双边，单鱼尾，半叶 11 行，大字单行，行 18 字，部分版面上有图。（图 23）[1]

《南巡盛典》刻于乾隆三十六年（1771 年），现存雕版尺寸呈长方形，纵 21 厘米，横 34.8 厘米，厚 2.7 厘米。此雕版版面上每半页为一图，二图打开左右相连。（图 24）[2]

《钦定吏部则例》刻于乾隆四十八年（1783 年），现存雕版尺寸呈长方形，纵 18.8 厘米，横 32 厘米，厚 3.1 厘米。雕版版面四周双边，单鱼尾，半叶 9 行，大字单行，行 20 字，部分版面上有抬格。（图 25）[3]

《平定两金川方略》刻于乾隆五十一年（1786 年），现存雕版尺寸呈长方形，纵 22.3 厘米，横 33.8 厘米，厚 3.2 厘米。雕版版面四周双边，黑色双鱼尾，半叶 7 行，满行 19 字。（图 26）[4]

图 23 《皇朝礼器图式之乐器》雕版

图 24 《南巡盛典·卷九十二·二十六》雕版

［1］ 故宫博物院编：《故宫博物院藏品大系：善本特藏编 19，内府雕版（中）》，故宫出版社，2014 年，23 页。
［2］ 故宫博物院编：《故宫博物院藏品大系：善本特藏编 19，内府雕版（中）》，故宫出版社，2014 年，25 页。
［3］ 故宫博物院编：《故宫博物院藏品大系：善本特藏编 19，内府雕版（中）》，故宫出版社，2014 年，26 页。
［4］ 故宫博物院编：《故宫博物院藏品大系：善本特藏编 19，内府雕版（中）》，故宫出版社，2014 年，27 页。

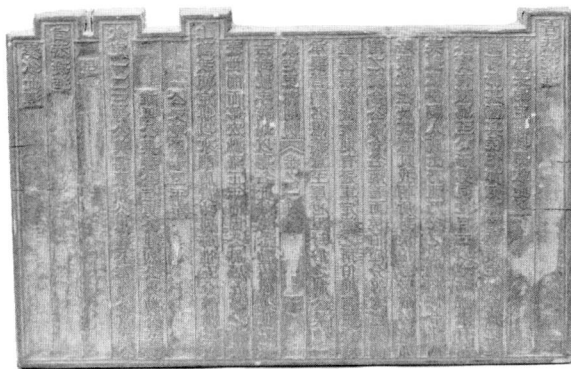

图 25 《钦定吏部则例·卷之一》雕版

图 26 《平定两金川方略·卷三十八》雕版

（五）明代儒家书版与清代儒家书版的样式对比

诚如上言，故宫所藏雕版对弘扬儒家思想起到了一定的作用。以"十三经注疏"儒家经学书版的版面样式为例刊刻，现存明代国子监雕刊的书版，与清代武英殿雕刊的书版，它们之间的样式有相同点，也有不同点。根据上面所述的几种书版版面样式来看，其相同点有：

其一，明代和清代所雕刊的内容，皆为儒家典籍的书版。

其二，明代书版和清代书版都采用木质板材，手工雕刊。

明代和清代雕刊的书版，就"十三经注疏"的雕版来看，两种书版的版面设计相同，都是上下单边，左右双边，黑色单鱼尾，白口。

它们的不同点有：

第一，两种书版的雕刊时间不同，刊刻时间一为明代，一为清代。

第二，两种书版的板材大小不同，武英殿版的板材稍大一些，雕版版面文字竖行，较明代版面多 1 个字，即明版"半叶 9 行"，清版"半叶 10 行"。整块书版在每面内容上，比明代书版多 1 列。

综上所述，经学书版和史学书版在古籍版本学研究中，占有较为主导的研究地位。对于版本学研究而言，实物资料相比印刷后装订为成品的书籍，更具有"史料性"。首先，雕版板面上的"挖补"痕迹，在装订为成品的书籍上是看不到的；其次，雕版板面的手工艺雕刻技法，只能在雕版实物中显见；最后，雕版板片本身的材质特点及板材样式、布局、装潢工艺，也只能从雕版实物中得知。因此，在有关清宫旧藏雕版文物研究方面，详细注录板片上的信息是首要任务，可为今后的研究提供真实可靠的实物资料。

四、清宫书版研究方法与展望

上述所举，便是笔者根据目前公布的藏品资料，按其内容规律，对故宫书版进行的举要。对于雕版研究，可以将相同类别、相同内容的雕版版面信息进行对比，找出其演变规律。同时，还可以查找相关实物书籍进行文献学研究。将雕版文物本身的板面信息内容与文献相结合，其运用了哪些工艺，版式如何，都是可研究的思路。

诚如上言，受现有资料所限，每块雕版的内容，以及详细页码和分类，至今没有细部的账目。待日后工作细化，故宫所藏雕版还可以进行如下研究：第一，可以对雕版实物进行文物学研究；第二，可以对书籍成品与雕版实物进行比对研究，雕版上的"挖补"信息、修补工艺、装潢工艺等，书籍是无法看到的，溯其本源，便可以对清代宫廷刊刻工艺及流程进行研究；第三，清宫书版为研究清史提供了相应的证据；第四，还可以根据书籍雕版的实物与尺寸，判断哪些版本与其相同，以及部头较大的书籍经过了几次递修板片，整套书包括哪些具体朝代、年份的校刊或重修等。

综上所述，列举藏品主要信息，是研究的开始。只有将藏品的信息与文博学界共享，才能引起有类似藏品的同行关注，进一步推动研究的深入，达到互补研究、互证研究、补证研究等。故宫保管的书版既是故宫的藏品，也是祖先留给全人类的文化遗产，包容开放的藏品信息可以让文明相互借鉴，让博物馆相互借鉴。笔者期以此文作引玉之砖，带动更多博物馆参与到雕版藏品的研究中来。

参考文献

［1］故宫博物院编：《故宫博物院藏品大系：善本特藏编 18，内府雕版（上）》，故宫出版社，2014 年，第 30、37、155、157、168 页。

"援江将军之印"主人为堵胤锡考述

雷　璇

【提　要】1989 年，广西横县郁江出水一方南明永历三年（1649 年）款虎纽"援江将军之印"铜印，现藏于横州市博物馆。关于该印的主人身份，众说纷纭。经考证，认为该印主人为永历时期受封光化伯兼东阁大学士的堵胤锡，铜印反映的是永历三年清军占领湖南和广西全州后，永历政权意图出兵增援的历史，具有重要的历史研究价值。

【关键词】援江将军之印　南明官印　永历　堵胤锡

【作　者】雷璇　横州市文物所副所长（横州市博物馆副馆长）

1989 年，广西横县郁江江南渡口出水了一枚铜印，1995 年被定级为一级文物，命名南明永历三年款虎纽"援江将军之印"铜印（以下简称"援江将军之印"），现藏于横州市博物馆。"援江将军之印"通高 11.2 厘米，重 1.75 千克；虎纽，虎作蹲坐状居于印背中央，虎身錾细花纹；底座为正方形三层台式，厚 1.42 厘米，底边长 10.2 厘米，印面印文为六字双行阳文柳叶篆书"援江将军（将军）之印"，印背镌楷书铭文，左边竖刻"永曆（历）三年八月 日 礼部造"，右边竖刻"援江将军（将军）之印"，上边横刻"永字一千四十九號（号）"。

关于这枚铜印的主人是谁，至今尚无定论。在前辈学者的研究基础上，笔者经重新考证，认为该印的主人应为永历时期受封光化伯兼东阁大学士堵胤锡。

一、"援江将军之印"的研究回顾

1949 年以后，全国各地发现了数十枚南明官印，引起了学界关注，到 20 世纪 90 年代前后，以曹锦炎、于凤芝等为代表的专家、学者从明清制度、地方文史、篆刻艺

图 1　南明永历三年款虎纽"援江将军之印"铜印

图 2　铜印印面

图 3　铜印钤印效果

术等不同方面着手，取得了大量研究成果，多枚官印背后的历史得到破解。其中，曹锦炎的《古代玺印》、孙慰祖的《中国玺印篆刻通史》、于凤芝的《广西出土九方南明"永历"官印考》等著作和文章均有提及"援江将军之印"，但并未对"援江将军之印"主人身份进行深入考证。

2014 年，横县文物管理所（今横州市文物所）学者郑培分撰《援江将军之印考释》一文，指出"援江将军之印"为督师堵胤锡奉旨授予忠贞营主帅李过北征江西的官印，依据有三：一是根据王夫之《永历实录》中"永历三年（1649 年）春，南昌围急，金声桓驰乞援师……趋腾蛟援江，腾蛟乃与胤锡议，分胤锡统必正诸军自袁、吉入江西"的记载，郑先生认为"江"即"江西"；二是永历三年秋至永历四年忠贞营活动于古称"左江"的浔州、横州、南宁水路之间；三是李过病逝于横州，与"援江将军之印"出水地点相对应。[1]

郑培分此文为"援江将军之印"的研究起到了奠定基础、指明方向的作用，具有

---

[1]　郑培分：《援江将军之印考释》，见广西博物馆协会、广西壮族自治区博物馆编《博物馆藏品架起沟通的桥梁——广西博物馆协会首届学术研讨会暨广西壮族自治区博物馆第七届学术研讨会论文集》，广西科技出版社，2016 年，177—179 页。

很好的参考价值。然而其论证有需要进一步考究之处。必须指出的是,在目前已知的关于"永历三年"的文献中,明确以"援江"二字记载的史事绝大部分指"支援江西",但"援江将军之印"是否就是因此铸造有待商榷,理由如下:

其一,时间上存在疑问。《爝火录》载永历三年正月十二日"大清兵破南昌,金声桓、姜曰广投水死"。[1]《永历实录》载"(永历三年)二月,城中粮尽……南昌复陷"。[2]二者虽时间不同,但均表明永历三年春南昌已陷落。"援江将军之印"铭文表示其铸成时间为八月,此时南昌城已陷落半年左右,"支援江西"从时间上对应不上。其二,从地理位置来看,支援江西的条件不充分。如果说1649年春永历部队尚可从湖南湘潭和广东南雄等方向前往江西,那么到了八月战局已经发生很大变化,这两个进入江西的方向均已受阻。其中广东方向,文献载:"六月己巳朔。大清平南王尚可喜、靖南王耿继茂,出鄱阳,逾梅岭,入广东。"[3]明史专家顾诚先生则考证"七月初七日、十六日清军分两路击败阎可义部,占领大、小梅岭"[4],结合二者至少可以证明八月前永历政权从广东北上江西的门户已经失陷;湖南、广西方向,永历三年正月,清政权的郑亲王爵、定远大将军济尔哈朗进入湖广与明军交战,八月前清军就已占领了湖南和广西全州[5]。可见,从地理位置的角度来考量,永历朝廷当时并不具备支援江西的条件。其三,"支援江西"是一个在前线制定的计划,最终未能完全付诸实施。《明季南略》载:"(永历二年)十二月,(堵胤锡)督兵援江西……至是,金(声桓)、王(得仁)诸将为大清兵所困,何公(何腾蛟)调忠贞营往援,公(堵胤锡)即率诸将赴之。己丑正月,湘潭复失,大学士何腾蛟死之。二月,公闻变,师还,至衡州"。[6]说明堵胤锡督忠贞营支援江西的行动最终未能成行。其四,"堵胤锡奉旨授予李过官印"的结论值得商榷。在堵胤锡去世前,忠贞营的军事行动大多数受堵胤锡节制,文献多有堵胤锡督忠贞营的记载,包括前文提到的"堵胤锡督忠贞营援江不果",《永历实录》中"是年(即永历三年)冬,堵胤锡奉龙旗至浔州,调必正(即高一功)诸军出楚。赤心病,未有行意"[7]等文献都反映了这一事实,考虑到将军印应由主帅持有,因此堵胤锡授予李过官印一事值得商榷。综上,可以认为"援江将军之印"主人并非李过,而是另有其人。

[1](清)李天根:《爝火录》卷十九,浙江古籍出版社,1986年,798页。

[2](清)王夫之:《永历实录》卷十一《金王李陈列传》,岳麓书社,1982年,107页。

[3](清)李天根:《爝火录》卷十九,浙江古籍出版社,1986年,812页。

[4]顾诚:《南明史》,光明日报出版社,2011年,434页。

[5](民国)赵尔巽等:《清史稿》,中华书局,1977年,8949页。

[6](清)计六奇:《明季南略》卷十四《堵胤锡始末》,商务印书馆,1958年,332—333页。

[7](明)王夫之:《永历实录》卷十一《高李列传》,岳麓书社,1982年,129页。

二、"援江将军之印"主人应为堵胤锡

经考证，"援江将军之印"主人应为堵胤锡。堵胤锡（1601—1649年），字仲缄，生于明神宗万历二十九年（1601年），今宜兴市屺亭镇前亭村人，明崇祯十年（1637年）进士，永历时期曾获封为东阁大学士（宰相）、兵部尚书，封光化伯，节制"忠贞""忠武"等诸营兵马，永历三年十一月二十六日病逝于浔州（今广西壮族自治区桂平市），永历帝追封其为浔国公，谥文忠。[1]具体理由分述如下：

（一）"援江将军之印"为一品将军印形制，符合堵胤锡官职级别

南明官印形制沿袭了明朝的制度。《明史·舆服志》载："正一品，银印，三台，方三寸四分，厚一寸……武臣受重寄者，征西、镇朔、平蛮诸将军，银印，虎纽，方三寸三分，厚九分，柳叶篆文。"[2]其中，"援江将军之印"在"三层台式"方面符合一品官印的"三台印"形制，在"虎纽"和"柳叶篆文"方面符合将军印的形制，但在材质、尺寸方面略有不符，个中原因应在于永历财政拮据。目前已知与"援江将军之印"同一时期、形制相近的南明将军印，有贵州省道真仡佬族苗族自治县出土的"规秦将军之印"、浙江省长兴县出土的"靖虏将军之印"、广西玉林市出土的"平东将军之印"等，均为铜印而非银印。其中，永历二年所铸的"规秦将军之印"印背刻有"以铜代银"铭文，曹锦炎、王小红在其论文《南明官印集释》中推断，该印本应使用银来铸造，由于永历时期政权不稳、财政拮据，故"以铜代银"[3]。其他将军印虽未见"以铜代银"铭文，但情况应与"规秦将军之印"一致。另外，"援江将军之印"的印面底边长10.2厘米，"规秦将军之印"底边长9.4厘米，"平东将军之印"底边长10.4厘米，尺寸亦均未达到将军印"方三寸三分（11厘米）"的尺寸。可见，在永历政权当时的实际情况下，将军印的材质变更和尺寸缩减应为普遍现象。"援江将军之印"的形制与永历时期的制度和实际情况相符，属于"一品将军印"。

从官职和爵位看，堵胤锡为从一品、伯爵。史料记载，永历帝于永历三年命堵胤锡入阁辅政，加升他为少傅兼太子太师、文渊阁大学士、吏部尚书兼兵部尚书"总督直省军务"，节制忠贞、忠武、忠开诸营兵马，此后又加封为光化伯。[4]按《明史·职官志》载，少傅、太子太师均为从一品。[5]《明史》中未记载从一品官印形制，根据其他

［1］（清）张廷玉等：《明史》，中华书局，1974年，7154页。

［2］（清）张廷玉等：《明史》，中华书局，1974年，1661—1662页。

［3］曹锦炎、王小红：《南明官印集释》，载《东南文化》，1992年第C1期。

［4］（清）张廷玉等：《明史》，中华书局，1974年，7152页。

［5］（清）张廷玉等：《明史》，中华书局，1974年，1731页。

品级正、从官印形制统一的情况来看，从一品的高官应同样使用三台印。《明史》记载："洪武中，尝用上公佩将军印，后以公、侯、伯及都督充总兵官，名曰'挂印将军'。"[1]堵胤锡"总督直省军务"、获封"光化伯"的两个身份均符合"挂印将军"的条件。可见，"援江将军之印"的"一品将军印"形制与堵胤锡的官职、级别是吻合的。

（二）"援江"含义与堵胤锡经历一致

前文曾提到，在"援江将军之印"铸造时间——永历三年八月时，永历政权不具备"支援江西"条件，进而认为"援江"另有他意。经考证，"援江"应为"支援湖广"之意。

一般来说，将军的名号与其职权范围、征讨方向等内容有关，鉴于"援江"在中国历史上几乎没有作为将军封号出现过，所以"援江"的释义应结合当时的战局来考证。当时，永历政权与清军的战事主要集中在湖南、广西一带，相关记录散见于《清史稿》《清世祖实录》《岭表纪年》《永历实录》《瞿式耜集》等多项文献，顾诚先生在其著作《南明史》中对其进行了清晰的梳理。前文提到，永历三年正月，济尔哈朗率领清军进入湖广与明军交战，并在八月前占领了湖南和广西全州。其间，清军逐个击破了何腾蛟、忠贞营、陶仰用等多支南明部队。[2]九月，以焦琏部为代表的广西各勋恢复全州。[3]可见，这一时期湖广、广西一带的战事不但频繁，双方均派出主要部队参与，且涉及广西的门户——全州、桂林一带，重要性不言而喻，从战略层面考虑，永历政权完全有可能出兵支援此地。

在永历时期，以"江"指代湖广行省的可能性是存在的。古汉语中，"江"字一般特指长江，也常用于指代长江流域地区，而"湖广行省"即湖广承宣布政使司，所辖区域为今天湖北、湖南和河南小部分地区，属于长江流域范围。南明文献亦有以"江楚"指代湖广方向的案例，如《明季南略》提到"（堵胤锡）二十四日陛辞，奉敕出师至江楚"[4]，结合前文引述《永历实录》"（堵胤锡）调必正诸军出楚"的记载，可以得知此处的"江楚"所指的正是湖广方向。

"支援湖广"的军事意图，又与堵胤锡的经历及行为逻辑高度吻合。堵胤锡本就是湖广的官员，《永历实录》载堵胤锡"赐进士出身，授兵部主事，晋员外郎，迁长沙知

[1]（清）张廷玉等：《明史》，中华书局，1974年，1662页。

[2]（民国）赵尔巽等：《清史稿》，中华书局，1977年，8948—8949页。

[3]（明）鲁可藻、钱澄之、瞿共美：《明末清初史料选刊：岭表纪年、所知录、天南逸史》，浙江古籍出版社，1985年，107页。

[4]（清）计六奇：《明季南略》卷十四《堵胤锡始末》，商务印书馆，1958年，334页。

府……（何）腾蛟即题荐胤锡巡抚湖广"。[1]此后，堵胤锡长期在湖广与清军交战，其中永历三年四月时，堵胤锡败给清军后向南撤退，从耒阳退入龙虎关，其随从的千余士兵却被龙虎关守将曹志建奸灭，堵胤锡父子逃出，随后经贺县、梧州，于六月十五日到达广东肇庆行在。此后，堵胤锡辞别永历帝。关于堵胤锡"辞陛"的时间，不同文献的记载并不相同，其中《明季南略》记载为六月、《爝火录》记载为八月[2]，但均能证明他曾奉命出师湖广。

另外"援"字的使用也值得考究。第一，可以通过"援"字判断"援江将军"当时并不在湖南、广西战场，所以焦琏、马进忠等当时仍在前线的将领可以排除在"援江将军"的人选之外。第二，一般来说古代确定将军封号时都会选取立意较好的字词，如"平东""定远""伏波"等，这些封号都蕴含预示胜利的含义。然而，我国古代几乎不存在直接以"援"字命名的将军封号，可见"援"字并不适合作为一般的将军称号来使用。而堵胤锡当时的情况较为特殊，他刚从湖南战场战败归来，曾在朝中遭受攻讦，例如"丁时魁、金堡又论其丧师失地"[3]，在这种背景下，堵胤锡是较有可能获得一个类似"援江"这种不太常见的将军封号的。

（三）堵胤锡曾到"援江将军之印"发现所在地——横州

"援江将军之印"的发现地点在广西横州市。虽然文物在水底期间存在着向上、下游移动的可能性，但距离也不会太远，尤其是文物在水底逆流的可能性更小。因此，可认为"援江将军之印"曾被人携带到横州、南宁一线的水路，最后在郁江横州段一带沉入江中。

文献记载，堵胤锡从永历三年六月十五日抵达肇庆、到十一月二十六日病逝之前，曾到过南宁、横州一线。堵胤锡奉敕出师至江楚并辞别永历帝后，前往檄调忠贞营出师，根据前文引述《永历实录》的记载得知，彼时忠贞营主将李过病重，所以未能出师；直到十一月，只有忠贞营的淮侯刘国昌愿意率部随堵胤锡出征。[4]据顾诚先生考证，永历二年十二月初三日，忠贞营占领南宁府城，在这以后约一年时间里，李过驻扎于南宁，高一功驻扎于横州。[5]《南明野史》也记载，永历三年九月后"忠贞营随散处宾、衡境上"，其中"宾"即宾州（今南宁市宾阳县），"衡"应有误，实际应为

---

［1］（明）王夫之：《永历实录》卷七《何堵章列传》，岳麓书社，1982年，67页。

［2］（清）李天根：《爝火录》卷十九，浙江古籍出版社，1986年，817页。

［3］（清）张廷玉等：《明史》，中华书局，1974年，7154页。

［4］（明）鲁可藻、钱澄之、瞿共美：《明末清初史料选刊：岭表纪年、所知录、天南逸史》，浙江古籍出版社，1985年，108页。

［5］顾诚：《南明史》，光明日报出版社，2011年，413页。

"横"，即横州；十一月后"忠贞营次横州，赤心死；高必正统其众"。[1]其中关于李过病逝的时间目前存疑，《永历实录》载"（永历三年）七月……李赤心死于南宁"[2]，但亦能证明南宁、横州一带正是这一时期忠贞营的主要活动范围。结合《明季南略》中堵胤锡在永历三年十一月二十五日向永历帝所上遗疏中"昨西上横邑（即横州）"[3]等文献记载，可见堵胤锡确实曾到过横州。

受限于文献和实物佐证的缺失，"援江将军之印"掉落水中的原因如今已查无实证。永历三年十一月二十六日，堵胤锡病逝于浔州[4]，"援江"一事也随之湮没在了历史长河之中。

三、结语

南明永历三年款虎钮"援江将军之印"铜印作为一级文物，承载了厚重的历史，具有重要的研究价值。"援江"二字作为堵胤锡生前最后的作战目标，反映了他直至生命最后一刻依然坚持抗清，展现了他矢志不渝的抗敌之志和不屈不挠的高尚气节。同时，他又是南明政权中为数不多主张与农民军联合的大臣。从隆武时期起，堵胤锡就真心实意地联合大顺军余部，负责改编和联络忠贞营，后来又力主联合据守云南的大西军，其战略眼光可见一斑。此外"援江将军之印"的印面"援"字篆文，存在左上角（钤印后为右上角）"爪"字形文字部件呈左右反向的情况，印背上"礼部"二字也未使用"禮部"的写法，这两个情况或有值得探究之处。最后，受水平和学识所限，本文不免存在谬误，望专家、学者和读者能予以指正，也希望本文能起到抛砖引玉的作用，为"援江将军之印"的研究做出贡献。

[1]（清）南沙三余氏：《南明野史》（台湾文献丛刊第八十五种），台湾银行经济研究室编印，1977年，200—201页。

[2]（明）王夫之：《永历实录》卷一《大行皇帝纪》，岳麓书社，1982年，8页。

[3]（清）计六奇：《明季南略》卷十四《堵胤锡始末》，商务印书馆，1958年，335页。

[4]（清）计六奇：《明季南略》卷十四《堵胤锡始末》，商务印书馆，1958年，335页。

晚清民国时期瓷器纹样中的昆曲舞台元素

——从桂林博物馆藏人物故事图瓷器说起

袁　俊

【提　要】明清以降，瓷器中大量出现以戏曲小说插图为样本的纹样题材，两者之间基本上存在着一一对应的关系，比如《西厢记》《牡丹亭》等。至晚清时期，随着昆曲等戏曲演出的传播和影响加深，瓷器不再仅仅以戏曲小说插图作为纹样模板，纹样题材中开始出现昆曲演出的舞台场景。本文以桂林博物馆收藏的两件以昆曲《牡丹亭》舞台演出中睡梦神、堆花十二花神等为主题的晚清民国时期瓷器入手，通过文献梳理和比较研究，基本厘清了纹样的渊薮和流变，并为瓷器的研究和鉴定提供借鉴。

【关键词】晚清民国时期　瓷器纹样　昆曲　牡丹亭　惊梦

【作　者】袁俊　桂林博物馆　副研究馆员

　　桂林博物馆收藏了大量晚清民国时期的彩绘瓷器，其中一部分绘制人物故事图案的，涉及题材广泛，包括神话故事、历史戏曲小说、高士婴戏等方方面面，有不少纹样源自戏曲小说插图[1]，而且两者之间存在一一对应关系，甚至可以说瓷器纹样直接承袭于戏曲小说插图。此外，亦有不少目前无法与戏曲小说插图相对应的馆藏晚清民国时期人物故事图瓷器，却又具有比较明显的戏曲演出场景风格，有可能是受到昆曲等流行戏剧演出场景或舞台剧本的直接影响。因此，本文通过梳理、比对和归纳馆藏几件晚清民国时期的瓷器纹样与昆曲演出的舞台场景之间的关系，并以此为引，尝试探索瓷器纹样、戏曲小说插图和昆曲演出场景（舞台剧本）之间的异同，以求挖掘出纹

---

[1] 袁俊：《浅析桂林博物馆馆藏晚清民国时期民窑人物纹青花瓷》，载《桂林博物馆文集（第八辑）》，广西师范大学出版社，2021年，148—161页。

样的渊薮和流变，掌握瓷器的时代特征和鉴定依据。

一、瓷器纹样的调查和辨析

人物纹在中国瓷器纹样的发展历程中一直都具有举足轻重的地位，其中带故事情节的人物故事图更是凭借丰富的历史文化内容而广受追捧，并且主题内容众多。但是，基于瓷器生产本身的特点和人物故事的相似性，瓷器纹样内容的解读和辨析比较困难，仍有大量暂时无法确定，甚至出错的也不在少数。因此，瓷器纹样的解读和辨析需要整理和把握纹样中的核心元素，在保证整体共性的同时考虑到个体的时代性和差异性。[1]下文便从馆藏两件瓷器出发，把握纹样的基础组成元素，并结合类似纹样进行分析，以求挖掘出标准性的核心元素，为纹样的解读夯实基础。

（一）民国仿乾隆款绿地粉彩人物图大碗（原定道光）

1. 瓷器概况及纹样的基础组成元素

民国仿乾隆款绿地粉彩人物图大碗（原定道光）（图1）[2]，高11厘米，口径23厘米。撇口，深弧腹，圈足。胎色白，胎质疏松。通体施绿釉，釉质松软，不够明亮莹润，釉色不匀较暗沉；足端无釉；口沿施透明釉，釉色白，见有矾红彩篆书"大清乾隆年制"三行六字仿款。碗内外壁均以粉彩人物纹作为装饰，其中内壁绘6人，外壁则12人，彩料疏松显薄，色彩不匀，色阶变化不多，呈色较灰暗。内壁6人作满大人打扮，似为两两一组互动；外壁12人则男女交错排列，各有6人，服饰各异，且手持

图1　民国仿乾隆款绿地粉彩人物图大碗（桂林博物馆藏）

---

［1］ 袁俊：《瓷器纹样之渊薮——从戏曲小说插图上的云雾状纹样谈起》，载《桂林博物馆文集（第十一辑）》，广西师范大学出版社，2024年，77页。

［2］ 桂林博物馆官网：http://www.guilinmuseum.org.cn/Collection/Details/9c44f2f7-d96d-45d0-96b8-e4b228a2c55f。

不同的花卉。

2.纹样的标志性核心元素

（1）标志性核心元素的方向和突破口

中国传统文化中的"十二"是十分常见且神秘的数字，比如十二地支、十二生肖、十二时辰、十二月等等，由此可见纹样中的十二种花卉和十二位人物可能是标志性的核心元素，尤其其中的花卉具有相对明显的辨识度，对其作准确辨析有助于纹样解读，而花卉的种类和顺序是否存在规律是研究重点。

（2）标志性核心元素的辨析

具有类似花卉和人物的瓷器，还有数例，如桂林博物馆藏清光绪青花十二花神人物图玉壶春瓶[1]、故宫博物院藏清道光里绿釉外粉彩十二花神纹碗[2]、山东省汶上县博物馆藏清代粉彩十二花神花口洗[3]、安徽博物院藏清光绪至民国粉彩人物六棱长颈瓶[4]

图3　清道光里绿釉外粉彩十二花神纹碗（故宫博物院藏）

图2　清光绪青花十二花神人物图玉壶春瓶（桂林博物馆藏）

图4　清代粉彩十二花神花口洗（山东省汶上县博物馆藏）

---

［1］桂林博物馆官网：http://www.guilinmuseum.org.cn/Collection/Details/80710639-eff3-468b-8745-7f7dd67aad88。

［2］故宫博物院官网：https://digicol.dpm.org.cn/cultural/detail?id=d93c9cfb79c14b8eb50185e9a4281072。

［3］于静：《清代粉彩瓷装饰绘画中人物画的运用探析——以粉彩十二花神花口洗为例》，载《文物鉴定与鉴赏》，2023年第10期。

［4］安徽博物院官网：https://www.ahm.cn/Collection/CollectionSuperorderList/cpzm（搜索"粉彩人物六棱瓶"）。

图 5　清光绪至民国粉彩人物六棱长颈瓶（安徽博物院藏）

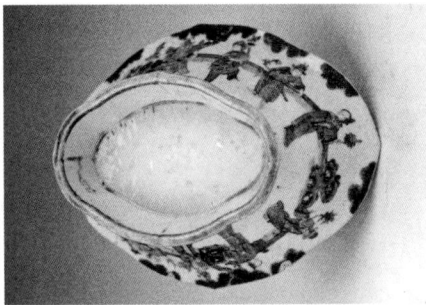

图 6　清道光粉彩人物博古图碗（济宁市博物馆藏）

和济宁市博物馆藏清道光粉彩人物博古图碗[1]等（图 2 至 6），通过比较和分析，可以看出花卉的种类和顺序基本一致，具体为：梅花、杏花、桃花、蔷薇花、石榴花、荷花、凤仙花、桂花、菊花、芙蓉花、山茶花和蜡梅花[2]，似乎分别对应十二个月份。同时，通过几件瓷器纹样的比对，发现手持对应花卉的人物存在较大的相似性，包括性别、面貌、穿着打扮等等，比如手持石榴花的人物均为铁面虬鬓，相貌狰狞，目光炯炯有神；头戴插有两个小尖翅的连翘纱帽，应为判官帽；身穿红色或橘红色团领衫，系玉革带，并且一定程度上类同于中国国家博物馆藏《明宪宗元宵行乐图卷》中所绘钟馗的形象[3]，可见十二位人物也可能存在趋同性和唯一性，很可能为指代某一版本的十二花神。

（二）清晚期粉彩人物故事图供盘（原定时代不详）

1. 瓷器概况及纹样的基础组成元素

清晚期粉彩人物故事图供盘（原定时代不详）（图 7）[4]，通高 5.3 厘米，足高 2.2 厘米，通长 27.1 厘米，通宽 22.2 厘米。整体造型呈海棠式，敞口，浅圆弧壁，圈足。胎

---

［1］ 济宁市博物馆官网：https://www.jiningmuseum.com/list/article_details.do?articleId=4020。

［2］ 故宫、汶上县、安徽和济宁的藏品仅见部分花卉人物；桂林博物馆藏绿地碗和济宁市博物馆的粉彩碗纹饰为从左到右排列，其余为从右到左；故宫博物院藏里绿釉外粉彩碗的纹样中，桂花和芙蓉花位置作了交换。

［3］ 中国国家博物馆编：《中国国家博物馆馆藏文物研究丛书：绘画卷 风俗画》，上海古籍出版社，2007 年，46 页。

［4］ 桂林博物馆官网：http://www.guilinmuseum.org.cn/Collection/Details/f1d29cdd-4c72-4252-8324-81d445df3aef。

图 7　清晚期粉彩人物故事图供盘（桂林博物馆藏）

色白，胎质疏松。通体满釉，足端无釉，釉色白，釉质松软，底部波浪釉感明显。通体粉彩装饰，外壁桃蝠纹，圈足外侧一圈饰海水山石纹，内壁边沿分饰折枝牡丹、莲花、菊花和梅花纹，中心海棠式开光内绘人物故事图，见有三人，年轻男女和一老者，男女脑后都有一个大光圈，三人头顶有云雾状纹样。盘面刻有"玩花楼"三字。

2. 纹样的标志性核心元素

（1）标志性核心元素的方向和突破口

首先看碗盘面刻字，一般认为是拥有者的标记。同时，以"玩花楼"为名进行人物故事搜集，可发现清末的一部同名小说[1]，内容同清代白话长篇英雄传奇小说《天豹图》[2]，但并未发现与瓷器纹样类似的场景；秦腔传统本戏中有《玩花楼》[3]剧目，又名《高宗宴驾》，但也无瓷器纹样的场景。由此可见，"玩花楼"大概率与瓷器纹样无关。

其次看纹样本身，三人头顶的云雾状纹样多代表梦境，不过也有表现逝世、显灵等神异景象[4]，作为常见的核心元素之一，挖掘云雾状纹样的源头及判断其具体代表的景象，有助于纹样的解读。同时，纹样的图案似乎为老者引导年轻男女相会的场景，可将之作为核心内容元素进行故事性的探索和纹样的比对。尤其关键的是男女脑后的

---

[1]（清）佚名撰，禾青校点：《玩花楼》，华龄出版社，1994 年。

[2]《中国大百科全书》第三版网络版（专题板块·中国武侠小说·古代武侠小说）：https://www.zgbk.com/ecph/words?SiteID=1&ID=564922&Type=bkztb&SubID=1027。

[3]《中国大百科全书》第三版网络版（专题板块·秦腔·剧目）：https://www.zgbk.com/ecph/words?SiteID=1&ID=533956&Type=bkztb&SubID=798。

[4] 袁俊：《瓷器纹样之渊薮——从戏曲小说插图上的云雾状纹样谈起》，载《桂林博物馆文集（第十一辑）》，广西师范大学出版社，2024 年，55 页。

光圈，是否代表着神仙的背光，或者有其他意义，摸索出其中的具体含义能够有效解读纹样，因而可将其作为纹样的标志性核心元素进行溯源和研究。

（2）标志性核心元素的辨析

通过搜集和比较，发现具有类似纹样的有济宁市博物馆藏清道光粉彩花卉人物博古图盘（图8）[1]及各大拍卖行和私人收藏的藏品[2]。2016年古玩元素网古董瓷器、杂件拍卖专场中有一件清道光粉彩海棠长盘[3]，从其纹样上似乎可以看出云雾状纹样有可能代表梦境场景，并且有可能是女子在做梦；再结合济宁市博物馆藏品、北京保利四季古董2022年第二期网络直播拍卖会的拍品清同治粉彩人物高足盘[4]及抖音平台中私人收藏的清同治粉彩人物图果盘[5]的纹样进行综合比较，可以看出男女脑后的光圈很可能不是仙人的装饰或具象征意义的背光，而可能是老人手持的圆形物，并且有可能是其用于引导男女相会之物。最后，再参考嘉德四季第66期拍卖会一件类似纹样的拍品——清中期粉彩牡丹亭之游园惊梦人物故事图盘[6]的命名，可知桂林博物馆藏清晚期粉彩人物故事图供盘的纹样有可能是《牡丹亭》中《游园惊梦》的故事，接下来可以查找相关戏曲小说插图等资料进行比对。

图8　清道光粉彩花卉人物博古图盘（济宁市博物馆藏）

---

[1]　济宁市博物馆官网：https://www.jiningmuseum.com/list/article_details.do?articleId=4021。

[2]　受限于博物馆相关藏品资料的缺乏，因此使用部分拍卖行和私人藏品，仅作为纹样可能性的参考。

[3]　个人图书馆（2016年古玩元素网古董瓷器、杂件拍卖专场·藏品编号1203b）：http://www.360doc.com/content/16/1107/09/33819682_604531547.shtml。

[4]　北京保利国际拍卖有限公司官网（北京保利四季古董2022年第二期网络直播拍卖会·LOT 310）：https://www.polypm.com.cn/auction/product_details.html?oldData=false&infoId=71374801612062720。

[5]　抖音旗下优质视频平台：https://www.douyin.com/note/7348424909644647680。

[6]　中国嘉德国际拍卖有限公司官网（嘉德四季第66期拍卖会·嘉友藏瓷·LOT 2341）：https://www.cguardian.com/auctions/item-detail?categoryId=GD-2024-CN002-008-006&itemCode=2341。

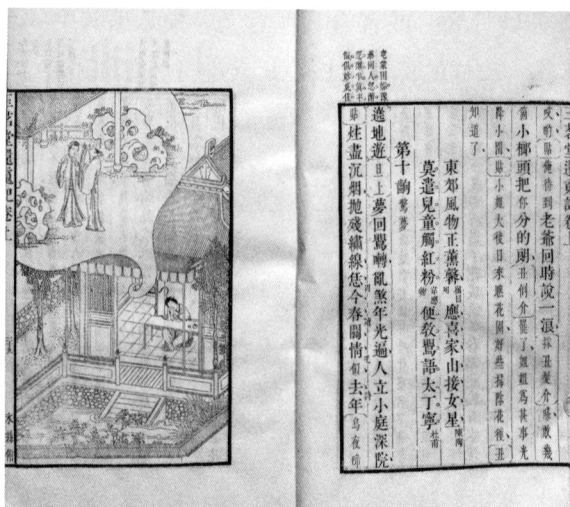

图 9 《玉茗堂还魂记》卷上《惊梦》

二、瓷器纹样的比对和解读

从上文可以看出，馆藏瓷器的纹样有可能与戏曲小说《牡丹亭》有关，但是从已知的《惊梦》这一出的插图来看，似乎与馆藏瓷器的纹样（图 7）有不小的区别。比如清乾隆五十年（1785 年）冰丝馆刊本《玉茗堂还魂记》（即《牡丹亭》）第十出《惊梦》的插图（图 9）[1] 上画的是杜丽娘在桌上醺睡，梦到自己与柳梦梅在庭院私会的场景，梦中仅见两人。而其他时期刊本的插图，包括明万历四十五年（1617 年）刊本、明末怀德堂藏板刊本、明末吴郡书业堂翻刊六十种曲本和梦凤楼暖红室民国重刊本等，都与冰丝馆刊本基本一致，梦境中并无老人，更无光圈状背光之类。之所以出现这种差异，很有可能是由于晚清时期瓷器上的戏曲人物故事纹样已不再是对原戏曲小说刊本插图亦步亦趋的描绘，而是开始参考和借鉴当时极为流行的戏曲剧种的演出舞台场景，比如昆曲。

（一）《牡丹亭·惊梦》的昆曲舞台元素

1. 基础概念

昆曲是中国传统戏曲剧种之一，又称为"昆腔""昆剧"，元末明初逐渐形成于昆山一带，明晚期逐渐传播至全国各地，明末至清中期达到兴盛，甚至一度占据剧坛之

---

[1]（明）汤显祖撰：《玉茗堂还魂记》卷上，清乾隆冰丝馆刊本，1785 年，29 页。（德国巴伐利亚州立东亚图书馆藏本）

首，流传至今；于 2001 年被联合国教科文组织列为首批"人类口头和非物质遗产代表作"。[1]

《牡丹亭》是明代汤显祖创作的最具影响力的传奇剧本，讲述了杜丽娘和柳梦梅之间的爱情故事，其中杜丽娘为情而死、为情复生，情节离奇，构思新颖。其中《惊梦》一出描绘的就是杜丽娘私自游园踏春归来后，怀春而梦到与柳梦梅在庭院幽会。

2. 昆曲演出的舞台元素

从现存文献资料上来看，记录昆曲版本《牡丹亭》舞台表演的话本或者台本并不多，带有插图的就更为少见，暂时仅发现《审音鉴古录》这本用于清代昆曲演出的台本选录有相关插图。同时，作为清代昆曲身段谱[2]的代表，《审音鉴古录》不但依据舞台演出的实际对戏曲小说原刊本内容和插图进行了一定程度的调整，还对舞台表演作了详细批注，包括舞台形象和形体动作等等，从中可以明显比对出昆曲演出的舞台元素。因此，通过观察《审音鉴古录》中《牡丹亭·惊梦》一出所附的插图（图 10）[3]，结合文本内容可知：

图 10　《审音鉴古录》之《牡丹亭·惊梦》

[1]《中国大百科全书》第三版网络版（艺术学·戏曲学·戏曲剧种·戏曲声腔）: https://www.zgbk.com/ecph/words?SiteID=1&ID=212175&Type=bkzyb&Preview=false#section1−0。

[2]《中国大百科全书》第三版网络版（专题板块·昆曲·昆曲表演）: https://www.zgbk.com/ecph/words?SiteID=1&ID=572718&Type=bkztb&SubID=857。

[3]（清）佚名撰：《审音鉴古录》卷下，学苑出版社，2003 年，542—543 页。

（1）插图左下角，在房间内倚在桌子前，左手撑头假寐的女子正是杜丽娘。

（2）插图中下部，双手各持一圆形物的长须老者，应该是受到花神嘱托的睡梦神，引导杜丽娘和柳梦梅的魂魄在云雾状梦境场景中相会。

（3）插图中上部偏右，画手持花卉的人物共计12人，应该为花神：最右侧居中的男子豹头环眼，满脸胡须，一脸凶神恶煞，与天师钟馗的形象有些相似，其旁边下方紧挨着的女子手持荷花；其他所见的花神还有手持梅花的书生、手持蜡梅花的老妪；特别是最上方的两人，似与下方十人有所距离以示区别，又居于正中，可能是大花神和闰月花神，其余十人则为值月花神且男女分别隔开。

通过与戏曲小说原刊本的插图（图9）和文本进行比对，可知《审音鉴古录》中《牡丹亭·惊梦》插图出现的花神和睡梦神等人物及演出内容在原刊本上并未出现，大概率属于昆曲演出中新增且独特的舞台元素。

（二）纹样的比对和考证

将前述瓷器纹样的特征与《审音鉴古录》中《牡丹亭·惊梦》插图进行比对，发现两者之间高度相似，存在着一一对应的可能性。当然，考虑到瓷器纹样来源的多样性和选择性，还需要进一步对纹样的细节进行比对和研究，以求尽可能挖掘和论证昆曲舞台元素对瓷器纹样产生直接影响的可能性。

1. 十二花神

花神，亦称"花姑"，民间信仰中诞生的总管百花之神，由植物乃至自然崇拜而出现。十二花神根据一年十二月的花信而形成，并引申出花神人物。十二花神版本众多，并存在十二月令均为男花神或者女花神的情况。现搜集部分资料（包括清代俞樾撰写的《十二月花神议》[1]，故宫词条"十二月令花神"[2]，傅惜华收藏的清乾隆本《堆花神名字穿著（着）串头》[3]，苏州市戏曲研究室编印的《昆剧穿戴》中的《牡丹亭·堆花》[4]等）与瓷器纹样进行比对分析（见表1），可以看出馆藏瓷器纹样与昆曲演出舞台相关的两本资料相似度最高，尤其《昆剧穿戴》，无论花卉还是男女性别都一致，甚至人物脚色行当和部分服饰都有相似，比如：五月石榴花神象征钟馗，脚色行当为白面，头戴黑判帽；七月凤仙花神的脚色行当为小面，头戴知了巾，口戴黑吊搭，身穿褶子；

［1］ 国学宝典数据库（知网节）：http://202.106.125.35/kcms/detail/detail.aspx?QueryID=172&CurRec=2&DbCode=GXDB&dbname=GXDB&filename=GXDB502277。

［2］ 故宫博物院官网：https://www.dpm.org.cn/lemmas/239577.html。

［3］ 傅惜华：《〈游园惊梦〉花神考》，见《傅惜华戏曲论丛》，文化艺术出版社，2007年，91—93页。

［4］ 曾长生口述，苏州市戏曲研究室记录整理，徐凌云、贝晋眉校订：《昆剧穿戴 第一集》，见《戏剧研究资料丛书》，苏州市戏曲研究室印行，1963年，117—119页。

十二月蜡梅花神的脚色行当为老旦，头戴老旦挽头，身穿秋香帔、衬蓝褶子等等，与馆藏瓷器纹样上的人物形象基本对应，可见其中的关联性。

表1　十二花神比对

月令	瓷器纹样（图1）	《十二月花神议》（左为男花神，右为女花神）		故宫词条	《堆花神名字穿着串头》	《昆剧穿戴》
一月	梅花（男）	梅花（何逊）	梅花（寿阳公主）	梅花（寿阳公主）	梅花（瘦岭仙官梅占魁）	梅花（柳梦梅）
二月	杏花（女）	兰花（屈平）	杏花（阮文姬）	杏花（杨贵妃）	杏花（嵩岳夫人雪杏花艳）	杏花（杨玉环）
三月	桃花（男）	桃花（刘晨、阮肇）	桃花（息夫人）	桃花（息夫人）	桃花（武陵学士白碧桃）	桃花（杨延昭）
四月	蔷薇花(女)	牡丹花（李白）	蔷薇花（丽娟）	牡丹（李白）	蔷薇花（婺尾仙姑爱蔷薇）	蔷薇花（张丽华）
五月	石榴花（男）疑似钟馗	石榴花（孔绍安）	石榴花（魏安德王妃李氏）	石榴（钟馗）	石榴花（红衣使者喷火榴红）	石榴花（钟馗）
六月	荷花（女）	莲花（王俭）	莲花（晁采）	荷花（西施）	荷花（华墩仙媛并头莲）	荷花（西施）
七月	凤仙花(男)	鸡冠花（陈后主）	玉簪花（汉武帝李夫人）	蜀葵（李夫人）	海棠花（五萼大夫海棠仙）	凤仙花（石崇）
八月	桂花（女）	桂花（邰选）	桂花（唐太宗贤妃徐氏）	桂花（徐惠）	桂花（金英女史桂子兰生）	木樨花，又称桂花（绿珠）
九月	菊花（男）	菊花（陶渊明）	菊花（晋武帝左贵嫔）	菊花（陶渊明）	菊花（晚香居士黄菊老人）	菊花（陶渊明）
十月	芙蓉花(女)	芙蓉花（石曼卿）	芙蓉花（飞鸾、轻凤）	木芙蓉（石曼卿）	芙蓉花（锦城仙子芙蓉貌）	芙蓉花（谢素秋）
十一月	山茶花（男）	山茶花（汤若士）	山茶花（杨太真）	山茶（白居易）	水仙花（雪红令寒雅郎）	山茶花（白乐天）
十二月	蜡梅花(女)	蜡梅花（苏东坡、黄山谷）	水仙花（梁玉清）	水仙（娥皇女英）	蜡梅花（九英仙姥裴腊女）	蜡梅花（佘太君）
闰月	无	无	无	无	葽荑门主瑞草灵芝，丑色扮	紫薇花（杨宗保）
总领大花神	无	迦叶尊者	魏夫人	无	牡丹花	牡丹花（唐明皇）

2.睡梦神

睡梦神也称为"梦神"，就现有资料来看，在其他描绘有梦境场景的戏曲小说刊本插图和瓷器纹样上都未有发现，暂时仅出现在昆曲版本《牡丹亭·惊梦》中。同时，结合《昆剧穿戴》[1]和清嘉道时期《穿戴题纲》（齐如山过录本）[2]记录的昆曲《惊梦》

---

[1] 曾长生口述，苏州市戏曲研究室记录整理，徐凌云、贝晋眉校订：《昆剧穿戴 第一集》，载《戏剧研究资料丛书》，苏州市戏曲研究室印行，1963年，117页。

[2] 中国艺术研究院艺术与文献馆官网（《穿戴题纲》二种）：https://lib.zgysyjy.org.cn/names_detail/631222.html。

中杜丽娘、柳梦梅和睡梦神的穿戴扮相和道具器物等信息，与瓷器纹样比对分析（见表 2），可知：

（1）瓷器纹样上的人物形象与两本资料高度相似，尤其是《昆剧穿戴》，不但脚色行当符合形象，而且包括杜丽娘的梳大头、云肩和皎月绣花帔，柳梦梅头戴文生巾、身穿粉红褶子，以及睡梦神头戴知了巾、口戴黑吊搭等服饰特征，都基本贴合。

（2）两本资料中有关睡梦神的舞台道具，都提到了手持阴阳镜或者日月镜，结合梅兰芳先生在记录昆曲《游园惊梦》表演中说到"睡梦神手持合着一对小圆镜出场"[1]，可知瓷器纹样上的老人大概率是睡梦神，男女脑后的光圈应该就是引魂用的阴阳镜（或称"日月镜"）。

表 2　昆曲《牡丹亭·惊梦》中的人物服饰和道具

人物角色	《昆剧穿戴》	《穿戴题纲》
杜丽娘	（五旦）梳大头、戴花 身穿皎月绣花帔、衬茄花褶子 腰束花白裙　白彩裤　彩鞋子	红袄　软披　云肩　插凤
柳梦梅	（巾生）头戴文生巾 身穿粉红褶子 湖色彩裤　高底鞋 双手捧杨柳枝上	晋巾　红褶子　柳枝
睡梦神	（小面）头戴知了巾、戴梦神脸 口戴黑吊搭 身穿绿素褶子 黑彩裤　镶鞋 手拿日月镜、加红绿绸	公子巾　土地脸　花褶子　鸾带 阴阳镜　白飞鬓

三、瓷器纹样的渊薮和探讨

（一）纹样的渊薮

通过梳理《牡丹亭·惊梦》中的昆曲舞台元素，并对纹样细节进行比对和研究，基本能够判断出桂林博物馆藏的两件瓷器上的人物（图 1、7）大概率描绘的是《牡丹亭》中《惊梦》这一出场景，并且很可能是受到昆曲演出的直接影响，因而带有其舞台元素和风格，瓷器纹样的渊薮大概率是昆曲演出版《牡丹亭·惊梦》。

---

[1]　梅兰芳：《我演〈游园惊梦〉》，见《梅兰芳全集　第 3 卷》，中国戏剧出版社，2016 年，84 页。

（二）纹样的流变

1. 纹样构图的流变

至少在清代康熙时期，瓷器纹样上的《牡丹亭·惊梦》还是以戏曲小说原刊本的插图为模板，描绘的是杜丽娘酣睡而梦到与柳梦梅幽会的场景，比如这件巴特勒家族收藏的清顺治至康熙早期青花柳梦梅故事图盘（图11）[1]；而到了晚清时期，则开始出现睡梦神引导两人魂魄梦中相会的瓷器纹样，存在明显的时代流变现象。这种情况在十二花神纹样上也是如此。清康熙时期的十二花神纹样，从现在已知的资料来看，基本都是以十二月花卉纹样作为主题，比如故宫博物院藏清康熙五彩十二月花卉纹杯（图12）[2]，而到晚清时期也开始流行十二花神人物纹样，并以昆曲演出人物为模板。类似明显的时代流变情况还有《西厢记·草桥惊梦》，甚至其纹样的主题出现了明显的改变。[3] 多个以戏曲小说为题材的瓷器纹样的构图出现明显的时代流变情况，提醒研究人员在今后的相关工作中需要考虑到瓷器纹样存在明显流变的可能性，并研究和探讨流变过程中存在的社会背景和影响因素。

图11　清顺治至康熙早期青花柳
梦梅故事图盘（巴特勒家族收藏）

图12　清康熙五彩十二月花卉纹杯（故宫博物院藏）

2. 纹样的简化和谬误

观察瓷器纹样上睡梦神手持的阴阳镜，可以发现桂林博物馆所藏瓷器的纹样上，阴阳镜出现在了杜丽娘和柳梦梅的脑后，并且巨大化，如同神仙的背光一样，明显属于纹样流传过程中出现的简化和谬误。这种情况并不少见，瓷器纹样乃至款识都会出现，如果拿着最终经过简化和谬误流变的纹样进行分析，大概率得不到结果甚至会获

［1］　上海博物馆编：《上海博物馆与英国巴特勒家庭所藏十七世纪景德镇瓷器》，上海书画出版社，2005年，133页。

［2］　故宫博物院官网：https://www.dpm.org.cn/collection/ceramic/227074.html。

［3］　袁俊：《戏曲小说插图和瓷器纹样的关系——从〈西厢记〉插图〈草桥惊梦〉说起》，见《湖南博物院刊（第十九辑）》，岳麓书社，2024年，466页。

得错误的信息。因此，研究人员应当建立瓷器纹样资料库，尽可能收集早期瓷器的纹样并排比出流变规律，避免认知错误。

（三）纹样的影响因素

通常，研究人员对于以戏曲小说题材为纹样的瓷器，会下意识地认为其受到小说插图的影响，甚至是直接从插图上移用而来，并据此研究和比对类似的戏曲小说插图。但是，通过对桂林博物馆藏粉彩瓷器上的人物故事图案的辨析和溯源，发现至迟到晚清时期，昆曲演出的舞台元素有可能开始对瓷器纹样产生直接影响。因此，在未来的瓷器纹样研究中，需要关注并思考纹样受到戏曲剧种——比如京剧或者其他地方流行剧种舞台元素影响的可能性。

（四）纹样的研究意义

正如前文所述，瓷器纹样有可能受到昆曲舞台元素的直接影响，产生与其一一对应的关系。因此，研究人员若能从昆曲人物的脚色行当、服饰、舞台道具甚至表演形式中挖掘信息，比对和解读瓷器的纹样，自然也能反过来用瓷器纹样中的共性元素来试图反映和摸索出同时代的昆曲舞台演出信息，以补充昆曲的演出资料。同样的情况也适用于其他有可能对瓷器纹样产生影响的流行戏曲剧种。

同时，瓷器纹样的流变存在明显的时代性，或可为我们判定瓷器时代提供一些依据。类似受到昆曲舞台元素影响的瓷器纹样，有可能为晚清时期之后的产品；而纹样简化和谬误的程度，也有可能代表着时代早晚的区别。厘清其中规律，既有助于研究其他纹样的流变，也可为瓷器的鉴定提供借鉴。

四、结语

本文以桂林博物馆藏粉彩人物故事图大碗和供盘上绘制的纹样为引，收集类似纹样分析图案的标志性核心元素，并挖掘其中的昆曲舞台元素，再结合十二花神和睡梦神等相关文献资料，归纳出瓷器纹样大概率描绘的是《牡丹亭》中《惊梦》这一出场景，其渊薮可能是昆曲演出版《牡丹亭·惊梦》。同时，结合瓷器纹样的流变等情况，指出未来博物馆文物研究中容易忽视的要点和需要关注的方向，探讨瓷器上的戏曲故事纹样在清代中晚期开始受到流行戏曲剧种的舞台演出影响的可能性，以及对戏曲舞台人物的服饰和形象等信息的反馈。

清代《重修白龙湾河堤龙神庙碑记》考释*

李博文　王丽丽

【提　要】《重修白龙湾河堤龙神庙碑记》碑现已残缺，幸光绪《惠民县志·艺文志》中有所收录。笔者通过对艺文的整理考释，发现碑刻记录了咸丰五年黄河夺大清河入海时在白龙湾决口，当地官民抢险救灾、修筑堤坝和重修庙宇的事迹，这对我们了解晚清时期黄河三角洲的黄河水患、民间信仰等具有重要历史意义。

【关键词】 白龙湾　龙神庙　碑刻　水患

【作　者】 李博文　滨州市博物馆　馆员
　　　　　　王丽丽　惠民县博物馆　馆员

　　白龙湾位于惠民县李庄镇南北王村以东、清河镇吕家庄村以南约 1 千米处，这里是黄河入海前著名的险段，修建有山东黄河最早的险工，更给人们留下了美丽的非遗传说——白龙湾的故事。白龙湾河堤原有龙神庙，庙内有《重修白龙湾河堤龙神庙碑记》碑（以下简称《碑记》），同时庙前还有咸丰四年（1854 年）所立《惠民县正堂重修大清河堤坝告示》碑（以下简称《告示》碑），现碑存放于惠民县清河镇吕家庄村，这组碑刻对于了解晚清时期黄河三角洲水患灾害、救灾举措及神祇信仰都具有重要意义。目前学界尚无关于《碑记》碑刻的专门性研究成果，只有赵莹的《明清山东龙神信仰研究》硕士学位论文有所涉及。本文在前人研究的基础上，对碑文进行系统整理录入，考释碑文内容、作者等基本信息，以求教于方家。

---

* 本文为滨州市社会科学规划研究课题"碑刻学视域下晚清黄河三角洲水患灾害研究"项目的阶段性成果。

一、碑刻内容录文

重修白龙湾河堤龙神庙碑记

凌寿柏

大清河，古漯水也，自张秋分流，北经长清、齐河，至历城而东，经济阳入惠民县境。惠民地势洼下，尤当河之冲，故治南六十里有所谓白龙湾者，为河之北岸，有堤绵亘数百丈，窈然而曲，所以广河身蓄水令缓也，隆然而高，所以防河之外入也。距堤数武许，旧有龙神庙。乡民岁时致祭，盖欲仰邀神力，以卫斯堤者。顾考其创建之始，邑乘既不载，而故老亦无有能言之者，盖其来久矣。

岁甲寅夏，余奉檄来宰是邑。明年秋，兰阳漫口，黄水逆入大清河，河不能容，水高于堤数尺，堤遂圮，而堤内之疆畛、庐舍沦为鲛鱼窟者，不啻数万户；乃亟请于大府，分别蠲缓其征，皆俯允。余不敏，忝居民上，始既不能思患豫防，使吾民罹灾害，及患既遭，复不能修其废坏，俾永为民卫，余滋愧焉。因于明年水退，亟谋修筑，乃先捐廉二百金为邑人倡。长沙余公荣，前令也，时为武定守，亦捐钱一千缗为助。邑人咸踊跃捐输，协力堵塞。堤高于旧三之二，广倍之。用钱一万缗有奇，为时九十日有奇。工遂竣，抑何其勤且速欤？殆有神以默相之欤？虽然工不难于速而难于坚，力不难于勤而难于久。兰工一日不堵，则大清河一日不得安。伏秋二汛，余惧其再决也，乃又以钱三千缗，与近堤三十六庄之民约，使之分段巡视。漏者补之，洼者培之，为迅流所啮者随时筑之，经霜降而堤不坏者，即以此钱赏之。民皆如余教，顾第请给钱以为版筑、薪柴用。用才半，而历丙辰、丁巳之秋，河水泛溢如前，而堤竟无恙。余曰："此民之力也。将以余钱分畀吾民。"民曰："此令长之惠也。令长为民计久远，使固堤以卫民，民受赐多矣，安敢再受金？"于是，邑之父老进而告余曰："君不居功，君之谦也，民不受赏，民之分也。然则皆神之力乎？庙久不修。栋榱陊剥，疑非所以答神庥，壮瞻视者，请以畀之民者，购材而新之。"余曰："诺。"遂拣日兴工，阅三月而蒇事。

余于肃拜之余，父老以碑记请余，谓名山大川能出云为风雨皆曰神，而唯水德之灵长，其神之有功于民也。尤显我国家累洽重熙，百灵拥护，而于河工海塘处所在在，皆供奉神祇，祠宇相望，令有司以时展祀。唯谨诚以借助于神，则事不劳而易集，患不捍而自消，无巨细一也。然则此地之有庙，与庙之所以祀龙神者，谓欲求助于神力，以卫斯堤也。益信。爰不辞而记之，使他日有所考云。是役也，董其事者，为李上舍瑞、马序宾士贵二君。盖前修堤时督理而不辞劳瘁者也，例得备书。

咸丰八年

二、碑中人物考述

《碑记》撰者为时任惠民县知县的凌寿柏。关于此人信息史料记载较少，《惠民县志》中只有"凌寿柏，顺天宛平人，监生，（咸丰）四年任（知县）"[1]这一简短记述。光绪版《菏泽县志》的编纂者为凌寿柏，在志书的《职官》篇中亦有"凌寿柏，宛平人，监生，（同治）九年二月十五日任（知县）；十二年正月回任"[2]的记载。然而，在该志卷首凌寿柏所作的《新修菏泽县志序》中，落款却为"光绪六年岁在庚辰，道员用在任、候补知府知菏泽县事，钱塘凌寿柏谨撰"，其自称为钱塘人，且《菏泽县乡土志》亦载："凌寿柏，字新甫，钱塘人。同治九年任菏泽，爱民勤政，催科不扰，又捐俸设义学，重修邑乘，去后邑人立祠。"[3]光绪九年（1883年），凌寿柏积劳成疾而溘然长逝，其长子凌锡祺、次子凌锡祐遵父遗命完成《菏泽县志》的编纂，故在《新修菏泽县志姓氏》栏中有"督刻：赏戴蓝翎、河南候补同知，钱塘凌锡祺；生员，钱塘凌锡祐"的记载。关于其里籍问题，遂成谜团，幸其长子曾修纂《德平县志》，在该志中有"凌锡祺，字绍黼，直隶宛平县监生，原籍浙江钱塘人，（光绪）十五年任，十六年调署齐东，十七年回任"[4]的记载。据此可知，凌寿柏现为宛平县人，其原籍为钱塘，故其自称钱塘人亦无可厚非。

碑文中提及的修筑堤坝时"捐钱一千缗"的"长沙余公棨"乃是惠民县前任知县余棨，时任武定府知府。余棨，号芝芴，湖南善化人。"道光二十五年莅惠民县任，性润大不亲家务，凡政之有关大体者无不举。尤以振兴学校为务，惠邑向无书院，棨倡众创建，条规详见学校，复捐资一千一百串为童生应试卷费，至今赖之。城垣久坏，知府程伊湄议修，甫筑北城而没。咸丰三年，粤匪告警，棨捐资修筑，并浚池隍，所费甚钜。其他修祠庙、捐义地犹小节也。棨在任最久，与士民相习，直家人父子不啻矣。以升任去，六年来署府事，时四门义学已废，复查旧案为之兴举焉。"[5]由此得知，余棨在惠民为官期间，政绩颇丰，不仅捐钱筑堤、修筑城池，还创建书院、兴修义学、捐资试卷费，特别注重惠民教育事业，为惠民县的教育发展做出了重要贡献。

碑记最后还提到了前期修筑堤坝的两位督理，他们因积劳成疾而病逝，分别是"李上舍瑞、马序宾士贵二君"。这两人史料无记载，"上舍"乃是"上舍生"的简称，据《宋史·选举志》记载，"凡学皆隶国子监。国子生，以京朝七品以上子孙为之，初无

[1]（清）沈世铨等：《惠民县志》卷十四《官师》，光绪十二年（1886年）刻本。

[2]（清）凌寿柏等：《菏泽县志》卷之七《职官》，光绪十一年（1885年）刻本。

[3]（清）杨兆焕等：光绪《菏泽县乡土志》，台北成文出版社，1968年，24页。

[4]（清）凌锡祺：光绪《德平县志》，台北成文出版社，1976年，233页。

[5]（清）沈世铨等：《惠民县志》卷十八《名宦》，光绪十二年（1886年）刻本。

定员，后以二百人为额。太学生，以八品以下子弟，若庶人之俊异者为之。及三舍法行，则太学始定置外舍生二千人，内舍生三百人，上舍生百人"[1]。明清时期，上舍成为监生的别称，故"李上舍瑞"即监生李瑞。"序"为"庠序"的简称，即古代的地方学校，"序宾"则为古代学校的宾客，故"马序宾士贵"则为惠民学校的宾客马士贵。他们的生平史料无载，却因在白龙湾督修河堤时积劳成疾、溘然长逝而留名史书。

三、碑中内容考释

从《碑记》可以得出诸多重要历史信息。其一，大清河为汶水故道。《山东通志》亦载，"大清河，济汶合流，实汶水故道也……至庞家口与五空桥水会合为一流，是谓清河。世谓之大清河因小清河得名也。"[2]然而《滨州志》却称，"大清河，去州治西南五十里入安业乡，即济水故道"。[3]《青城县志》亦说，"大清河乃济水之一枝，小清河为济水之旧渠"。[4]之所以会有如此记载，是因为济水与汶水在下游相汇，"导沇水，东流为济水于河，溢为荥，东出于陶邱北，又东至于荷，又东北会于汶，又东北入于海，此古之济水也。"由此可知，清河与济水、汶水自古就密不可分，自战国时起，济水始有清河之称，"燕王谓苏代曰，齐有清济、浊河可以为固，是济有清河之名见于战国，自汉以后多以清名济"。

随着黄河频繁改道，济水主河道日渐紊乱，"汉武帝河决瓠子，济流益乱"。"王莽之世，川渎枯竭，济水便入于河不复绝流，而南其余流，自东平而东北者皆谓之清河。""熙宁十年，河决入梁山泊，分二派，其北派行济渠，挟荷汶二水，东北至历城泺水走济阳入漯水故道。""自宋以前，济有清之名，而无大之称。自金明昌五年，大河北决，挟荷、汶、泺诸水，舍清河故渠夺漯水故道，北走济阳、齐东、青城、滨州，以下又舍漯渠入大河旧河道，河济合流，水势愈大，而大清河之名由此始然，大而不清矣。""其复大河南徙，荷汶之水不返济渠"，"诸水由张秋入运河，张秋以南运河东岸有减水闸一座，夏秋水盛，减出之水由东阿北、平阴县北与大清河合流……即今之黄河也"。[5]由此可知，直至民国时期，黄河（即大清河）的水流仍时有汶水汇入，故说大清河是济水或汶水故道皆可。

其二，大清河自章丘分流后，北行经过长清、齐河、历城后，由济阳进入惠民县

[1]（元）脱脱等：《宋史》卷一百五十七《选举三》，中华书局，1977年，3657页。

[2]（清）岳濬等：《山东通志》卷之六《山川》，乾隆元年（1736年）刻本。

[3]（清）李熙龄：《滨州志》卷一《形胜》，咸丰十一年（1861年）刻本。

[4] 杨启东等：民国《青城县志》，台北成文出版社，1968年，81页。

[5] 杨启东等：民国《青城县志》，台北成文出版社，1968年，82—84页。

境内，由于"惠民地势洼下，尤当河之冲"，故时有决溢之险。《告示》碑中亦说，"大清河道，自上游济阳县引入境迤逦来，北至滨利顺流入海，绵三百里。惟至白龙湾对流直冲，环折而下，堤身日久渐形单薄，每逢夏令水势涨旺危险频警，且堤北形如釜底，附近数十村庄、田庐、坟墓关系尤非浅甚"。如咸丰二年（1852年），"夏潦陡长将与堤下，而堤身坍塌益甚，堤面仅存丈余……仓猝险出"。[1]特别是在咸丰五年（1855年），黄河夺大清河入海后，溃堤决口日渐频繁，"咸丰五年秋七月，大清河黄水漫溢，白龙湾决口，惠民、商河、滨州、利津、沾化、蒲台等州县，漂没庐舍田禾"[2]；"光绪十八、十九、二十、二十一、二十二等年，黄河由白龙湾决口，沾境连年受灾，尤以二十二年为最重"[3]。据相关数据统计，自1855年黄河改道至清末的50余年，因黄河决溢，黄河三角洲地区累计有594县（次）成灾，平均每年有11个县受灾；在这期间，黄河侵淤徒骇河45次、马颊河7次[4]，对黄河三角洲特别是沿河的惠民、滨州、青城、利津等州县造成了极大的破坏。

其三，大清河决溢之后，当地官吏和百姓积极捐钱，筹措资金，封堵决口。面对此次决溢，凌寿柏首先奏请武定府，请求暂缓征收当地百姓的赋税；并以身作则捐献俸禄帮助修堤，在县令的感召影响下，当地官民捐钱十分踊跃，不仅前令"长沙余公棻……捐钱一千缗为助"，而且当地的百姓也出钱出力，如魏景晬"居清河北，当谭马扫之冲。是年秋，上流白龙湾堤溃，漂没无算。逾年春，邑侯凌公率属兴修，公既捐金以襄其事"[5]。在当地官民的共同努力下，此处堤坝得以修筑，并比原来更加坚固。同时，为防患于未然，凌寿柏还让当地百姓时常巡护，加固堤坝，并拿出钱财奖励。正是在当地官民的共同努力下，历经"丙辰、丁巳之秋，河水泛溢如前，而堤竟无恙"。

其四，面对各种自然灾害，封建社会百姓往往求助各类神祇。面对此次水患，当地官民祭祀白龙河神，并相信得到了灵神庇护，故而重修庙宇，以示尊崇。此地河神信仰由来已久，除熟知的龙王外，亦有龙母、白老人、白龙等神灵。惠民县"龙王庙，在县治西南。乾隆二十年，知府赫达色重修；咸丰六年，知府余棻重修"；"龙母祠，在泰山行宫左侧，光绪十一年知县沈世铨创建"；"大王庙，在平字约于林街，光绪六年知县仓尔英倡修"；"白老人庙，在城南王枣家庄，光绪十年知县沈世铨倡首，率邑人蒋继文等募资创建"。[6]白龙庙则位于白龙湾处，"白龙湾在县东南八十里，大清河

［1］张建国等：《惠民历史文化丛书·石刻观奇》，山东人民出版社，2012年，131页。
［2］（清）李熙龄：《武定府志》卷十四《祥异》，咸丰九年（1859年）刻本。
［3］于清泮：《沾化县志》，台北成文出版社，1976年，997页。
［4］李博文等：《黄河三角洲高台民居形成的原因探析》，载《中国石油大学学报（社会科学版）》，2018年第2期。
［5］李熙龄原著，惠民县武定府文化研究会编：《武定府全志》，广陵书社，2009年，1034页。
［6］（清）沈世铨等：《惠民县志》卷十《坛庙》，光绪十二年（1886年）刻本。

北岸，《州志》云：距古城东南一里，大清河北岸有高堤横亘一里许，盖旧筑以防清河决者。相传古城坏，由河水溢于湾，湾水复溢出云。今于是处建两白龙庙坐湾处，淤为滩嘴"。[1] 这些河神信仰的兴起，主要是由于黄河夺大清河入海，造成该地水灾频发。如知县仓尔英在所撰的《创建大王庙碑记》中提到"惠邑所属大清河绵亘百余里，自黄河改道来，源万里湍悍奔赴，旧有堰悉单薄、残缺，不堪抵御……乙卯岁九月初旬，距霜降数日，河水陡长一丈六尺有奇，黑水湾正迎其溜，岌岌可危"[2]，于是拜求神灵护佑，终未造成险情，遂创修庙宇，祭祀神灵。

四、碑刻的重要价值

"缣竹易销，金石难灭"，碑刻作为重要的实物资料，具有正史之谬、补史之阙的重要作用。黄河碑刻是反映黄河灾害、利用、治理的第一手资料，许多碑刻印证了典章所载的史实，同时亦反映出当时人们的治河思想、治河方略与技术，还涉及民风民俗、宗教信仰等诸多文化内容，具有极其重要的历史价值。由于受黄河频繁改道和历史变迁等因素的影响，黄河碑刻存世量较少，据左慧元《黄河金石录》记载，目前全国可知的黄河碑刻不足 200 通。尤其是黄河下游地区，大多关于黄河的石碑石刻在1947 年黄河归故时，用以修建黄河大堤，幸存者寥寥无几。据《大河钩沉——山东黄河水文化遗产辑录》记载，山东省现有关于黄河文化的石碑共计 26 通，但此碑未被收录。通过对此碑的考释解读，可知石碑中涉及黄河决口、堵复合龙、修建庙宇等诸多历史信息，能进一步丰富山东黄河文化的内涵。

"黄河文化是中华文明的重要组成部分，是中华民族的根与魂"，习近平总书记在黄河流域生态保护和高质量发展座谈会上对保护、传承、弘扬黄河文化作了高度概括和精辟阐述。加强山东黄河文化的挖掘整理，做好资源的整合和研究，努力保护好黄河文化遗产的历史真实性，具有重要的历史意义和现实意义。白龙湾作为黄河入海前著名的险段，修建有山东黄河最早的险工，拥有悠久的历史文化和丰富的文化遗产。《重修白龙湾河堤龙神庙碑记》碑不仅为我们了解白龙湾的历史提供了实物参考，我们还能从中了解黄河水患、治河举措、民众信仰等历史信息，可进一步丰富区域历史文化的研究内涵。更为重要的是，此碑作为山东黄河文化的重要组成部分，对于我们讲好黄河故事，弘扬黄河文化，增强文化自信，延续历史文脉具有重要的现实意义。

---

[1]（清）沈世铨等：《惠民县志》卷四《河渠》，光绪十二年（1886 年）刻本。

[2]（清）沈世铨等：《惠民县志》卷二十八《艺文》，光绪十二年（1886 年）刻本。

五、结语

咸丰五年（1855 年），黄河夺大清河入海，对黄河三角洲的政治、经济、文化等造成了一系列重要影响，无论是官修史书，还是碑刻文献，对此都有记载，然而大多碑刻却随着时间消失于历史长河中。《重修白龙湾河堤龙神庙碑记》碑不仅为我们了解晚清黄河三角洲水患提供了实物资料，还为我们了解当时的救灾举措、社会信仰等提供了资料参考。《重修白龙湾河堤龙神庙碑记》碑属于黄河文化重要遗产，不仅具有重要的历史文化价值，而且对当下贯彻《黄河流域生态保护和高质量发展规划纲要》仍具有启发意义。

永福县崇山村《重修灵泉塔碑记》考略

刘　莹

【提　要】永福县崇山村是一个历史悠久的村落，本文通过对永福县崇山村《重修灵泉塔碑记》的释读，梳理碑文内容，结合历史文献与实地调查，探讨该碑记的历史背景、文化内涵、人物事迹及其在当地社会文化中的地位。

【关键词】崇山村　灵泉塔　重修碑记　李氏一门

【作　者】刘莹　桂林博物馆　馆员

　　永福县崇山村位于今永福县东北部的罗锦镇，距离苏桥镇 8 千米，毗邻临桂区四塘镇界牌村，村前为古桂柳运河相思江段。崇山村以其丰富的历史文化和人才辈出而闻名。据族谱所载，崇山李氏于明朝嘉靖二年（1523 年）从湖北省荆州府江陵县火烧巷迁来，世代书香，人才辈出，人丁旺盛，延续至今已历 21 代。至光绪壬寅（1902年）止，科举不断，出有进士 4 人，举人 14 人，贡生 5 人。其中尤以李熙垣第六子、世称"梅花圣手"的李吉寿一支最为显达。一家有 5 人中举——"一门三进士，父子五登科"即是世人对崇山村李氏的称誉。

　　李氏一门还是广西著名的书画世家，出现了多位知名画家，他们以精湛的书画技艺为家族赢得了"画笔如林"的美誉。李熙垣和李吉寿父子是李氏家族中最具代表性的人物，在书画方面有着卓越的成就，他们的作品在清代广西画坛乃至全国都有很高的声誉。受祖辈影响，至今村中书画之风仍然盛行。他们的作品不仅体现了家族的艺术才华，也传承了崇山村的文化精髓，使村落传统风貌得以相对完整保存。2010 年崇山村入选第一批广西历史文化名村名录，2013 年被列入第二批中国传统村落名录。2016 年崇山古民居被列为永福县文物保护单位。

一、重修灵泉塔碑

2024 年对崇山村进行走访时，在李氏祠堂内发现一块青石碑。碑通高 140 厘米，碑身宽 69 厘米，厚 10 厘米，碑文为刊刻于清道光二十八年（1848 年）的《重修灵泉塔碑记》（下文简称《碑记》）。据村民介绍，石碑原立于灵泉塔内，塔毁后碑先被移置崇山书院，后又移至李氏祠堂内。石碑左下角局部残缺，双面碑文为颜体楷书。阳面中部字迹漫漶，部分文字不可识读，但文义尚通；碑阴字迹清晰可见，笔力浑厚，挺拔开阔雄劲。碑阳记述灵泉塔的兴建年代及灵泉塔重建过程，并描述了灵泉塔重建后的盛况；碑阴罗列了参与灵泉塔重建的捐资情况，对研究传统村落历史有较重要的史料价值。兹将碑文照录如下：

重修灵泉塔碑记

灵泉塔，因泉而名，佛堂也，故谓之塔，我纨裤（绔）子弟讳友贵公所建。又于塔前植杉二本，俱载家乘，不着年岁，盖前明万历间也。国朝乾隆丁亥年毁于火，存其一□。道光甲辰遇大风□□杉，而塔数贰势内垂其□也，乃外仆人皆以为异云。会族人议以此杉之用乎？曰：杉与塔同垂二百余年，今杉既折而塔将多□佑，兹杉之值是新兹塔用，莫宜兹此矣！众曰：善。咸属于予，予重先世之遗不可辞，遂应之。于是叠石而培其右址，拓地而加设左宥旁庑附之，少增高大，仍归淳朴。有未固者，为之更创焉。

工以渐兴，越三年而始竣。乃复于泉曰：使前人不树此木，塔其有今日乎！即树之而为连□为□□轮用，离奇□□美矣。而不适于用，亦度木者为不取，其又有今日乎！况兹山数十里□□□□□□大用，此以为今日用也。岂偶然哉！岂偶然哉！塔然有望焉。塔垣外原有旧址，知自来□□□矣。以予所及见者，数十年间，修葺凡三，空山无人，风雨漂（飘）摇，易于摧□，亦固其所。今后虽以人居守，然变迁无常，予又知其何若？先世兴之，后世殷之，可乎？是待于继起者矣！且非徒此也，灵泉溉吾村田百顷，记童时游兹山，阴森茂密，不可通径，但闻水声汩汩，然故能灌注有余。于今五十年而半涸，于昔日何也？岂地气至今不灵邪！源□所□而欲流之大也。难□山下出泉，其象为蒙□，功在塔养。蒙者，公源也。前人建塔于此，盖示人以非可□□之所也，其为□也远矣。今乃遍植竹木，期复昔时旧观复见。十年后水脉渐滋，后之人饮水思源，宜何如栽之培之，养于无穷，以体祖宗长久公利于村人之心，则岂但此塔为吾村子孙所当有事而已哉？果尔，将尽如此杉者，垂数百年而更久可也！从兹林立，即此一杉为硕果之萌焉，亦可也！塔旧有田十晦，在邦安里，荒芜已久，亦当开垦而始未逮，俱所望于来者。

熙畴因旧碑未详，特记前后于此。并兹杉之值及各捐资刻诸碑阴垂永久焉！若夫此地之幽秀矣垲□足以登高望远，坐白石，临清流，俱游观之乐，创修之意不为此，设觅者当日得之。

清道光二十有八年岁次戊申壬巳月

石畦李熙畴谨撰，侄洵集颜真卿□

碑阴——

计开：

树价一百五十千文。李熙垣捐钱二千文。李孔淳捐钱二千文。李熙筠捐钱二千文。李圵庚捐钱三千文。李方兆、莫广和、李应瑚、李纪钟各捐钱五百文。王天耀捐钱四百文。李□捐钱三百文。刘钟城、李方展、莫兆良、李腾瑚、李纪庸、李永照各捐钱二百文。李□佐、李孔绥、李北钧、李孔瑞、李墉、李纪或、李花通、李纪统、李纪轸、李守聘、李锡璋、李久禄、李锡瑄、李方美、李方敷、李湘、李腾琮、李应照、莫鼎兰、莫广亨、莫广宪、莫广义、莫广贤、莫广镒、莫若选、莫照委、莫照富、莫照举、莫照谏、莫照庆、莫照贵、吕二、李名书、李勤书各捐钱一百文。

自甲辰至丙午三次修葺，共费钱一百八十七千有奇。除树值捐项外，畴补捐完竣，兹畴捐香资钱八十千文生息，权为守塔者需。俟置有田亩再续记于后。庚戌正月熙畴再记。

二、《碑记》的价值

（一）发现灵泉塔

灵泉塔，旧志失载。现塔已不存，基址尚在。据《碑记》所述，塔因泉而得名，本为佛堂，故被称为塔。此塔由崇山村李氏纨绔子弟友贵公所建，其历史可追溯至明万历年间。建塔时，曾于塔前植有两株杉木。然而，乾隆丁亥年（1767年），塔毁于火灾，木仅存其一。至道光甲辰岁（1844年），又遭大风，塔身受损，另一株杉木亦被吹折。在此背景下，族人聚集商议重修事宜，提议利用已折杉木来修缮塔身，认为杉树与塔同垂二百余年，如今木折塔损，以此木修塔，使物得尽其用，亦合先祖树人树木经久之计。

经过三年的努力，灵泉塔得以恢复往日的风貌。在重修过程中，不仅对塔身进行了加固和增高，还拓展了周围的设施，使得整体布局更加合理实用。《碑记》中提到"先世兴之，后世殷之"，表达了村民继承和发扬先祖事业的决心。

《碑记》中还提到了灵泉塔周围自然环境的变迁。灵泉，在今崇山古民居西边两座高峰半山腰名茶岭的山谷里，泉水连着崇山村古井，为饮用水源，也灌溉崇山村百顷良田，泉水汩汩，灌注有余。灵泉塔周围曾树木茂密，幽秀景色吸引着游人前来登高望远。后因环境植被破坏，泉水半涸，重修灵泉塔后，经过近十年培护，泉水渐丰。告诫后人注重环保意识，村落方可持续发展。灵泉塔寺原有寺田十晦，田在邦安里，已经荒芜，期望能开垦出来，作为寺僧生活之资，使塔能得到维护和修缮。这里的"晦"同"亩"，之前寺庙有田 10 亩，在安邦里。而新版李氏族谱中记载："当时买有山下田地 40 亩，山林百亩，请人看守佛堂"，印证了碑记中"俟置有田亩再续记于后"，李熙畴捐资生息又购买了田地山林，用于守塔者的生活开支。

（二）崇山村落历史的物证

据《清代朱卷集成》李骥年乡试朱卷载，崇山村李氏始祖胜苍，于明嘉靖年间自湖北荆州江陵县迁居今籍。又据族谱记载，纨绔子弟友贵公出生时间为明嘉靖乙未年甲申月己卯日（1535 年 7 月 16 日），于 1570 年出资兴建灵泉塔。今旧族谱散佚，《碑记》转述家乘，灵泉塔为明万历年间纨绔子弟所建，可以推定始祖定居崇山村的时间一定早于公元 1535 年 7 月。根据史料记载，湖北荆州江陵县连年发洪水，在 1506 年至 1535 年间发生大洪水的年份有 1506 年、1523 年、1534 年。结合始祖迁居原因及史料记载，推测始祖定居崇山的时间应为明正德与嘉靖年号更替期间，且最有可能是 1523 年，即嘉靖二年。[1] 与纨绔子弟友贵公 1570 年出资兴建灵泉塔的时间逻辑上吻合。

李氏自第一代李胜苍迁居崇山，虽地处偏僻的岭南，但自中原而来的崇尚耕读、济世报国的思想也随之传来。子孙后辈奉行"重教养习、得法立志、明理修身、立德敬业、尊祖敬孝、遵纪守法"的族规，[2] 继承家族的优良风范，耕读习文，世代书香，为家族的持续发展奠定坚实基础，为家族的和谐稳定提供有力支撑，因此人丁旺盛，延续至今已 21 代，历时 500 多年。《碑记》中还提到，通过"栽之培之"使"水脉渐滋"，告诫后人要"饮水思源"，表达了保护自然环境与可持续发展的重要性。这种文化传承，使崇山村长盛不衰，对于塑造崇山村的凝聚力和特色具有重要意义。

《碑记》不仅记录了灵泉塔的历史沿革和重修过程，更展现了当地人对历史文化的珍视和环境保护意识，向后代强调了这些价值观的继承和实践对于村落生命力的重要

---

[1] 李宏一：《李氏宗谱》，内部资料，2024 年，27 页。

[2] 李宏一：《李氏宗谱》，内部资料，2024 年，22 页。

性。它以一种深刻而富有哲理的方式，呼吁人们珍惜自然资源，保护文化遗产，共同构建一个和谐、繁荣的家族。

（三）乡族共同体的见证

碑阴详细记录了重修工程中的捐资情况。

从捐资的数额来看，李氏族人是最大的捐资者。不仅诸姓捐资人中，李姓人数最多，接近 65%；而且大额捐资人都出自李氏——李熙垣、李孔淳、李熙筠各捐助二千文，李壮庚三千文，短缺资金由李熙畴补捐完竣。同时，李熙畴还捐赠了香资钱八十千文用于生息，作为守塔者的生活所需。显示了李氏对重修工程的重视和支持，体现了李氏五大家族在修塔过程中的主导作用及其在地方领导者的地位。

其他各姓村民也有捐助一百文至数百文不等，如刘钟城、莫广和、王天耀、吕二等，共同为重修工程提供力所能及的资金赞助。这些姓氏的村民分布在今崇山村委所管辖的黄洞、桐古街、渔船上、梨花村等自然屯，重修工程在李氏的主导下，亦得到了崇山村附近村落的支持和参与，表明一个以地域和血缘为纽带的乡族共同体已经形成。崇山村与周围村屯间已形成一个团结协作、区域发展稳定的共同体。

三、《碑记》中主要人物考略

据李氏宗谱资料记载，明朝末期第四代李呈新成为官学的学生。第七代李中菼开始中举，便有了功名。自此，激发了李氏家族读书取仕之风的延续传承。李中菼有三子，分别是李树敏（文冈）、李树端（鲁冈）、李树乔（珠冈），都入了仕途。特别是三子李树乔，膝下五子：李熙垣、李孔淳、李熙龄、李熙畴、李熙筠。这五支族系代代繁衍、枝繁叶茂，构成了崇山李氏古村落显赫的"五大家族"。[1]

（一）捐资列名第一人——李熙垣

李熙垣（1779—1862 年），字东屏，号星门。道光十六年（1836 年）恩贡举人，诰封朝议大夫，晋封中宪大夫，毕生致力于山水画，是清代著名的画家和书法家。

李熙垣在《碑记》捐资名单中位列第一，五兄弟中排行第一，是李氏一门始作画者，书画有"冰清玉润"的美称。清乾隆年间，李熙垣在桂林学书习画，师法其岳父周位庚先生，精工山水，宗法四王，远法巨然，行笔超逸，苍劲浑厚，独创山水画技

---

[1] 李宏一：《李氏宗谱》，内部资料，2024 年，744 页。

法，为清代中期广西最有影响的山水画家。[1]杨翰题李熙垣绘《集唐人诗句图册》云：
"客有告余曰：此间（永州）去桂林近，有李星门先生，善山水，得古法。……先生一生嗜画，浇书摊饭外，手一管，点染不辍，故所作最多。"

道光十七年（1837 年）夏，李熙垣应其弟李孔淳（时任山西凤台知县）之邀，北行漫游。于是从桂林"买舟东门，阅月余，抵武昌。舟行数千里，所见佳山水，辄推篷以写其意，得三十五景，名曰《江行图》"。一路上他共画了 35 幅山水画册页，并且一诗一画，把漓江、湘江、长江岸边著名景点用诗画合璧的形式展示给世人，成《江行图》山水画一册，被喻为清代的千里《江行图》（现藏于永福县博物馆，为二级文物）。王耤跋《江行图册》云"星门先生大小山水，不可数计"，[2]至今流传者亦多。广西壮族自治区博物馆、桂林博物馆、广西桂林图书馆都藏有他多幅作品。

李熙垣还以医德高尚著称。他精通医术，每当家乡发生瘟疫时，他都会遍行乡间，沿门诊视，无论贫富贵贱，都一视同仁地给予医疗帮助。据《永福县志》记载，"公性格和蔼，接物以诚，精岐黄，求者辄应，遇有时疫，遍行乡间里，沿门诊视，绝不以为烦，以故无富贵贫贱，感知星门先生者。咸丰季年，土匪充斥，携家避地，屡濒于险。审知为先生，则又保护，敬礼之不暇，其得知感人如此"。[3]李熙垣晚年隐居崇山，开画室名"紫芸山房"，以诗、画自娱，并教其子侄。李氏一门在"勤于读书，清廉为官、精专书画"的家风熏陶下，逐渐显赫起来。

（二）重修灵泉塔的筹划和实施者——李熙畴

李熙畴，排行第四，生于清乾隆庚戌年（1790 年），以号"石畦"闻名，邑武生候选卫守备，后被诰封为武德佐骑尉。[4]李熙畴所属的支系堪称武官宦、武术世家，代代以武艺高强、勇武善战而著称。

李熙畴是《碑记》的撰写者，重修灵泉塔的核心人物。此时，五兄弟中长兄熙垣年岁已高，专研书画与医术；次兄李孔淳 1851 年因病才辞官回到崇山村；弟弟李熙筠、侄子李洵均在外地做官，他挑起了家族大梁，全面把握和处理家族中各种事务，所以李熙畴的作用尤为重要。碑阴记载，1844 至 1846 年三次修葺灵泉塔，共费钱 187 千余文。除树值及捐收部分，尚欠 21 千文由李熙畴补捐完成。并捐香资钱 80 千文生息，用以置买田产，解决守塔者生活所需，确保灵泉塔得以长期维护。

［1］《桂林历史文化大典》编委会等：《桂林历史文化大典（下卷）》，广西师范大学出版社，2018 年，232 页。

［2］林京海：《清代广西绘画系年（下册）》，广西师范大学出版社，2017 年，525 页。

［3］刘兴等：民国《永福县志》卷三《列传》，油印手抄版，5 页。

［4］李宏一：《李氏宗谱》，内部资料，2024 年，59 页。

（三）失名大额捐资人考

在捐资名单中继李熙垣后，列名二、三位的是李孔淳、李熙筠，各捐钱二千文。列名第四的李姓捐资三千文者，由于碑左下角残缺，致捐资最高者名字缺失。

李孔淳（1783—1854年），排行第二，原名李熙颐，号鹤生，嘉庆十三年（1808年）恩科举人。丙戌年（1826年）大挑一等，先后出任山西阳城、凤台等县知县，其间还曾署理临汾、定襄、大宁、五寨、榆次、绛县等县知县职务。后升任为太原府同知，署河东监制同知，平阳府、蒲州府知府职务。在道光壬辰恩科山西乡试中，任同考试官。李孔淳自幼聪敏孝顺、好古勤学，"好金石，善篆刻，书工隶古，能以指书。间写木石，有金石气味"。[1]

李熙筠（1796—1860年），排行第五，号赟谷，道光乙酉（1825年）科拔贡，并接连中举。经过大挑一等，出任陕西盩厔（今陕西周至）县知县。后历任淳化、韩城县知县，加授知州职衔，诰封为奉直大夫。李熙筠擅长绘制山水和花卉，精通医术，为地方上有名的中医世家，名医李子才、李荫西都是他的后人。[2]他主持或参与了多部地方志的修纂工作，包括《永福县志》。[3]

至此，主要捐资人和筹划者分别是李树乔一脉排行第一、二、四、五的熙垣、熙颐（孔淳）、熙畤、熙筠，捐资名单中五大家族中独缺三房李熙龄。李熙龄（1788—1808年），号介眉，二十岁英年早逝，仅留下一个儿子李洵。《碑记》提到："石畦李熙畤谨撰，侄洵集颜真卿□。""侄洵"也就是李熙畤的侄子李洵，应是碑文的书丹者，参与重修事宜无疑。李洵生于嘉庆丙寅年（1806年），原名李壮庚，号古渔。碑文中"李□□捐钱三千文"，捐资数额超过熙垣、熙颐、熙筠，却排名其后，合理的解释是其辈分低。据族谱记载，李洵父亲李熙龄1808年去世，碑记立碑日期是道光二十八年，即公元1848年，当时李熙龄已去世40年。而非常明显，重修灵泉塔主要由李氏一门五兄弟主持修缮，缺失二字应为"壮庚"，即李洵。

据《永福县志》记载，李熙龄妻秦氏二十岁丧偶，"氏哀毁骨立，饮食少进，姑泣瑜之曰：'汝不自爱，如此呱呱何？'氏由是强解，以承姑意，曰：'吾身何足情，徒以有老幼在耳。'姑寝疾，氏彻夜不寝者五十六日，娣姒蔚令暂休，氏曰：'习惯不倦也。'孤子洵长登圣书，官教谕，道光十八年，中丞梁章钜题请旌表，守节四十四年"。[4]李洵在母亲的谆谆教诲下于道光甲午科（1834年）中试成为举人，通过大挑二等，被任

［1］ 林京海：《清代广西绘画系年（下册）》，广西师范大学出版社，2017年，528页。

［2］ 李宏一：《李氏宗谱》，内部资料，2024年，60页。

［3］ 刘兴等：民国《永福县志》卷一，油印手抄版，8页。

［4］ 刘兴等：民国《永福县志》卷三，油印手抄版，12页。

命为广西西林县和藤县的训导。随后，他被铨选为云南永平县知县，敕授为文林郎。

四、结语

《重修灵泉塔碑记》的发现为研究传统村落、永福李氏书画世家提供了新的史料和视角。碑记不仅记载了李氏家族参与地方文化建设的史实，还展示了李氏家族"崇文重教、德艺传家"的家风传承，体现了家族文化与村落发展的融合。同时，以碑记为载体，结合李氏书画文化，为建设崇山村青少年研学基地提供了教育资源，通过文化体验、教育传承等方式，推动乡村文化振兴与产业振兴协同发展。

荔浦石刻中的村规民约：清代乡村治理的民间实践

李　萍

【提　要】笔者于 2019 至 2024 年间，陆陆续续对荔浦市内的石刻文物资源作了整理工作，并对其中几通涉及村规民约的石刻作了录文，探寻村规民约的法治、德治、自治内涵，探讨其传统治理智慧对当前乡村振兴中乡风培育和基层治理的启示。期望借此研究，传承古老乡村智慧，为现代乡村可持续发展注入传统力量。

【关键词】石刻文化　村规民约　乡村治理

【作　者】李萍　荔浦市文物管理所　助理馆员

　　荔浦，位于广西壮族自治区东北部，山清水秀，洞奇石美，人杰地灵。自旧石器时代的"荔浦人"开始，人类就在这片土地上劳动、创造、繁衍、生息。西汉元鼎六年（前 111 年），荔浦开始置县，隶属苍梧郡，从此被纳入中央行政管理版图，经历代建设和发展，到明清时期，荔浦与周边地区的政治经济纽带作用加强，成为水陆两便的枢纽。在岁月的长河中，留下了大量关于人民生产生活的石刻，这些石刻品种繁多，且分布地域广阔，内容形式丰富。

　　荔浦石刻的文字信息记载了荔浦的山川河流、名胜古迹、名人题咏、宗教信仰和风土人情等信息，表现了荔浦人民行善积德、遵规守矩、崇文重教尚礼、英勇抵抗外敌入侵等高尚品质，寄托了古代荔浦人民对美好生活的向往，体现了古代荔浦的和谐发展，是荔浦人民智慧的结晶。在当代，荔浦石刻仍然有重要的教育意义，石刻能够让荔浦人民从历史的角度来了解荔浦、认识荔浦，记住乡愁，从而培养荔浦人民热爱祖国、热爱家乡、建设家乡的道德情操。

　　在荔浦目前发现的村规民约石刻中，最有代表性的是传统村落马岭镇小青山村的《众村永远立禁碑》《小青山村合同碑》，还有一通位于荔城镇南雄村料村屯刘氏祠堂的《刘氏田界碑记》，它们是古代人遵循的行为准则。在历史的长河中，村规民约作为农民道德、情感、精神、价值追求的共同体现，形成了荔浦人民共同遵守的行为规范，至今对完善基层治理仍有启示意义。兹将荔浦市村规民约石刻遗存的基本情况、石刻中的村规民约加以剖析，并对石刻蕴含的价值等作简要阐述，探究《众村永远立禁碑》对农事、治安规定背后的乡村秩序维护逻辑；解析《小青山村合同碑》调解土地矛盾、凝聚邻里的智慧；解读《刘氏田界碑记》中家族田产界定对于族内和谐、对外防御的意义，以点带面呈现村规民约的多元功能。

一、荔浦市村规民约石刻的遗存情况

（一）石刻的分布与保存现状

荔浦市境内的石刻分布广泛，犹如繁星点缀于各乡镇村落。目前主要有城门、会馆、寺庙、宗祠、桥梁、学堂等建筑的捐资记事石刻，有村规民约、告示、禁约、合同石刻；有买受田地、铺面等叙事石刻；还有名人英雄的墓志铭石刻等。捐赠记事石刻主要分布在鹅翎寺、迎薰门、福建会馆、锁龙庵、大地桥、三圣宫、观音庙、刘家祠堂等古建筑文物中，保存最好的是福建会馆的捐资记事石刻，这些捐资记事石刻主要记载当时修筑古建筑的相关事宜和行善积德、慷慨解囊之人的姓名，让真善美流芳千古；村规民约、告示、禁约石刻最有代表性的是传统村落马岭镇小青山村的《众村永远立禁碑》《小青山村合同碑》和东昌观音庙的《奉各大宪禁革陋弊碑记》，它们是古代荔浦人遵循的行为准则。

然而，历经岁月沧桑、风雨侵蚀，以及近现代社会变迁、人为破坏等因素，村规民约类石刻保存现状堪忧。部分石刻字迹模糊，难以辨认，如《众村永远立禁碑》长时间裸露在外，久经风雨冲刷，关键的惩处细则条文漫漶不清；一些石刻断为残块，散落荒野，像《刘氏田界碑记》背面上的破洞是因20世纪70年代生产队安装耕田机器时所致；还有少数珍贵石刻被盗掘，下落不明，给研究带来极大阻碍。如今，这些幸存石刻亟须科学保护、系统修复，以延续其承载的历史记忆与文化价值，否则，荔浦乡村社会演进的珍贵脉络将在我们眼前逐渐消逝，成为无法挽回的遗憾。

（二）石刻中的村规民约遗存情况

1.《众村永远立禁碑》

《众村永远立禁碑》位于荔浦市马岭镇永明村委银龙古寨内，为一个四方体柱子石刻，三面刻字，高58厘米，宽72厘米，真书，字径2厘米，刻于嘉庆九年（1804年）。

图 1 《众村永远立禁碑》拓片

2.《小青山村合同碑》

《小青山村合同碑》位于荔浦市马岭镇永明村委银龙古寨内，高 54 厘米，宽 27 厘米，为碑记，真书，字径 1.5 厘米，刻于清光绪十年（1884 年）。

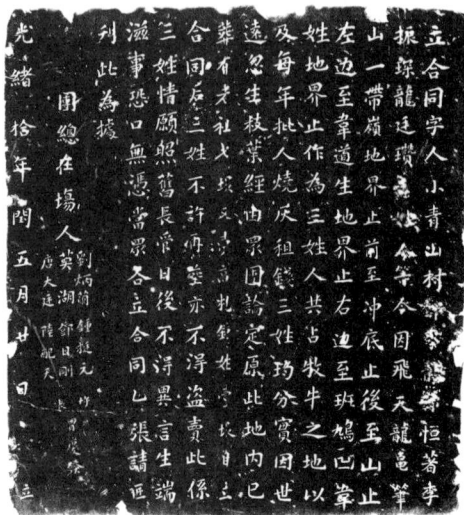

图 2 《小青山村合同碑》拓片

3.《刘氏田界碑记》

《刘氏田界碑记》位于荔浦市荔城镇南雄村料村屯刘氏宗祠门前，高 138 厘米，宽 74 厘米，为碑刻，真书，字径 2 厘米，刻于光绪年乙亥岁（1875 年）。

二、村规民约石刻内涵剖析

（一）《众村永远立禁碑》：乡村秩序的法治基石

1. 禁碑内容详析

《众村永远立禁碑》就田禾、地货、菜果、粮场、鱼塘等村务，从村集体的角度去禁止各种不文明的行为，从而变成了约定俗成的村规民约，守护着乡村生产生活的各个方面。它是众村民共同制定和认可的行为规范，能够引导村民自觉遵守。如田禾方面"一禁田禾地货，如遇夜盗，此除赔赃外，每获一名罚一千五百文"，以及"一禁众议各家所养牛马猪羊鸡鸭不得乱放，悔（毁）坏稻谷，

图 3 《刘氏田界碑记》拓片

田内禾□□□（碑文模糊无法辨认，用□□□代替）"，从约束人及家禽方面确保粮食安全，维系乡村生存根基；鱼塘管理严谨，"禁盗控粮坝以利渔食"，禁止偷盗等恶劣行径，维护渔业生态，确保鱼塘作为集体资产能长期造福村民。对偷盗本村田园菜果、山野柴草并田禾稿、各家所养牛马猪狗鸡鸭等行为，在各细节方面制定了相应约束及惩罚条例，用村规民约来规范村民的行为，从思想上增强自觉性，于行动上恪守规范，从而促进乡村良好秩序的形成。

2. 法治意识启蒙

在嘉庆年间的社会背景下，石刻中的村规民约是村民们共同制定和认可的，所以它具有较高的权威性和约束力。当在村中发现如村规民约中所说的行为，可以按照规定进行内部调解；同时，石刻倡导村民自觉信守村规民约，摒弃偷盗、破坏田地等不文明行为，革除陋习。尤其碑文中"倘有一人横恶，不遵众村（规定），送官禀报"这一规定，堪称乡村法治启蒙的闪光点。在嘉庆年间，官府代表的就是当时的法律，一方面，村规民约通过熟人社会的道德约束与舆论压力来维护乡村秩序，一旦有不遵从村规民约的"横恶"之人，则"送官禀报"，让各村民知晓个人行为边界受法律制约，将法治观念扎根人心，破除传统观念藩篱；另一方面，送官禀报处理"横恶"之人，不得窝藏匪患贼盗，由官府介入乡村管理，强化"法"在维护村民权益、化解农村社会矛盾等方面的权威地位，形成遇事找法、依法化解的思维雏形，为后续法治秩序深化奠定民意基础。

（二）《小青山村合同碑》：邻里和谐的德治纽带

1. 土地纠纷调处

清嘉庆十五年（1810年）所立的《小青山村合同碑》，记录了三姓村民围绕土地边界、使用权限等问题产生的激烈纠葛。彼时，人口繁衍，土地开垦拓展，山林、田亩与宅地的旧有模糊界限成为矛盾导火索。对公共山林埋葬、放牧权益的保障，须依旧制管理，以促进资源共享公平，避免无序争抢。该合同碑从根源上梳理混乱权属，为化解纠纷提供了清晰的遵循条例，稳定乡村土地秩序根基。

2. 德治理念彰显

德治的基础在于生于斯、长于斯的乡土文明。在《小青山村合同碑》中，面对三姓村民的土地纠纷，"团总"牵头，召集三姓人共同协商，尊重之前"作为三姓人共占牧牛之地，以及每年批人烧灰租钱，三姓均分"的约定，引导三姓人以和为贵。团总及三姓人讨论通过了"自立合同后三姓不许再葬，亦不得盗卖"的决定，并刻碑为证。团总们以德化人，强化了道德教化作用，深入挖掘乡村熟人社会中的道德规范，让邻里温情在土地上生根发芽，代代传承。

（三）《刘氏田界碑记》：家族传承中的自治

1. 家族田产界明

《刘氏田界碑记》恰似一幅精细的家族田产地图，展开便是刘氏家族先辈们的智慧布局。碑文中详细记录，"买受土岭十五座，土名四至列后"，精准勾勒每块田地的位置，确保家族成员对土地归属一目了然。尺寸丈量同样严谨，"荣树潮田二丘三工，纳桨田一丘工又三丘六工，芳兰田一丘一工又二丘工，半白腊田四丘七工，纳崩田一丘三工，果金田一丘三工"，精确到毫厘，既保障土地分配公平，使各房支依人口、功绩合理占有，又在家族繁衍、土地流转时，杜绝模糊争议，为家族农业生产有序传承、稳定发展筑牢根基，是农耕时代家族财富管理的智慧结晶。

2. 自治传统延续

《刘氏田界碑记》开篇交代了刘氏家族的由来，原籍河南，明朝在湖南致仕，后移居廖（料）村，又因与姚姓居民起争执上告，遂将山岭田地座数刻石载明，立于祖庵内。但人心不古，"尝有祖宗置业，远近兼收，子孙收租，东西莫辨。故久住者得以生心……依然丘工尚存，而已割为己私济，触目惊心"，所以，为了刘姓家族的集体利益，刘姓前辈数人"踏看山岭宽窄，各立界石点明田地丘工"。《刘氏田界碑记》犹如家族发展的基石。对外，与外姓居民再起纷争，可以依此碑记据理力争，捍卫刘氏家族的集体利益，强化归属感与向心力。对内，对有私心者侵占集体房屋及租金的行为立规，立界石点明集体土地的数量与尺寸，让侵占集体土地的行为无处遁形。《刘氏田界碑记》在当时维系着家族秩序，是刘氏家族自治观念的象征，传承着其守规矩、重契约的家风。

三、荔浦市村规民约石刻的价值

（一）契约精神的坚守

村规民约是乡村村民共同价值观的凝聚，与村民生产生活息息相关，成为维系乡村社会和谐稳定的重要基石。从《众村永远立禁碑》中对田禾、地货、菜果、粮场、鱼塘等细微村务的规定，到《小青山村合同碑》对三姓村民共同权属土地的约定，再到《刘氏田界碑记》中对家族集体土地的具体界定，无不是村规民约入人心、接地气、贴近生活的具体体现。

在乡村日常生活中，村民们按照石刻中的村规民约，有序安排各种农事，包括种植田禾、鱼塘养鱼、养殖牛猪羊鸡鸭等，有序和谐地进行农事生产，这得益于村规民约约束着偷盗行为；如遇土地纠纷、土地权属不明，团总们发挥乡贤余热，依循既定条文协商解决，以维护邻里关系；刘氏家族内，刘氏子孙依据田界碑记，对外能捍卫家族利益，对内能厘清公私界限。无论是村集体还是个人，村规民约就是村民契约精神的具体体现，它不仅是协议、约定，更是对官方律令的补充，在当时官府及法律无法涉及的方面，村规民约很好地构筑起乡村信任根基，推动乡村秩序稳定、发展，村规民约体现的契约精神在岁月流转中熠熠生辉，成为荔浦乡村文明的传承密码。

（二）多元共治的协同

荔浦市石刻中的村规民约巧妙融合法治、德治、自治要素，编织成紧密有序的乡村治理网络。《众村永远立禁碑》以强硬的法治姿态登场，对破坏田禾、鱼塘偷捕等行径明确惩处细则，"一禁田禾地货，如遇夜盗，此除赔赃外，每获一名罚一千五百文"，借严厉惩戒威慑不法之人，为乡村秩序筑牢法治屏障；《小青山村合同碑》则高举德治大旗，调解土地纠纷时，引导村民互谅互让，以美德化解干戈，三姓协商中展现谦逊包容，让土地矛盾消弭于萌芽，滋养邻里和睦土壤；《刘氏田界碑记》作为家族自治典范，刘氏族人能依碑自主管理田产、协调农事，遇外侵依族规齐心抵御，遇内部纠纷依碑公正裁决，以此激发家族凝聚力，实现自我约束、自我发展。三者协同互补，法治强约束、德治润人心、自治激活力，共铸荔浦乡村善治格局。

四、结语

荔浦市三通关于村规民约的石刻分别代表了当地村规、民约、族规，展现了石刻中村规民约的多维度价值。石刻中的村规民约历经岁月沉淀，记录了乡村秩序变迁，是社会发展的见证，具有一定的历史价值。从《众村永远立禁碑》法治意识的启蒙、《小青山村合同碑》德治理念的彰显到《刘氏田界碑记》中自治传统的延续，法治、德治、自治"三治"融合，为古代荔浦的"乡村治理"形成一道壁垒，也对现代乡村治理体系有一定的借鉴意义。大到各家不得窝藏匪患贼盗，小到所养家禽不得破坏田地粮食，石刻中的村规民约在村民的生活中维护着良好的乡村秩序，守护一方安宁。它们不仅是宝贵的历史遗迹，更是连接古今乡村发展的坚韧纽带，维系着乡村社会有序、和谐运行。

广西清末至民国时期纸币的预防性保护探究*

杨 洋

【提　要】清末至民国时期，广西发行了数量庞大、种类多样的纸币。广西属于亚热带季风气候区，虽然很少出现极端天气的情况，但空气湿度较高，这种气候条件使得纸币容易在保存过程中产生各式各样的病害。本文对广西清末至民国时期纸币的病害进行调查并分析其成因，以探究适宜广西地区的纸币预防性保护策略。

【关键词】广西　清末至民国　纸币　病害成因　预防性保护
【作　者】杨洋　广西师范大学历史文化与旅游学院　硕士研究生在读

　　纸币是以纸张为载体的货币，不同于金属货币，纸币本身没有价值，因此，纸币的制作、发行和流通一旦失衡，就会对国家或地区的经济和社会稳定产生直接影响。[1]清末至民国时期的纸币材质经历了从传统手工纸向近代机制纸的过渡，并逐渐融入防伪技术。清末至民国时期广西区域纸币存世量较多。但由于广西属亚热带季风气候，空气湿度较高，年平均相对湿度在80%左右，全年月平均最高气温在36℃左右。这种气候条件并不利于纸币的保存，容易让纸币产生各类病害，从而危及纸币"寿命"。因此，本文从广西清末至民国时期的纸币入手，调查纸币现存主要病害，分析病害成因，继而总结出针对广西近代纸币进行预防性保护的可行性方法，对可实施的预防性保护措施进行阐述。

*　基金项目：广西壮族自治区教育厅 2021 年度研究生教育创新计划项目"课程思政融入文博专业硕士研究生实习课程的探索与研究——以广西师范大学文物与博物馆专业为例"（JGY2021034）。

[1]　李涛：《中国古代纸币及当票的颜料与纤维》，载《中国钱币》，2018 年第 1 期。

一、清末至民国时期广西发行纸币概况

清末至民国时期广西发行纸币可分为五个阶段：第一阶段主要是在清咸丰帝即位以后，在封建货币发行思想的指导下，为维护封建势力，政府开始铸发大钱并发行纸币。同时，为了推行大钱和纸币又设立官钱铺。咸丰三年（1853 年），为配合政府的财政政策，各省又相继在省城及商业繁盛之地设立官钱总局和分局。光绪二十九年（1903 年），广西巡抚李经羲创办广西官银钱号，在广西省城设立总号，并在梧州、浔州（今桂平）、柳州、南宁等处设立官银分号。宣统二年（1910 年），广西官银钱号重新改组为广西银行，这也是广西历史上首家地方银行。第二阶段为辛亥革命后，陆荣廷执掌广西大权，以陆荣廷为首的旧桂系发行"陆票"，数量巨大。民国九年（1920 年），直皖战争爆发，旧桂系和粤系在两广争霸，桂系溃败，广西银行因支持战争发行纸币过多，导致通货膨胀，不久便停业。第三阶段为民国十年（1921 年）至民国十三年（1924 年），此时广西内战不止，各方势力滥发"广西银行"各种票券，数量庞大，类型繁杂。第四阶段即新桂系统一全省后，这一阶段广西政局仍动荡不安，纸币发行亦受影响。在此种局势下，初始纸币发行较为慎重，但自民国十六年（1927 年）下半年始，发行数额不断激增，钞票开始不断贬值。至民国二十年（1931 年），新桂系李宗仁、白崇禧、黄旭初统一广西全境，广西纸币又重新焕发生机，发行制度不断完善，币值稳定。[1]最后一阶段为民国二十四年（1935 年）到 1949 年。民国二十四年国民政府实施法币政策，广西开始流通法币。民国二十六年（1937 年）全面抗战爆发以后，广西银行的钞票发行权被取消。民国三十五年（1946 年），法币剧烈贬值，广西银行又于解放前夕在香港印字馆印务有限公司印制广西省辅币流通券，但未及发行。[2]从清末至新桂系统治阶段，广西发行的各类纸币都是巩固维护政治权力的重要手段。

表 1 清末至民国时广西纸币统计表[3]

时间	发行单位	币别	印制厂	纸张类别及油墨颜色（正面／反面）
1853 年	清政府	大清宝钞、户部官票		白皮纸 红、蓝、黑三色

［1］ 沈飞：《广西银行及其发行的纸币》，载《收藏》，2013 年第 5 期。

［2］ 戴建兵：《中国近代纸币：1840—1949 年中国近代官银号、省、市银行纸币简史》，中国金融出版社，1993 年，379—393 页。

［3］ 戴建兵：《中国近代纸币：1840—1949 年中国近代官银号、省、市银行纸币简史》，中国金融出版社，1993 年，379—393 页。

时间	发行单位	币别	印制厂	纸张类别及油墨颜色（正面／反面）
1904 年	广西官银钱号	兑换券（桂林总号发行、南宁分号发行）	上海印制	机制纸凸凹版五彩石印空白凭证，人工填写发行行名，票面金额和编列字号
1905 年	广西官银钱号	五彩银元券	上海印制	机制纸上下前后都加盖红油墨数目戳记
1908 年	广西官银钱号	十两票、一两票	日本印制	机制纸
1912 年	广西银行	乌龙票、辅币券	乌龙票：日本帝国政府印刷局印制辅币券：上海商务印书馆印制	机制纸乌龙票：主体呈绿色，加盖红色印章一元辅币券：绿色、多色／棕色、蓝色五元辅币券：绿色、橘色／橘色、绿色十元辅币券：绿、黄色／绿色
1913 年	广西银行	一元、二元、十元	日本印制	上等棉纸
1913 年	广西银行	一角辅币券、五角辅币券	广西广华印刷厂印制	纸质粗疏、印刷恶劣
1915 年	广西银行	五角	上海印制	机制纸蓝色、红色／橘色、蓝色
1917—1918 年	广西银行	一元、一角、五角	上海商务印书馆、南宁印币所	机制纸
1921 年	广西银行	一角、五角、五元	上海商务印书馆	机制纸一角：蓝色、红色／橘色、蓝色五角：绿色、黄色／紫色、绿色五元：棕色、橘色／橘色、绿色
1921 年10 月	马君武订印	一元（俗称广西军用券）	南宁印制	机制纸
1922 年	广西银行	一元		机制纸灰青／青
1922 年	陆荣廷订印	一元、五元（俗称边防票）	财政部印刷局	机制纸
1926 年	广西省银行	一元、五元、十元、二角、五角	上海商务印书馆印制	机制纸一元：绿色、黄色／绿色、红色五元：蓝色、红色／绿色十元：棕色、橄榄色／蓝色、绿色
1928 年	广西省银行	一毫、二毫、五毫、二十五元、五角		机制纸二毫：蓝、多色／绿色五毫：绿、多色／蓝色二十五元：紫、多色／蓝色、红色

续表

时间	发行单位	币别	印制厂	纸张类别及油墨颜色（正面／反面）
1929 年	广西省银行	一元、五元、十元	美国钞票公司印制	机制纸 一元：黑、多色／红色 五元：绿、多色／紫色 十元：蓝、多色／棕色
1932 年	广西省银行	一角		机制纸 棕色、绿色／橘色
1935 年	广西银行（第二）	一角、五角	中华书局印制	机制纸 五角：紫色／绿、多色
1936 年	广西银行（第二）	一角、五元	相关新华印刷公司印制	机制纸 一角：蓝色／红色 五元：蓝色、绿色／棕色
1938 年	广西银行（第二）	两种类型的五角纸币	商务印书馆印制	机制纸 五角：绿／橘、多色 五角：紫／绿、多色
1938 年	广西农民银行	一元、五元	香港商务印书馆印制	机制纸 一元：蓝色／红色 五元：绿色、棕色／橘色
1949 年	广西省银行（第二）	辅币流通券（五种面额）	香港印字馆印务有限公司	机制纸，均未能发行

注：新桂系重操广西军政大权后，于1932年重新成立广西银行，故表格为"广西银行（第二）"；1946年，按有关省银行的规定，广西银行改为广西省银行，故表格为"广西省银行（第二）"。

二、广西清末至民国时期纸币的主要病害

广西清末至民国时期纸币实物存世较多，广西各文博单位都有收藏，例如，广西钱币博物馆、广西壮族自治区博物馆、广西民族博物馆等均藏有大量清末民国以来的纸币。笔者参照国家文物局发布的《馆藏纸质文物病害分类与图示》这一现行标准，对各博物馆官网、博物馆展厅，以及《广西历史货币图集》中所公布的纸币进行抽样调查，以期了解广西清末至民国时期纸币的主要病害及保存状况。调查情况，详见表2。抽样调查结果显示，清末至民国时期纸币的主要病害有污渍、折痕、变色、残缺四类，部分纸币还存在皱褶、褪色、字迹模糊和字迹残缺等病害。

表 2　广西现存清末至民国时期纸币病害抽样调查表

序号	名称	收藏单位	纸张病害																写印色料病害					
			水渍	污渍	皱褶	折痕	变形	断裂	残缺	烟熏	炭化	变色	粘连	微生物损害	动物损害	糟朽	絮化	锈蚀	脱落	晕色	褪色	字迹扩散	字迹模糊	字迹残缺
1	咸丰大清宝钞	广西壮族自治区博物馆			√							√									√			
2	广西银行加盖"玉林"壹圆纸币	玉林市博物馆	√			√		√				√											√	
3	民国十八年壹圆	广西钱币博物馆	√			√						√												
4	民国四年广西银行壹毫	桂林钱币学会集藏室	√	√	√			√				√		√									√	√
5	民国元年广西银行小红字码壹圆	桂林钱币学会集藏室	√			√		√				√											√	
6	民国元年广西银行小黑字码壹圆	桂林钱币学会集藏室	√			√						√		√					√		√	√	√	
7	民国元年广西银行小黑字码壹圆	桂林钱币学会集藏室	√			√		√				√												
8	民国十一年广西银行伍圆	桂林钱币学会集藏室	√	√	√			√						√								√		
9	民国十一年广西银行贰圆	桂林钱币学会集藏室	√	√	√			√				√										√	√	
10	民国十五年广西银行壹圆	桂林钱币学会集藏室	√			√		√				√												√

三、纸币病害成因分析

（一）造成纸币病害的内部因素

内部因素是纸币本身的制作材料具有老化、病变的可能性，又或者是在生产制作时使用的材料可能会加速纸币产生各式各样的病害。广西清末至民国时期的纸币多是以机制纸张为载体，这类纸张的组成结构较为特殊，其中大多添加了大量的化学助剂，这种以纸张为载体的纸币酸性强，耐久性也比较差，容易发黄、变脆，实验证明机制纸一般寿命在100年左右，经过处理后其寿命会大大延长。[1]另外，色料是纸币的另一重要组成部分。李涛[2]以明清和民国时期的纸币和当票为研究对象，利用拉曼光谱技术对纸币和当票上的颜料进行了鉴别，从实验结果可知，清代纸币使用无机矿物颜料，民国时期则将有机合成颜料应用于纸币印刷中。不论是无机矿物颜料，还是有机合成颜料，均会受到环境中温湿度、光照、酸性物质、灰尘等的影响，导致纸币上的图案出现褪色现象。

（二）造成纸币病害的外部因素

外部因素，即外界环境因素所引起的纸币老化与病变。环境因素是指纸币保存环境的温湿度、光线、有害气体、虫害及微生物等对纸币产生危害的因素。

1. 温度和相对湿度对纸币的影响

一方面，高温会使纸张纤维老化，温度的升高会加速纸张纤维的老化速率；另一方面，当温度上升时，纸币原有的水分会被蒸发，造成纸张干裂、起翘、发脆变黄。相对湿度对于纸币产生的影响较温度更甚。地处西南边陲的广西属于亚热带季风气候区，潮湿多雨。据中国气象数据网所发布的广西壮族自治区的日均气温和日均相对湿度数据（图1），广西壮族自治区2024年4月日均最高与最低气温分别为25.6℃和

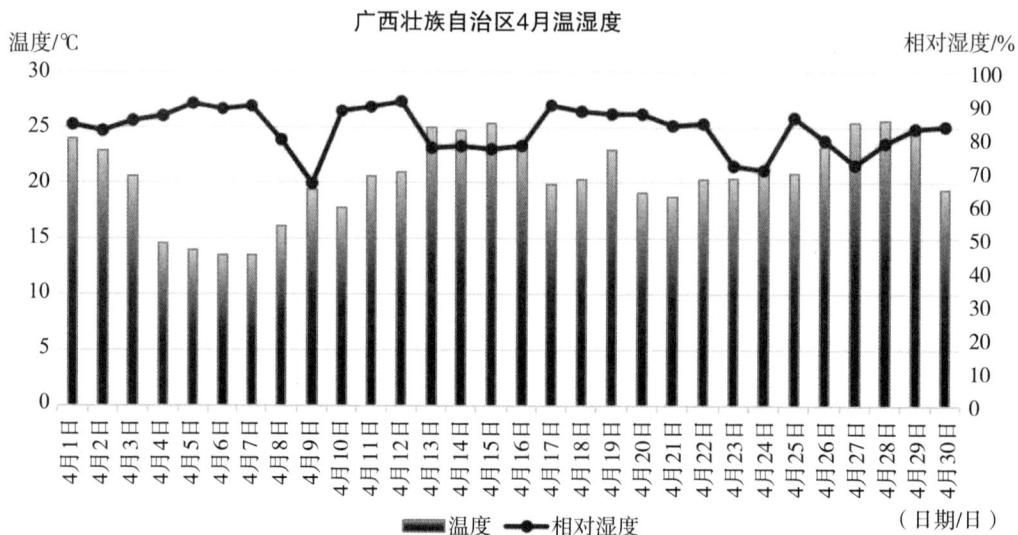

图1　广西壮族自治区2024年4月日均气温与日均相对湿度数据

（数据来源：中国气象数据网）

---

[1] 张兴伟：《近现代纸质文物保护与修复技术探索》，载《文物修复与研究》，2016年第0期（年刊）。

[2] 李涛：《中国古代纸币及当票的颜料与纤维》，载《中国钱币》，2018年第1期。

13.5℃，4月日平均相对湿度最高为91%，最低为67%。纸张对干燥和潮湿的环境都很敏感，当环境湿度高时，纸张中的纤维素会快速吸水，影响纸张的耐久性，还会导致纸币上的水溶性色彩扩散，最终造成纸币字迹、图案洇染。潮湿的环境还会为害虫和微生物提供适宜的生长环境，使纸币发霉、遭受虫蛀。因此纸币的保存必须防潮。当然，过于干燥的环境也是不利于纸币保存的。当环境中的相对湿度低于纸币本身的含水量时，纸币则容易干脆断裂。

2. 光照对纸币的影响

纸币保存环境的光源根据其波长可分为紫外光、可见光和红外光，其中紫外光波长较短，能量较高，具有很强的破坏力。紫外光的能量会使得纸张纤维的化学键断裂，导致纸币泛黄、变色甚至出现酥粉等病害。[1]光照对于纸币的损害过程是循序渐进的，照射时间越长，照度越高，对纸币的耐久性影响越大。《博物馆照明设计规范》中规定对光特别敏感的展品，如织绣品、绘画、纸质物品、彩绘、陶（石）器、染色皮革、动植物标本等的展品面的照度标准值为≤ 50lx。[2]

3. 空气污染物对纸币的影响

空气中的酸性气体、氧化性气体和粉尘都会对纸币产生不可逆的影响。酸性气体易溶于水并生成酸性物质，从而会加速纸张纤维的水解，使纸币的强度下降。氧化性气体的强氧化性，对有机质文物有很大危害。粉尘对纸币的影响主要体现在以下两个方面：一是它会附着在纸币上，影响纸币上的字迹和纸币颜色；二是粉尘是很多微生物寄生的场所，这些寄生很多微生物的粉尘落在纸币上会加快纸币的腐朽，并且微生物分泌的各种水解酶及酸性物质十分不利于纸币的保存。

4. 动物及微生物对纸币的影响

根据调查研究，我国纸质文物的主要害虫种类已近百种，其中有六个种类威胁最大，分别为毛衣鱼、烟草甲、书窃蠹、书虱、花斑皮蠹、白蚁。[3]

常见的影响纸币保存的微生物种类丰富多样，其生长代谢不仅能使纸币的酸度增加，还会在纸币表面生成难以清除的各色霉斑，从而影响纸币的外观。除此之外，微生物还会使纸币上的字迹、图案褪色，湿度增加，致使纸币发黄、变脆等。

---

［1］ 张兴伟：《书画等纸质文物的病害分析与环境研究》，见湖南省博物馆学会编《博物馆学文集8》，岳麓书社，2013年，11页。

［2］ 国家市场监督管理总局、国家标准化管理委员会：《GB/T 23863-2024，博物馆照明设计规范》，见全国标准信息公共服务平台 https://openstd.samr.gov.cn/bzgk/std/newGbInfo?hcno=2FBB707BA1922AB0A0DA15175425112E。

［3］ 徐依然：《纸质文物虫害预防性修复技术研究综述》，载《文物鉴定与鉴赏》，2023年第1期。

（三）造成纸币病害的人为因素

人为损害是造成纸币病害最重要的因素。不同于其他纸质文物，纸币有很强的流通性，在被收藏于博物馆之前，在日常使用情境下十分容易受到人为损害。例如，纸币在流通过程中难免会产生折痕、变色、皱褶、残断、污渍等病害。另外，一些中小型博物馆或收藏机构由于人力、物力、财力等原因，不能为纸币提供理想的保存环境，从而使纸币在收藏期间产生更加严重的病害，致使纸币的寿命缩短。

四、纸币预防性保护的有效举措

（一）深入研究纸币的材料特性和老化机制

与其他纸质文物不同，纸币的生产十分严密，关于纸币制作的原料、流程等的认识十分有限。因此要使纸币长久地保留下去，就需要深入研究纸币的材料特性，对纸张纤维结构、油墨成分、印刷工艺等方面作进一步的科学研究，揭示纸币随时间变化的规律，为预防性保护提供更加精准的策略支撑。

（二）改善纸币保存环境

纸币适宜的保存温度应保持在 16℃~18℃，相对湿度在 50%~55% 之间。[1] 了解文物保存环境的温湿度数据及其变化，是开展纸币保存微环境调控的前提和基础。在对温湿度进行调控时，由于湿度对纸币的影响更大，因此，要保持湿度优先调控原则。在博物馆中，湿度的调控可综合使用吸湿剂及现代化空调机、除湿机等。紫外线的调控，可采用具有紫外线过滤功能的玻璃，照明灯具尽可能做紫外线过滤处理。[2] 有害气体的调控，可以使用空气净化器过滤、吸收空气中的污染物，或者在博物馆库房入口处安装走道式风淋系统，从而吹除工作人员或相关物品上吸附的尘埃与害虫。[3]

（三）有害生物的防治

有害生物的防治工作需从源头抓起，切断这类生物进入纸币保存环境的通道。提高纸币保存环境的密封性，调控环境中的温湿度，保持纸币保存环境的温湿度、氧气含量等处于不适宜有害生物生存的区间。对已经出现虫害的纸币及时进行消杀，杜绝

---

［1］ 杜翔：《20 世纪 80 年代以来北京地区契约文书收藏整理研究情况之调查分析》，载《首都博物馆论丛》，2023 年第 0 期。

［2］ 冯楠：《博物馆紫外辐射防护措施性能及应用研究》，载《边疆考古研究》，2020 年第 2 期。

［3］ 苗婧婧：《博物馆文物保存环境质量标准分析》，载《文化产业》，2020 年第 26 期。

隐患。例如，利用天然野生药用植物作为防虫杀虫剂，早在汉魏时，先民就知道用黄檗汁染纸避蠹的方法。至今已载入药典和流传于民间的防虫灭虫药物有芸草、莽草、马鞭草、胡椒、零陵香、白芷、樟脑等数十种。[1] 使用上述植物驱虫杀虫，不仅安全可靠、原材料丰富，而且经济高效，故至今仍在使用。梁萍的《灵香草对纸币等有机纤维质地文物的预防性保护》一文中提到在梧州市库房中使用灵香草代替苯丸和樟脑，发现其不仅能够起到防虫作用，还具有良好的防霉效果，使馆藏的书法、古籍等纸质文物得到妥善保护。[2]

（四）对纸币进行定期脱酸

清末至民国时期纸币多采用机制纸印刷而成，机制纸在制作过程中添加的各类化学助剂会增加纸张的酸性，并在保存过程中易受环境因素的影响导致酸性不断增强，酸性物质的累积会破坏纸张纤维，从而影响纸张的耐久性。因此，需要定期监测纸币的 pH 值，对纸币进行脱酸处理。另外，对于比较重要的纸币，还可以使用无酸性的棉纸或玻璃纸作为隔层纸，平放入无酸囊盒中，并与其他质量较好、酸性较弱的纸质文物分开存放。[3]

五、小结

纸币虽然是博物馆藏品中的一小部分，但它也是不可缺少的内容。纸币在保存的过程中，受各种因素的影响而出现损害，如果不及时进行修复就会造成难以挽回的损失。在修复文物的同时，博物馆工作人员也会主动学习相关的前沿知识，在实践过程中不断积累经验，解决纸币修复时遇到的诸多问题。广西清末至民国时期纸币资源丰富，要使这些珍贵的文物资源长久保存，就要深入研究其劣化机理并不断探寻适宜的修复方式与预防性保护措施。

[1] 周宝中：《古代保护纸质文物的药物防蠹技术》，载《中原文物》，1984 年第 4 期。
[2] 梁萍：《灵香草对纸币等有机纤维质地文物的预防性保护》，载《广西金融研究》，2005 年第 S2 期。
[3] 石笑竹：《山西博物院馆藏革命类纸质文物预防性保护分析研究》，载《文物鉴定与鉴赏》，2021 年第 8 期。

运用"托盘"式钢筋混凝土防水构造
治理甑皮岩遗址水害研究

阳　引

【提　要】甑皮岩遗址是目前中国发现的人类居住时间跨度最长久的新石器时代洞穴遗址之一。目前遗址所在区域产生的地下水（孔隙水、裂隙水及岩溶水）对遗址本体产生诸多影响。采用"托盘"式钢筋混凝土防水构造的形式能有效解决遗址水害问题。

【关键词】甑皮岩遗址　水害　"托盘"式钢筋混凝土防水构造

【作　者】阳引　桂林甑皮岩遗址博物馆　副研究馆员

一、甑皮岩遗址概况

甑皮岩遗址是一处典型的新石器时代早中期洞穴遗址，位于桂林市南郊象山区凯风路与万福路交会处的西北侧、独山的西南麓，中心地理坐标为 $25°12'56.2''$N；$110°16'41.3''$E。甑皮岩洞穴系统由主洞、矮洞及水洞三部分组成，总面积约 $300m^2$。

1965 年发现了甑皮岩遗址，并开探方试掘；1981 年 8 月被公布为广西壮族自治区文物保护单位；2001 年 6 月被公布为第五批全国重点文物保护单位；2013 年 12 月，甑皮岩遗址被列入第二批国家考古遗址公园名单。甑皮岩洞穴内文化堆积层距今时代大约 12000 年到 7000 年之间，出土了大量石器、骨器、陶片、人骨和多种动植物遗骸等，内涵极为丰富，是"华南乃至东南亚地区史前考古最重要的标尺和资料库之一"。

二、甑皮岩遗址水害现状

经对甑皮岩遗址考古调查和现场勘察，并调研相关资料，已知甑皮岩遗址文物本体存在的险情主要是洪水冲刷、地下水浸泡、岩溶管道崩塌等问题。甑皮岩洞穴遗址底部和四周均存在充水溶洞，其中在遗址东南方向，距离遗址仅一步之遥的水洞（为古人类取地下水处），洞穴水体面积有 300 ㎡，常年有水，是造成遗址浸没的主要地下水来源。在雨季，地下河水位上涨，淹没、侵蚀文化层本体，造成文化层蓬松垮塌、文化层表面霉菌、苔藓滋生，包含在文化层中的人骨、动物骨、骨蚌器等文物及其他遗迹遗物受到损害。

（一）遗址本体表层病害现状

1. 文化层浸水受潮

雨季雨水下渗，由于遗址上方山体岩石向下渗水，造成文化层表面浸水受潮严重，局部堆积淤泥。

2. 文化层粉化、龟裂等

遗址表面文化层土质呈粉化或片状脱落，部分探方内地面龟裂。

3. 文化层表面附着霉菌、青苔等污染物

雨季地下水位上升导致上层探坑积水，探坑坑壁及洞壁返潮，表面生长青苔、霉菌等，部分形成黑渍，局部文化层表面有盐析物质附着，局部霉菌、苔藓等污染物为物理灯光照射形成。

4. 文化层表面层状剥落

遗址洞壁表层局部存在层状剥落现象，剥落位置情况明显。

5. 局部后期加建

遗址内后加钢架挡板，滞留废弃水管，后期布置电线杂乱，探洞内杂物堆积；水洞内后建台阶局部破损、缺失。

（二）遗址本体水害情况

1. 遗址发掘探方内积水

根据中国地质科学院岩溶地质研究所设立的气象站和地下水观测站数据，甑皮岩最大 24 小时降雨量达到 108mm，甑皮岩地下水位显著上升。如 2022 年 6 月 4 日暴雨后，甑皮岩地下水水位达到 154.8m，距离洞穴底板平面高度（155.6m）不足 1m，大部分文化堆积层已处于地下水位线以下，基本上达到了水饱和状态。受此影响，甑皮岩遗址洞穴内的 DT5、DT6、DT7、DT8、DT9、BT2、BT3 等探方底部出现了明显积水，探方四壁地层堆积遭受了严重的水浸泡、侵蚀危害，存在坍塌风险。甑皮岩遗址自 1965 年发现以来，已经过两次科学的考古发掘，但仍保留了部分未发掘区域，已发掘区也保存有 12 具先民遗骸及部分遗迹现象和遗物。若遗址内长期积水，对于这些遗迹、遗物的保护和保存也是十分不利的。

2. 洞顶渗水及岩块剥落

遗址主洞顶部的岩层中出现局部细微裂隙，出现新的漏水，少部分块状岩面还出现风化剥蚀现象。早年洞顶防水工程中一些经过水泥固化黏结处理的岩隙也出现了水泥填缝剂脱落现象，随着降雨的持续，极有可能出现大规模崩落的危险。

三、甑皮岩遗址病害成因分析

（一）人为因素对甑皮岩遗址的影响

1. 研究区的主要含水层为第四纪覆盖层下的岩溶含水层，因靠近漓江覆盖层，其厚度增加，造成一些民井在孔隙含水层中取水。土壤分为红色或黄色的黏土和沙土。民井因为位于村庄的中间，多数受到污染，污染物类型主要是 Na^+、K^+、Cl^-、SO_4^{2-}、NO_3^-。地下河的岩溶水也受到一定程度的影响。

2. 研究区的主要污染源是生活污水，没有发现企业集中排污污染地下水的现象。因在甑皮岩南面的大风山曾经是氮肥厂，至今在地下水中还能检测到 NH_4^+ 超标。

3. 在大风山附近的一处钢材堆放场地，地下水呈现红色，pH 值很低，说明受到 Fe（铁）化合物的污染，如果污染波及甑皮岩地下河，将产生很严重的后果，会导致地下河水变色，金属离子污染将影响到文化层的保护。且污染源距离甑皮岩只隔一条马路。

（二）自然因素对甑皮岩遗址的影响

1. 遗址所在的主洞四周都是洞穴，其中常年有水的有 3 个，季节性有水的 1 个。在主洞内部，常年可以看到地下水。在遗址进行发掘的时候，见到基岩有岩溶管道和地下水。因此主洞的底板完整性很差，起不到隔水作用。

2. 甑皮岩遗址文化堆积土层厚度仅在 1~3.2m 之间，下部基岩和上部围岩均为强岩溶化融县组（D3g）灰岩，遗址下的灰岩岩溶管道非常发育，地下水随每年丰枯季涨落所产生的水动力对文化堆积土层造成很大的破坏（浸泡、软化、冲刷、掏空及崩塌、下沉），通常每年约有 7~9 个月，文化层的下部土层均处于地下水的浸泡之中，淹没深度一般在 0.5~2.0m 之间。

3. 地下水的波动属于自然现象，主要与降雨有关，经过统计发现，水洞水位的波动幅度与降雨量呈线性增加关系。通过查阅相关资料，来自甑皮岩西北和正北方向的地下水汇集到水洞当中，因此水洞在局部尺度上起到了汇水作用。水洞内的地下水往洞口前方排泄。洞口和水塘之间存在一个集中径流带。水洞的水排泄到水塘之后，接着向东流动，通过水塘的底部重新进入含水层。因此洞口的水塘是地下水的重要排泄通道。

4. 遗址在每年汛期经常性遭受洪水浸泡，致使探方隔梁崩塌，DT3、DT5、DT6、DT7探方文化土层先后出现不同程度的崩塌、下沉现象；2022年6月大洪水时，地下水已涨至离文化层顶面仅0.18~0.4m，下部2.0~3.0m文化层均处于洪水浸泡之中。

5. 在雨季，遗址上方岩体裂隙大量滴水，穿透裂隙的根系发育，苔藓大量生长，也对遗址文化层带来较大的破坏。

因此，地下水害已危及遗址文化层长久保存与安全，采取适当防水措施妥善处理，不但势在必行，而且刻不容缓。

四、"托盘"式钢筋混凝土防水构造施工流程及工艺做法

（一）准备施工作业面

清理遗址入口（南侧）前空地，拆除现有遗址前参观用的木栈道、绿化植被、配套路灯等相关设备设施，为拟实施的工程提供相应的土方开挖、机械作业、运输车辆通行等施工作业场地，保证工程实施所需的施工作业面。

（二）遗址内及周边安装振动、地下水位监测等仪器

为保证遗址本体在施工中的安全，要全程监测施工过程。在工程实施前，在遗址内和周围探井内放置地下水位监测仪和振动检测仪，监测工程在实施过程中如有较大振动且已影响本体安全等情况时，应及时制止并纠正。另外在土方开挖过程中，也应建立基坑支护施工变形与沉降监测，保证施工安全。地下水位监测使用Micro-Diver监测仪；全施工过程振动监测采用的仪器为TC-4850和CBSD-VM-M01网络测振仪；基坑支护监测应建立基坑支护施工变形与沉降观测网，定期进行变形沉降观测。当位移变形值超过10cm或有明显滑坡、倾覆征兆时，应停止施工并及时启动应急预案，待处理稳定后方可继续施工。

（三）基坑支护及土方开挖

1. 基坑支护

综合评价现场条件，选择钢板桩支护措施，在土方开挖的工程中，随着基坑深度安装相应的钢板支护构件。

2. 土方开挖

工程需要在遗址前设置一个较大的工作基坑，以满足地下降水及在遗址下横向作业的需要。在距离文物本体入口处（南侧）外边缘外扩 4.5m 的位置进行土方开挖施工，开挖时采用机械和人工相配合的形式，开挖过程中严格控制机械振动，保证遗址本体安全。工作基坑的尺寸暂定为宽 5m（南北方向），长 21m（东西方向），深 6.05m。开挖后的土方不能堆放在基坑周边，堆放位置最少距离基坑 100m。

（四）人工降排地下水

工程位于地下水位较高区域，开挖基坑会遇到地下水问题，如基坑内的地下水不能及时排除，不但土方开挖困难，而且易造成边坡失稳、流沙、管涌等破坏现象，影响工程质量和安全。因此，在基坑施工时必须做好降排水措施，将水位降低至施工作业面以下。

在土方开挖后的坑底两侧设置排水明沟，四角设置集水井，使坑内渗出的地下水通过排水明沟汇集于集水井内，然后用抽水泵将其排出坑外。

排水沟断面尺寸为 400mm×400mm，坡度为 3‰，排水明沟的底面比挖土面低 400mm，明沟边缘距离边坡坡脚 1m。集水井边长为 1m，集水井底面比沟底面低 3m，并随着基坑开挖而加深，以保持水流畅通。集水井坑壁可用竹、木简易加固。人工降水工作面完成后，安装抽排地下水管线、控制设备，抽排水管沿沟壁放置，抽水头放置于集水井，上端连接坑顶抽水泵，通电即可工作。

在水洞中安装两个抽水装置与坑内共同进行降水操作，抽水量需要与渗水量保持平衡状态。降水深度应满足工程所需的施工作业深度要求。

降水工作应贯穿施工的整个过程，将地下水水位一直维持在施工作业面以下位置，直到防水措施施工完毕方可停止。

因工程需要抽排大量的地下水，排水时需与相关部门协调，抽排出的水经过水泵装置输送到馆外的市政雨水排水管线中。

（五）"托盘"式混凝土防水构造地下施工工艺

1. 在工作基坑的工作面上，向文物本体的方向，在距离遗址底部垂直向下 1200mm（预留遗址保护层高度）的位置，采用人工开挖的方式，由南向北开挖，开挖的整体高度为 1600mm，整体深度挖至遗址北侧边缘外约 1500mm 的位置。

2. 每开挖 1m（南北方向），则在开挖层的顶部、底部分别放置 20mm 厚的钢板（规格 1000mm×1000mm×20mm），安装过程中可利用千斤顶做临时支顶工作，然后在两层钢板之间放置直径 200mm、壁厚 10mm 的钢立柱并将其上下焊接连接。整个开挖及支顶过程采用边开挖边支顶的方式进行。

3. 开挖过程中不能使用振动较大的机械，以免对文物本体造成损伤。如遇到比较坚硬的岩石，可采用水钻钻孔开挖或者压力钳挤压的方式进行开挖。

4. 第一排钢柱支顶完成后，间隔 1000mm 开挖，继续放置第二排钢柱，以此类推。待所有钢立柱放置完成后，在底部绑扎双向双层钢筋（暂定规格 20mm×200mm，两层间距 250mm）。钢筋绑扎完成后，浇筑 300mm 厚 C30 抗渗混凝土层。

5. 混凝土达到设计强度后，在混凝土上表面铺设 3 层 SBS 防水材料，每层厚 4mm。

6. 铺设防水过程中，将混凝土层上方钢立柱进行切割，切割顺序由内向外（由北向南）。每切割一排，将钢立柱部位补贴防水卷材后浇筑混凝土，以此类推。所有裸露钢柱须取出并浇筑混凝土。

7. 底板防水层实施完成后，为防止侧向地下水对遗址的侵害，在混凝土板四周做钢混墙体并铺贴防水卷材，形成隔水层，与底板一起形成"托盘"。钢筋混凝土墙上皮设计标高为丰水期最高水位以上 150mm 的位置。

8. 四周墙体的位置距离遗址本体 1500mm，施工作业面挖宽约 1600mm 的施工通道。每向内开挖 1500mm 后，先在开挖作业面上铺贴两层防水卷材与底板防水相接，然后将此部分墙体绑扎钢筋、支模并浇筑混凝土。绑扎双向双层钢筋（暂定规格 20mm×200mm，两层间距 250mm）。钢筋绑扎完成后，浇筑 300mm 厚 C30 抗渗混凝土层。以此类推，将除南面以外的其他三面墙体按照连续墙做法实施完成。

9. 为防止山体局部坍塌，实施过程中须做好钢混墙体与山体之间的支顶措施，山体侧工作面采用方钢支顶，方钢两端用钢板焊接，一侧抵在钢筋混凝土墙面，一侧抵在岩石上。方钢规格采用 300mm×300mm×10mm，钢板规格为 2000mm×2000mm×20mm。

10. 墙体部分完成后，在混凝土墙体外表面再铺贴 2 层 SBS 防水材料，每层厚 4mm。与底部防水层、混凝土板防水层做好连接，确保连接处达到防水效果。

11. 待遗址本体三面均完成钢筋混凝土隔水墙后，将山体侧方钢支护取出，回填混凝土。

12. 最后进行南侧混凝土隔水墙的施工，此部分施工时，整体由下至上开始实施，高度每隔 1500mm 绑扎钢筋、浇筑混凝土一道。南面墙体实施过程中，将基坑支顶构件等由下至上逐渐拆除并回填素土，回填过程中不可采用有振动的机械，以免损伤本体。

13. 鉴于本次防水措施实施完成后，要求现场做闭水试验的条件有限，因此，"托盘"式混凝土防水构造每阶段施工完成后，可创造条件在回填前做闭水试验。

（六）土方回填及环境恢复

1. 整体防水措施施工完成后，拆除抽排水设施，平整施工作业面场地。

2. 清除坑底的垃圾、草皮、树根、杂物，排除坑穴中的积水、淤泥和种植土，将坑底充分夯实和碾压密实。

3. 应采取措施防止地表滞水流入填方区，一旦浸泡地基，则造成基土下陷。

4. 钢板桩拔除。在进行基坑回填土时，要拔除钢板桩以便修整后重复使用。钢板的拔除采用先打后拔或后打先拔的方法。从克服板桩的阻力着手，根据所用拔桩机械、拔桩方法，本工程采用振动拔桩法拔出钢板桩。振动拔桩是利用机械的振动激起钢板桩振动，以克服和削弱板桩拔出阻力，从而将板桩拔出。该方法效率高，需采用大功率的振动拔桩机。

5. 当填土场地地面陡于 1∶5 时，可将斜坡挖成阶梯形，阶高不大于 1m，台阶高宽比为 1∶2。然后分层填土，以利接合和防止滑动。

6. 土方回填前，根据土料性质、工程特点、施工条件等合理选择压实机具，并确定回填土料含水率控制范围、铺土厚度、压实遍数等施工参数。

7. 填方土采用同类土。现场初步判定土料含水量一般以手握成团、落地开花为适宜。回填时应确定土料的含水率。在气候干燥时，须加速挖土、运土、平土和碾压的过程，以减少土的水分散失。当填料为碎石类土（充填物为砂土）时，碾压前应充分洒水湿透，以提高压实效果。

8. 填土从场地最低处开始，由下而上整个宽度分层铺填。尽量人工打夯，每层虚铺厚度为 190mm，每层压实 3 遍。

9. 填方在相对两侧或周围同时进行回填和夯实。

10. 原位置土方回填后，平整地面，铺设木栈道，恢复原貌。

五、结语

本次水害防护措施目的是集中解决地下水（孔隙水、裂隙水及岩溶水）对甑皮岩遗址本体的影响，消除遗址所在区域产生的地下水水位上涨而导致的遗址本体的淹没及对文化层本体的侵蚀，进而避免由此产生的危害，包括文化层蓬松垮塌、表面滋生霉菌、苔藓等，从而避免影响遗址安全及防止今后产生更严重的危害。上述危害的根源为地下水。为解决这一问题，需从根本上消除甑皮岩遗址本体及周边因地下水水位上涨，而产生洪水冲刷、地下水浸泡的问题。

将"托盘"式钢筋混凝土防水构造，设置于甑皮岩遗址下方及四周，使其下方与周边形成一个刚性的"托盘"式防水层，并确保四周防水层高度在最高水位之上。此措施可以完全阻隔地下水：一是保证了遗址下方和侧方的防水措施自身能够形成一个整体，不会受地下及侧向地下水侵扰；二是保证当周边地层发生差异性变形时，能确保不会对遗址本体造成影响。

考古学研究

Archaeological Research

广西细小石制品初步研究

陈　坚

【提　要】广西史前遗址中发现一种较为独特、有类似细石器风貌的细小石制品，在距今40000年左右出现，以燧石为主要原料，标本尺寸多在5厘米以下，延续至新石器时代中期。学界关注较少。本文试图对该类细小石制品的年代、器型特点、发展演化、与相邻地区类似遗存的关系等方面进行初步探讨。

【关键词】广西细小石制品　特点　发展演化　相邻遗存比较

【作　者】陈坚　柳州白莲洞洞穴科学博物馆　副研究馆员

一、前言

在广西旧石器时代晚期至新石器时代中期的一些遗址中，出土用燧石等为原料打制而成的、与细石器有类似风貌的细小石器、石核和石片等较为独特的细小石制品，表现出一种旧石器时代晚期石器小型化的趋势。该类细小石制品器型均极细小，与细石器有较为类似的风貌，但与典型的细石器有明显差异，也与砾石制作的大型石器有显著的区别，是一种独特的石制品类型，但学界关注较少。本文试图对该类细小石制品的年代、器型特点、发展演化、与相邻地区类似遗存的关系等方面进行初步探讨。

二、广西细小石制品的发现情况

广西细小石制品的代表性遗址有白莲洞遗址、鲤鱼嘴遗址、隆安娅怀洞遗址、鹿谷岭遗址、秋江贝丘遗址等。

白莲洞遗址：位于广西柳州市郊东南12千米的白面山南麓。遗址洞口朝南，高

5—6米，洞内宽18米，总面积达150多平方米。1956年发现后，经多次清理发掘，分为五期文化。细小石制品基本用燧石制成。第一期占该期石制品总数的94%，种类包括刮削器、有使用痕迹的石片、石片、石核、断块等；以石片最多，占该期石制品的76.5%。第二期占该期石制品总数的69.6%，种类包括刮削器、尖状器、雕刻器、有使用痕迹的石片、石叶、石片、石核、断块等。第三期发掘的燧石细小石制品仅有7件，占该期石制品总数的14.9%；种类不见成型器物，只发现少量燧石石片、石核、断块和有使用痕迹的石片等。第四期占该期石制品总数的9.8%，种类包括刮削器、断块、石片等。第五期由于当地人挖岩泥破坏殆尽，出土石制品仅有少量燧石石片制品，石片尺寸细小，长度最大值为4.0厘米，最小值为1.7厘米。[1]

鲤鱼嘴遗址：位于柳州市大龙潭公园内的龙山南麓，名为鲤鱼嘴的岩厦处。遗址堆积依山势分布，略呈"v"字形，面积约200平方米。鲤鱼嘴遗址经过1980年、1987年和2003年的三次发掘，出土一批重要的考古资料和实物标本。遗址可分为四期文化。细小石制品基本用燧石制成，种类有刮削器、尖状器、石核、石片等。第一期石制品以细小石制品为主，用砾石打制的石器甚少。第二期虽然仍出土部分细小的燧石器，但是数量较前期骤减。第三期已鲜见细小的燧石器。第四期细小的燧石器已基本不见。[2]

凤岩遗址：位于广西柳州市鱼峰区白莲街道大桥社区法山村东南罗汉山的半山腰。罗汉山是一座石灰岩孤山，相对高度约30米。遗址西、南为峰丛地带，遗址周边为溶蚀洼地，地势较为平坦，环境极为优越。遗址分成四期文化，细小石制品基本用燧石制成，主要存在于第一期、第二期。第一期遗物以燧石打制的细小石制品为主，包括石料、断块、石核、石片、石屑等，成形的细小石器种类及数量极少。第二期有极少量燧石制品。[3]

隆安娅怀洞遗址：位于广西隆安县乔建镇博浪村博浪屯的一座孤山上，距离隆安县城13千米。广西文物保护与考古研究所会同隆安县文物管理所于2015年5月至2017年9月对遗址进行连续三个年度的考古发掘，取得重要收获，发现旧石器时代墓葬和人骨化石，出土文化遗物上万件。遗址细小石制品原料为砂岩、石英岩、石英、燧石、玻璃陨石、水晶等。种类以石片数量最多，部分石片有使用痕迹。打制石器多

［1］ 广西柳州白莲洞洞穴科学博物馆等：《柳州白莲洞》，科学出版社，2009年。

［2］ 柳州市博物馆、广西壮族自治区文物工作队：《柳州市大龙潭鲤鱼嘴遗址新石器时代贝丘遗址》，载《考古》，1983年第9期；傅宪国等：《柳州鲤鱼嘴遗址再度发掘——基本建立柳州地区史前文化发展序列》，载《中国文物报》，2004年8月4日；蒋远金：《广西洞穴遗址——兼论西江—珠江流域中石器时代》，广西科学技术出版社，2015年，123页。

［3］ 付永旭等：《广西柳州凤岩遗址发掘取得重要收获》，载《文博中国》，2024年4月7日。

用石片加工而成，以单面加工为主，器型细小，有的标本长或宽甚至不到 2 厘米，多数标本在 2—5 厘米之间。工具类型有砍砸器、刮削器、尖状器、切割器等，其中刮削器的数量最多。部分工具有使用痕迹。[1]

鹿谷岭遗址：位于广西壮族自治区柳州市柳南区太阳村镇和平村岭背屯柳江南岸一级台地鹿谷岭上。2010 年 12 月至 2011 年 1 月进行抢救性清理发掘。地层堆积基本水平，共分为三层，文化层为第二、三层。细小石制品，主要为石英石片，计 230 件。据观察，多是捡拾河滩上的较扁平的石英砾石，直接用锤击法或砸击法打击出薄片而成。石片平面呈不规则形状，多数皆扁薄、细小，但边缘极锋利，可作小石器，直接用于切割、刮削。最大者长 4.7 厘米，宽 3 厘米，厚 1.6 厘米；最小者长 0.8 厘米，宽 0.7 厘米，厚 0.3 厘米。[2]

邕宁顶蛳山遗址：位于广西壮族自治区南宁市邕宁区蒲庙镇新新行政村九碗坡自然村东北约 1 千米的顶蛳山上，为邕江支流八尺江右岸第一阶地。1997 至 1999 年发掘，共发掘面积 1000 多平方米，发现墓葬 331 座、人骨架 400 余具及成排的柱洞；出土了大量陶器、石器、骨器和蚌器等史前人类的生活用具、生产工具及人类食用后遗弃的水、陆生动物遗骸。遗址文化堆积可分为四个时期。细小石制品主要发现于第一期，为大量的玻璃陨石质细小石器、石核。多以直接打击法制作，石片上留有打击的锥形疤痕。受石质的影响，小石片均呈龟背状，器身上少见二次加工现象。[3]

秋江贝丘遗址：位于广西壮族自治区横县平朗镇秋江村西约 250 米处，马鲎江、郁江交汇的一级台地上。2002 至 2004 年度发掘，遗物包括陶片、石器、骨器和蚌器等及水、陆生动物遗骸。细小石制品绝大多数使用石英打制，个别原料为陨石、水晶，有 23 件刮削器及石片、石核。石英石片是捡拾河旁扁平的石英砾石，直接用锤击法或砸击法打击出薄片而成。石片多数皆扁薄，细小，但边缘极锋利，可直接用于切制、刮削。有些石片有使用痕迹。[4]

北大岭遗址：位于广西都安瑶族自治县百旺乡八甫村那浩屯东南约 1 千米的北大岭，地处红水河与刁江交汇处的台地上。2004 至 2005 年度发掘。细小石制品使用燧石

［1］谢光茂等：《广西隆安娅怀洞遗址》，见国家文物局主编《2017 中国重要考古发现》，文物出版社，2018 年，2 页。

［2］广西文物保护与考古研究所等：《广西柳州鹿谷岭遗址 2010~2011 年度发掘简报》，见广西文物保护与考古研究所编《广西考古文集（第五辑）》，科学出版社，2013 年，75 页。

［3］中国社会科学院考古研究所广西工作队等：《广西邕宁顶蛳山遗址的发掘》，载《考古》，1998 年第 11 期。

［4］广西壮族自治区文物工作队、横县博物馆：《广西横县秋江贝丘遗址的发掘》，见广西壮族自治区文物工作队编《广西考古文集（第二辑）——纪念广西考古七十周年专集》，科学出版社，2006 年，144 页。

打制，主要为石片、石核等，资料未作详细披露。[1]

三、广西细小石制品的年代及特点

（一）广西细小石制品的年代框架

广西细小石制品依据在各遗址出土的年代、数量及其他遗物等，可分为四期。第一期为更新世晚期，绝对年代上限在距今 44000 年左右，下限距今约 20000 年。代表遗址为白莲洞一二期、鲤鱼嘴一期、凤岩一期、娅怀洞一二期。本期文化遗物以打制细小石制品为主，并在早期占据极高比例，中大型的砾石制品数量较少。第二期为更新世末期至全新世初期，绝对年代在距今 19000—12000 年。代表遗址为白莲洞三期、鲤鱼嘴二期、凤岩二期、娅怀洞三期。本期细小石制品骤减，退居次要地位；石制品以砾石制品为主。部分遗址开始出现磨制石器和原始陶器。本期文化堆积另一显著变化是地层中螺蚌等介壳逐渐构成地层堆积的主要组成部分。第三期大体相当于全新世早中期，为新石器时代早期，年代在距今 11000—9000 年左右。代表遗址为白莲洞四期、鲤鱼嘴三期、顶蛳山一期。本期细小石制品与磨制石器、陶器等共存。第四期为新石器时代中期，年代在距今 8000—6000 年左右。代表遗址为鹿谷岭遗址、秋江贝丘遗址和北大岭遗址。本期细小石制品有新的变化，基本为石片，以更加细小可直接使用的石英石片为多。

（二）广西细小石制品的原料材质

细小石制品的原料材质因年代、地域不同而有较大的差别。柳州地区白莲洞遗址、鲤鱼嘴遗址、凤岩遗址的细小石制品几乎全部用燧石制作。多年来，燧石的来源并不能确定。在近年的调查中，在遗址附近石灰岩山洞中发现燧石伴生矿脉。北大岭遗址原料也基本为燧石。娅怀洞遗址细小石制品原料品种较多，有砂岩、石英岩、石英、燧石、玻璃陨石、水晶等，以燧石、玻璃陨石为多。顶蛳山遗址的细小石制品大量使用玻璃陨石制作。鹿谷岭遗址和秋江贝丘遗址基本选用河旁扁平的石英砾石打制，秋江贝丘遗址个别原料为陨石、水晶。

（三）广西细小石制品的类型特点

细小石制品的种类包括石器、石片、石核、断块等，各遗址不尽相同。白莲洞遗址细小石制品种类：一期，石核 24 件，石片 156 件，刮削器 6 件；二期，石核 1 件，

---

[1] 林强、谢广维等：《广西都安北大岭遗址考古发掘取得重要成果》，载《中国文物报》，2005 年 12 月 2 日。

石片 40 件，石叶 1 件，刮削器 8 件，尖状器 1 件，雕刻器 2 件，断块 18 件；三期，以石核最多，共 4 件，断块 1 件，石片 2 件；四期，断块 1 件，石片 3 件，刮削器 1 件；五期，石片 8 件。鲤鱼嘴遗址有刮削器、尖状器、石核、石片等，以石片为多，公布了详细资料的 1980 年发掘，就有石片 373 件。凤岩遗址主要是石料、断块、石核、石片、石屑等，成形的细小石器种类及数量极少。娅怀洞遗址以石片数量最多，石器有砍砸器、刮削器、尖状器、切割器等，其中刮削器的数量最多。鹿谷岭遗址、顶蛳山遗址、北大岭遗址基本为石片、石核。秋江贝丘遗址有 23 件刮削器、16 件石核及大量石片。总之，广西细小石制品中成形的石器数量及种类极少，以石片为大宗。石器种类有刮削器、尖状器、雕刻器、砍砸器、切割器等，以刮削器最多，尖状器次之，切割器、雕刻器只有少数标本。以石片石器为主，且经二次加工的都较为精致；第一期至第三期基本为石片石器，第四期有直接用扁平的石英砾石打制的。加工方法除一般的锤击法外，有时还采用压削法。

细小石制品器型均极细小。石器多数在 2—5 厘米之间，有的甚至小于 2 厘米。石核大多在 3—5 厘米之间，极少数大于 6 厘米或小于 2 厘米。石片以燧石为原料的大多在 2—5 厘米之间；以石英等为原料的更加细小，以鲤鱼嘴遗址为例，在 2—5 厘米之间的约 42%，小于 2 厘米的约 58%。

（四）广西细小石制品的发展演化

细小石制品出现于距今 44000 年左右，随着年代和地域的不同演化发展。第一期细小石制品是地层中的主要文化遗物，尤其在距今 44000—30000 年的早段，甚至能达到 95% 左右的比例。原料上，柳州地区各遗址基本为燧石；隆安娅怀洞遗址除以燧石为主外，原料品种较为多样，还有砂岩、石英岩、石英、玻璃陨石、水晶等。第二期的白莲洞三期、鲤鱼嘴二期、凤岩二期细小石制品骤减，退居次要地位，石制品以砾石制品为主；娅怀洞三期则是蚌器数量增多。第三期为新石器时代早期，不同地区的细小石制品呈现出较大的差异。白莲洞四期、鲤鱼嘴三期细小石制品由燧石制作，只占极小比例；顶蛳山一期石制品则主要是玻璃陨石打制的细小石片石器。第四期细小石制品呈现出新的面貌，即数量有较大增长并与新石器时代典型的有肩斧锛类石器共存。细小石制品发展演化的一个重要趋势即是从第三期开始走出洞穴。走出洞穴后，主要原料也变得较为多样，各个遗址分别以玻璃陨石、燧石、石英作为主要原料。当然，广西各地区的细小石制品发展也不尽相同，第二期桂南地区的细小石制品仍然较多，在距今 10000 年左右就完全走出洞穴；较北部的柳州、都安地区在距今 7000 年左右才完全走出洞穴。

四、与相邻地区细小石制品遗存的比较

与广西相近的广东、江西、湖南、贵州、云南等地都发现有以燧石为主要原料的细小石制品。江西的仙人洞遗址、湖南的彭头山遗址等距离广西较远，本文主要与广西相邻且同属珠江流域，文化联系可能性更大的云南、贵州、广东各遗存进行比较。

（一）云南地区

有资料表明，云南元谋盆地的牛肩包、石垃箐、大那乌等八个地点有以脉石英、石英岩、燧石等为原料制作的细石器。[1] 而富源大河[2] 和昆明大板桥遗址[3] 的小石制品与广西细小石制品则更为相似，特点是原料就地取材，岩性较为丰富，有石英、水晶、燧石、硅质岩、玄武岩、玛瑙等。

（二）贵州地区

贵州地区喀斯特地貌发育，形成大量天然洞穴，是史前时期人类天然的庇护所，因而有较多洞穴遗址，并且这些遗址多有发现燧石为原料的细小石制品，代表遗址有普定穿洞、桐梓马鞍山、贵安新区招果洞、牛坡洞、平坝飞虎山、开阳打儿窝等。这些遗址可划分为三期。第一期为晚更新世晚期，距今 40000—20000 年，包括招果洞一期早中段、马鞍山、穿洞下层等遗址。遗物主要是各类型的打制石制品，骨器数量较少。打制石制品以器型较小的燧石制品为主。第二期为更新世末期至全新世初期，距今 19000—12000 年，包括招果洞一期晚段、打儿窝遗址下层、飞虎山遗址下层、牛坡洞一期、大洞等遗址。仍以器型较小的燧石制品为主，磨制骨器大量出现。第三期为全新世早中期，又可划分为早晚两段。早段距今 11000—6000 年，包括招果洞二期、穿洞上层、牛坡洞二三期等遗址。以燧石为主要原料的小型打制石制品数量仍占主要地位，磨制骨器数量仍然较多。磨制石器在本期开始出现，主要是刃部磨光石器。晚段距今 6000—4000 年，包括招果洞三期、飞虎山上层、牛坡洞四期、打儿窝上层等遗址。细小燧石打制石制品数量仍然较多，陶器在本期开始出现。[4] 贵州地区细小石制品，原料主要为燧石，出现于距今 40000 年左右，是遗址中最主要的石制品，并一直延续至距今 4000 年，数量仍然较多。细小石制品主要为石片、石核、断块及各种类型

---

［1］ 周国兴、张兴永：《云南元谋盆地的细石器遗存》，载《北京自然博物馆研究报告》，1980 年第 5 期。

［2］ 吉学平等：《大河洞穴之魅——富源大河旧石器遗址揭秘》，载《中国文化遗产》，2008 年第 6 期。

［3］ 杨正纯：《昆明大板桥史前洞穴遗址试掘报告》，载《人类学学报》，1993 年第 4 期。

［4］ 付永旭：《试论华南东西部地区早期洞穴遗址之间的关系》，载《南方文物》，2024 年第 4 期。

刮削器、尖状器、雕刻器等。牛坡洞遗址在距今 1 万年左右还出现有非常典型的经过预制加工的细石器制品。[1]

（三）广东地区

广东地区分为粤东的象山细小石器和珠江三角洲平原上西樵山细石器文化遗存。象山细小石器位于广东省南澳县象山新石器时代遗址，以燧石为主要原料，形体细小，多用不规则形薄石片加工制成。[2]西樵山细石器文化遗存位于广东省佛山市南海区西南部珠江三角洲平原上，遗存分布于西樵山及周边村庄、山冈。于 1958 年发现，历年来研究成果丰硕。为细石器文化遗存，以燧石为主要原料。近年研究成果显示，西樵山细石器出现的年代不晚于距今约 6700 年，延续至距今约 3300 年。细石器与有肩斧锛类石器在时间上存在近 2000 年的共存期。[3]

（四）广西细小石制品与相邻地区的关系

广西地理位置优越，处珠江水系中游，居云南、贵州和广东之间，通过珠江水系可上溯云贵，下达广东。而河流不但能为古人类提供支撑生产生活所需的水源和物资，更是古人类迁移最便捷的通道。因此，广西细小石制品文化与云南、贵州和广东相似文化有交流的天然可能。

广西各遗址的细小石制品原料大多以某一种原料为主；只有娅怀洞遗址细小石制品原料较为丰富，有砂岩、石英岩、石英、燧石、玻璃陨石、水晶等。云南大河、大板桥遗址石制品原料同样较为丰富，有石英、水晶、燧石、硅质岩、玄武岩等。二者是否存在交流的可能，值得进一步探索。

广西和贵州地区细小石制品有较多的相似性，例如，都出现于距今 40000 年左右，都是以燧石为主要原料，二者外观极为相似（图 1）；在早期都是地层中的主要文化遗物，都有向典型细石器文化发展的萌芽，是西南地区细石器技术的来源。[4]但在进入第二期后，两地的细小石制品发展有了不同的路线，并与其他文化遗物一起呈现出不

［1］ 中国社会科学院考古研究所华南一队等：《贵州平坝县牛坡洞遗址 2012~2013 年发掘简报》，载《考古》，2015 年第 8 期；中国社会科学院考古研究所华南一队等：《贵州贵安新区牛坡洞遗址》，载《考古》，2017 年第 7 期。

［2］ 南澳县海防史博物馆、中山大学韩江流域考古课题组：《广东南澳县象山新石器时代遗址》，载《考古与文物》，1995 年第 5 期。

［3］ 张弛等：《广东南海西樵山新发现细石器年代与海侵现象研究》，载《海洋史研究》，2021 年第 2 期。

［4］ 李永宪：《试论中国西南地区的细石器》，见中国考古学会编辑《中国考古学会第九次年会论文集 1993》，文物出版社，1997 年，第 195 页。

①贵州马鞍山遗址细小石制品（付永旭提供）

②贵州牛坡洞遗址细小石制品（付永旭提供）

③贵州招果洞遗址细小石制品（付永旭提供）

④广西白莲洞遗址细小石制品

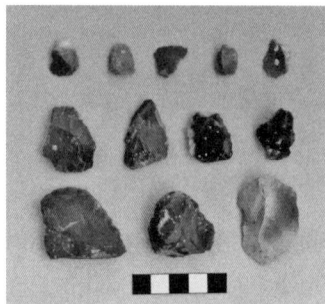

⑤广西娅怀洞遗址细小石制品（谢光茂提供）

⑥广西北大岭遗址细小石制品（谢广维提供）

图 1　贵州和广西细小燧石制品

同的文化面貌。贵州地区细小石制品始终以燧石为主要原料，一直作为该类遗存中最主要的石制品，并一直延续至距今约 4000 年；在距今 1 万年左右还出现典型的细石器。骨器大量出现，数量极多，在有些遗址中甚至多于石制品的数量。招果洞遗址开始出现局部磨制器，但普遍出现磨制石器的时间极晚，应该在距今 5000 年左右。陶器出现也较晚，在距今 5000 年左右出现。广西地区从第二期开始，细小石制品数量骤减，大型的砾石制品逐渐成为主流。在第三期开始走出洞穴，并在第四期完全走出洞穴到河流台地旷野生活。第四期细小石制品呈现出与新石器时代典型的有肩斧锛类石器共存的新面貌。石器磨制技术在第二期出现，在距今 8000 年后磨制石器普遍出现。骨器也在第二期出现，但数量极少。陶器在距今 10000 年左右已较为普遍出现，这可能与广西地区古人类对螺类等水生动植物的利用有一定关系。广西有大量的贝丘遗址，如隆安娅怀洞遗址、柳州白莲洞遗址、凤岩遗址、鲤鱼嘴遗址、横县秋江贝丘遗址都有以螺、蚌等遗骸形成的主要堆积。隆安娅怀洞遗址还发现距今 16000 年的稻属植物植硅体（表 1）。柳州的白莲洞遗址、鲤鱼嘴遗址、凤岩遗址和隆安的娅怀洞遗址，大体位于云贵高原的东南面边缘地区，并均有河流可以连通西部高原地区。那么，早期两地的细小石制品文化有没有可能是具有相同石器制作工艺的人群在迁移过程中形成的，因而在早期表现出极大的相似性？之后随着两地自然环境的不同，古人类为适应生存环境，在文化面貌逐渐形成差异性，这种差异越到后期越明显。

表 1　广西地区、贵州地区、云南地区各遗址细小石制品情况一览表

遗址 年代		距今约 20000 年以前	距今约 19000— 12000 年	距今约 11000— 9000 年	距今约 8000— 6000 年	距今约 6000— 4000 年
广西地区	白莲洞遗址	基本用燧石制成。第一期占该期石制品总数的 94%，第二期占该期石制品总数的 69.6%。	基本用燧石制成。第三期占该期石制品总数的 14.9%。	基本用燧石制成。第四期占该期石制品总数的 9.8%。		
	鲤鱼嘴遗址	基本用燧石制成。以细小石制品为主，用砾石打制的石器甚少。	仍出土部分细小的燧石器，但是数量较前期骤减。	已鲜见细小的燧石器。		
	凤岩遗址	主要以燧石细小打制石制品为主。	有极少量燧石制品。			
	娅怀洞遗址	原料为砂岩、石英岩、石英、燧石、玻璃陨石、水晶等。以细小石制品为主。	以细小石制品为主。蚌器增多。			
	顶蛳山遗址			大量的玻璃陨石质细小石器、石核。		
	鹿谷岭遗址				以石英为原料，主要为石片。与大型磨制石器共存。	

遗址 年代		距今约 20000 年以前	距今约 19000— 12000 年	距今约 11000— 9000 年	距今约 8000— 6000 年	距今约 6000— 4000 年
广西地区	秋江贝丘遗址				绝大多数使用石英打制，个别原料为陨石、水晶。有 23 件刮削器及石片、石核等。与大型磨制石器共存。	
	北大岭遗址				使用燧石打制，主要为石片、石核等。与大型磨制石器共存。	
贵州地区	穿洞遗址①	原料以燧石为主，有石英、水晶。以细小石制品为主。		原料以燧石为主，有石英、水晶。细小石制品数量仍占主要地位。		
	马鞍山遗址②	原料以燧石为主，有硅质灰岩等。石制品总体以细小石制品为主。				
	招果洞遗址③	以器型较小的燧石制品为主。	以器型较小的燧石制品为主，磨制石器出现。磨制骨角器开始大量出现。	燧石细小石制品数量仍占主要地位。磨制骨角器的数量最多。	燧石细小石制品数量仍然较多。磨制石器，主要为石锛。陶器出现。	
	打儿窝遗址④		岩性主要有燧石、水晶、石英等。细小石制品占石制品绝大多数。工具以骨器为主，石器为辅。			岩性有燧石、水晶等。石制品数量比例、器型及打制方法基本相同。出现磨制石器和陶器。骨器仍然较多。
	飞虎山遗址⑤		以器型较小的燧石制品为主。骨器较多。			较小的燧石制品仍有较多数量。出现磨制石器和陶器。
	牛坡洞遗址⑥		有少量细小燧石制品。	以燧石细小石制品为大宗。出现典型细石器。	仍以燧石细小石制品为大宗。出现磨制石器。	仍有燧石细小石制品。出现陶器。

遗址年代		距今约20000年以前	距今约19000—12000年	距今约11000—9000年	距今约8000—6000年	距今约6000—4000年
贵州地区	大洞遗址⑦		原料最多的为燧石，约占60.38%；其次为硅质灰岩，约占32.57%；水晶、石英等少量。以细小石制品为主。			
云南地区	大河遗址⑧	有较多细小石器。原料主要为燧石，少量硅质灰岩、石英砂岩等。				
	大板桥遗址			石制品以石英（占34.1%）和水晶（占23%）为主要原料，燧石、碧玉和硅质岩也占一定比例。石制品基本上是小型的。		

资料来源：①张森水：《穿洞史前遗址（1981年发掘）初步研究》，《人类学学报》1995年第2期；曹泽田：《贵州省新发现的穿洞旧石器时代文化遗址》，《贵州社会科学》1982年第4期；俞锦标：《贵州普定县穿洞古人类化石及其文化遗物的初步研究》，《南京大学学报（自然科学版）》1984年第1期。②胡晓纯、高星：《贵州马鞍山遗址1986年出土石制品初步研究》，《人类学学报》2022年第5期。③张兴龙等：《贵州贵安新区招果洞遗址发掘——揭示旧石器时代晚期穴居人群的行为和生存策略》，《中国文物报》2021年4月2日第8版。④王燕子等：《贵州开阳打儿窝岩厦遗址试掘简报》，《长江文明》2013年第1期。⑤李衍垣、万光云：《飞虎山洞穴遗址的试掘与初步研究》，《史前研究》1984年第3期。⑥中国社会科学院考古研究所华南一队等：《贵州平坝县牛坡洞遗址2012~2013年发掘简报》，《考古》2015年第8期；中国社会科学院考古研究所华南一队等：《贵州贵安新区牛坡洞遗址》，《考古》2017年第7期。⑦张兴龙等：《贵州清水苑大洞遗址发掘简报》，《人类学学报》2017年第4期。⑧吉学平等：《大河洞穴之魅——富源大河旧石器遗址揭秘》，《中国文化遗产》2008年第6期。未注明者同前文所引。

　　广东地区的象山细小石器，有研究者认为与福建漳州的细小石器在石质、器物形态、加工工艺等方面均表现出惊人的相似，它们连结成片，同属一文化系统。[1]西樵山细石器遗存位于珠江下游三角洲平原上，细石器出现于距今约6700年，延续至距今约3300年，呈现出细石器与有肩斧锛类石器长期共存的局面。广西地区距今7000年左右的第四期细小石制品也是与有肩斧锛类石器共存的面貌。同时考虑到古人类有沿着河流向下游迁徙的惯性等因素，二者之间是否存在密切关系的可能呢？

[1]　张弛等：《广东南海西樵山新发现细石器年代与海侵现象研究》，载《海洋史研究》，2021年第2期。

五、相关问题的讨论

（一）细小石片石器的问题

通过对广西细小石制品遗存的观察，我们可以发现一个共同的现象，即细小石片的形态不注意规范，表现出很大的随意性。大多皆扁薄、细小，但边缘极锋利，可直接用于切割、刮削。同时，所有细小石制品遗存中，石片都占人工石制品的绝大多数；甚至在部分遗址中，如鹿谷岭、北大岭、顶蛳山等除了石核外，几乎全是石片，仿佛古人类打制细小石制品就只是为了获得石片。而在一些已命名的细小石器中，也多直接使用石片权作某类器物。是否暗示着古人类打制细小石制品时，石片就能基本满足古人类的需要，而不用刻意打制和进一步加工？即细小石片本身就可以当作工具使用，是一种特殊的石器形态。每个细小石制品遗存中都有一定的有使用痕迹的石片，也从一个侧面对此做出了印证。

（二）细小石制品的变化与生业模式

第一期文化遗物以打制细小石制品为主，表明此时生业模式为狩猎采集模式。第二期，白莲洞三期、鲤鱼嘴二期、凤岩二期、娅怀洞三期都是洞穴贝丘遗址，显示出水生螺蚌等软体动物在古人食谱之中占有相当的地位。遗址中仍有大量哺乳动物遗骸，显示狩猎经济在生活中仍占有重要地位。白莲洞三期、鲤鱼嘴二期、凤岩二期细小石制品骤减，娅怀洞三期蚌器增多。白莲洞三期、鲤鱼嘴二期、凤岩二期的贝丘堆积主要是螺类，娅怀洞则有较多的蚌类。娅怀洞遗址发现了距今16000年前的稻属植物植硅体。各遗址中还发现有其他可供食用的植物遗存。表示本期广谱经济兴起，进入广谱化的渔猎采集经济，同时也显示两地具体的经济形态有一定的差异。第三期，不同遗址的生业模式有了较大差别，白莲洞四期、鲤鱼嘴三期基本延续前期的经济模式；顶蛳山一期石制品主要为大量的玻璃陨石质细小石器，地层中不含或含少量的螺壳，显示出当地的古人类对水生螺蚌等软体动物利用不多，而对陆生动植物的利用较高。第四期细小石制品数量增多，且与新石器时代典型的有肩斧锛类石器共存，显示出古人类狩猎、采集，甚至农业兼而有之的生业模式。

广西细小石制品这一独特的石制品类型，在距今40000年左右诞生后，与广西当地的自然环境，古人类的生业模式、文化传统等相适应，作为一种满足生产与生活需要的工具，不断发展演化。同时广西因地理位置优越、迁徙通道便捷等因素，与周边地区类似遗存或有交流或相互影响。当然，广西细小石制品与周边地区类似遗存的关系还有待今后进一步深入研究。

汉代嵌贝式席镇研究

刘　旸

【提　要】汉代出现了一类特殊的背嵌海贝的席镇，多以鹿、羊、龟的造型出现，既有实用性又极富艺术性。本文将从这类特殊的嵌贝式席镇的类型、特征、形象内涵等角度出发，对其展开分析和讨论，认为此类席镇的出现反映了汉代社会贵族富人的奢华生活景象，其热衷追求福禄与长生的心理及厚葬成风的社会风俗，也表现了当时南部沿海地区与中原地区之间的商贸和文化交往现实。同时也对嵌贝式席镇的演变问题做了初步探讨，认为此类镇的消失是青铜器的整体衰败和社会政治经济变化等因素共同作用的结果。

【关键词】汉代　席镇　嵌贝

【作　者】刘旸　广西师范大学历史文化与旅游学院　硕士研究生在读

在先秦两汉时期，席地而坐是当时主流的起居方式，为此，人们选择在地上及床、榻、枰等生活家具上都铺上由蒲草、芦苇或竹条等编制而成的席子，但席子使用久了容易卷边，同时也容易随着身体的移动、起身落座而发生位移，而有了席镇就可以预防上述情况的出现。在礼仪要求上，古人极为讲究，贫人可以无席，但贵族必须有席。《论语》曰："席不正，不坐。"[1]这一点就从礼教上促进了上层社会对席镇的品质追求并一直影响到汉代。从材质上来说，汉代席镇可分为玉质、铁质、青铜质和石质及少量金银质，青铜镇则是这一时期的主要类型。从造型上来说，动物形的席镇最为常见，一般成套使用。本文所讨论的汉代嵌贝式席镇就是一种华丽的铜制动物形席镇，是将青铜制成的鹿、羊和龟等动物形象的背部掏空制成底座，之上再嵌入一枚大海贝，使得整件席镇更显奢华，突出其观赏价值和主人的财富地位。从出土的地域来说，此类

---

[1]　杨伯峻译注：《论语译注》，中华书局，1980 年，104 页。

特殊形制的汉代青铜席镇出土范围主要集中在华北及中原地区，在辽东半岛与长江下游地区也有发现。从墓主人身份来看，其使用者的身份地位应该较高；从历史年代上看，西汉中晚期开始出现嵌贝式镇，至东汉时期消失不见。

一、汉代嵌贝式席镇的考古发现

下面，笔者将按照汉代嵌贝式席镇的不同造型来讨论它们各自的出土情况：

（一）龟形嵌贝式席镇

龟形的嵌贝式席镇根据其龟首部的姿态不同可以分为两类：

1. 龟首平伸式

（1）1973 年，在山西浑源毕村西汉木椁墓中出土了 1 套 4 件的青铜龟形嵌贝式席镇，发现时位于 M1 椁室中部东侧，4 件形制相同。[1]均为椭圆状铜制龟身，背部均嵌有虎斑贝，内填铅锡等杂物。龟首上抬，向前平视，鳞甲阴刻，四肢微露。[2]全长 9 厘米，宽 6 厘米，通高 5.8 厘米，单只重 665 克。经研究确定该墓葬年代为西汉中期。（图 1：①）

2. 昂首上翘式

（1）1982 年，山西朔县城北平朔露天煤矿 ZM1 中出土了 1 套 4 件青铜龟形嵌贝式席镇。[3]呈卧龟形，龟首上扬，两侧铸出龟足和鳞甲，腹下饰鱼虫、水草纹。通体鎏金，背嵌虎斑贝。长 13.9 厘米，高 6.3 厘米。年代应属于西汉晚期。（图 1：②）

（2）2008 年，沧州市文物工作队于河北肃宁武垣汉代城址征集到 2 件青铜龟形嵌贝式席镇，年代未定。龟作仰头爬行状，背部嵌贝，原有鎏金大部分脱落，背部海贝呈黄色，已无黑色斑点。大的 1 件长 12 厘米，宽 6.5 厘米；另 1 件与标本形制相同，但较小。[4]（图 1：③）

---

［1］ 张耕畅：《山西浑源毕村西汉木椁墓》，载《文物》，1980 年第 6 期。

［2］ 刘小阳：《汉镇的考古学研究》，河北大学硕士论文，2017 年。

［3］ 平朔考古队：《山西朔县县秦汉墓发掘简报》，载《文物》，1987 年第 6 期。

［4］ 沧州市文物局：《沧州文物古迹》，科学出版社，2007 年，33 页。

① 山西浑源毕村西汉木椁墓 M1 出土[1]　　② 山西朔县西汉墓 ZM1 出土[2]

③ 河北肃宁武垣汉代城址征集[3]

图 1　青铜龟形嵌贝式席镇

（二）羊形嵌贝席镇

目前已经发现的汉代青铜席镇中，羊形相较于鹿形而言并不多见，其中仅有山西阳高古城堡 12 号汉墓出土了 1 套可确定造型的羊形嵌贝式席镇[4]，共 4 件，大小相同。镇为铜制鎏金嵌贝羊形，呈跪卧状，昂首，通体鎏金，背部嵌一虎斑贝 。[5]

图 2　山西阳高出土青铜羊形嵌贝式席镇[6]

[1] 图片来自韩娜娜：《汉镇的造型美学研究》，西安美术学院硕士论文，2023 年。

[2] 图片来自刘小阳：《汉镇的考古学研究》，河北大学硕士论文，2017 年。

[3] 图片来自刘小阳：《汉镇的考古学研究》，河北大学硕士论文，2017 年。

[4] 另外，徐州地区也曾出土 2 套形似嵌贝式席镇，考古报告中将其表述为"羊形"，但如今关于其造型为羊还是鹿存在争议，笔者将其线条造型与其他鹿形镇相比较，暂将此二例归为鹿形镇进行讨论。

[5] 陆志红：《先秦两汉席镇研究》，载《考古学集刊》，2013 年第 0 期。

[6] 图片来自韩娜娜：《汉镇的造型美学研究》，西安美术学院硕士论文，2023 年。

（三）鹿形嵌贝式席镇

鹿形镇是已出土汉代青铜席镇中比较特殊的一类，因为目前出土的鹿形席镇均为青铜嵌贝式席镇。[1] 关于鹿形嵌贝式席镇，目前可根据其头部姿态分为两种子类型：一种为昂首长颈式，另一种为昂首贴背式。

1. 昂首长颈式

1957 年河南陕县后川西汉墓 M3003 中出土了 1 组 4 件青铜鹿形嵌贝式席镇，分别为 3 只雌鹿和 1 只雄鹿的形象。雌鹿作侧卧状，雄鹿作蹲伏状，首皆向左，头上鹿角初露，颈部尤其纤长优美，背部所嵌虎斑贝皆残损，整体造型极为流畅生动，栩栩如生。M3003 的年代属于西汉中期，大约为汉武帝朝前后。[2]（图 3：③）

2. 昂首贴背式

此类鹿形嵌贝式席镇是出土数量最多的鹿形席镇样式，特征是鹿颈较短，头部直视上昂，其枕部或鹿角与背部所嵌海贝贴合。由于此式器物发现数目较多，在此仅探讨几件（套）有代表性的。

（1）1994 年内蒙古呼和浩特八拜汉墓出土了 2 件青铜鹿形嵌贝式席镇[3]，2 件形制相同，埋藏于属于西汉晚期的 M3 中。呈卧鹿形，昂首，枝状鹿角向后自然延伸，与背部所嵌斑贝自然贴附。镇背部包嵌一虎斑贝。铜鹿表面鎏金，长 10.4 厘米，高 5 厘米。（图 3：⑥）江西南昌海昏侯墓 M1 出土 1 组 4 件与此组席镇形制基本相同的嵌贝式席镇，嵌贝部分残损不见，现藏于江西省博物馆。[4]

（2）1975 年山西右玉县常门铺西汉墓 M4 出土鹿形嵌贝式席镇 4 件，形制完全相同，大小基本一致，均置于棺前，摆作四方形，头部皆向棺。[5] 镇为卧鹿形，双目涂朱红色，头、角、身躯为铜制鎏金，背嵌一大型斑纹贝，内部填充铅。器高 5 厘米，长 10 厘米，宽 6.3 厘米，墓葬年代为西汉晚期。（图 3：②）

（3）辽宁普兰店姜屯汉墓 M41 于 2010 年出土 1 组 4 件青铜鹿形嵌贝式席镇[6]，部分鎏金。鹿的造型为昂首，双耳下垂，四肢蜷卧，平底。背上镶嵌有一虎斑贝，贝壳内填充有细沙。通长 11 厘米，通宽 5.9 厘米，高 5 厘米，出土墓葬年代为西汉晚期。（图 3：⑤）

（4）1975 年辽宁新金县花儿山汉墓 M7 出土 4 件鹿形嵌贝式席镇，雌雄各 2 件，

[1] 韩娜娜：《汉镇的造型美学研究》，西安美术学院硕士论文，2023 年。

[2] 中国社会科学院考古研究所：《陕县东周秦汉墓》，科学出版社，1994 年，189 页。

[3] 魏坚：《内蒙古中南部汉代墓葬》，中国大百科全书出版社，1998 年，310 页。

[4] 刘小阳：《汉镇的考古学研究》，河北大学硕士论文，2017 年。

[5] 戴尊德、胡生：《右玉县常门铺汉墓》，载《文物季刊》，1989 年第 1 期。

[6] 辽宁省文物考古研究所、普兰店市博物馆：《辽宁普兰店姜屯第 41 号汉墓发掘简报》，见《边疆考古研究（第 10 辑）》，科学出版社，2011 年，442 页。

均作屈卧状，鹿身铜铸鎏金，背嵌虎斑贝壳，贝内填细沙，贝壳上的斑纹已被腐蚀掉。长约 11 厘米，宽 7 厘米，高 6.5 厘米。雄鹿头部较宽，额有"中"字形纹，贝壳上嵌铜鹿角，绘红彩；雌鹿头部窄小，背上绘红彩为角。（图 3：④）该墓为大型积贝合葬墓，年代为西汉晚期。[1]

（5）1988 年徐州睢宁古邳镇岠山、二龙山汉墓群出土青铜鹿形嵌贝式席镇 4 件，形制相同，均作伏卧状，昂首双耳后耸，四肢蜷卧，平底，后背原嵌有海贝，出土时已朽。[2] 长 11 厘米，宽 5 厘米，高 8.5 厘米。（图 3：①）此套鹿镇在当年的发掘报告中被描述为"羊形油灯"[3]，但根据其背部结构和动物的面部形象及线条，结合其他地区出土的鹿形嵌贝式席镇的情况和相关研究，例如安徽巢湖市放王岗 1 号汉墓出土的 4 件同样造型的嵌贝鹿镇[4]，故这里认为其应是鹿形嵌贝式席镇，而非灯具。相同情况的还有 1998 年徐州博物馆在拖龙山 M3 发掘出土的 4 件鹿形嵌贝式席镇，原被认为是"羊镇"，现在则认定为"鹿镇"。[5] 鹿的形态与 1988 年岠山出土席镇相似，贝壳保存较好，内填石炭或木炭。长 15 厘米，宽 8 厘米，残高 5 厘米，墓葬年代为西汉中期偏晚阶段。（图 3：⑦）

① 江苏徐州睢宁岠山西汉墓出土[6]

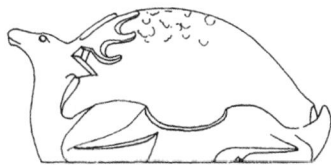

② 山西右玉县常门铺西汉墓 M4 出上[7]

③ 河南陕县后川西汉墓 M3003 出土[8]

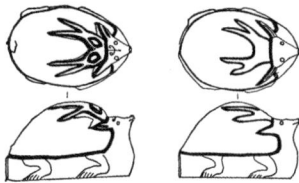

④ 辽宁新金县花儿山汉墓 M7 出土[9]

［1］ 刘立丽：《浅谈旅顺博物馆藏汉代嵌贝鎏金鹿形席镇》，见王振芬主编《旅顺博物馆学苑 2019》，万卷出版公司，2020 年，124 页。

［2］ 刘超、侯茹：《徐州汉墓出土的嵌贝铜鹿镇及相关问题》，载《文物天地》，2019 年第 5 期。

［3］ 佟泽荣：《江苏睢宁距山、二龙山汉墓群调查》，载《东南文化》，1993 年第 4 期。

［4］ 安徽省文物考古研究所、巢湖市文物管理所：《巢湖汉墓》，文物出版社，2007 年，35 页。

［5］ 刘超、侯茹：《徐州汉墓出土的嵌贝铜鹿镇及相关问题》，载《文物天地》，2019 年第 5 期。

［6］ 图片来自刘超、侯茹：《徐州汉墓出土的嵌贝铜鹿镇及相关问题》，载《文物天地》，2019 年第 5 期。

［7］ 图片来自戴尊德、胡生：《右玉县常门铺汉墓》，载《文物季刊》，1989 年第 1 期。

［8］ 图片来自韩娜娜：《汉镇的造型美学研究》，西安美术学院硕士论文，2023 年。

［9］ 图片来自刘小阳：《汉镇的考古学研究》，河北大学硕士论文，2017 年。

⑤ 辽宁普兰店姜屯汉墓 M41 出土[1]

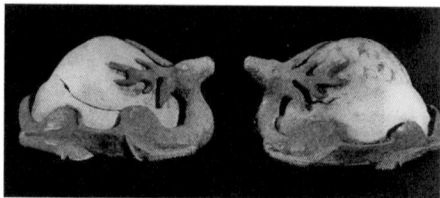

⑥ 内蒙古中南部八拜墓葬 M3 出土[2]

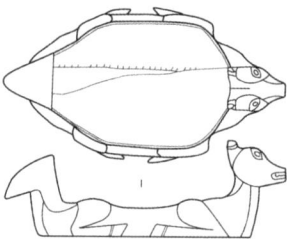

⑦ 江苏徐州市拖龙山 M3 出土[3]

图 3 青铜鹿形嵌贝式席镇

除了上述案例之外，另在江西南昌海昏侯墓、安徽巢湖地区、山西襄汾县吴兴庄汉墓也曾成套出土过此类昂首贴背式的鹿镇。此外，甘肃灵台县博物馆及上海博物馆也收藏有成套的此式席镇。

（四）神兽形嵌贝席镇

除了日常动物形象外，河北定州博物馆还收藏有 2 件鎏金嵌蚌瑞兽铜镇，高 5.6 厘米，长 10 厘米。器身浇筑而成后通体鎏金，背嵌蚌壳（即虎斑贝）。瑞兽伸颈昂首，头部扁平，吻部尖突，颈下有蛇皮纹，四蹄屈卧，尖尾。[4]（图 4）

图 4 汉·鎏金嵌蚌瑞兽铜镇[5]

---

［1］ 图片来自程晓伟：《汉代嵌贝鹿形席镇》，载《文物春秋》，2017 年第 1 期。

［2］ 图片来自程晓伟：《汉代嵌贝鹿形席镇》，载《文物春秋》，2017 年第 1 期。

［3］ 图片来自刘超、侯茹：《徐州汉墓出土的嵌贝铜鹿镇及相关问题》，载《文物天地》，2019 年第 5 期。

［4］ 定州博物馆：《汉·鎏金嵌蚌瑞兽铜镇》，http://weibo.com/7756872343/OpLb5tSX6。

［5］ 图片来自定州博物馆：《汉·鎏金嵌蚌瑞兽铜镇》，http://weibo.com/7756872343/OpLb5tSX6。

二、汉代嵌贝式席镇动物形象解读

龟、羊和鹿在中国古代社会不仅仅是动物，在其形象之中更是寄托了某种人文意象和美好愿景。

（一）龟

龟，自古以来就是长寿的象征，而长生不老一直是古人的最终追求，古人尊崇龟也是出于对长寿的渴望。同时龟崇拜是远古"四灵"崇拜的一环，《礼记·礼运》曰："何谓四灵？麟、凤、龟、龙，谓之四灵。"[1]古人很早就认为龟是极具灵性的动物，神话传说中的龙之六子赑屃和四灵之一的玄武都借鉴了龟的形象。同时龟还具有趋利避害的特质：龟在遇到危险的时候会把四肢缩进壳里以保护自身安全。这种自我保护的能力，在古人看来就是龟可以防御灾祸、带来吉祥的象征，龟就成了解厄消灾的吉祥之物。[2]此外，龟本身四脚着地、背负甲壳的厚重形象天然就适合表达"镇压"之意。

（二）羊

在甲骨文和金文乃至现代汉字中，"美"字就是"羊"和"大"的组合，即羊大为美；甲骨文与金文中，"祥"的字形就是将羊放置在案几上。其意思是说，只要有羊可吃，那么就是幸福的。[3]"羊者，祥也。"由此可见，羊的形象在汉代已经成为幸福吉祥的象征，从物质上的需要上升到精神上关于"美"与"祥"的满足。将羊的形象应用到席镇上也就意味将吉祥请进了家门里，也有将美好祝愿送给筵席上的宾客的寓意。

（三）鹿

鹿在中国古代拥有超然的地位，被赋予了独特的文化内涵。从秦代开始，鹿被赋予了王位、政权的含义，并被秦以后的历代继承。如《史记·淮阴侯列传》曰："秦失其鹿，天下共逐之，于是高材疾足者先得焉。"[4]这里就用鹿来指代帝位，后来演变出"逐鹿中原""鹿死谁手"等成语。汉郑众《婚物赞》曰："鹿者，禄也。"[5]禄，即福，后引申为官员的俸禄、赏赐之意。为此，达官显贵纷纷在生活器具上应用鹿的形象以求官运亨通。同时，由于道教理念的传播，当时流传的神话故事中，鹿经常作为仙人

［1］（清）孙希旦：《礼记集解》，中华书局，1989年，614页。

［2］谢杨：《汉代龟崇拜探析》，载《文物鉴定与鉴赏》，2022年第24期。

［3］郑先兴：《论汉代民间的羊信仰》，载《鲁东大学学报（哲学社会科学版）》，2013年第5期。

［4］（汉）司马迁：《史记·淮阴侯列传》，中华书局，1959年，2629页。

［5］（唐）杜佑：《通典》，中华书局，1988年，1650页。

的坐骑，寓意长寿、吉祥，仙人乘鹿的形象也普遍出现在汉代的画像砖石、帛画、漆绘上。另外在汉代流行的谶纬学说中，鹿，尤其是白鹿，作为一种瑞兽的形象深入人心，这被后来的道教文化所继承，并影响后世。

在上述三种动物背上加装海贝，是汉代社会审美取向的一种体现，表达了汉代人民对于这些动物各自代表的美好寓意的追求。结合嵌贝式席镇存在的年代来看，相较于之前的汉武帝朝，西汉晚期在社会环境上无疑是更加平和的，少有战事发生，人们更加关注生活上的富足祥和，带有此类美好意象的动物形象因而得到了更多人的认同和追捧。

三、汉代嵌贝式席镇的流布与兴衰

（一）嵌贝式席镇的出现与流布

1. 出现

从年代上看，嵌贝式席镇的出现主要集中在西汉中晚期，东汉时已不见嵌贝式席镇。

此类青铜席镇在西汉中晚期的出现和兴盛是多种原因共同作用的结果。首先，此乃青铜席镇自身发展演变的必然结果。先秦时期，人们已经开始使用席镇，至春秋时期席镇的形态已经固定为半球形，也可充当一种礼器。到了汉代，得益于青铜器世俗化的趋向以及金属冶炼锻造技术提高[1]，经过数百年的使用后，人们对青铜席镇观赏价值的要求开始变高，其造型逐步转向世俗化和复杂化，生动活泼又富含深意的动物形象席镇开始出现并迅速成为主流。在此背景下，为了满足贵族与富豪阶层更高的享受与身份需求，更华丽也更珍贵的嵌贝式席镇便应运而生了。

其次，则是与当时的社会环境和重大历史事件有关。根据目前出土且保存完好的嵌贝式席镇来看，其所嵌的贝大多属于虎斑贝一类。虎斑贝分布在中国台湾、香港、海南岛、西沙和南沙群岛，也就是今天中国的南海和东南沿海地区。换言之，这些出土的嵌贝式席镇的贝都来自当时的岭南和台湾地区，其较为偏远的地理位置决定了运输和采集的不易，直接导致其在中原地区的稀有性及其珍贵的收藏价值。自商以来，海贝即作为向中原王朝进贡的贡品。[2]在汉初，岭南地区作为一个独立的王国，与汉朝存在着朝贡贸易，南越王赵佗就曾派使者向文帝"献白璧一双，翠鸟千，犀角十，

---

[1] 姚一鸣、练春海：《先秦至两汉时期席镇的功能流变》，载《艺术设计研究》，2023年第1期。

[2] 廖国一、周权：《从海贝、玳瑁、象牙等出土文物看先秦中原与岭南的关系》，载《北部湾大学学报》，2021年第3期。

紫贝五百"[1]。这一时期的虎斑贝只能作为皇室用品或特殊赏赐而不会大规模流入民间。汉武帝时期，随着岭南地区并入大汉版图，岭南地区与中原地区的商业往来频率愈加频繁，岭南地区的特产通过商贸活动进入中原，虎斑贝至迟在这一时期作为珠宝饰品进入北方富贵之家。汉武帝平定南越及匈奴后，西汉的威望和国力迎来了持续上升，中原官吏和富豪群体也在铜镇的实用性基础上，对其产生了新的炫耀和赏玩的需求，遂将珍贵的虎斑贝创造性地与动物形青铜席镇结合起来，这种装饰组合现象也在出土的其他种类实用器上有所体现。

2. 流布

汉代嵌贝式席镇目前多出土于华北及中原地区，集中于山西、陕西、河南及江苏徐州等地，在辽东半岛与长江下游地区也有发现。另外，参考汉朝疆域图，我们可知山西、辽宁、内蒙古等地出土的此类席镇集中在当时的边塞地区，原因可能是这些地区的位置距离海贝产地更远，海贝在这些地区更加罕贵，故墓主人选择将其与青铜席镇结合，以便日常赏玩并在死后一同下葬，以示珍藏。

而这些虎斑贝最有可能采用陆路与海路相结合的方式运至中原甚至边疆地区。例如，嵌贝式席镇的分布最北可达今天的辽宁半岛地区，在普兰店地区就出土了2套填细沙嵌贝式席镇。鉴于辽东半岛在当时属于较为偏远的边疆地带，再结合产地、直线距离、运输成本及分销要素考虑，有可能是通过南海丝路沿岸航行运输到东部沿海港口，卸货分销之后通过陆路或内河航运到中原地区进行售卖，之后再因某种原因通过北海丝路来到辽东半岛。由此可以看出，此类席镇是汉代海上丝绸之路繁荣景象及南海地区与中原地区文化贸易往来的重要见证物。

另外比较有意思的，就是此类嵌贝式席镇目前并未在虎斑贝的原产地发现。笔者推测，一方面是中国南方沿海地区的虎斑贝在汉代产量较高，在当地人眼中并不稀奇；另一方面则是考虑到南海地区的气候因素影响，该地区炎热多雨，人在室内体感闷热潮湿，所以当地人会直接在楼板之上铺席而睡，席上置镇防止席子滑动卷折、牵扯衣物的日常使用强度更大，更需强调实用主义，而不必太注重其美观。此外，从社会发展角度来看，一个地区的审美意识和美学素养较其经济发展在程度上是相对落后的，西汉时期的南海先民们在生活中还没有产生将实用的铜镇与观赏用的海贝结合起来的意识。

（二）嵌贝式席镇造型的演变

嵌贝式席镇的出现时间虽然不长，但其内部也存在造型上的演进关系。考虑到镇

---

[1]（汉）班固：《汉书》，中华书局，1962年，3851页。

的使用功能与稳定性，这种演变仅仅体现在器物的细节部分，并未改变其主体的团卧姿势。龟形嵌贝式席镇的造型演变主要集中在首吻部，结合山西浑源毕村汉墓出土青铜龟形席镇及江西海昏侯墓出土的8件鎏金嵌白玉铜龟形席镇相同的首部造型[1]来看，我们可以推测这可能是西汉中期所流行的一种样式。而西汉晚期上翘的龟首同硕大的贝壳一起将器物的重心上提，减轻其笨重感[2]，席镇造型也变得较为单一，神情较为刻板。

西汉中期的鹿形席镇颈部更为修长，神情刻画极其细腻生动，整体造型栩栩如生。而到了西汉晚期，鹿的形象开始变得抽象简约，四肢仅简单刻画，神情较为呆滞，鹿的头颈后仰，更加贴合所嵌的海贝，席镇的整体变得更为紧凑，减少了钩挂衣服的可能。这种转变从其观赏性上来说应该是一种倒退，可能体现出了当时人们思想和社会现实的转变。随着汉武帝时期民众对"汉"的民族自豪感的提升，再加上大汉国力强盛、威名在外，这一阶段整个社会风气是昂扬向上的，所以西汉中期席镇上的动物形象也是雀跃灵动的；但随着国力的日渐衰微，整个大汉帝国的精气神开始衰弱低迷，嵌贝式席镇上的动物形象也逐渐变得呆板和同质化，其观赏性开始向实用性妥协。

图 5　海昏侯墓出土铜龟镇[3]

（三）嵌贝式席镇的消失

到了东汉年间，此类器型逐渐消失，其原因也是多种因素共同作用的结果。

1. 青铜器的衰败

到了东汉时期，由于冶铁技术和其他手工业技术的进步，铁器、漆器和陶瓷器成为社会生活用具的主流，特别是陶瓷所制明器的大范围应用使得青铜器作为随葬品的情况大大减少。青铜器在这一时期彻底走向衰败，青铜席镇的种类和数量锐减，铁镇增多，而不见嵌贝式席镇。另一方面，结合青铜和铁的元素特性来看，青铜器的可塑

---

[1]　江西省文物考古研究所等：《南昌市西汉海昏侯墓》，载《考古》，2016年第7期。

[2]　韩娜娜：《汉镇的造型美学研究》，西安美术学院硕士论文，2023年。

[3]　图片来自江西省文物考古研究所等：《南昌市西汉海昏侯墓》，载《考古》，2016年第7期。

性比铁更强，意味着铁器相较于青铜器更难在其上施加錾刻、鎏金等装饰工艺，也更难对器体进行二次加工以适应海贝的尺寸。

2. 社会政治、经济环境的变化

新莽时期，王莽多次推行币制改革，《汉书·食货志》记载了王莽第三次货币改革中新推出的"宝货制"内容，规定"钱货六品、银货二品、龟宝四品、贝货五品以及布货十品"。[1] 在这一时期，海贝是作为一种货币存在的，其自身就代表了不菲的经济价值并且能够在市场上流通，同时也是一种贮藏手段。而到了东汉初年，经过连年的战乱，社会秩序和货币市场遭到了极大的破坏。《后汉书》记载"初，王莽乱后，货币杂用布、帛、金、粟"。[2] 这一时期东汉将金属货币和实物货币杂用，使之在货币职能上互为补充和完善[3]，而这一情况一直持续到东汉末年仍未得到改善[4]。在当时的社会环境下，之前贮藏的海贝不再担任货币的职能且并非生活必需品，无法交换人们急需的生产生活资料，从而导致海贝的价值地位下降，可能不再是奢侈品装饰的首选。而随着中原到岭南沿海地区交通运输条件的逐步改善，海贝最终渐渐淡出了奢侈品的行列。

3. 生活习惯的改变

嵌贝式席镇的消失和镇的整体式微脱不开关系。随着社会不断发展进步，人们的居家生活条件也得到改善。其中随着家居式样的演化，原先只放在床、榻背后的插屏，逐渐演变成挡住床背和另一侧的两面屏风，至东汉晚期又出现了屏蔽三面的屏风，进而三面屏又和枰、榻结合成一体，至南北朝时已较为普及。这时席子已得到了较为周密的保护，席镇逐渐失去其使用价值，遂逐渐消失。[5]

四、嵌贝式席镇的价值与功能

作为货币的海贝在西汉时仍然是财富的象征，而华丽的虎斑贝则更是主人深厚财力的代表。嵌贝式席镇作为当时的生活用品，不仅背嵌罕见的大海贝，更是多作鎏金处理，更显华贵。这种大海贝与鎏金席镇相结合的装饰技艺，体现了主人丰厚的身家，也是个人审美情趣的一种彰显。[6] 根据出土墓葬中的其他陪葬品的数量和组成来看，

［1］ 张梦蝶：《新莽时期的币制改革》，载《时代金融》，2018 年第 15 期。

［2］ （南朝宋）范晔：《后汉书·光武帝纪》，中华书局，1965 年，67 页。

［3］ 周艳常：《两汉货币制度及相关问题研究》，广西师范大学硕士论文，2007 年。

［4］ 刘营：《秦汉货币制度变迁》，河北经贸大学硕士论文，2016 年。

［5］ 孙机：《汉镇艺术》，载《文物》，1983 年第 6 期。

［6］ 姚一鸣、练春海：《先秦至两汉时期席镇的功能流变》，载《艺术设计研究》，2023 年第 1 期。

使用嵌贝式席镇者的身份地位都较高，属汉代中上层阶级。细分来看，使用嵌贝式席镇的主人身份肯定要比使用一般青铜镇、石镇等的要高，而比使用玉镇、金镇者要低。同时，席镇的数量也与主人的身份成正比，如南昌海昏侯墓中出土的各式席镇就多达64件，包括嵌贝鹿形镇和镶宝石龟形镇等。[1]

如此奢华的席镇，在创作之初就不仅仅是作为实用器来使用，而是一件不可多得的艺术品。自新石器时期以来，贝类就被当作装饰品，特别是在商周时期，这一现象最盛。《尔雅注疏》中有"贝"疏证："贝，海介虫也，取其甲以饰器物。[2]"而汉镇使用时多放置于低矮处，器顶部则是人们低头目光所聚之处，也就成了装饰的着力点。[3]西汉时期，人们将色泽鲜艳的虎斑贝作为装饰物镶嵌在本就做工精良、形象生动的鎏金铜镇上，使其在保留镇的实用性和象征性的基础上突显海贝的华丽，充分满足了当时社会上层的审美与赏玩需求。

嵌贝式席镇往往是以1套4个或2个的形式出现在墓中，周边还分散布置了玉璧、陶罐、铜灯、铜镜等生活用具，并且有意识地按照地上生活的情景样式进行摆放[4]，契合了汉代讲求的"事死如事生"的丧葬习俗，同时也反映了当时社会流行的厚葬风气。随葬席镇也从侧面表现了墓主人希望借助席镇的"镇压"功能以保护其灵魂安全的愿望，并起到镇压邪祟的作用。席镇上的动物造型也反映了主人的精神追求和信仰，甚至在一定程度上体现了道家的升仙思想。

五、结语

总而言之，嵌贝式席镇不仅是精美的实用器，也是难得一见的艺术珍品。在它们身上可以看到西汉时期能工巧匠的奇思妙想和精湛技艺，也反映出当时社会上层人士富足奢华的真实生活。同时也让我们得以窥见古人的精神世界，理解他们对于长生、福禄和升仙的追求与崇拜。嵌贝式席镇同样也是西汉中晚期到东汉时期社会政治、经济变革的产物和见证者，它见证了汉武帝平定岭南后，中国南海地区与北方地区的贸易沟通往来和海路贸易的繁盛，也见证了青铜器与货贝在东汉最终走向衰败的历史进程。

---

［1］　程晓伟：《汉代嵌贝鹿形席镇》，载《文物春秋》，2017年第1期。

［2］　（晋）郭璞：《尔雅注疏·卷九·释鱼》，清嘉庆二十年（1815年）南昌府学重刊宋本，644页。

［3］　李珊珊：《浅析汉镇的视觉形式》，载《北京城市学院学报》，2018年第3期。

［4］　姚一鸣、练春海：《先秦至两汉时期席镇的功能流变》，载《艺术设计研究》，2023年第1期。

汉代"七女报仇"画像石中的武器考释

苏 晨

【提　要】汉代有一种表现水陆攻战题材的画像石，其场面宏大，陆上有车骑，水上有舟船，双方交战，人物众多，场面激烈，情节复杂。而"七女报仇"为该类题材中颇具特色的一种类型，表现了当时官民冲突的重要场面，其中双方使用的武器也反映了当时汉朝的武器流通情况。本文综合汉代文献、出土遗存等资料，对该类型画像中的武器进行分析归纳，总结图中武器的主要特征并讨论，使我们加深了解汉代的社会文化生活。

【关键字】汉代壁画　汉代武器　七女报仇
【作　者】苏晨　广西师范大学历史文化与旅游学院　硕士研究生在读

　　汉代画像题材丰富、形制多样，通常有生产生活、历史故事、神话故事等题材，能够直接反映当时的社会文化生活。本文选取其中场面激烈、人物众多、情节复杂的水陆攻战题材中的特色故事——"七女报仇"进行研究。该类型画像人物形象清晰，且在不同地区的汉代墓葬均有发现，多集中在北方，山东至内蒙古地区均有分布，所以由此可知"七女报仇"的故事在汉代民间应广为流传，其中所使用的兵刃是汉代最流行的格斗武器，能够帮助我们深入了解汉代官民使用武器的情况，具有一定代表性。

　　此外，两汉时期，中国古人的冶炼技术水平走在世界前列，掌握了高炉冶铁、炒钢、百炼钢等技术，汉武帝时期改"考工室令"为"考工令"，推行"盐铁官营"政策，于各产铁地区设置"均输铁官"，将冶铁业收归官营，《汉书·食货志》中有记载："大农上盐铁丞孔仅、咸阳言：'山海，天地之臧，宜属少府，陛下弗私，以属大农佐赋。愿募民自给费，因官器作鬻盐，官与牢盆。浮食奇民欲擅斡山海之货，以致富羡，役利细民。其沮事之议，不可胜听。敢私铸铁器、鬻盐者，釱左趾，没入其器物。郡不出铁者，置小铁官，使属在所县。'"[1]在中央设置考工令，统管兵器制造的事宜，进一步发展了当时的冶铁业。据古籍记载，中央及地方均设有武库。《汉书·高帝纪》中有记载："（高祖七年）二月，至长安。萧何治未央宫，立东阙、北阙、前殿、武库、大仓。"[2]其后在长安武库遗址中出土了大量铁制兵器。画像石中的武器运用是当时社会环境的重要体现，它涉及军事、文化、社会等多个方面，本文将运用文献分析法、考古类型学等方法，综合相关历史文献资料、出土遗存、拓片资料等，分析"七女报仇"图中的武器类型、使用方法等情况，归纳图中武器的主要特征，并讨论当时汉代武器使用及民间流通情况，以期更加深刻地理解汉代的社会生活。

一、"七女报仇"画像石

（一）"七女报仇"的故事

"七女报仇"发生在汉代，为七位女子因父蒙受冤屈而死，决定为父报仇，在渭水桥截杀咸阳令的故事，与当时汉代提倡以孝悌为本、"复仇"思想息息相关。画像石上的画面对故事中的关键冲突场景作了细致描绘——在某天，咸阳令驾三车外出，前导车、主车、主簿车自右向左伴行，走到渭河桥，在主车行至桥顶、前导车正要下坡时，突然出现七名手持兵刃的女子，四名女子最先冲至桥顶，直奔令车，其中一名女子从主车后面直刺咸阳令，另一名女子从前面逼停令车，令车驭手弃车前奔，咸阳令探身而出连连求饶。同时，一名女子跃至主簿车前，逼停该车，还有一名双手持武器的女子封锁了左面桥头，同样有一名双手持武器的女子封锁了桥的另一侧，一名身材稍弱小的女子两手持武器站在另一名女子身后，面对随行士兵，随时准备参与搏斗。战斗之中，咸阳令跳入渭河，在桥面冲杀在前的四名女子挥舞着武器，分乘两艘小船从左、右两边再次夹击落水的咸阳令，最终将其击杀于渭水之上。整个画面陆战、水战交织，战斗激烈，形势紧张。

从该题材画像石分布范围分析，该故事当时应该广泛流传，但是学者们也有不同看法——因在专门收集列女故事的《列女传》等历史文献中未有提及，所以学者杨爱国和邢义田在相关研究中认为这是一个失传故事，是通过画像石雕刻者的手而留存下来的，难以得知实际情况。[3]学者黄剑华则认为七女的故事与项伯有关，七女乃是项伯之女，北魏郦道元《水经注·沔水》中有记述：在陕西城固县北有"七女冢，冢夹

［1］（汉）班固撰，（唐）颜师古注：《汉书·食货志》，中华书局，1962年，1165—1166页。

［2］（汉）班固撰，（唐）颜师古注：《汉书·高帝纪》，中华书局，1962年，64页。

［3］邢义田：《画为心声——画像石、画像砖与壁画》，中华书局，2011年。

水罗布，如七星，高十余丈，周回数亩。元嘉六年，大水破坟，坑崩，出铜不可称计。得一砖，刻云项氏伯无子，七女造墩。世人疑是项伯家。水北有七女池，池东有明月池，状如偃月，皆相通注，谓之张良渠，盖良所开也"。[1] 笔者认为"七女报仇"的故事真实性无法考证，之所以"七女"在父亲冤死之后，还能够截杀"咸阳令"报仇，并且成为广为流传的故事，甚至成为画像石题材，与当时所提倡的"以孝悌为本""血亲复仇"等思想相关。

（二）"七女报仇"画像石

"七女报仇"画像石主要分布在北方地区的汉代墓葬之中，其中最具代表性的有4件，分别是山东莒县东莞镇孙氏阙汉代画像石、内蒙古和林格尔东汉壁画墓图、嘉祥武氏祠画像石以及曹操高陵出土画像石。

山东莒县东莞镇孙氏阙汉代画像石[2]　在1993年5月底，山东莒县东莞镇东莞村西南处发现了一处古墓，在墓葬内部发现两处比较大的画像石，其中2号石顶部有残损，高1.7米、宽0.68米、厚0.37米，四面都刻有画像，正面画像自上而下分为6层，七女为父报仇的画像位于正面第4层，在画面右上角题写有"七女"二字。（图1）

内蒙古和林格尔东汉壁画墓[3]　根据考古发掘报告的描述，"七女为父报仇"图出现在内蒙古和林格尔壁画墓中室的西壁，进入后室的甬道券门顶上，壁画部分区域已经剥落，难以辨认，画面上有与孙氏阙汉画像石"七女"图像中十分相似的木质拱桥，桥上正中车骑之间还有"长安令"三字，明确了该桥可能是汉长安的渭水桥，也说明"七女报仇"的故事应该发生在汉代或者汉代以前，画面有榜题"七女为父报仇"。（图2）

图1　山东莒县东莞镇孙氏阙汉代画像石第4层"七女报仇"图拓片

图2　内蒙古和林格尔东汉壁画墓"七女为父报仇"线描图

［1］（北魏）郦道元：《水经注》，谭属春、陈爱平点校，岳麓书院，1995年，416页。

［2］刘云涛：《山东莒县东莞出土汉画像石》，载《文物》，2005年第3期。

［3］内蒙古文物工作队等：《和林格尔发现一座重要的东汉壁画墓》，载《文物》，1974年第1期。

　　嘉祥武氏祠画像石[1]　　山东嘉祥武氏祠为汉代祠堂和墓地，位于嘉祥县纸坊镇武翟山村北，始建于东汉桓、灵时期，两幅"七女报仇"图位于武氏祠的前石室和后石室，画像石画面横 2.03 米、纵 0.96 米，画面内容分为两层，上层为人物车骑图，下层刻水陆混战场景，画面底部饰有双菱纹和连弧纹。（图 3）

图 3　嘉祥武氏祠画像石前石室第 6 石、后石室第 7 石"七女报仇"图拓片

　　曹操高陵出土画像石[2]　　曹操墓中出土了一方画像石，长 1.28 米、宽 0.71 米、厚 11 厘米，发现时已断为三截，画像石的画面分上、下两栏，两栏之间以空白隔开，下栏占据全石正面四分之三面积，画面内容为"七女复仇"。（图 4）

图 4　曹操高陵出土画像石"七女复仇"图原石及下栏线描图

　　除以上 4 件画像石，还有吴白庄汉墓画像石、长清孝堂山石祠画像石、宿县褚兰胡元壬石祠画像石等刻画"七女报仇"故事的画像石（图 5 至 8），本文以这 4 件画像石为主要分析对象，并辅以其他该主题的画像石，对其中"七女"、官兵等形象使用武器展开分析讨论。

---

[1]　朱锡禄：《山东嘉祥宋山发现汉画像石》，载《文物》，1979 年第 9 期。

[2]　唐际根、钟雯：《曹操墓出土〈七女复仇〉画像石解读》，载《美成在久》，2020 年第 4 期。

图 5　吴白庄汉墓画像石线描图

图 6　长清孝堂山石祠画像石线描图

图 7　宿县褚兰胡元壬石祠画像石线描图　　图 8　宿县褚兰熹平三年画像石线描图

二、"七女报仇"中的武器特征及使用情况分析

汉代武器按照用途可以分为四个类型——长武器、短武器、远射武器及防御武器。长武器是攻击的基本武器，杀伤力巨大，短武器常用在近身搏斗之中，还有将两种武器配合车马使用的情况。在汉画武器研究中，"兰锜图"画像石通常为重要参考资料，徐州地区出土的一批"兰锜图"上描绘汉代武器约有 210 件，形制全面，种类丰富，图像清晰。除此之外，根据西汉史游所撰《急就篇》卷三中对汉代武器名称的记载，武器共 28 种，分为"矛鋋镶盾刃刀钩，鈒戟铍镲剑镡锹；弓弩箭矢铠兜鍪，铁锤椆杖棁柲殳"[1]；《释名·释兵》中记载了汉代 95 种武器并作了简略描述[2]；孙机先生《汉代

---

[1]（汉）史游：《急就篇（卷三）》，天壤阁丛书本，217—221 页。

[2]（汉）刘熙：《释名·释兵》，中华书局，2016 年，99—105 页。

物质文化资料图说》对汉代兵器进行了分析研究，将其分为戈，戟、矛、稍、镖、铤、铍、铩、钺、长斧、长椎、棁、殳、梧、钺戟、钩镶、剑、刀、拍髀、匕首、弓、箭、镞、箙、楗丸、盾、兰锜、弩、礟、甲、胄31种。[1]敦煌汉简及居延汉简记载了当时河西地区的武器运用情况，共计10余种，包括方、刀、剑、弓、弩等。[2]在未央宫与长乐宫遗址之间的武库中发现了大量铁质武器，并且出土的骨签刻文上"射""力"等文字记录了汉制武器的详细使用数据，例如"射三百步""服力六石"等。[3]除此之外，在尹湾汉墓中出土有简牍《武库永始四年兵车器集簿》，其中记载了承舆兵车器共58种，共计114693件；兵车器共182种，共计23153794件[4]，其中有乘舆弩、弓、剑、盾、有方、木杖等。将上节所示的几幅"七女报仇"图中的武器图像进行分类分析可知，武器应大致分为五种，包含短兵器（环首刀、钩镶、手戟）、长兵器（长戟）、防御兵器（盾牌）。

（一）环首刀

环首刀起源于秦代，最早为短佩剑，既作为身份象征，也作为危急时刻近战防身武器使用。《汉书·李陵传》中记载："陵居谷中，虏在山上，四面射矢如雨下。汉军南行未至鞮汗山，百五十万矢皆尽。即弃车去，士尚三千余人。徒斩车辐而持之，军吏持尺刀抵山入狭谷。"[5]这种"尺刀"可能就是较短的环首刀。两汉时期，环首刀在中原地区大量出现，此时环首刀分已为长短两种，是汉代常用格斗武器之一。《释名·释兵》中将其归为刀类，描述为："刀，到也，以斩伐到其所刀击之也。其末曰锋，言若锋刺之毒利也。其本曰环，形似环也。其室曰削，削，峭也，其形峭杀裹刀体也。室口之饰曰璏，璏，捧也，捧束口也。下末之饰曰埤，埤，卑也，在下之言也。短刀曰拍髀，带时拍髀旁也。又曰露拍，言露见也。"[6]孙机先生的《汉代物质文化资料图说》中将环首刀描述为刀身较直，刀首呈环形，有的环中饰有禽兽，刀的长度多在1米以上。2010年河南淅川李沟汉墓中出土5件西汉晚期的铁质环首刀，通长102厘米，厚背薄刃，刀身较窄（图9）；[7]1955年在河南陕县刘家渠发现一汉墓，墓中出土4柄长刀，应为环首刀，其长为108—114cm，直刃，环首上裹有绢布，同发现有漆鞘（图

［1］孙机：《汉代物质文化资料图说》，文物出版社，1991年，123—146页。

［2］张伟：《从敦煌汉简看汉代戍卒的武器装备》，载《和田师范专科学校学报》，2010年第4期。

［3］于志勇：《汉长安城未央宫遗址出土骨签之名物考》，载《考古》，2007年第2期。

［4］滕昭宗：《尹湾汉墓简牍概述》，载《文物》，1996年第8期。

［5］（汉）班固撰，（唐）颜师古注：《汉书·李广苏建传》，中华书局，1962年，2454页。

［6］（汉）刘熙：《释名·释兵》，中华书局，2016年，100—110页。

［7］湖北文理学院襄阳及三国历史文化研究所等：《河南淅川李沟汉墓发掘报告》，载《考古学报》，2015年第3期。

10）。[1] 在后续的考古发掘中，也发现有短环首刀。中山靖王刘胜墓及王后窦绾墓中均发现环首刀，且长度在 11—42.7cm，部分制作精美（图 11）。[2] 关中汉墓中发现随葬的铜短环首刀，长度在 20—40cm，直背直刃，学者王会云等人认为这类环首刀在两汉时期与铜钱、铜镜等器物组合随葬，可能带有其他礼仪性质。[3] 笔者认为，在"七女报仇"图中可以很清楚地看到右手持环首刀武器形制的女性形象（图 12、13），攻击时环首刀与其左手的钩镶或盾牌等其他武器配合使用。在长度上，通过与女子身高及左手武器相比较，此处使用的应为长环首刀，并从对战形势分析，如果"七女"手持长环首刀对抗骑兵、车驾，则更具有优势，配合钩镶、盾牌等武器能够兼具进攻与防守。其中一些男性骑兵形象手中也应为长环首刀，能够配合马的冲杀进行御敌。短环首刀在这样的战斗场景中作用不大，也说明在汉代，环首刀不仅作为武备，而且在民间也有流通。

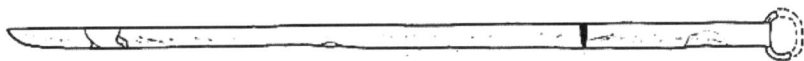

图 9　河南淅川李沟汉墓出土环首刀

图 10　河南陕县刘家渠出土环首刀

图 11　中山靖王刘胜墓出土的短环首刀

图 12　东莞镇孙氏阙汉代画像石持环首刀形象

图 13　嘉祥武氏祠画像石持环首刀形象

---

[1] 叶小燕：《河南陕县刘家渠汉墓》，载《考古学报》，1965 年第 1 期。

[2] 中国社会科学院考古研究所、河北省文物管理处：《满城汉墓发掘报告》，文物出版社，1980 年，87—277 页。

[3] 王会云、曹龙：《关中汉墓随葬短环首刀研究》，载《文博》，2023 年第 4 期。

（二）钩镶

钩镶，汉代常用防御性武器之一，孙机先生认为其可做钩、推两用，利用两端的钩将敌人武器钩往，配合利器使用，中部镶嵌小盾牌用来防御。李京云先生认为钩镶在使用时为一勾一推，推为镶，起到盾的作用，钩则为进攻，钩住敌人再进行击杀。[1]《释名·释兵》对其作了简要说明："钩镶，两头曰钩，中央曰镶。或推镶，或钩引，用之之宜也。"[2]《说文解字》中有"钩，曲也"。徐锴注："古兵有钩有镶，引来曰钩，推去曰镶"。[3]西汉史游所著《急就篇》对该武器也有"矛鋋镶盾刃刀钩。鈒戟铍镕剑镡锘"[4]的记载。所以，相较于刀、戟等武器，钩镶应是一款辅助性武器，从结构上可以分为上钩、镶鼻、镶刺、镶板、下钩五个部分，已出土的画像石中没有其单独使用的画面，多为配合使用。该武器在众多汉代墓葬中均有出土。1972年在河南洛阳涧西七里河出土一件铁钩镶，前钩长32厘米、后钩长27厘米、镶长11厘米、全器总长70厘米，两钩均锻成圆形的挺向前钩曲，后钩尖端为圆球状，前钩尖端为尖锥状，中部为一块长方形铁板，铁板前的镶有长尖锥铁刺（图14）。[5]河南鹤壁汉墓也出土过钩镶，其全长为61.5厘米，两钩向内弯曲弧度较大，下钩顶端为圆球状，中间镶有长方形铁板，铁板前的镶有圆头长尖锥铁刺（图15）。徐州博物馆藏有一件铁钩镶，长为90厘米，上下两钩均为尖状，中部镶有圆角长方形铁板，铁板前镶有锋利刺尖。

孙氏阙、武氏祠及曹操墓发现及出土的"七女报仇"画像石，均可以看到女子一手拿有类似弓箭形状的武器，在对敌时与另一只手所拿的武器配合使用，抵挡护卫士兵。（图16、17）从画面细节中可以看出所用钩镶较短，两钩弯曲弧度较大，镶板为长方形，镶刺不尖锐，与鹤壁及洛阳涧西七里河出土的钩镶形制相似。任振宇《汉代钩镶考》将这类钩镶划分为短钩镶，使用灵活，用于钩住对手武器从而进行近身攻击。[6]该文亦从使用场景上分析，"七女"将"咸阳令"及随行护卫围堵在"渭水桥"上，短钩镶适用于在这样狭窄混乱的场景下遏制官兵长戟一类的武器，也能有效抵御马上攻击。故事发生时，"七女"应是一手用钩镶限制士兵的长武器，另一手持其他利刃发起进攻。"咸阳令"方也有部分士兵使用钩镶，但基本不配合马上攻击使用，多为步行护卫持有。

---

[1] 李京华：《汉代的铁钩镶与铁鈌戟》，载《文物》，1965年第2期。

[2] （汉）刘熙：《释名·释兵》，中华书局，2016年，103—104页。

[3] （汉）许慎撰，（宋）徐铉校定：《说文解字》，平津馆丛书本，85页。

[4] （汉）史游：《急就篇（卷三）》，天壤阁丛书本，217—221页。

[5] 余扶危：《洛阳涧西七里河东汉墓发掘简报》，载《考古》，1975年第2期。

[6] 任振宇：《汉代钩镶考》，载《黄河·黄土·黄种人》，2022年第6期。

图 14　河南洛阳涧西七里河汉墓出土钩镶

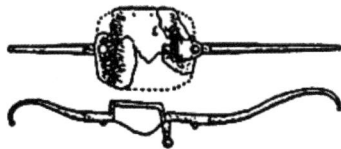

图 15　河南鹤壁汉墓出土钩镶

图 16　东莞镇孙氏阙汉代画像石女性持钩镶形象

图 17　嘉祥武氏祠画像石女性持钩镶形象

（三）手戟

手戟是一种两汉时期常用的武器，不同于传统印象中的戟，此戟整体呈"卜"字形，较短，去掉了长戟的手持长杆，只有向前伸直刺和旁出的横刺。《释名·释兵》将其描述为"手戟，手所持摘之戟也"。《汉语大词典》解释为"古代兵器，小戟"。《三国志》中对用该武器进行战斗的画面有详细描写："卓自以遇人无礼，恐人谋己，行止常以布自卫。然卓性刚而褊，忿不思难，尝小失意，拔手戟掷布。布拳捷避之，为卓顾谢，卓意亦解"[1]，"权将如吴，亲乘马射虎于庱亭。马为虎所伤，权投以双戟，虎却废，常从张世击以戈，获之"[2]等。从这些记载中可以看出手戟携带方便，不仅可以手持使用，还可以用于投掷，且杀伤力强，近战与远距离攻击兼具。1984年，徐州市狮子山西汉楚王陵发现了一种鸡鸣戟，形似"卜"字，旁出横刺和直刺相组合，与鸡首相似。该戟可接长短柄，短柄可能是最早的手戟（图18）。[3] 2006年，河南辉县汉墓群出土了两件铁质手戟（图19），其形制与"七女报仇"图中一种"卜"字形武器十分相似，应为此类手戟。并且从曹操高陵及嘉祥武氏祠画像石中的人物形象分析可知（图20），人物运用该手戟时应该手持下端使用，可与盾牌配合使用，也有在马上作投掷状。从战斗形势分析，双方战斗爆发时因在桥面，手戟携带方便、使用灵活的特点使其不仅可以用于抵挡近处的士兵，也可以用来投掷威慑远处士兵，甚至可以用来击杀逃跑的"咸阳令"，是混战中最优的武器选择。

---

[1]　（晋）陈寿：《三国志·魏书》，中华书局，1959年，165页。

[2]　（晋）陈寿：《三国志·吴书》，中华书局，1959年，41页。

[3]　王恺、邱永生：《徐州狮子山西汉楚王陵发掘简报》，载《文物》，1998年第8期。

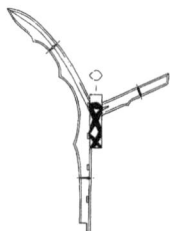

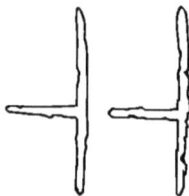

图 18　徐州市狮子山西汉楚王　　图 19　2006 年河南辉县　　图 20　曹操高陵及嘉祥武氏祠画像
陵出土的鸡鸣戟　　　　　　　汉墓出土手戟　　　　　　　石手持手戟形象

（四）长戟

长戟一直以来都是战斗中的常用武器之一，其攻击范围广，杀伤力强，《考工记》中记载先秦时期戟的制作规格："戟广寸有半寸，内三之，胡四之，援五之，倨句中矩，与刺重三锊。"[1]郭沫若先生在《说戟》中提出，最早的戟应该由戈和矛组合而成，这是我国现代学者对于戟的形制做出的最初猜想。汉代长戟，戟头多为"卜"字形，《释名·释兵》形容戟为"戟，格也，旁有枝格也。"《说文解字》中"戟，有枝兵也"。1968 年，河北满城刘胜墓中有出土两件钢戟，戟头全长约为 37 厘米，旁支长 12 厘米，一件全长 2.26 米，一件全长 1.93 米。[2]（图 21）徐州汉画像石艺术馆藏一汉代画像石，纵 142 厘米、横 130 厘米、厚 12 厘米，其下层刻武库，兵架上摆放了 7 杆长戟。（图 22）我们从中能够清晰看到汉式长戟的形制，其尖端与手戟一样，呈"卜"字形，下端镶有长杆，攻击范围扩大的同时兼具了手戟勾、刺的特性，在骑兵作战之中具有优势。因为"七女报仇"的战斗是一场在桥面的埋伏战，范围较小，骑兵难以分散，所以骑兵长戟的优势不明显；但这样的武器更适合"七女"作为拦截"咸阳令"车架所用。（图 23、24）

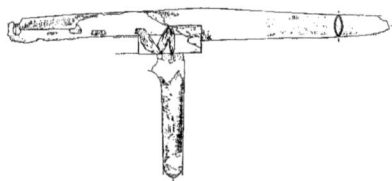

图 21　满城刘胜墓出土长戟的戟头部分　　　图 22　徐州汉画像石艺术馆藏兰锜图画
　　　　　　　　　　　　　　　　　　　　像石线描图

[1]（汉）郑玄注，（唐）贾公彦疏：《周礼注疏》，北京大学出版社，1999 年，1101 页。

[2]　中国社会科学院考古研究所、河北省文物管理处：《满城汉墓发掘报告》，文物出版社，1980 年，87—277 页。

图 23　嘉祥武氏祠画像石手持长戟形象

图 24　长清孝堂山石祠画像石手持长戟形象

（五）盾牌

盾牌是格斗中常用的防御性武器，一般配合攻击武器使用，在众多汉代的"水陆攻战"图中常见到盾牌的出现。《释名·释兵》将其描写为："盾，遁也。跪其后避以隐遁也。大而平者曰吴魁，本出于吴，为魁帅者所持也。隆者曰须盾，本出于蜀，须所持也。或曰羌盾，言出于羌也。约胁而邹者曰陷房，言可以陷破房敌也，今谓之曰露见是也。狭而长者曰步盾，步兵所持与刀相配者也。狭而短者曰子盾，车上所持者也。子，小称也。以缝编板谓之木络，以犀皮作之曰犀盾，以木作之曰木盾，皆因所用为名也。"[1] 孙机先生在《汉代物质文化资料图说》中描述了汉代盾与战国时期的盾牌相似，常有革盾、木盾、铜盾、铁盾，其形制有长盾和圆盾，盾的中部有隆起的棱，称之为盾瓦，有的盾面有绘长条纹。1972 年杨家湾大墓出土有一披甲持盾俑，其手上持有一盾，长方形，为两半扇用绳子拴在一起（图 25）；在广州龙生岗墓葬中有出土一件东汉圆盾，其形制为椭圆形，上绘制有怪兽形象（图 26）。在"七女报仇"图中，盾牌的出现也比较多，通常与环首刀配合使用，起到攻防结合的作用，曹操高陵画像石、孙氏阙汉代画像石、嘉祥武氏祠画像石等都有盾的形象（图 27 至 29），从形制上看，"七女报仇"图中的盾均比较像两半扇拴合在一起。四川成都曾家包画像石墓发现两幅兰锜图，南阳针织厂画像石墓出土两幅兰锜图，其上盾牌的形象更为清晰（图 30、31），与"七女报仇"图中的盾牌形制相似。所以"七女"所拿盾牌应是两半扇并合而成。

图 25　杨家湾大墓出土的披甲持盾俑

图 26　广州龙生岗墓葬出土一件东汉圆盾

[1]（汉）刘熙：《释名·释兵》，中华书局，2016 年，102—103 页。

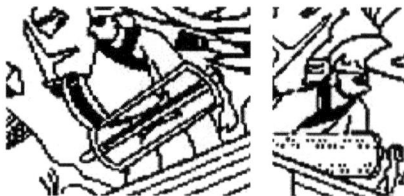

图 27　曹操高陵画像石·手持盾　　　图 28　孙氏阙汉代画像石·手持盾　　　图 29　嘉祥武氏祠
画像石·手持盾

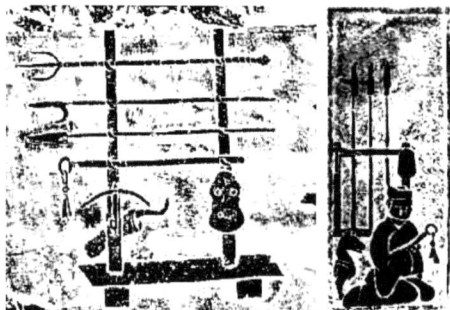

图 30　四川成都曾家包画像石墓·兰锜图　　　图 31　南阳针织厂画像石墓·兰锜图

三、余论

　　笔者认为汉高祖在汉朝建立之初，为了稳固中央政权，避免暴乱，有意管控武器在民间的流通，严禁商人进行武器买卖。《汉书·高帝纪》中记载："春三月，行如雒阳。令吏卒从军至平城及守城邑者皆复终身勿事。爵非公乘以上毋得冠刘氏冠。贾人毋得衣锦绣绮縠絺纻罽，操兵，乘骑马。"[1] 但是其中确也存在矛盾，从上文对"七女报仇"画像石中所使用的武器进行的分析得知，虽然故事发生在民间，是一场针对官府官员的复仇，但战斗中使用的武器种类多，甚至这些武器在汉朝军备常有看见。这种百姓拥有官府制式武器的情况在其他时期很难发生，这也侧面反映出当时民间存在武器流通的情况。《史记·汲郑列传》中有"及浑邪至，贾人与市者，坐当死者五百余人。黯请间，见高门……愚民安知市买长安中物而文吏绳以为阑出财物于边关乎？陛下纵不能得匈奴之资以谢天下，又以微文杀无知者五百余人，是所谓'庇其叶而伤其枝'者也，臣窃为陛下不取也"[2] 的记载，也能看出当时有人在长安贩卖武器，且数量不少，从以上各类文献资料中可以印证，当时汉代武器市场应该比较繁荣，至少普通民众拥有武器是合法的。因此，笔者认为在汉朝民间，武器存在流通情况，究其原因有四。

［1］（汉）班固撰，（唐）颜师古注：《汉书·高帝纪》，中华书局，1962年，65页。

［2］（汉）司马迁：《史记·汲郑列传》，吉林人民出版社，2015年，2193页。

一是上层统治者的开放态度。两汉时期，统治者对于普通百姓持有武器并没有明确的禁令，说明在汉高祖定都之后，仅仅是禁止商人持有武器，其他民众则并没有明确的限制。《汉书·吾丘寿王传》中有"愚闻圣王合射以明教矣，未闻弓矢之为禁也。且所为禁者，为盗贼之以攻夺也。攻夺之罪死，然而不止者，大奸之于重诛固不避也。臣恐邪人挟之而吏不能止，良民以自备而抵法禁，是擅贼威而夺民救也。窃以为无益于禁奸，而废先王之典，使学者不得习行其礼，大不便"。[1]表明当时上层统治者对于普通百姓拥有武器持开放态度，认为此能一定程度上抵御恶人，维护当时的社会治安。也正由于上层统治者的态度，"七女"才能成功获得武器并实行截杀计划。

二是汉代民间宽松的武器交易环境。《汉书·循吏·文翁传》："减省少府用度，买刀、布蜀物，赍计吏以遗博士。"[2]表明在当时，刀可以在市场上买到。《汉书·循吏·龚遂传》中有："民有带持刀剑者，使卖剑买牛，卖刀买犊，曰：'何为带牛佩犊'。"[3]《后汉书·刘玄刘盆子列传》中有"天凤元年，琅邪海曲有吕母者，子为县吏，犯小罪，宰论杀之，吕母怨宰，密聚客，规以报仇，母家素丰，资产数百万，乃益酿醇酒，买刀剑衣服。"[4]均能够表明，在当时如果想要武器进行报仇，是可以在市场上进行各类武器交易的。

三是汉代冶铁工业及武器制作的发展。汉代冶铁工业发展到了一个新阶段，在当时位于世界前列，尤其汉武帝时期实行"盐铁官营"制度，冶铁业被纳入国家统一经营范围内，为武器制作提供了资金保障。《汉书·王贡两龚鲍传》中记载："今汉家铸钱，及诸铁官皆置吏卒徒，攻山取铜铁，一岁功十万人已上。"[5]能看出当时的铁器生产，人力投入众多。1975年在郑州古荥镇冶炼遗址中，发现炼铁炉炉基2座，出土了铁器318件，还在炼铁炉中发现了重达20余吨的大积铁，反映出当时铁产量高，冶炼效能也应较高这一事实。除此之外，从居延汉简、敦煌汉简等记载中也可以看出汉朝生产的武器数量庞大。在这样的生产环境下，武器供给充足，而且统治者对民间武器流通态度宽松，所以买卖市场势必繁荣。

四是汉代浓厚的崇尚"复仇"的社会风气。汉代受"血亲孝悌"儒家思想的影响深远。《后汉书·列女传》记载了一则复仇故事，也是女性为父报仇："赵氏之女也，字娥。父为同县人所杀，而娥兄弟三人，时俱病物故，仇乃喜而自贺，以为莫己报也。娥阴怀感愤，乃潜备刀兵，常帷车以候仇家。十余年不能得。后遇于都亭，刺杀之。

[1]（汉）班固撰，（唐）颜师古注：《汉书·吾丘寿王传》，中华书局，1962年，2796—2797页。

[2]（汉）班固撰，（唐）颜师古注：《汉书·循吏·文翁传》，中华书局，1962年，3625页。

[3]（汉）班固撰，（唐）颜师古注：《汉书·循吏·龚遂传》，中华书局，1962年，3640页。

[4]（南朝宋）范晔撰，（唐）李贤注：《后汉书·刘玄刘盆子列传》，中华书局，1965年，477页。

[5]（汉）班固撰，（唐）颜师古注：《汉书·王贡两龚鲍传》，中华书局，1962年，3075页。

因诣县自首。曰：'父仇已报，请就刑戮。'禄福长尹嘉义之，解印绶欲与俱亡。娥不肯去。曰：'怨塞身死，妾之明分；结罪理狱，君之常理。何敢苟生，以枉公法！'后遇赦得免。州郡表其间。太常张奂嘉叹，以束帛礼之。"[1] 除此之外，众多文献中都记载了各式各样的复仇行为，可以看到在汉代，复仇行为普遍存在于社会中。从以上史书关于复仇者的处理的记载中，也能看出朝廷默许该行为，甚至提倡。在这样崇尚复仇的社会风气下，普通百姓需要武器进行复仇，从而催生了民间的武器流通，这也是"七女"能够截杀"咸阳令"并成为口口相传的故事，甚至被作为画像石主题的原因之一。

四、结语

画像石是我们研究古代社会生活的重要材料，其丰富的构成元素蕴含了经济、社会与文化的多维内涵。本文从文献和考古资料考释了"七女报仇"画像石中使用的武器，大致有 5 种，每种武器不仅形制清晰，能够体现出用法，还可以印证汉代武器在民间的流通情况，是研究汉代武器的重要资料。

1. 纵观汉代"七女报仇"画像石中使用的武器，均是汉代常用的格斗武器，以近战武器为主，分别为长环首刀、短钩镶、手戟、长戟、盾牌。这些武器在考古发掘中均有出土，形制清晰，配合部分汉代画像石能够清楚认识到其用法，为考证汉代武器的实际使用提供了有力证据。

2. 本文深入推断了这 5 种武器在"七女"复仇战斗中的具体运用，认为长环首刀用于对抗骑兵、车驾，配合钩镶、盾牌等武器能够兼具进攻与防守；短钩镶则用于限制士兵的长武器，另一手持其他利刃发起进攻；手戟应该手持下端，与盾牌配合使用，也作投掷使用，是混战中最优的武器选择；长戟更适合"七女"拦截"咸阳令"车架所用，或者配合战马冲杀使用；通过其他画像石的佐证，当时"七女"所拿应是两半扇并合而成的盾牌，为"七女"提供了基本防御。

3. 根据"七女报仇"图中的武器运用及汉代相关史料记载，本文进一步探讨了汉代武器在民间广泛流通的原因，原因有四：一是上层统治者对武器流通秉持开放态度，并未进行严格管控；二是汉代民间宽松的武器交易环境，允许民间进行自由交易；三是汉代冶铁工业及武器制作的高度发展，使得武器的产量大幅增加，能够充分满足当时的需求，在社会经济发展过程中，产能过剩能够促进市场发展，这是武器在民间流动的重要前提；四是汉代浓厚的崇尚"复仇"的社会风气，进一步推动了武器在民间

---

[1]（南朝宋）范晔撰，（唐）李贤注：《后汉书·列女传》，中华书局，1965 年，2796 页。

的供给与需求，使得武器市场进一步繁荣。

综上所述，通过考释"七女报仇"画像石中的武器，本文揭示了汉代常用的近战格斗武器，并详细推断了它们在复仇战斗中的使用方法。这些武器的存在不仅展示了汉代武器的形制和用法，还揭示出汉代武器在民间得以广泛流通，成为当时社会生活的重要组成部分的原因，是我们了解汉代社会生活的重要材料。

汉代铜双羊形竿头饰小考

黄斯琴

【提　要】 本文以广西玉林出土的汉代双羊形青铜器为研究对象，通过类型学分析与跨区域对比，探讨了其定名、文化属性、来源及功用。研究认为该器物虽初定名为"双羊形铜杖首"，但其与汉代中原地区用杖体系并无直接关联，亦区别于汉代西南地区流行的杖首，而是与先秦至汉代鄂尔多斯式的铜竿头饰高度相似。因此，本文参照欧亚草原"竿头饰"定名体系，建议采用"汉代铜双羊形竿头饰"这一更为客观中性的命名。同时，文章结合两广汉代和南越国墓葬资料，推测这件汉代铜双羊形竿头饰为两广地区工匠模仿草原风格制作的器物，反映了汉代社会对草原地区显赫物品的推崇和仿制，是揭示汉帝国边缘地带多元文化互动的关键物证。

【关键词】 竿头饰　双羊形铜杖首　玉林　鄂尔多斯式青铜器

【作　者】 黄斯琴　广西师范大学历史文化与旅游学院　硕士研究生在读

　　1980年，玉林兴业县龙安镇龙安村的农民在平整土地时发现了一件青铜质地双羊形器物，在文物上交至玉林市文物管理所（现玉林市博物馆）后，相关专家将其命名为"汉双羊形铜杖首"，并定为一级文物。该杖首长8.5厘米，宽2.5厘米，高7.9厘米，重量为185克，通体呈铜绿色。杖首整体呈"Y"形，左右对称，上部装饰着一对两两相背、腹背相连的羊。二羊头部细节依稀可见，羊角弯曲且前伸，角上的纹路用錾刻线条表示；颈部扬起，附有延伸至腹部的长须；前腿弯曲向后收起，呈现跪卧姿态。羊身上用阴刻的弯曲线条对肌肉毛发进行概括兼作简单装饰。下部接有素面筒状銎管，可能是以銎套接木杆。这件双羊形铜器形制特殊，曾有学者撰文略考其源流，认为这是一件汉代铜器，并带有明显的中原文化特征，是中原王朝政治文化影响的重要见证物。[1]

图 1　汉代双羊形青铜竿头饰（作者摄于玉林市博物馆）

一、"汉代铜双羊形竿头饰"名称之考辨

汉代有尊年尚齿之风，中央政府推行有诸多敬老、爱老举措，且最终形成了完整的养老体系。在这些举措中，尤以"王杖制度"最具代表性。《礼记·月令》载："是月（仲秋）也，养衰老，授几杖，行糜粥饮食。"[2]汉代政府给予年龄和身份符合要求的高年者相应的尊重和优待，并授予他们顶端装饰有鸠鸟的几杖，用以辅助行走、彰显高年身份。武威汉简《王杖十简》中还对持杖人所享优待、所授几杖的形制、赐杖标准和不敬持杖人的刑罚等做出了规定。如《工杖十简》第一、二简载："制诏御史曰：年七十受王杖者，比六百石。入宫廷不趋，犯罪耐以上，毋二尺告劾；有敢征召、侵辱者，比大逆不道。"[3]说明了七十岁受杖者应享有的优待条件。又第三、四简载："高皇帝以来，至本二年，朕甚哀老小，高年受王杖，上有鸠，使百姓望见之，比于节……"[4]规定了所授王杖的杖首为鸠，相当于"节"，是高年身份的标识。

1981 年，玉林市容县杨村镇出土了一件汉代鸠形铜杖首。该铜杖首的长度为 14.5 厘米，重量达 425 克，其整体造型生动地呈现了一只鸠鸟的形象[5]：颈部高昂向前，胸脯饱满且微微隆起，双翼折叠于背部并略呈展开状，尾羽修长且直挺，并在鸠鸟的下腹部铸有竖銎，用以衔接杖身。显然，容县出土的这件汉代鸠形铜杖首符合文献材料中对汉代颁布给高年者以示敬老爱老的"鸠杖"的描述。但是，兴业出土的双羊形铜杖首无论是在大小、重量，还是装饰母题上，都和容县出土的这件鸠形铜杖首大相径

［1］于少波：《恩威远播——两件汉铜杖首赏鉴》，载《玉林晚报》，2016 年 10 月 16 日。

［2］（汉）戴圣：《礼记》（卷五），清乾隆四十八年（1783 年）武英殿刻仿宋相台五经本。

［3］考古研究所编辑室：《武威磨咀子汉墓出土王杖十简释文》，载《考古》，1960 年第 9 期。

［4］考古研究所编辑室：《武威磨咀子汉墓出土王杖十简释文》，载《考古》，1960 年第 9 期。

［5］于少波：《恩威远播——两件汉铜杖首赏鉴》，载《玉林晚报》，2016 年 10 月 16 日。

庭。因此，将双羊形铜杖首归纳解释为"鸠杖"的一种特殊类型不够妥当和严谨。

回顾西南地区相关考古发掘报告和研究成果发现，在四川盐源和云南元江以北地区常有类似小型青铜器出土，同样由上部的动物或人物装饰和下部的銎构成，西南地区的学者通常将其称作杖首或杖头饰，但关于这类器物的具体用途仍莫衷一是，有仪仗、鸠杖、权杖头等多种意见。但在欧亚草原地带（如匈奴文化）出土的同类器物，中外学界普遍采用"竿头饰"这一中性术语[1]，强调其插接杆体的功能属性，避免预设文化或权力象征意义。采用"汉代双羊形青铜竿头饰"这一术语来命名玉林所见的青铜双羊形器物，既尊重了器物本身的功能特征，又可为跨区域、跨文化的学术对话奠定基础，是更符合考古学实证原则的命名方式。

二、铜双羊形竿头饰文化属性分析

经前文论述可知，这件双羊形青铜竿头饰在形制上与汉代中原地区的鸠杖有较大出入，应当不属于中原的用杖制度体系。其所包含文化因素的归属或可从中国其他地域寻找。中国西南地区和内蒙古鄂尔多斯地有着悠久的用杖传统，下文拟对这两个地域的青铜杖首和青铜竿头饰类器物作简要梳理，并分析这些器物与玉林出土的双羊形青铜竿头饰可能存在的联系。

（一）西南地区的青铜竿头饰

中国西南地区的青铜竿头饰，集中分布于云南西部和四川西南部地区，基本属于青铜时代的遗存。云南西部地区出土的青铜竿头饰多见于晋宁石寨山、江川李家山、呈贡天子庙、昆明羊甫头、祥云大波那等重要墓地。（图2）这些竿头饰的上部通常为动物或人物造型，其中又以各色禽类造型的数量最多；下部则为銎孔，在赵德云的研究中，根据銎的不同形态对这批青铜竿头饰作了类型划分，并指出銎部多作铜鼓形是滇文化青铜竿头饰的显著特征。[2]值得注意的是，云南西部地区的竿头饰在造型设计上多数为单一的、完整的动物，即使是采用对称构图的情况下，也会刻画两个或数个完整的动物主体。（图3）由此看来，玉林所见的两两相背、后肢相连的羊造型并不属于云南西部地区竿头饰的装饰系统。

[1] 赵德云：《西南夷地区出土青铜竿头饰研究》，载《考古学报》，2018年第1期。

[2] 赵德云：《西南夷地区出土青铜竿头饰研究》，载《考古学报》，2018年第1期。

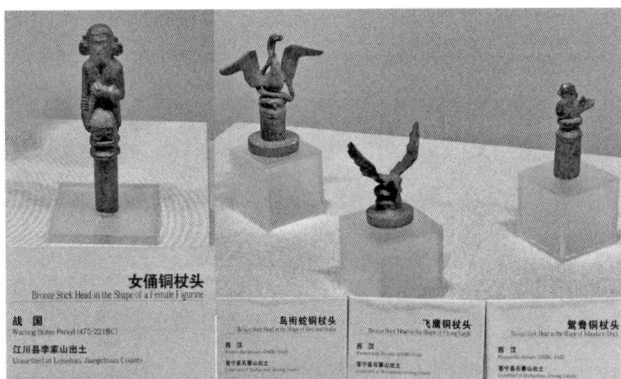

图2　云南地区青铜竿头饰（作者摄于云南省博物馆）

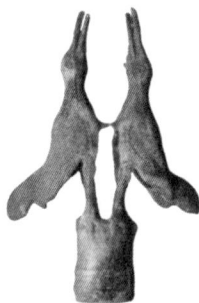

图3　大波那墓地双立禽杖头饰（引自乔苏婷《南方地区所见早期铜杖头饰初探》[1]）

　　四川西南部地区的铜竿头饰则主要见于盐源盆地，其中有大量采集得来的以"双兽"或"一人双兽"为母题的树形器。[2]盐源地区青铜文化的代表性遗存为位于盐源县的老龙头墓地，自2020年起，这处墓地陆续经历了五年发掘。这处墓地的使用时间由商周时期持续至西汉早期，经考古发掘出土了大量遗物，其中又以战国至西汉的青铜文化面貌最具特质。[3]在老龙头墓地M115中出土了一件树形铜杖首（图4），该杖首上部的图像左右对称分布，从上到下可以分为三层：顶层为两名正面相对的骑士形象；第二层由内至外依次为通过枝干相连的圆环、人物造型和依附于人物造型上的羊形挂坠；第三层为通过枝干上下相连的圆环和外层的羊首形挂饰。杖首的下部则为一筒形素面长銎。

［1］乔苏婷：《南方地区所见早期铜杖头饰初探》，载《四川文物》，2018年第5期。
［2］凉山彝族自治州博物馆、成都文物考古研究所：《老龙头墓地与盐源青铜器》，文物出版社，2009年，132—137页。
［3］成都文物考古研究院等：《十大考古参评项目：四川盐源老龙头墓地》，"文博中国"微信公众号，https://mp.weixin.qq.com/s/9uXQ7aYaYJU3jBearJsMgg，2025年1月24日。

图4 老龙头墓地 M115 铜杖首（引自成都文物考古研究院等《十大考古参评项目：四川盐源老龙头墓地》[1]）

老龙头墓地 M115 出土的这件铜杖首与在盐源盆地征集而来的其他铜竿头饰在造型上拥有共同的特征：抽象化、扁平化的对称构图；树干形銎，主干部分即为銎，在质地和制作工艺等方面也十分接近，应为同一时代、同一文化体系的遗物。虽然盐源盆地的铜竿头饰流行对称构图，但参与对称的左右两个主体都是完整、抽象、扁平的，与玉林市博物馆所藏的动物形象刻画相对写实立体、对称主体二者重合的铜双羊形竿头饰明显不属于同一装饰系统。

图5 四川盐源地区所见铜竿头饰（引自乔苏婷《南方地区所见早期铜杖头饰初探》[2]）

对于西南地区竿头饰的来源问题，学界仍有较为热烈的讨论。主要的观点有三种：其一，认为四川盐源的树形器受到伊朗西部卢里斯坦青铜器文化因素的影响；[3] 其二，认为四川、云南所见这类器物主要受三星堆和金沙文化因素影响；[4] 其三，认为西南夷

---

［1］ 成都文物考古研究院等：《十大考古参评项目：四川盐源老龙头墓地》，文博中国，https://mp.weixin.qq.com/s/9uXQ7aYaYJU3jBearJsMgg，2025 年 1 月 24 日。

［2］ 乔苏婷：《南方地区所见早期铜杖头饰初探》，载《四川文物》，2018 年第 5 期。

［3］ 乔苏婷：《南方地区所见早期铜杖头饰初探》，载《四川文物》，2018 年第 5 期。

［4］ 刘弘、王楠：《古代西南地区"杖"制考》，载《四川文物》，2009 年第 2 期。

地区的青铜竿头饰受到欧亚草原地区斯基泰文化因素的影响。[1]

（二）内蒙古鄂尔多斯地区的青铜竿头饰

内蒙古鄂尔多斯高原及周边地区曾集中出土数量众多的青铜器，这些青铜器的铸造和使用年代跨度从商代晚期至西汉时期。这些青铜器有极其鲜明的时代和地域特征，是中国北方草原青铜文化的典型代表，过去学界曾将鄂尔多斯地区出土的青铜器笼统归纳入"北方系青铜器"中，但随着考古材料的积累与研究的深入，现在普遍采用"鄂尔多斯式青铜器"这一命名以强调地域特征。鄂尔多斯式青铜器以生动多样的动物纹装饰见长，器类多见饰牌、刀兵、竿头饰等，展现出草原游牧民族独特的艺术风格和审美观念。

鄂尔多斯地区出土竿头饰，有学者著文梳理（文章作"杆头饰"），文内将鄂尔多斯博物馆所藏的青铜竿头饰按具体形态划分为空心圆球状、禽鸟头部圆雕和动物圆雕三类。其中，动物圆雕类有一双羊连体的竿头饰[2]，刻画了两只相背跪卧、后部重合的羊形象，与玉林市博物馆所藏汉代铜双羊形竿头饰极为相似。同时立体写实的盘角羊形象和前肢向后屈伸、成跪卧姿态的动物，也是鄂尔多斯地区铜竿头饰中十分流行的装饰元素。（图6）

1   2   3

1. 准格尔旗玉隆太出土盘羊角形竿头饰（引自田米爽《鄂尔多斯式青铜竿头饰造型艺术研究》[3]）；
2. 准格尔旗速机沟出土屈足马形竿头饰（引自田米爽《鄂尔多斯式青铜竿头饰造型艺术研究》[4]）；
3. 鄂尔多斯博物馆藏双羊形竿头饰（引自李水城《杆头饰的起源、分布区域及功能》[5]）

图6　鄂尔多斯式青铜竿头饰

[1]　赵德云：《西南夷地区出土青铜竿头饰研究》，载《考古学报》，2018年第1期。
[2]　李水城：《杆头饰的起源、分布区域及功能》，载《草原文物》，2020年第2期。
[3]　田米爽：《鄂尔多斯式青铜竿头饰造型艺术研究》，内蒙古大学硕士论文，2022年。
[4]　田米爽：《鄂尔多斯式青铜竿头饰造型艺术研究》，内蒙古大学硕士论文，2022年。
[5]　李水城：《杆头饰的起源、分布区域及功能》，载《草原文物》，2020年第2期。

与此同时，在距鄂尔多斯不远的呼和浩特市昭君博物院也收藏了一件类似器物，这件"铜双羊首杆头饰"的年代推测为战国时期，通高 5 厘米，通长 9 厘米，器型略小于玉林市博物馆所藏杆头饰，上部也只保留了对称岔开的羊首，下部的銎较短，中部有孔，可插入木栓用以固定杆头饰。（图 7）

图 7　铜双羊首杆头饰（引自昭君博物院官网）

通过类比可知，玉林市博物馆收藏的铜双羊形杆头饰在布局特征、整体风格上与内蒙古鄂尔多斯地区出土的铜杆头饰有诸多相同之处，具有浓郁的欧亚草原文化特征，这种相似性可能是跨区域文化互动或技术传播的反映。

三、汉代铜双羊形杆头饰来源与功用蠡测

中国竿头饰、权杖头类器物，除汉代"鸠杖"有较为明确的文献记载功用外，其余仍处于讨论和探索阶段。前文已尽述玉林铜双羊形杆头饰中可能包含着来自内蒙古鄂尔多斯地区的文化因素，因此下文着重讨论内蒙古鄂尔多斯地区竿头饰的功用，以作类比。鄂尔多斯地区的青铜竿头饰形制非常多样，不同形制的竿头饰有截然不同的功用，目前所见有三种不同的学术意见：其一，从竿头饰类型器物的起源出发，认为竿头饰源于斯基泰文化的东传，并有象征身份和地位的功能，甚至扮演与权杖类似的角色；[1]其二，从出土器物组合出发，在考古工作中发现有部分竿头饰与车马器同出，因而这部分的竿头饰可能为车具饰件；[2]其三，从萨满信仰视角出发，认为竿头饰所表现的动物形象大多是基于对现实世界的认知，进而产生具有巫术性质的想象，强调竿头饰的宗教性质，并推断两羊背对重叠的造型是"为了使得仪式的前后队伍都能够看到羊形竿头饰，弥补了羊'单首单向'的局限性"。[3]

以上三种学术观点皆各据其理，但内蒙古鄂尔多斯与广西玉林之间有着显著的地

[1]　李水城：《杆头饰的起源、分布区域及功能》，载《草原文物》，2020 年第 2 期。

[2]　田于金、郭素新：《鄂尔多斯式青铜器》，文物出版社，1986 年，157 页。

[3]　田米爽：《鄂尔多斯式青铜竿头饰造型艺术研究》，内蒙古大学硕士论文，2022 年。

缘文化区隔——两地地理空间相距逾 2000 千米，分属草原文化与百越文化圈，在历史演进脉络、社会结构及精神信仰体系层面存在本质差异。上述观点是当地考古发现和民俗学研究据实直陈所得，若要将这些观点推及玉林地区，则需要在地性更强的解释和阐述。事实上，虽然双羊形竿头饰在两广地区只有孤例，但是鄂尔多斯式青铜器的另一代表器——动物纹牌饰在两广西汉南越国时期墓葬及稍晚时间的汉墓中有一定数量的发现。[1] 在早期的考古学研究中，学者通常将出土的这类牌饰解释为先后参加过匈奴战争和南越战争的秦军所带来的遗物，[2] 但随着出土实物资料的增多，也有学者对其功用和来源作了更为详尽的探讨。总的来说，两广地区所见的具有北方草原风格的铜器有三种可能的来源：一是自草原地区制造流入两广，二是自中原地区制造流入草原和两广地区，三是两广地区工匠自行制造。

玉林出土的这件铜双羊竿头饰虽然出土信息不够充分，但仍有一个值得着眼的线索。通过查阅馆藏文物档案发现，该竿头饰是与一件卧羊铜灯一同出土的。汉代卧羊铜灯在陕西、河南、河北、江苏、广西等地有一些出土，学者苏奎撰文对这一类遗物作了考古类型学分析。他根据卧羊铜灯羊背部造型的差异，将收集到的近 30 件铜灯分为三型，又分别讨论了装饰鎏金工艺和錾刻工艺卧羊铜灯的制作、使用年代，认为使用鎏金工艺的卧羊铜灯是宫内御用之物，是由尚方制作的；使用錾刻工艺的卧羊铜灯上有见网格纹或长短参差的细密线条，这类装饰是岭南系青铜器的典型纹饰，可能是地方制作后特供长安达官贵人使用的。文章还认为，广西龙安村出土的这件卧羊铜灯制作年代大致为新莽时期前后，系地方私营作坊所制。[3] 西汉后期至东汉前期，岭南地区的铜器制造较为活跃，盛产带有錾刻花纹的铜器，其制作中心约在今广西东南部一带。[4] 同时，汉代中原地区的王公贵族对草原地区的异域风物有持续的热忱，装饰有动物纹的饰牌和竿头饰属于北方草原地区具有浓郁宗教气息和民族风格的显赫物品，在中原贵族对珍异的猎奇之风影响下，两广地区的工匠逐渐开始仿制草原风格的器物。这类器物有的跟随具体的使用需求出现本地化创造，如两广地区汉墓中所见的动物纹牌饰；有的则是对既有器物外形的直接模仿，如双羊形竿头饰等。

［1］ 黄展岳：《关于两广出土北方动物纹牌饰问题》，载《考古与文物》，1996 年第 2 期。

［2］ 广州市文物管理委员会、中国社会科学院考古研究所、广东省博物馆：《西汉南越王墓 上》，文物出版社，1991 年，20、21、165、166、224、225 页。

［3］ 苏奎：《汉代卧羊铜灯考察》，载《中国国家博物馆馆刊》，2019 年第 5 期。

［4］ 蒋廷瑜：《汉代錾刻花纹铜器研究》，载《考古学报》，2002 年第 3 期。

四、结语

通过对广西玉林出土汉代双羊形青铜器的考辨，可得出以下结论：其一，从器物形制上看，该器与文献记载和考古发现中的"鸠杖"器物有较大差异，与云南、四川发现的铜杖首也有很大区别。相较之下，其双羊连体的造型母题与鄂尔多斯式青铜器中的竿头饰存在着文化因素上的相互呼应。因此，采用"汉代铜双羊形竿头饰"命名，既符合其插接杆体的物理属性，又顺应学界对此类器物的用语习惯，亦为跨区域研究提供便利。

其二，新莽时期广西东南部有着较为活跃的铜器铸造活动，相关研究表明，与这件铜双羊竿头饰一同出土的卧羊铜灯[1]和部分汉墓中出土的动物纹牌饰[2]极可能产自地方私营作坊。由此，笔者大胆推断该器是在社会上层追捧草原显赫性物品时代背景下产生的、两广本地工匠模仿鄂尔多斯式青铜竿头饰制造的造物。玉林市博物馆所藏汉代铜双羊形竿头饰虽为孤例，却折射出汉代中国各民族之间文化交往、交流、交融的历史图景。该器物不仅体现了本地工匠和使用者对外来文化因素的吸收与再创造，更为细化南北方青铜器系统、农耕文明与游牧文明的互动研究提供了关键物证。

[1] 苏奎：《汉代卧羊铜灯考察》，载《中国国家博物馆馆刊》，2019 年第 5 期。
[2] 黄展岳：《关于两广出土北方动物纹牌饰问题》，载《考古与文物》，1996 年第 2 期。

桂州窑 2 号窑带字罐文字的分类与分析 *

张宗亚　王　磊

【提　要】桂州窑 2 号窑堆积区出土了大量带有文字的罐，文字均刻划在肩部，通过整理发现文字可以分为姓氏、数字、纪年、其他四个部分。本文结合历史文献资料，考证罐上文字内容，并解释其刻划含义。从器物外形和其他遗址出土器物的情况来看，这些罐应为当时常用容器，这批出土器物也为研究北宋时期桂林乃至广西地区历史文化提供了宝贵的资料。

【关键词】桂州窑　带字罐　文字识别分析

【作　者】张宗亚　桂林市文物保护与考古研究中心
　　　　　王磊　广西师范大学历史文化与旅游学院　硕士研究生在读

一、遗址概况

桂州窑位于桂林市南郊柘木镇窑头村，创烧于南朝晚期，盛于隋唐，衰于北宋，因北宋时称"桂州而名"。[1]1965 年被正式发现，1988 年，桂林博物馆对其进行了抢救性发掘。[2]其中 2 号窑为龙窑，以出土日用器皿为主，碗、罐、坛占主要比重，其中一部分罐的肩部刻划纪年。2013 至 2014 年、2020 年，桂林市文物保护与考古研究院先后两次对 2 号窑北侧堆积进行了大规模清理，整理出大量带有刻划文字罐的标本残片。由于 2020 年发掘的 2 号窑堆积区出土的绝大多数带字罐年代为北宋时期，其他

---

* 广西壮族自治区教育厅 2021 年度研究生教育创新计划项目"课程思政融入文博专业硕士研究生实习课程的探索与研究——以广西师范大学文物与博物馆专业为例"（JGY2021034）成果之一。

[1] 许绍银、许可：《中国陶瓷辞典》，中国文史出版社，2013 年，495 页。
[2] 曾少立、韦卫能：《广西桂州窑遗址》，载《考古学报》，1994 年第 4 期。

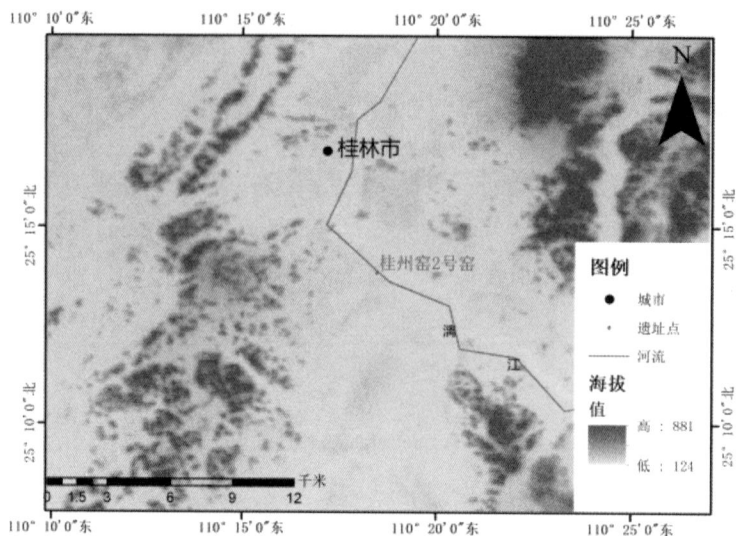

图 1　桂州窑 2 号窑位置图

类别器物鲜有文字，故选择此类罐作为本文讨论范畴。桂州窑 2 号窑位置如图 1。

二、带字罐上的刻划文字

2020 年桂州窑 2 号窑堆积区发掘出土的刻划文字罐标本中，较为完整的罐有 3 件，罐残片为 512 件。残片均为青釉或素烧，其中大部分青釉脱落严重。器形上卷口沿、短颈、溜肩占比最大。依照内容，其上刻划的文字可以分为 4 类：姓氏、数字、纪年、其他。为方便整理研究，将完整的 3 件罐编号为 001 至 003 号，残片按照刻划内容编号 1 至 512 号。

（一）带有"姓氏"的罐残片

1. 带有"李"字

带有"李"字的罐残片共 60 件，编号从 9 至 68，其中可以判断准确年代的为编号 22、47 的罐残片。22 号刻划文字为"皇祐二年李三"（1050 年），47 号刻划文字为"皇祐三年李"（1051 年）。可以推测年代的为编号 23、24、68。23 号刻划文字为"（祐）二年李小一"，因罐片残缺，祐字前文字不详，推测为皇祐二年（1050 年）或嘉祐二年（1057 年），根据器形、文字与其他残片对比，为元祐、淳祐、宝祐、德祐的概率极低。24 号刻划文字为"（祐）五年李小一"，因罐片残缺，祐字前文字不详，推测为皇祐五年（1053 年）或嘉祐五年（1060 年）。23 号与 24 号对比，应皆出自工匠"李小一"一人之手。出现的名字则有"李、李小、李一、李小一、李大二、李小二、李三、李四、李五、李六、李小七"共 11 种。

2. 带有"楊"字

带有"楊（杨）"字的罐残片共 16 件，编号从 497 至 512，其中可以判断准确年代的为编号 497 的罐残片。497 号刻划文字为"皇祐二年楊小二"（1050 年）。出现的名字则有"楊、楊小二、楊三、楊四、楊五、楊十二"共 6 种。

3. 带有"蒋"字

带有"蒋"字的罐残片共 8 件，编号从 79 至 86，其中可以判断准确年代的为编号 80 的罐残片。80 号刻划文字为"致（至）和元年蒋"（1054 年）。出现的名字则有"蒋、蒋二、蒋小十八、蒋三十"共 4 种。

4. 带有"秦"字

带有"秦"字的罐残片共 10 件，编号从 69 至 78，其中可以判断准确年代的为编号 69 的罐残片。69 号刻划文字为"皇祐四年秦"（1052 年）。可以推测年代的为编号 70。70 号刻划文字为"祐二年秦"，因罐片残缺，祐字前文字不详，推测为皇祐二年（1050 年）或嘉祐二年（1057 年）。出现的名字则有"秦、秦小、秦二"共 3 种。

（二）带有"数字"的罐残片

1. 带有"个位数字"字

带有"个位数字"字的罐残片共 43 件，编号从 87 至 129，其中可以判断准确年代的为编号 119、120、122、123 的罐残片。119 号刻划文字为"皇右二年五"（1050 年），122 号刻划文字为"庆历六年四"（1046 年），123 号刻划文字为"至和元六"（1054 年）。可以推测年代的为编号 117、118、121、124。117 号刻划文字为"历七年四"，"历"字只有一半，推测为庆历七年（1047 年），118 号刻划文字为"皇右五六"，推测为皇祐五年（1053 年），121 号刻划文字为"右二年八"，推测为皇祐二年（1050 年）或嘉祐二年（1057 年），124 号刻划文字为"祐五六"，推测为皇祐五年（1053 年）或嘉祐五年（1060 年），其中"六"字最多，共 17 个。

2. 带有"十"字

带有"十"字的罐残片共 35 件，编号从 130 至 164，其中可以判断准确年代的为编号 150、151 的罐残片。150 号刻划文字为"加右三年十二"（1058 年），151 号刻划文字为"嘉右三年十二"（1058 年）。可以推测年代的为编号 152、154。152 号刻划文字为"右三年十二"，"右"字只有一半，推测为皇祐三年（1051 年）或嘉祐三年（1058 年），154 号刻划文字为"右二年十"，推测为皇祐二年（1050 年）或嘉祐二年（1057 年），其中"十二"字最多，共 13 个。

3. 带有"二十或廿"字

带有"二十或廿"字的罐残片共 43 件，编号从 165 至 207，其中可以判断准确年代的为编号 189、197 的罐残片。189 号刻划文字为"加祐四年二十"（1059 年），197 号刻划文字为"加右四年二十"（1059 年）。

4. 带有"三十或卅"字

带有"三十或卅"字的罐残片共 52 件，编号从 235 至 286，其中可以判断准确年代的为编号 253、259、273、274、275、276、284 的罐残片。253 号刻划文字为"皇右五年三十"（1053 年），259 号刻划文字为"庆历六年三十一"（1046 年），273 号刻划文字为"皇右五年三十二"（1053 年），274 号、275 号刻划文字都为"和二年三十二"，应为至和二年（1055 年），276 号刻划文字为"皇右二年三十二"（1050 年），284 号刻划文字为"皇祐元年三十"（1049 年）。另带有"三九或卅九"字的罐残片共 27 件，编号从 348 至 376，共计有 29 件。其中可以推测具体年份的为 366 号，刻划文字为"皇祐五小三九"（1053 年）。

（三）带有"纪年"的罐残片

带有"铭文"的器物存世稀少，又极具丰富而可靠的史料价值，相对珍贵；而带有"纪年铭文"的器物更是少之又少，"纪年铭文"不单单是判断器物具体年代的重要标准，更可以作为某个阶段、某个区域的器形标准器，对于研究我国当时社会的历史、文化、思想等，具有极高的价值。

1. 带有"年份"字

带有"年份"字的罐残片共 4 件，编号从 317 至 320，其中对应的刻划文字分别为"甲辰年、八年了、二年记、七年记"。其中"甲辰年"，根据出土此类罐形制的对比和烧制年代的上下限，推测应为治平元年（1064 年）。

2. 带有"年"字

带有"年"字的罐残片共 35 件，编号从 406 至 440，刻划文字都为"某年"。

3. 带有"康定"年号的字

康定年号为北宋仁宗皇帝赵祯于公元 1040 至 1041 年在位时的年号。带有"康定"字的罐残片共 3 件，编号从 5 至 7，对应的刻划文字分别为"康定二年、（康）定二年、康定二年三十"（1041 年）。

4. 带有"庆或庆历"年号的字

庆历年号为北宋仁宗皇帝赵祯于公元 1041 至 1048 年在位时的年号，带有"庆或庆历"字的罐残片共 31 件，编号为 2、287 至 316，其中可以判断准确年代的为编号 2、293、299 至 312 的罐残片，共计 16 件，刻划文字都为"庆历某年"，年份为 1041 至

1048 年。有的残片残缺不全，仅见"庆历"或"庆"字。

5. 带有"皇祐"年号的字

皇祐年号为北宋仁宗皇帝赵祯于公元 1049 至 1054 年在位时的年号，带有"皇祐"字的罐残片共 37 件，编号从 441 至 477，刻划文字都为"皇祐（右）某年"，其中可以推测具体年份的有 20 件，年份为 1049 至 1053 年。

6. 带有"至和"年号的字

至和年号为北宋仁宗皇帝赵祯于公元 1054 至 1056 年在位时的年号，带有"至和"的罐残片共 24 件，编号从 321 至 344，刻划文字都为"至和某年"，因是残件，部分字样有缺失，其中推测出"至和"具体年号的有 14 件，年份为 1054 至 1056 年。

7. 带有"嘉佑"年号的字

嘉佑（祐）年号为北宋仁宗皇帝赵祯于公元 1056 至 1063 年在位时的年号，带有"嘉佑"的罐残片共 19 件，编号从 478 至 496，刻划文字都为"嘉佑某年、加右某年"，其中推测出"嘉佑"具体年号的有 11 件，年份为 1057 至 1063 年。

8. 带有"治平"年号的字

治平年号为北宋英宗皇帝赵曙于公元 1064 至 1067 年在位时的年号，带有"治平"的罐残片共 3 件，编号 345、346、347 残片对应的刻划文字分别为"治平三年小、治平三年小一、治平三"（1066 年）。

（四）其他字的罐残片

1. 带有"小"字

带有"小"字的罐残片共 29 件，编号从 377 至 405 号。

2. 带有"大"字

带有"大"字的罐残片共 27 件，编号从 208 至 234 号。

其他字的罐残片共 4 件，编号为 1、3、4、8，其中对应的刻划文字分别为"大巡君""三九是我奴""同大巡""吉"。

三、文字内容分析

在众多残片中，文字都采用刻划的方式，即用刀或锥在生坯上刻划出阴文。刻划位置大都在罐的肩部，是容易看见的位置，方便识别。刻划文字作为一种标记，也起到区分的作用。姓氏、姓名的刻划反映出窑炉的生产制度和器物所有权的划分，其他一些字的刻划也能反映当时的社会文化及税收方面的一些情况。

（一）生产制度分析

堆积区出土器物中出现了四种姓氏——"李""楊""蒋""秦"，并存在于同一时间段、同一窑炉，其中"李"姓最多。从这些姓氏可以看出"物勒工名"这种手工业管理制度在北宋民窑中的应用。物勒工名中的"工"不仅指工匠，还包括监工、工匠所属机构等。这些姓氏，推测可能是工匠的姓氏或者坯户的姓氏。一种情况是在宋代就已经有了计日酬值、计件出雇等多种雇佣关系[1]，桂州窑作为民窑，追求的是数量和实用，而不是精致和观赏，刻划姓氏并不是单纯为了保证器物质量，更重要的是在器物上刻划工匠姓氏方便计工统筹。另一种情况是在沈岳明《龙窑生产中的几个问题》中提到的："在一个窑址中有许多姓氏，我们推测其生产组织当是一个窑户由几个坯户来搭烧，窑户和坯户既是独立的生产单位，又有相互依赖的关系，即龙窑窑炉是由一家或几家合建，有窑主，可能有简单的作坊，但其主要任务是烧窑。"[2]坯户们可以租一段窑位烧制自己的产品，为了便于区分，因此在装烧时各自的坯件均以自己的姓氏为标记，这种情况在上林湖窑址中也有出现。[3]

宋代龙窑普遍采取"窑户搭烧"的合烧方式，为了区分不同窑户的产品，会对坯体进行文字标记。出土器物中编号为208至234的残片刻划的文字都有"大"字，编号为377至405的残片刻划的文字都有"小"字，推测"大""小"字代表器物烧制时在龙窑中的位置。龙窑不同的位置有不同的温度，不同的瓷器需要不同的窑温来烧制，在器物上刻划"大""小"等位置文字，可以标记入窑烧制的位置，提高工作效率。宋代繁昌窑也出现了标记窑位的文字"上""大""小"，工匠在烧制瓷器的过程中，对窑内器物进行位置标记，以便取得相对稳定的位置空间。同时，为重要瓷器的烧制留有预样版式。这样，对标记过的成品做留样保存，以备将来参照之用，就不必对重要瓷器进行笔法拙劣的标记了。[4]总之，在器物上进行标记，可以清晰地了解窑炉的各个部位烧制器物有怎样不同的效果。

（二）姓氏身份分析

堆积区出土器物中出现了带有"数字"的残片，像"三九""十""二十"等，这些数字应代表着人名。宋元时男子常用数字为人名[5]，例如编号79残片刻划的是"蒋小十八"、编号82残片刻划的是"蒋三十"即为很好的印证。普通底层人民通常没有

---

[1] 彭丽华：《唐五代工匠研究述评》，载《井冈山大学学报（社会科学版）》，2014年第2期。

[2] 沈岳明：《龙窑生产中的几个问题》，载《文物》，2009年9期。

[3] 厉祖浩：《吴越时期"省瓷窑务"考》，载《故宫博物院院刊》，2013年第3期。

[4] 胡小兵、张亚林：《繁昌窑器物上文字饰纹的图像释读》，载《中国陶瓷》，2021年第7期。

[5] 徐沂蒙、杨品卉：《阜新蒙古族自治县塔营子元代金银器窖藏（上）》，载《文物天地》，2021年第5期。

"华丽"的名字，往往都是简单的，或许是其在整个家族中的排名，很难在历史长河中留下印记。编号为3的残片刻划的文字为"三九是我奴"，"三九"应为人名，"奴"应为奴仆。《宋会要辑稿》中提到："静江府兴安、阳朔、荔浦、修仁、永福县，昭州恭城、平乐县，贺州富川、临贺、桂岭县，道州永明、江华县，全州灌阳县，多有聚集往南之民，并以贩茶盐为名，结集逃卒，剽掠作过。盖广东必由贺州，广西必由贵、象二州江口，每经历津渡，人纳百钱，如诱掠妇女，人纳千钱。"[1]可以看出宋代广西地区人口买卖成风，参与群体几乎遍及所有社会阶层。贩卖人口的群体也包括地主官僚与南来商人，也有省民购买"蛮民"作为奴婢使用。人口贩卖集团一旦过了五岭地区，就进入广西桂邕通道，这条路从桂州出发，经柳州，直达邕州。人牙子在贩运过程中，一路贩运，一路出售[2]，有一部分被贩卖的"生口"被卖后即从事手工业。由于只有一件刻划"奴"的器物，推测可能有一部分从事制瓷业的底层工人来源于被贩卖的人口。

（三）税收制度分析

堆积区出土器物中编号为1、4的残片刻划的文字为"大巡君""同大巡"，宋代并没有"大巡"这一具体官职。《岭外代答》奏辟中提到"大率初辟巡尉、知寨，次辟沿边知县，都监，次可辟左、右江提举，等而上之，沿边知州军皆可辟也"。[3]其中的巡尉指的是巡检与县尉，巡检有数州数县管界巡检，也有一州一县巡检。在器物肩部刻划的"大巡"应为巡检官职的尊称。在宋代，商税的征收办法有"过税""住税""抽税"的说法，在《宋史·食货志》商税中提到"行者赍货，谓之'过税'，每千钱算二十；居者市鬻，谓之'住税'，每千钱算三十，大约如此。然无定制，其名物各随地宜而不一焉""有官需者十取其一，谓之'抽税'"。[4]可以看出宋代的瓷业税收情况，如果官府有瓷器需求的话就遵从"十取其一"的原则，相当于抽税。在罐上刻划"大巡"，是抽税，还是单纯的"买"或定制，还需要进一步研究。

（四）其他因素分析

堆积区出土器物中存在部分简写现象，比如"皇右""加右"等，其工匠刻划文字较潦草随意。简笔字又称俗体字，在唐代已经广泛存在，并在书法中有所体现，宋代

[1]（清）徐松：《宋会要辑稿》（方域一三之一〇），中华书局，1955年，7535页。

[2] 赵宇：《宋代广南西路人口买卖现象研究》，浙江师范大学硕士论文，2016年。

[3]（宋）周去非著，杨武泉校注：《岭外代答校注》，中华书局，1999年，165页。

[4] 梁太济、包伟民：《宋史食货志补正　下》，中华书局，2008年，653页。

继续沿用和发展了简笔字，成为当时通行的文字之一。桂州窑因为是民窑产品，产量大，无法精雕细刻，工匠的工艺水平有限，又影响了书写质量，对文字进行简写，笔画减少，字迹易于识别，可以提高生产效率。

编号为 8 的残片刻划的文字为"吉"，"吉"字应为吉语，吉语铭文表达了人们的某种心意和希望，反映了一个时代的精神寄托。[1]"吉"字等吉语不仅出现在罐上，在碗、瓶、瓷枕等器物上都有出现，例如北宋碗内底常印或刻划有"吉""记"或褐彩书"吉、记、福、慧、太平、本觉"等字样[2]。

编号为 317 的残片刻划的文字为"甲辰年"，纪年方式采用干支纪年法，六十年为一甲子，根据考古地层堆积和同类器物对比，推测应为治平元年（1064 年）。最早的干支纪年铭文见于三国吴赤乌十四年（251 年）纪年铭青瓷虎子[3]，题记干支纪年铭文常见于三种器物，冥器、佛教供养用品、特殊纪念价值，采用干支纪年的器物比较少见，在桂州窑 2 号窑堆积区有所发现，具有一定研究价值。

编号为 318 的残片刻划的文字为"八年了"，了字有完毕、结束的意思，应该理解为八年末的意思。

编号为 319 的残片刻划的文字为"二年记"，编号为 320 的残片刻划的文字为"七年记"，还有 443 号的残片刻划的文字为"皇右元年记"，这里的记应为记录、标记之意，并非商号之意。例如北宋咸平元年（998 年）的青瓷粮罂瓶腹部刻"上虞窑匠人项霸造粮罂瓶一个献上新化亡灵王七郎咸平元年七月廿日记"[4]，时间加记，记字应为记录之意；如果是姓氏加记，则应为商号之意。

综上讨论，桂州窑 2 号窑堆积区出土带"姓氏"、单独带有"大、小"字样的罐残片反映出北宋时期龙窑民营窑址的"物勒工名"制度和"窑户合烧"烧制方式，而"奴"字从侧面体现出北宋初期部分底层手工业工人的身份或来源，"大巡、吉"及干支纪年等铭文更是宝贵的历史资料，为研究北宋初期桂林地区的税收、文化提供了具体准确的信息，难能可贵。

四、关于此类罐的功用讨论

罐作为储物的器物，是一种非常实用的器型，由于鼓腹，内部容量大，作为日常

---

[1] 朱裕平：《中国古瓷铭文》，上海科学技术出版社，2018 年，41 页。
[2] 彭舟、秦慧：《吉州窑瓷釉种类及其装饰技法》，载《东方收藏》，2019 年第 3 期。
[3] 朱裕平：《中国古瓷铭文》，上海科学技术出版社，2018 年，46 页。
[4] 该粮罂现藏于绍兴博物馆。

用品，不仅可以盛装液体，也可以存储粮食等固体。罐也是宋人比较喜欢的器形。桂州窑 2 号窑堆积出土了 3 件较为完整的罐，罐 001 的尺寸为底径 9.8 厘米、口径 9.6 厘米、高 26.3 厘米（图 2）；罐 002 的尺寸为底径 9.8 厘米、口径 9.9 厘米、高 22.3 厘米（图 3）；罐 003 的尺寸为底径 9.8 厘米、口径 9 厘米、高 25.2 厘米（图 4）。3 个罐的尺寸大小差不多，均为卷沿、短颈、溜肩、鼓腹、平底，都有刻划纪年铭文。桂州窑 2 号窑出土的其他器物也主要为日用品。2017 年在桂林市西巷也发现 1 件陶瓷残片，刻划"皇右二年"（图 5），与桂州窑 2 窑出土带字罐为同一类型。北宋时东西巷为生活区，印证了这批陶瓷罐为日常用品。

图 2　罐 001

图 3　罐 002

图 4　罐 003

图 5　桂林市西巷出土陶瓷残片

北宋建立后，岭南经济快速发展，宋太宗诏令岭南等地官吏劝民多种粮，积极开垦荒地，重视水利设施，嘉祐四年又对灵渠进行维修，众多举措为广西地区粮食产量的提高打下基础。在宋代周去非《岭外代答》中提到"广右无酒禁，公私皆有美酝，以帅司瑞露为冠，风味蕴藉，似备道全美之君子，声震湖广"。[1] 宋代官府垄断酿酒贩卖，不允许私酿私卖，但广西等地没有禁止，由于粮食充沛，又没有酒禁，广西地区各地普遍用粮食来酿酒。无论是广西帅府官酿"瑞露"，还是民间流行的麦曲"老酒"，都体现出当时桂林地区酒文化的盛行，不仅《岭外代答》《桂海虞衡志》中多次提到

---

[1]（宋）周去非著，杨武泉校注：《岭外代答校注》，中华书局，1999 年，232 页。

"酒"，在桂林的摩崖石刻中也多有"酒"记载。如伏波山还珠洞中的"幸同轩从乘余兴，酣醉清时酒一樽"，其篆刻时间为熙宁二年（1069 年），与此批出土材料时间上也相近。这些文献记载是桂林酒业繁荣的印证。由于桂林的水好，加之粮食足、无酒禁，故在宋代，桂林从事酿酒业的人员众多，酒产量极大。在 2013 年和 2017 年的桂林东西巷考古发掘中也发现了不少与此类罐同出的酒碗酒具等，可见当时桂林城内应是酒肆林立。但宋代的酒并不是蒸馏酒，往往需要储藏，这样可以提升酒的香气和老熟。酒越陈越香，故需要大量陶瓷罐包装保存和销售，这应该也是桂州窑 2 号窑烧制大量此类罐的原因。从外形、城市考古、历史环境背景的角度看，推测这些罐的功能之一应为储酒器。

五、结论

桂州窑 2 号窑堆积区出土大量的带字罐残片，其上刻划的文字有一定的随机性，通常书写潦草随意，但总的来说还是可以分成姓氏、数字、纪年、其他四个部分的内容。手工刻划的文字也并不是出自一人之手，通常只是起到单一的标记作用，不同的内容指向不同目的。

出土器物刻划的文字在同一时间、同一区域出现不同姓氏，不仅体现出桂林地区制瓷业"物勒工名"的管理制度，还反映出桂林地区龙窑"窑户合烧"的烧制方式，为北宋瓷业的研究提供了宝贵资料。通过分析器物外形、出土数量、其他遗址发掘的同类器物、文献记载等，推测出桂州窑 2 号窑生产的罐主要功能可能为储酒器。通过这种产品的数量推测供应关系，也间接证实了北宋时期桂林地区酒业的繁荣，与文献记载相一致。

由于部分出土文字存在唯一性，例如"三九是我奴""大巡"等，对税收、文化等问题需要进一步研究，希望随着新的考古发现和城区其他考古资料的整理，可以进一步充实北宋时期桂林乃至广西地区税收制度和文化方面的研究。

桂林靖江王墓群 161# 墓神道碑探析

钟嘉瑞

【摘　要】2021 年底至 2022 年初，为配合靖江王陵遗址保护及环境整治工程，桂林市靖江王陵文物管理处对原文物普查登记的"161# 辅国将军墓"遗址进行了前期考古清理发掘，在其右侧碑亭遗址发现已碎裂被掩埋的神道碑，出土刻有文字及纹饰的神道碑碎块 50 余块。通过对这批神道碑碎块的整理、拼接和文字识读，并对相关考古材料及文献资料进行分析研究，判定该墓主人为靖江悼僖王夫人耿氏，而非辅国将军。这一发现，对研究桂林靖江王墓群早期高等级墓葬的类型及神道碑制度的形成具有重要意义。
【关键词】靖江王墓群　161# 墓神道碑　悼僖王　耿氏夫人
【作　者】钟嘉瑞　桂林市靖江王陵文物管理处　馆员

一、缘起

根据 20 世纪 80 年代初第二次全国文物普查资料，桂林靖江王墓群编号登记墓葬 308 座，包括王妃合葬墓，次妃、王夫人、宫媵、保姆等女眷墓，王府将军、中尉等宗室墓，县君、乡君等王女墓及王府官员墓等，构成了完整的靖江王府墓葬序列体系。自 2010 年桂林靖江王府及王陵入列国家考古遗址公园立项名单以来，桂林市靖江王陵文物管理处会同广西文物保护与考古研究所配合靖江王陵遗址保护与环境整治工程，按靖江王墓群的墓葬等级序列，在靖江王墓群开展了一系列考古工作，先后完成了王、妃合葬墓和次妃墓的园寝建筑考古勘探清理，基本摸清了靖江王府中最高等级的王、妃合葬墓和次妃墓的情况。

2021 年，桂林市靖江王陵文物管理处选定第二次全国文物普查记录的 161# 墓作为靖江王府将军墓的代表，开始启动靖江王府将军墓遗址保护工作，并于当年末到 2022

年初对该墓园寝建筑遗址进行前期考古勘探清理。

161#墓位于靖江悼僖王墓右前方，与悼僖王墓共享同一外围墙。墓向坐东北朝西南，与悼僖王墓朝向基本一致。161#墓有独立的茔园，围墙完整。茔园内有圆丘形坟冢、享堂、右碑亭、左焚帛炉等建筑遗址，遗存清晰。茔园围墙西面居中设两进三开间园门，门前为神道及石像生。因文物普查时碑亭遗址被掩埋，没有发现认定，整个茔园范围内也没有发现能确认墓主身份的考古材料，故而文物部门通过茔园规制进行对比归类，一直将其视为早期靖江王府辅国将军墓。

本次考古勘探清理，在茔园内享堂前右侧发现碑亭遗址并出土一批神道碑碎块，为确认墓主身份提供了实证材料，从而认定161#墓主人是靖江悼僖王夫人耿氏，而非原以为的早期靖江王府辅国将军。

二、神道碑碎块的发现整理与碑文释读

161#墓神道碑亭遗址位于茔园内享堂遗址前的神道右侧，碑亭单间，四面开口，四角遗存有条石围砌曲尺形垛墙。碑亭内托碑龟趺头部缺失，龟身保存完整，头朝神道，碑已尽毁。在龟趺头部前与垛墙之间的覆土当中发现并清理神道碑碎块共54件，碎块清理后地面铺砖基本保存完好。将残碑碎块清洗后进行拓印、辨识，其中碑面刻有文字的29件，包括篆书8件、行书8件、大楷4件、小楷9件；无刻字但有纹饰图案的25件，包括龙纹、凤纹、云纹、缠枝纹边框等。碑面刻有文字的29件碎块中25件可以拼合。从拼合后的内容看，本次出土的碎块属于全碑中上部分，下半部分缺失。考古现场仅存一层曲尺形垛墙条石，根据遗迹现象判断碑亭为石垛墙券门结构，未发现其他垛墙条石和门券石。据当地村民反映，早期附近农村有在王墓群取石移作他用的状况，由此推断，垛墙条石、门券石及神道碑下半部分，就是这个原因导致缺失。而中上部分因早期风化碎裂、倾覆，后被碎石、尘土覆盖保留至今。

1. 神道碑形制

出土碎块中有外沿呈弧形、阴线刻缠枝纹边饰的碑首局部，确定此碑为圆首碑。碑首碎块中有阳面阴刻龙纹、阴面阴刻凤纹图案。因残缺较多，龙、凤纹图案不完整。神道碑阳面碎块中，龙纹与篆书字体或笔画同在一个碑面的有3块（图1），以双槽框间隔，上龙纹下篆书，即碑首下为碑名篆文题刻，在篆文题刻四角刻有阴线云纹装饰。碑阳面两边沿阴线刻缠枝纹图案，其纹样、疏密、宽度、刻法与碑首弧形残块图案一致，显然是一体化边饰。有3块残碑碎片上既刻有碑名篆字，又刻有行书碑文（图2），可见篆书碑名之下，是竖行行书碑文，碑名篆书笔画末端与行书最短间距为5厘米。

神道碑阴面碎块中，有阴线刻缠枝纹边饰、阴刻凤纹、大小楷碑文等。阴线刻缠

图 1　龙纹、篆体同碑面

图 2　篆体、行体同碑面

枝纹边饰较阳面边饰浅、窄，未发现有碑面各不同刻纹之间关联的碎块，小楷碑文部分 9 件可以拼合。

有 2 件出土碎块阳、阴两面同时保留有碑面字体，测量其中最大碎块碑体完整厚度为 26 厘米（图 3），也即此碑厚 26 厘米。碑身长方形，拼合测量碑面宽 113 厘米，但碑高已不完整，无法测量。

图 3　同一碎块阳、阴面碑刻图

综上所述，本次 161# 墓出土的神道碑残件由 52 件阳、阴单面碎块及 2 件阳、阴双面碎块组成。碑首为圆弧形；整个碑阳面阴线刻缠枝纹图案一体化边框，由上往下碑面布局为碑首阴刻龙纹图案，两边装饰有阴刻云纹的篆文题刻，竖行行书碑文；整个碑阴面由阴刻凤纹图案、大楷题刻、小楷竖行碑文组成；碑身厚 26 厘米，宽 113 厘米，碑高无法测量。

2. 碑阳面文字释读

将 8 件篆文碎块拼合后，可见在高 38 厘米、宽 70 厘米的碑面上，篆文题刻居中阴刻双行 7 列（末字单行）共 13 字，篆文单字高 16 厘米，可直接识读碑名篆字"大明故江悼僖王夫人氏碑"。篆额碑名是墓主人身份的直接证明，遗憾的是拼合后残碑碑名篆字恰好残缺最重要的夫人姓氏。

拼合后的残碑碎块仅能识读局部行书碑文，誊录如下（图4）：

……宣德三年六月悼□（僖）……朝……上命翰林院撰祭文……命都布二司治坟茔……至隆也未葬之……王以手帖书……王夫人姓耿……选……

……□王□……三年五月……□稽诸古典……宜安享尊荣而□……封诰之荣阮殁之□……悼僖王之墓右告……命刻诸碑石以昭……钦差工部官谭……

图4　行书碑文

悼僖王朱赞仪有庶子二人，无嫡子。悼僖王薨逝后，庶长子朱佐敬嗣靖江王位，庶次子朱佐敏封奉国将军。"宣德三年三月。嗣靖江王佐敬暨弟奉国将军佐敏奏生母耿氏、李氏未有封号，乞降恩命。上曰：宗室能崇孝道，是美事。命行在吏部给诰命，皆封为靖江悼僖王夫人。"[1]也就是说，悼僖王夫人有两位，分别是耿氏和李氏。从碑名篆文残存的部首笔画来看，在"故"字之下可辨的是左偏旁"立"字，可以断定整字应是"靖"。而"氏"字之上，可辨识的是右偏旁的"火"字，与耿氏的"耿"右偏旁"火"相符。结合篆文碑名下行书碑文残句中"……王夫人姓耿……"，篆文碑名可以确定为——"大明故靖江悼僖王夫人耿氏碑"。

①……宣德三年六月悼□（僖）……朝……上命翰林院撰祭文……命都布二司治坟茔……

宣德三年六月悼僖王夫人耿氏卒，讣告朝廷。宣宗皇帝按正常丧礼制度，命翰林院撰祭文，广西都指挥使司和布政使司治坟茔。

《明宣宗实录》卷四十五记录了这件事："（宣德三年七月，丁卯）靖江王母夫人耿

---

[1]《明宣宗实录》卷四十。转引自张子模主编《明代藩封及靖江王史料萃编》，广西师范大学出版社，1994年，40页。

氏卒，遣官赐祭，命有司治葬事。"[1]这是耿氏卒后约一个月，朝廷收到讣告，明宣宗对治丧之事的处理意见。

②……王以手帖书……

这个"王"指的是时任靖江王朱佐敬，耿氏是他的生母。"手帖"一般是手写的书信、文章、字迹等。"王以手帖书"表明这篇碑文是靖江王朱佐敬亲手为自己母亲所写，原版上石摹刻。

朱佐敬，谥庄简，是历代靖江王中较为著名的书法家。明嘉靖《广西通志》卷十一《藩封志》记载："……庄简王……佐敬……书史无所不读，善楷书，颇得钟王体，国中及诸寺观匾额多出楷书……"[2]遗憾的是，朱佐敬的书法作品除独秀峰上寥寥几篇摩崖石刻的游记外再无发现，这篇残碎的碑文无疑为了解朱佐敬的书法提供了新的材料。

③……□王□……三年五月…□稽诸古典…宜安享尊荣而□……封诰之荣阢殁之□…

这段文字是耿氏临终前的生平介绍，表述的是宣德三年三月，宣宗同意了庄简王的请求，命行在吏部为其生母颁发夫人诰命，五月举行封诰典礼，耿氏是带着这尊贵的封诰荣耀去世的。

④……悼僖王之墓右……

写明了耿氏墓的位置，她被安葬在悼僖王墓的右侧。161#墓位于悼僖王墓西北侧，封土间距约150米。以悼僖王墓为基准，161#墓在其右。实地情况与碑文相吻合。

⑤……命刻诸碑石以昭……钦差工部官谭……

从文字的意思，可以理解为朝廷派遣一位姓谭的工部官员为钦差，主持了为纪念耿氏而刻石立碑的事宜。

3. 碑阴面文字释读

碑阴面也有文字和图案，因碎块较少，拼合后仅见局部竖行小楷文字，部分小楷字体残件带直线细条纹边。刻文誊录如下（图5）：

皇帝……治葬外……祭凡四坛……王感戴不胜……墓右□命书……□年少祥……内宦杨达张安□祭……礼屡沐笃念亲亲……□渥虽没世不能忘也故……识

---

[1]《明宣宗实录》卷四十五。转引自张子模主编《明代藩封及靖江王史料萃编》，广西师范大学出版社，1994年，192页。

[2]（明）黄佐等：嘉靖《广西通志》卷十一《藩封志》。转引自张子模主编《明代藩封及靖江王史料萃编》，广西师范大学出版社，1994年，223页。

图 5　小楷字体残件拼合图

诸石以垂不朽云……天顺辛巳岁夏……

虽然文字没有连成完整篇章，却也不难看出这是按规范文体撰写的官方祭文。然而文字中"……识诸石以垂不朽云……天顺辛巳岁夏"让人疑惑。耿氏卒于宣德三年，即公元 1428 年。碑面碑文"都布二司治坟茔"、《明宣宗实录》中"（宣德三年七月，丁卯）……命有司治葬事"等材料都表明，耿氏去世当年，朝廷就安排了营建墓葬坟茔。而"天顺辛巳岁"是公元 1461 年，已是耿氏去世 33 年之后。这说明耿氏神道碑并不是立于"都布二司治坟茔"的"宣德三年"，而是天顺辛巳年（即天顺五年，公元 1461 年）后立。这篇祭文其实也相当于是补立神道碑的官方批复。

通过对残碑碎块的拼合，并对其中残文进行梳理解析，确定了 161# 墓是靖江庄简王朱佐敬生母，悼僖王夫人耿氏墓。耿氏于宣德三年五月被朝廷诰封为夫人，六月卒。广西都指挥使司和广西承宣布政使司受命为其营葬建坟茔于悼僖王墓右侧。33 年后的天顺五年夏，靖江庄简王朱佐敬向英宗皇帝请求为生母耿氏立神道碑，朝廷同意后派工部官员谭□为钦差主持立碑并补建碑亭，同时派内宦杨达张安主持祭祀。朱佐敬亲笔为生母耿氏撰写碑文刻于神道碑阳面，而官方祭文则刻于碑的阴面。

三、161# 墓主身份确定后相关问题的探讨

1. 早期高等级墓葬的茔园配置

洪武三年（1370 年）朱守谦首膺靖江王，洪武九年（1376 年）就藩桂林，后因罪被贬为庶人，洪武二十五年（1392 年）去世，葬于凤阳。朱守谦共生子九人，嫡长子

朱赞仪继封靖江王号，别子俱封辅国将军。永乐元年（1403 年），朱赞仪复藩，他的八个同辈兄弟随他一并落籍藩府桂林。这八位辅国将军是明代早期靖江王府中除王之外爵位最高的人。

20 世纪 80 年代初第二次全国文物普查时，在桂林城东尧山靖江王墓群中，通过墓碑或墓志确认了朱守谦第六子朱赞伦、第八子朱赞储和第九子朱赞亿的坟茔，分别登记为 163# 墓、202# 墓和 203# 墓。这三座墓主身份明确的墓葬具有几乎一致的坟茔配置和布局，以及同等的规模：一道夯土茔园围墙，茔园正面设门，皆三间两进门，茔园内建享堂，享堂后为墓冢封土。茔园门外设神道，神道两侧列置石像生，依次为望柱、石羊、石虎、武士控马、翁仲，神道左侧石像生后建有碑亭，碑亭中有赑屃驮神道碑。因此被作为靖江王府早期辅国将军墓的认定标准。

在普查中，还发现一批与这三座辅国将军墓相同规制的墓葬，包括 160# 墓、161# 墓、170# 墓、180# 墓、181# 墓、197# 墓等。其中 170# 墓没有神道碑，但茔园面积、封土和享堂、茔园门的规模体量都是整个靖江王墓群中最高规格，被认定为悼僖王墓。181# 墓神道碑在右侧被认定为王夫人墓，其他则认定为早期辅国将军墓。此次考古清理时在 161# 墓茔园右侧发现神道碑，并从碑文确认墓主人为悼僖王夫人耿氏，既是对前期文物普查认定结果的修正，同时也证实前人对悼僖王墓认定是准确的，并且为181# 墓认定为"王夫人墓"提供旁证。

综合现有材料，笔者认为明早期靖江王府高等级墓葬（包括王妃合葬墓、王夫人墓及赞字辈辅国将军墓）的茔园配置是相同的。王妃合葬墓不设神道碑，茔园规模体量更大，王夫人墓与辅国将军墓的区别仅限于神道碑分置左右位置不同。

2. 关于神道碑的设置

明早期王墓不设神道碑。悼僖王墓是靖江藩府在桂林营建的第一座王墓，其茔园已经正式考古清理，未发现神道碑的遗迹。《明英宗实录》卷三十七记录，正统二年（1437 年）庄简王朱佐敬为其父悼僖王请立碑以彰懿行，"礼部稽洪武永乐间例皆无亲王及郡王立碑者"[1]，因此未获批准，这是悼僖王墓未设神道碑的原因。悼僖王庶长子朱佐敬继封王位，薨逝于成化五年（1469 年），他的墓前也没有立神道碑。庄简王嫡长子朱相承卒于天顺二年（1458 年），虽然后来被追封为怀顺王，但最初是以靖江王世子的身份营葬，怀顺王墓前神道左侧立有神道碑，碑额刻"大明靖江故世子碑铭"。靖江王墓中最早立神道碑的是昭和王墓，昭和王朱规裕是追封怀顺王朱相承的嫡长子，弘治二年（1489 年）薨逝，其神道左侧立王之碑，右侧立妃之碑。自昭和王始，王墓神

---

[1]《明英宗实录》卷三十七。转引自张子模主编《明代藩封及靖江王史料萃编》，广西师范大学出版社，1994年，193 页。

道两侧立双碑成为惯例。

悼僖王夫人耿氏卒于宣德三年（1428 年），营葬之时没有立碑，神道碑是 33 年后的天顺五年（1461 年）补立，龟趺圆首，砖石结构碑亭，与天顺二年营建的怀顺王墓神道碑和碑亭，以及之后历代靖江王墓神道碑和碑亭的形制做法相同，说明耿氏墓最初也同样遵循王墓不立碑的规定。181# 墓右侧有神道碑，早年被认为是王夫人墓，可惜碑已毁，且没有进行考古勘探清理，暂时不能明确墓主人身份和立碑时间，无法将其作为夫人墓进行归类比较。

在靖江王墓群中，目前所见时代最早的神道碑实例，是 202# 墓宣德九年（1434 年）所立"大明靖江故八辅国将军神道碑"。202# 墓墓主是朱守谦第八子辅国将军朱赞储，碑文记录朱赞储卒于宣德六年（1431 年），三年之后立碑，早于庄简王朱佐敬为其父悼僖王请立碑被拒的正统二年（1437 年），可见不立碑的规矩并未影响到辅国将军这一等级。

"大明靖江故八辅国将军神道碑"龟趺螭首，篆额"大明靖江故……"，而耿氏碑篆额"大明故……"。八辅国将军碑碑文记述"……朝廷遣官祭葬……请长史铭……"[1]，耿氏碑则是"……上命翰林院撰祭文……命都布二司治坟茔……"，显然二者营葬规格是不一样的。八辅国将军碑之碑亭四角为鼓形石柱础，没有石垛墙，证明碑亭是木柱支撑的木结构建筑，163# 六辅国将军也是这样的做法，与耿氏墓及怀顺王之后的历代王墓碑亭完全不同。由此可见，耿氏墓碑及碑亭在营建规格上明显高于八辅国将军墓，这或许与耿氏是庄简王生母这一身份有关。

表 1　靖江王墓群早期神道碑亭对照表

墓号	墓主	营葬时间	碑位置	立碑时间	备注
王妃合葬墓					
170	悼僖王朱赞仪王妃张氏	永乐六年	无		
171	怀顺王朱相承王妃谷氏	天顺二年	左	天顺二年	大明靖江故世子碑铭
王夫人墓					
161	悼僖王夫人耿氏	宣德三年	右	天顺五年	大明故靖江悼僖王夫人耿氏碑
181	王夫人		右		
早期辅国将军墓					
160	辅国将军		左		
163	六辅国将军朱赞伦		左		有残墓志
180	辅国将军		不明		
202	八辅国将军朱赞储	宣德六年	左	宣德九年	大明靖江故八辅国将军神道碑
203	九辅国将军朱赞亿	正统六年	左		

---

[1] 张子模主编：《明代藩封及靖江王史料萃编》，广西师范大学出版社，1994 年，204—205 页。

3. 三墓共享茔园外墙的"园中园"现象

在靖江王墓群早期高等级墓葬中，悼僖王墓、怀顺王墓及悼僖王夫人耿氏墓三墓共享同一大的茔园外围墙，呈现独特的园中园格局。这个由一周夯土围墙圈围的长方形茔园面积约为 363.4 亩，悼僖王陵居中偏后，悼僖王夫人耿氏墓靠前居右侧，怀顺王陵位于前左角。"从悼僖王墓与怀顺王墓共用西、南侧两段外围墙，及三处不属于怀顺王墓茔园建筑体系且早于怀顺王墓外围墙的建筑遗址的考古勘探发现，悼僖王墓茔园外围墙是后建的"[1]，目的就是把这三座墓园圈围在一起。

紧邻耿氏墓的 160# 墓、163# 六辅国将军墓却未纳入这个茔园当中，这显然是靖江王府中身份区别的体现。在明代藩王府当中，除了王及王之女眷、王世子、王之嫡母和生母之外，其余王子授爵后都要出府自立门户，靖江王府的这些辅国将军虽然附庸于王府，却不算是王府里的人，因此自然不能与王府里的人共享茔园。

在尚未明确 161# 墓为悼僖王夫人耿氏墓之前，对靖江王墓群中这个三墓共享同一个大的茔园的"园中园"现象始终没能给出一个合理的解释。悼僖王夫人耿氏碑的发现终于揭开了此谜底。园中园内几位墓主身份皆与庄简王直接相关，分别是庄简王父亲悼僖王朱赞仪、嫡母悼僖王妃张氏；庄简王生母悼僖王夫人耿氏；庄简王嫡长子靖江王世子、后追封怀顺王朱相承。早期的陵墓规制并无外墙，靖江王墓设置外围墙成为定制始于庄简王墓。[2] 由此推测，这个三墓共享的大茔园围墙应该是在修建庄简王墓时增设的。

从悼僖王陵航拍图上可以看到，悼僖王内园处于整个外陵墙内居中略后的位置，显示出在园中居主要地位；右前方是耿氏夫人墓，残碑正面行书部分有"……悼僖王墓右……"字句，残碑背面小楷残件上也出现"墓右"两字；左前方是当时（生前）还是"王世子"的朱相承墓及附属建筑，也划入园中。但朱相承墓的东、北外陵墙当时并未和围，由一条北向的园内道路与悼僖王陵外陵墙"三券门"相通，形成一园三墓、一主两次、祖孙两代的"园中园"格局。前后左右比例合理，大致反映了园中墓主人身份地位（图6）。成化七年（1471 年），朱相承"以子规裕袭封追封王，谥怀顺"，身份由"王世子"进封为"王"，以追封王爷规制增围东、北外陵墙，另铺设南向神道，神道上增置石羊、石虎、华表，开陵门于悼僖王陵西南角南墙，在"园中园"内形成独立茔园。原通连悼僖王陵外陵墙"三券门"的北向道路改为园内维护使用。至

[1] 广西文物保护与考古研究所、桂林市靖江王陵文物管理处 :《桂林靖江王陵考古发掘清理报告集》，科学出版社，2017 年，173—174 页。

[2] 张阳江 :《悼僖王陵区"园中园"格局考古探析》，见《桂林博物馆文集（第二辑）》，广西师范大学出版社，2015 年，340 页。

图 6　悼僖王陵 "园中园" 航拍图

此，"园中园" 又由一园三墓，因朱相承身份的变化重新划分为两部分，悼僖王陵和耿氏墓一部分，怀顺王陵和附属建筑为另一部分。两部分建筑虽在同一茔园中，共用四围，但互不隶属，悼僖王陵、耿氏墓的面积远大于怀顺王陵。

多年来，考古成果和文献资料相互参照是判断桂林靖江王陵墓主人身份的主要依据。靖江王墓群从二代悼僖王墓的永乐年间到三代庄简王墓的成化年间，这当中时间跨度约 70 年。悼僖王墓 "园中园" 经历两次圈围外陵墙，而同期的 163#、202#、203# 将军墓及 181# "王夫人墓" 只有内陵墙，神道石像生置于陵墙外。这一明显区别，连同前文述及的耿氏夫人墓与 202# 八辅国将军墓神道碑比较，均昭示了靖江王墓群早期，王、王母妃、王母夫人与其他藩府旁系宗室人员营葬规格的不同，为划分早期墓葬提供了参照规律。耿氏夫人因其王生母的身份，是靖江王墓群中第一座享有内、外陵墙，神道碑亭且神道直列中轴对称的夫人墓，墓园形制 "悉如其夫与子之制"。

本次对考古出土的 161# 墓神道碑残件进行了粗浅探析，取得部分成果。由于条件的限制，碑面的修补及碎裂碑体正背面的拼合，有待进一步提升；因神道碑下半部分缺失，耿氏夫人的生平资料还需要从其他途径查实；碑文中 "……吏部左侍郎王……"，"……工部官谭……"，"……内宦杨达张安……" 等官员人名信息暂时未能在文献中查找到，碑文内容有待更细致解读；有待与后期的刘氏、郑氏、赵氏，不同时期的夫人、妃子墓进行深入对比研究。

历史学研究
Historical Research

荔浦土司城遗址调查及初步研究

李　云

【提　要】在明代，荔浦的三峒，紧接府江，是壮瑶民族居住和活动的重要区域。明隆庆六年，巡抚郭应聘讨平三峒后，设土司，置两个土巡检司世守，以维持地方社会稳定。明万历六年，在中峒和下峒设立了两座土司城。荔浦今尚存县级文物保护单位中峒、下峒土司城遗址。本文通过梳理地方志记载和对两座土司城遗址的实地调查，对荔浦土司的性质、发展历史和职能作初步研究。

【关键词】荔浦　土巡检司　土司城遗址　性质　职能

【作　者】李云　荔浦市红色文化传承中心　馆员

　　土司，又称"土官"，是由中国古代中央王朝任命和分封的地方官，对地方具有世袭的统治权、辖区土地的世袭所有权。元、明、清时期，为了巩固边疆少数民族地区的稳定，中央王朝推行土司制度治理地方社会。明代的荔浦，多为壮瑶少数民族聚居，壮瑶民族的起义活动已经成为困扰官府的一大社会问题。明隆庆六年（1572 年），巡抚郭应聘讨平三峒，设土司，置两个土巡检司世守，以维持地方社会稳定。明万历六年（1578 年），于中峒和下峒建立两座土司城。据全国第四次不可移动文物普查登记，荔浦尚存有中峒土司城和下峒土司城遗址，也有上峒，归属中峒土司城管辖。荔浦县人民政府于 1988 年 12 月 31 日公布中峒土司城和下峒土司城遗址为县级文物保护单位。本文通过查阅地方志的记载和对现存两座土司城遗址的实地调查，对荔浦土司的发展历程、性质、职能、作用作初步研究如下。

一、荔浦中峒、下峒土司城遗址简介

中峒土司城遗址位于今荔浦市新坪镇广福村城里屯双峰山下，始建于明代，1988年文物普查时发现。土司官齐凯的后代现仍居中峒土司城遗址范围内，现有齐善坤、齐善敏等5户，约20口人。中峒土司城沿山脚而建，呈不规则的长方形，东面是新坪镇通往高寨村委的公路。由于风雨侵蚀等自然因素，加上生产生活因素影响，致使城内古建筑几乎全部被拆除。新建的混凝土民房错落其中。但建城时的石块、石墩、石墙、青砖仍然清晰可见。村后双峰山脚下葬有齐凯家族二代太祖齐世学妻杨氏，立有墓碑，底部残缺，但大部分碑文清晰可见。碑文如下：

吾祖母杨氏，即世学公之发妻也。生吾□叔儿□□孙之齐□□□。悉由吾祖克纯，姆训敦严之致也。享阳八十岁，不期辞世。葬中洞城内山脚，正坐乙山辛向，水秀脉清。窃惟中洞城内有额粮四□升，入坊二齐日旭户内。自上祖齐凯公官守，纳粮招人居住。又有□座义设双峰观，以及城内外坟□二股公占，禁长树木。至今相传远数代而数王矣。故有百年之树，而未见百岁之人。其城内曾祖父勒碑于前贤。今两支数户念及血祖，敬沾，刻名于后，万古不朽，云尔。

孝男：齐德高、齐德明、齐德政

媳：陆氏、黄氏、莫氏

孝孙：文贤、文福、文盛、文广、文举、文秀、文全

孙媳：□□□□□□

孝女：谷姑、小姑；孝婿：陆道寿、韦珠禅

玄孙：志章、志□、志舞、志光

玄媳：潘氏、廖氏

义玄孙：志□、志新、志□

媳：□□□□□

□孙：杨芝桥、杨芝桂

侄孙：老邦、金养

侄玄孙：齐志清

外甥：陆□□、□□

乾隆十八年癸酉岁三日吉旦

司书：黄文□

下峒土司城遗址位于今荔浦市东昌镇栗木村委延宾自然村麒麟山前，始建于明代，

1988 年文物普查时发现。由于风雨侵蚀等自然因素，下峒土司城城垣已倒塌，但留下一些明显遗迹。墙基以大型石块奠基，土司城部分门楼、石阶、石像生尚存。历年生产生活因素影响致使城内古建筑几乎全部被拆除，如今水泥钢筋混凝土楼房在城址中错落。土司官覃文举后代现仍居延宾村，且延宾一带的覃氏族人均已形成了自己为覃文举的后人或旁系、同姓下属后代的共识。村内现遗存有光绪六年（1880 年）石碑一块，保存完整，字迹清晰可见，记述其祖籍、官阶、田产、祭扫、学田及其子孙人名等事项。其碑文如下：

> 大清光绪六年三月十二日立碑。
>
> 吾始祖乃明朝以来住居庆远府宜山县，移居于延宾村，是以落叶长发。其子自历代以下，于崇祯癸酉科，覃阐使中武举一名。廪生覃彦，宾生恭，庠生覃怀壁，□阐使公之子名长庆。其家豪富，见其祖上缺少祭祀之田，固有不孝之事，自愿将本躬田坐落土名头坝田贰拾坵，合共肆工，瞿桥田五坵，柒工，大园田肆坵，叁工，连鱼塘一口，白枝坪壹个，龙礼地壹厢，以行田地连塘一概，其户于载敌名，将来祭扫祖墓，子孙共占，在于分枝，列名清白。所有绝族后无子孙挂扫，亦要一概轮照常祀祭，连年挂扫，永远管业。虽有处贫之家，不得出言分散发卖之事。如有分散发卖者，定然出族，决不留情。再者，除清祭扫所有余钱，留来创利，以待后人入学中试，帮于上师银三十二两。是以分枝人名开列于后：
>
> 覃长庆公所生一子名绍先；
>
> 孙：思琼、思琳、思理、思璋；
>
> 曾孙：覃讳 恭、彦、议、浩，覃和、昇、旭、宣、易；
>
> 玄孙：怀璧、怀德、怀瑾、怀珏；
>
> 来孙：钟贤、钟□、钟英、钟林、钟于、钟二、钟来、钟义、钟兰、钟桥、钟连、钟应、钟元；
>
> 耳孙：献猷、献敏、献谋、献滔、献勋、献章、献肜、献彩、献肜、献彬；
>
> 令孙：永祯、永修、永营、永祥、永王、永才、永芳、□达 立。

二、对荔浦中峒、下峒土司城历史的调查

《粤西丛载》（下）载："万历元年（1573 年）……其各土司官，上中峒属之名色把总齐凯，领田一万三千八百八十亩有奇；下峒属之土舍覃文举，领田八千六百六十亩

有奇……各划地分界，设堡戍守。"[1]此处齐凯和覃文举均称土司官，但齐凯的职衔是"上中峒名色把总"，名色把总在明代通常因特殊的军事需求而设立，如为戍边、抗倭等扩充兵力，可见其职能是负责军事。而覃文举的职衔为"下峒土舍"，土舍是土司之下的属官，负责管理地方事务，也承担一些军事防务，职责与土巡检司大致相同。

清康熙四十八年（1709年）版《荔浦县志》载："万历六年，立二土司城。按土司之设，非得已也。其起于时之为乎。国初，荔浦旧设巡司二员，一在峰门，一在南源，皆地方要害之区，壮瑶盘踞之所。故立二巡司以控制之有深意焉。自后官不得人，地方滋乱二职竟为缺员，故巡抚都御史郭公讳应聘图为善后计议，易土司，分兵建城于三峒，割服裹之地、膏腴之业，令其世守焉。则二人者可谓有厚幸矣。乃或不念地方大计，辄藉兵以渔腊齐民，岂有人性也哉。十年，下峒土司复建城于延宾江，初，二土司城并立中峒地方，隔江相对而延宾一带为修、荔、永安上下通行之路也。地方寥落，枭壮之徒时窃伏剽掠，行人患之，乃县为之条陈，当道陈公讳应聘下其议准扣鱼监银置城，令下峒土司居守焉。然地方一大保障矣。"[2]

民国三年（1914年）版《荔浦县志》载："中峒土司城，在县治东南十五里，城置门楼四座，周围一百八十五丈，高一丈六尺，立土巡检一员齐凯，兼辖上峒地方，设兵九十八名，给田一万三千二百八十亩有奇，耕守分辖十七堡。齐凯系浙江山阴人，以兄齐祝寿官南宁照磨，立功于此，遂为世守。后因不职而废。上中峒寨，县东南十五里，又东有下峒寨，旧日朦胧三峒，皆诸蛮所据。明隆庆六年（1572年），巡抚郭应聘讨平之，设土司世守。万历十年（1582年），又移下峒土司于延宾江，今土司久废。明万历十年，下峒土司城再建于延宾江畔，城置门楼一座，周围一百三十七丈，高一丈七尺，立土巡司一员覃文举，设兵五百七十二名，给田八千六百六十亩有奇，耕守分辖十四堡。覃文举系庆远府宜山县人，以父文凤宦荔教谕立功于此，遂世袭焉。明末印失遂废。"[3]从这里的记载看，隆庆六年后，已经明确荔浦设立土司世守，齐凯和覃文举的职衔是土巡检司。

明代的荔浦是壮、瑶族聚居之地，其地理位置位于明代桂东三大壮瑶活动核心区的古田（今永福县部分区域）、府江（今平乐）和大藤峡之间。而明代荔浦的峰门和南源，是通往永安州和平乐府的交通要道，三峒紧接府江，壮瑶少数民族活动频繁。明朝官府虽然多次平定荔浦壮瑶起义活动，却一直未能平息。地方官能管治的户口和土

---

［1］（清）汪森编辑，黄振中、吴中任、梁超然校注：《粤西丛载校注（下）》卷二十八《府江　右江》，广西民族出版社，2007年，1183—1184页。

［2］荔浦市档案馆编印：康熙四十八年修《荔浦县志》，内部资料，2018年，47页。

［3］顾英明修：民国《荔浦县志》，荔浦县地方志编纂委员会翻印本，1993年，156页。

地越来越少，至嘉靖年间，荔浦的编里只剩下三里。隆庆、万历之际，广西巡抚郭应聘对此现象的评论："平乐一府所属州县，被猛蚕食之害极矣。而永安、修、荔三州县为尤甚。永安原额五里，今止存一里。修仁七里，止存半里。荔浦十七里，止存二里半。考之郡志，修、荔二县自正统至弘治间科第时出。今贼弥蔓，仅有附邑居民寥寥数户，盖于无地无民矣。……自隆庆三、四年间言之，三峒诸贼攻破莫大嘉等一十四堡，杀伤兵民数多，攻围荔浦县十余日，赖省城发防守土兵卒至愿援，其始解。"[1] 长期困扰朝廷的壮瑶起义问题一直得不到解决，巡抚郭应聘讨平荔浦三峒后，为了妥善治理，朝廷在桂东地区推行参将—兵备道—土巡检司—兵堡的垂直兵防控制体系。荔浦土司巡检的设立，是郭应聘提出的。他在上奏府江善后措施六条中的第一条就是改设土司，即将原有的荔浦县的峰门、南源，修仁县的丽壁市，永安州的古眉四个巡检司革除，易为土司，于兵领中择有才勇者充其职事，俾世守焉。其不效者更置之。郭应聘文集中还保存着改设土司的具体建议："一改复土司。……照得两岸、三峒、仙回……今底定之后，广募土兵分屯要害，设复土司，杜绝觊觎。数年之后，势必复聚，而今日大征，诸费委之草莽矣。及查荔浦县原有峰门、南源二巡检司……印信贮府库，流官铨到，只以听差，殊为无用。今议将各司改复土司……三峒于上峒复峰门寨巡检司为土巡司，兼制中峒，立一大营于地名古西，共享兵一千六百名，分屯羊厄、峰门、卢仙、大喃等处住种各田地。下峒复南源寨巡检司为土巡司，兼制江带及西岸，立一大营于地名东练，共享兵　千名，分屯大宅、东瓦、南源等处住种各田地。"[2] 这些记载和《荔浦县志》记载基本一致。

郭应聘提出在荔浦设立土司得到朝廷奏准后，设立土巡检司。土巡检司是明代土司制度下在西南地区设置的一种地方行政机构，主要负责维护地方治安、军事掌控、稽查税收、管理地方行政事务等职责。它的职权比土司小，地位不如土司高，但因其具有军事职能，在地方事务管理中占有重要地位，对基层社会的控制起着重要作用。由于中峒、下峒土司城设立在通往府江的要道上，特别是下峒土司城，其地理位置紧接平乐府，是守卫荔浦安宁的屏障，其军事地位尤为重要，所以其掌控有大量的兵田和兵力。土巡检司在荔浦承担着军事防务的职能，负责维稳治乱，维护荔浦多民族地方社会稳定，加强对少数民族地区的统治管理。派流官到荔浦担任土巡检司管理荔浦地方社会，在上、中、下峒建立土司城，都是为了维护少数民族地区的稳定。荔浦的

[1]（明）郭应聘：《郭襄靖公遗集》卷二十三《柬吕豫所》，《续修四库全书》第1349册，上海古籍出版社，1996年，499—500页。

[2]（明）郭应聘：《郭襄靖公遗集》卷二《酌议府江善后事宜疏》，《续修四库全书》第1349册，上海古籍出版社，1996年，52页。

土巡检司官员齐凯和覃文举均为外来的汉族人，他们并非聚居荔浦土著的壮、瑶少数民族，而是朝廷委派到荔浦承担土司职能管理地方军事和地方事务管理的流官。这是有别于朝廷分封的"以夷制夷"的少数民族世袭土司的。这与当时桂东地区根据实际需要进行土流结合的地方行政改革制度吻合。

三、中峒和下峒土司城的作用

（一）充分发挥政治和军事管理职能，为荔浦地方社会维稳治乱

从上文分析可知，土司制度在荔浦发挥了政治和军事管理职能，为荔浦地方社会维稳治乱。由朝廷委派流官到荔浦担任土巡检司管理荔浦的地方社会，这对于维系多民族国家的统一，增进少数民族的国家认同，加强中央集权，维护边疆少数民族稳定起到了良好的作用。据康熙四十八年《荔浦县志》载："自罗山旧途达府治，而又于沿江开纤道，以便舟挽。募商伐木，应其采取，俾鼠潜蚁附者无所容，而风气亦因以渐辟，四曰的处兵费。三峒两岸设官营堡屯，卒几七千人。盐米之需，人月给三钱，屯种、建筑诸费不与焉。旧属平乐、荔浦、永安者，令民复业，输瑶赋如故。各土司屯种者，人给四十亩，兵领加给有差。授田之初，养以月粮，资以牛种；三年之后，计亩科粮三升，蠲其瑶差。"[1]这充分说明了土司制度在荔浦推行后，其作为中央政府在当地统治的代理人，制定相关政策，重视社会稳定和民族团结，对地方事务进行了较为有效的管理，对古代荔浦的社会进步具有重要意义。

（二）促进民族融合、强化民族认同

"峒人"指称壮族人。荔浦当今的地名中仍然还有许多地名带"洞"字，同"峒"，如洋洞、高洞、满洞、榕洞等，而榕洞等地多为瑶族人聚居。土司制度的推行，给荔浦带来了一个重大变化，就是人口的大量迁入。明代以来，迁徙入荔浦的汉人逐渐增多，使荔浦的民族结构发生了变化。1996年版《荔浦县志》载：明代，壮族是荔浦的主体民族。荔浦县境内现居住的瑶族祖先于明、清时期先后迁入荔浦。荔浦的汉族人均由外省迁入，主要来自广东、湖南、江西、福建、山东、河南等省份。新中国成立后，经调查鉴别，除少数汉人与壮、瑶族有血缘关系，按政策规定改变其民族成分外，其余统称为汉族。明洪武至万历年间（1368—1620年），荔浦、修仁、永安（今蒙山县）三县瑶、壮人民反抗明王朝，不断斗争，官府屡派大军镇压。明万历十二年（1584年）置兵屯田，明末屯田兵改为民，定居在今荔浦东昌、新坪、杜莫等乡镇的蓝村、

---

[1] 荔浦市档案馆编印：康熙四十八年修《荔浦县志》，内部资料，2018年，148页。

寨背、上苏、延宾等村寨。[1]这些人多为汉族人的后裔。记载中所提的新坪镇寨背村周围正是当时中峒土司城遗址所在地，东昌镇延宾村正是下峒土司城遗址所在地。中峒土司城的土司官齐凯就是浙江山阴的汉族人，其后代现仍居住在中峒土司城遗址内。

土司制度通过一系列政治措施，确立了中央与边疆地区的政治关系，尊重了各民族不同的社会组织结构、传统风俗习惯和区域发展差异，促进了边疆地区与内地的交流，加强了各民族之间的通婚与融合，从而起到消除民族之间隔阂，形成民族文化认同的作用。

（三）土司制度对明清时期荔浦地方经济发展产生积极影响

明清易代之际，朝廷为了加强对少数民族地区的统治，不断地进行改革，实行统一的赋税政策，改革和发展生产的措施包括兴修水利、蓄水、开荒造田、传播汉族先进的生产技术、铸造铁质农具等。万历十五年（1587年），朝廷重新调整荔浦土巡检司的权限，改兵为民，使土巡检司从控制兵员为主向控制兵田为主转变，土民对土司的依附关系进而减弱。明清易代之际，土巡检司废职后，土司所控驭的各堡及属民被编入州县当差，用以保证耕兵经济来源的兵田也大量流失。[2]土司兵流失的兵田归给农民和荔浦外来的客民耕种。而客民的迁入，也是促进经济和文化交流的重要因素。到清代实行改土归流后，土司大量的土地被没收后分散给农民耕种。同时，清政府还鼓励农民垦荒屯田，使农民耕地面积不断扩大，生产发展迅速；改善水陆交通，加强了少数民族地区与外界联系和货物流通，促进经济的发展和社会的进步。民国三年版《荔浦县志》载："考前明洪武间，以粮饷匮乏，命诸将分屯龙注等处，复设各卫所，创制屯田，以都司统摄，每军种田五十亩为一分，或百亩、七十亩、三十亩、二十亩不等。大率卫所军士以三分守城，七分屯种。清初，卫所名色久经裁汰，各属屯田归并于各州县。"[3]"水利和陂塘有义雷潭、金雷潭、石溜洲坝、水源岭、小江莲花滩、大冲、浪陂、阳陂、大洞、义雷以上俱坊郭里蓄水灌田。"[4]这些措施促进了荔浦农业、手工业和商业的蓬勃发展。到清代，荔浦地方社会稳定，营商环境良好，吸引大量的江西、湖南、广东、福建籍商人到荔浦经商定居，县城内兴建大量的码头、会馆、古道、桥、亭、渡口等商用建筑，依托发达的水陆运输，加强了与周边省区的联系和货物交易，荔浦经济空前繁荣。

---

[1] 荔浦县地方志编纂委员会编：《荔浦县志》，生活·读书·新知三联书店，1996年，868—869页。

[2] 任建敏：《明后期"古田模式"下广西荔浦土巡检司的设置与调适》，《中国文化研究所学报》，2023年第77期。

[3] 顾英明修：民国《荔浦县志》，荔浦县地方志编纂委员会翻印本，1993年，158页。

[4] 顾英明修：民国《荔浦县志》，荔浦县地方志编纂委员会翻印本，1993年，48页。

（四）土司制度对于促进汉文化在少数民族地区传播的积极作用

明朝将儒学教育纳入土司承袭制度，洪武二十八年（1395 年）规定土官应袭子弟，悉令入学，如不入学者，不准承袭。明清两代注重土司地区教育并推行科举制度。民国三年版《荔浦县志》载："洪武元年，知县马宥重建文庙。景泰六年，知县伍绘徙县治乃移学于城之西隅；正德六年，知县周豫修；万历十二年，知县吕文峰重建殿、祠、堂、斋。"[1]"荔浦旧有学田六百亩，坐朦胧三峒，因贼首陈分段作乱，田尽荒芜。壬申剿平后，悉给土司。万历元年，兵备道金桂馥拨学田三百亩，在中峒东村四十八围，原额租谷二万斤，向由儒学发批收租。若遇荒年，佃丁求减，所收亦难如额，是以上年统计填报，每年实收租谷一万二千斤，现在增租至三万三千六百斤……清康熙四十七年，知县许之豫建荔浦书院。"[2]这些措施充分说明，土司统治下的荔浦已经非常重视发展儒学教育。荔浦县文庙、儒学田和书院等文化、教育场所的建设，明清两代三次重修和扩建荔浦文塔，共考中进士 7 人，表明了此时荔浦在土司的治理下，大力推行儒学教育，积极发展文教事业，使儒家思想和汉文化不断渗透到少数民族地区。

四、结语

土司制度是中国古代管理多民族国家的重要举措。荔浦遗存的中峒土司城和下峒土司城遗址是中国古代土司制度的缩影。荔浦土司城遗址为研究土司制度提供了宝贵的实物资料，为边疆史、民族史等学科的研究提供了丰富的物证。土司制度下荔浦土巡检司的设置，一定程度上发挥了军事职能，维护了地方的稳定，加强了王朝统治者对民族地区的管理，对于增强民族地区国家文化认同，促进民族融合、文化交流和地方经济发展起到了积极作用。

---

[1] 顾英明修：民国《荔浦县志》，荔浦县地方志编纂委员会翻印本，1993 年，71 页。

[2] 顾英明修：民国《荔浦县志》，荔浦县地方志编纂委员会翻印本，1993 年，83 页。

清代广西滇铜办运管理初探

唐绮莲

【提　要】清代广西宝桂局鼓铸铜钱，因本省铜厂产量不足，主要依赖于滇铜，逐次在现任府佐州县中遴选委员赴云南采办回省，以专责成。此外，江苏、浙江、广东、江西、陕西、福建、湖南、湖北八省钱局亦靠滇铜以资鼓铸，其运输都经由广西过境，沿途地方负有一体催趱防护之责，办运滇铜成为清代广西地方要务之一。

【关键词】广西　滇铜　采办委员　程期　过境管理

【作　者】唐绮莲　云南财经大学物流与管理工程学院　硕士研究生在读

　　清代实行银钱平行的本位币制，赋税一律征银，日常支付多使用铜钱，因而银钱的供给及比价波动直接影响国计民生，稳定的铜源事关清代社会的政治经济大局。由于近邻日本铜矿资源日趋枯竭，加上西洋"知此铜为官局必需之物，居奇作难，商本多亏，办员受累"，[1] 到乾隆前期，在政府的大力扶持与鼓励之下，云南省铜矿开采产量日丰，除供京局外，亦供各省采买鼓铸，广西、广东、福建、陕西等省部分或全部依赖滇铜开炉铸币。

　　云南地处西南，滇铜运至京师及诸省钱局，路途遥远，耗时耗力，若非管理组织得法，势必影响京畿及地方财政正常运转。因此，对于这一历时近百年、跨区域极浩繁的国家物流工程的研究一直是学者关注的焦点之一。滇铜外运，以保障京铜所需为

---

[1]　陈宏谋：《奏陈隔海采买洋铜远逊于开采本境之滇铜情形》，乾隆三十四年十二月十日，台北故宫博物院藏清宫档案，总编号故机 011308 号。本文所引用的奏折都为台北故宫博物院藏清宫档案，下文不再逐一标示，直接注明档案编号。

首要目标，当代学者对滇铜京运问题研究用力最多；[1]对各省采办情形，亦有不少学者涉及，特别是作为云南邻省的广西，不仅本省采买滇铜供宝桂局鼓铸之需，且广东、福建、江西、湖南、湖北、江苏、浙江、陕西诸省采办滇铜都从广西过境，是滇铜流通线路上的重要一环，引起学者格外注意，研究成果较其他省份丰富。[2]对于滇铜办运的路线、程期及其对社会的影响等方面都作了较为深入的探讨，但对于采办委员群体的研究尚属空白，对制度背后的调适性也少有涉及，需在人文观照视域下发掘史料以至细节地呈现。

一、遴选委员采办

"粤西（广西）宝桂局开铸于乾隆八年（1743 年），全用本省厂铜。嗣因厂铜日少，于（乾隆）十四年后始奏买滇铜，至今岁额委员买运 46 万 4 千余斤。"[3]据《铜政便览》所载，广西采办滇铜始于乾隆十一年（1746 年），从该年至乾隆十三年（1748 年），每年采买高铜 15 万斤，每百斤加余铜 1 斤，但实际上到十四年才起运回省，加上十四年的 25 万余斤，首次办运正耗余铜总数接近 80 万斤。此后至嘉庆十五年（1810 年），每次采办量最低在 15 万斤以上，[4]在当时的交通运力条件下，可谓是一项极为浩繁的工程。且事关钱局鼓铸制钱，对于币制统一、兵饷发放、平抑银钱比价及物价有直接影响，是地方要务之一，不可稍有疏息。因而每次采办都需委派一名办运委员，以专责成。

各省办运滇铜，因铜厂分散，到各铜厂收兑铜斤汇集到云南省剥隘交驳，然后运往广西百色装船水运至梧州，分途运至各省钱局。作为云南邻省的广西办一运滇铜往返费时长者需数年方能办竣，而且还要穿越所谓的"瘴乡"，去程要带运铜本及雇募夫马船只等运脚银数以钜万，遴派的采办委员必得年富力强，官阶不能过低，才能自如对接沿途州县官员，应对途中的突发情况。因此，参照滇铜京运章程，采办委员在府佐州县中遴选，即在现任府同知、府经历、知州、州同知、通判、知县等职员中由司

---

[1] 如蓝勇：《清代滇铜京运路线考释》，载《历史研究》，2006 年第 3 期；马琦：《清代各省采买滇铜的运输问题》，载《学术探索》，2010 年第 4 期；张建明：《从〈运铜纪程〉看清代滇铜京运的用时》，载《曲靖师范学院学报》，2020 年第 4 期；等等。

[2] 如李永伟：《清代广西铸钱局研究》，广西师范大学硕士学位论文，2012 年；黄敏春：《清代滇铜滇钱过境运输与广西地方社会研究》，广西师范大学硕士学位论文，2018 年；赵小平、胡薇薇：《清代"铜盐互易"与滇粤省际贸易的发展》，《大理大学学报》，2024 年第 9 期；等等。

[3] 淑宝：《复奏宝桂局鼓铸仍采办滇铜由》，乾隆三十五年二月初四日，故机 011878 号。

[4] （清）佚名，魏明孔、魏正孔点校：《〈铜政便览〉点校本》，湖南科学技术出版社，2013 年，806—811 页。

道推荐，最后至省城领款时接受督抚的"面试"，合格才能正式派用。乾隆四十六年（1781 年），广西司道推荐的采办委员武宣县知县陈霆到省城桂林被巡抚姚成烈接见后，即因身体羸弱被否决，直至被参奏勒令退休。

> 窃照粤西每年采办滇铜，例应于现任丞倅州县内遴委一员办运。所有本年应办滇铜先据该司道朱椿等详称，查有武宣县知县陈霆堪以委办，等情，经臣咨明户部暨云南督抚在案。兹该令陈霆交代清楚来省领帑，臣接见之下，察其形容枯槁，已成病躯。虽据称现在赶紧调治冀得瘳全。但查，办运滇铜往返或及两载，且现在即须领帑，数逾钜万，似此患病之员派往办理确难放心。且县令有地方民社之则，亦非病员所能卧理，未便稍为姑容，……除饬司道另选委员咨部办运外，相应恭折参奏，请旨将武宣县知县陈霆勒令休致。[1]

采办委员对铜的重量、成色、折耗负有直接责任。回省交铜时验有铜斤数量亏欠、不足成色者，即令委员赔补，照例参究。乾隆四十四年（1779 年）之前，按例每正耗铜一百斤加沿途碰折铜一斤，尚属宽松，但仅以折耗百分之一为限。委员玉林州知州张中煜采办乾隆四十二年丁酉（1777 年）一运滇省正耗铜 31.743 万斤，给加碰折铜 3174 斤，经核验后实耗铜 5603 斤，多折铜 2429 斤，被责令照数买补。[2] 乾隆四十四年依据李侍尧等奏请发布上谕，铜斤非米麦可比，途中运送本不应有折耗。且日久渐多，自系不肖之员盗卖贵价而以贱价买补，其弊端实所不免，永行停止滇铜逾折之例。[3] 桂平县知县采办乾隆五十三年戊申（1788 年）一运滇铜，在滇省陆路磕碰折耗铜 1824 斤 9 两，钦尊谕旨不准开报，着其照数赔补。[4]

二、运输路线节点及程期管理

广西办运滇铜的路线是固定的，程期管理则有一个动态调适过程，到乾隆中后期基本稳定下来。乾隆三十九年（1774 年），广西巡抚熊学鹏奏称，各省委运金钗厂铜 20 万斤，自蒙自至剥隘，经前任云贵总督杨应琚奏明定限 100 日；由剥隘运至广西桂

---

[1] 姚成烈：《奏报派运滇铜之县令陈霆现在患病请旨勒休折》，乾隆四十六年四月初二日，故机 030638 号。

[2] 吴虎炳：《奏报粤西委员采办滇铜运回交局并无迟逾由》，乾隆四十二年八月初五日，故宫 058080 号。

[3] 李侍尧、裴宗锡：《奏闻臣奏旨办理停止滇铜逾折以绝盗卖亏铜之弊由》，乾隆四十四年四月二十五日，故宫 064252 号。

[4] 英善：《奏为广西委员采办滇铜回省循例奏闻事》，乾隆五十五年八月二十八日，故机 046022 号。

林省城交局经前任广西巡抚宋邦绥奏明定限 105 日。[1] 乾隆四十二年，广西巡抚吴虎炳奏称，委员领运滇铜自剥隘运至百色定限 35 日；自百色运回桂林省城交局，按照顺水逆水程途里数，业经咨部限行 58 日 1 时（辰），统计共限 93 日 1 时。[2] 乾隆四十六年，广西巡抚姚成烈奏称，粤西委员由桂林省城押饷至云南省城定限 105 日；由滇省各厂领运至剥隘定限 204 日；自剥隘运至百色定限 35 日；自百色运回桂林省城交局，定限 58 日 1 时。[3]

虽有定例成规，但每次办运都是一次独特的行程。自然气候、江河水势、农忙节令、委员身体状态、厂铜供给都会影响办运的具体进程。乾隆中期以后，京局及各省需铜量增加，滇铜的产量则增加有限，供需矛盾加剧。在优先保障京铜供应的前提下，各省滇铜的办运行程的不确定性增加，遵循先来后到、先远后近的规则，广西虽是云南邻省，采办也属艰难，需要提前两年委员赴云南守候采买。

> 窃照粤西钱局额炉二十座，岁铸配搭兵饷、俸工、出易等钱九万六千余串，额用滇省汤丹、义都等厂高铜二十六万余斤，金钗厂低铜二十五万八千余斤，例于先期两年委员买运。兹查乾隆三十一年（1766 年）委州同知陈士矿所买戊子年滇铜，至今尚未运竣。乾隆三十二年（1767 年）委怀集县侯筠买己丑一运已报收汤丹高铜二十万六千余斤，其应买低铜二十五万八千余斤，据禀系各省抚领派，居湖北、浙江、福建、陕西、广东、江西之后，约需迟逾两三载。[4]

陈士矿所办戊子年一运滇铜，从乾隆三十一年前赴云南办理，至乾隆三十五年（1770 年）九月才办理完竣。[5] 嘉庆至道光时期，广西基本是两年办运一次滇铜，采买更加艰难。由云南省会赴厂运铜至剥隘的时限亦变化无定。嘉庆七年（1802 年），据巡抚谢启昆奏称，由云南省城起程赴各厂领铜运至剥隘展限至 231 日。[6] 嘉庆十三年（1808 年），据巡抚恩长奏报，由云南省城起程赴各厂领铜运至剥隘展限至 465 日。[7] 道光时期，途次增加新的节点——自百色至南宁换船过载展限 10 日[8]，每次运输途中

---

[1] 熊学鹏：《奏闻粤西委员李滉采办滇铜运回交局并无迟逾由》，乾隆三十九年二月十二日，故机 053913 号。

[2] 吴虎炳：《奏报粤西委员张中煜采办滇铜运回交局并无迟逾由》，乾隆四十二年八月初五日，故宫 058080 号。

[3] 姚成烈：《奏报广西委员李鸣壎采办滇铜回省并无逾限事》，乾隆四十六年六月二十二日，故机 031743 号。

[4] 淑宝：《奏为渐减局铸以疏铜运事》，乾隆三十四年十月二十二日，故机 011194 号。

[5] 陈辉祖：《奏为领运滇铜回粤由》，乾隆三十五年十月十九日，故机 01904 号。

[6] 谢启昆：《奏闻广西委员采办滇铜回省并无迟延事》，嘉庆七年四月十一日，故宫 093629 号。

[7] 恩长：《循例奏闻广西委员蒋学乾采办滇铜回省日期》，嘉庆十三年四月二十日，故宫 096388 号。

[8] 祁𡎴：《奏闻广西委员采办滇铜回省事》，道光十三年六月八日，故机 064896 号。

都磕绊不断。广西采办道光十四、十五两年滇铜，办运委员二十三年起程前往云南，直至二十六年办结，经历了滇铜采买过程中所有的艰辛——首任委员病故、续派委员接运、采办厂铜遇农忙时节愆期、因鼓铸急需分帮赶运、接运委员患病、船坏沉铜、河水泛涨或滩高阻水难行耽延等等。但"其耽延时日均援各地方官查明具结，例准扣展，并非无故逗留，核计统限并无迟延"。[1]

对于铜斤折损亏短，最终是经济赔偿，尚可设法筹措。采办委员面对的更大压力来自逾限的惩罚。乾隆四十年（1775 年）吏部奏准，各省委员赴滇采办铜斤，逾限不及一月者免议，一月以上者罚俸一年，两月以上者降一级留任，三月以上者降一级调用，四月以上者降二级调用，五月以上者降三级调用，半年以上者革职。[2]

三、外省滇铜过境管理

滇铜京运，运量大且须经大运河漕运至京，运路拥挤繁忙。为保障京铜供应，凡江苏、浙江、广东、江西、陕西、福建、湖南、湖北八省采办铜斤，都由各铜厂先行转运至云南剥隘，后经广西百色、南宁等地，至梧州分途运回各省。一路顺水护送至广东封川县交替，再运往广东、江西等省；一路逆桂江—漓江而上，经省城桂林，过灵渠入湘江，护送至湖南东安县交替，运往湖南、湖北、福建、陕西等省。

京铜过境，沿途道府州县负有催趱防护职责，有无偷漏盗卖、无故逗留情形，州县要出具具结并随时缮折奏报。乾隆二十七年（1762 年）之后，邻省滇铜过境，经熊学鹏奏准，地方亦须严格比照京铜过境管理。"嗣后凡遇邻省采办铜铅经过，饬各州县一体实力稽查，如有偷盗沉溺情弊，随时具折尚奏。若查明无事故者，只令于岁底将某省办运铜铅若干，并入境出境日期汇齐折奏。各该督抚其留心饬查妥办，毋得视为具文。"[3] 如是，包括本省，广西兼有九省滇铜办运的监管之责。同时，广西白铅（锌）的出产量除供两广铸钱，尚有剩余部分外运供其他省使用。以乾隆二十八年（1763 年）为例，除本省有一运滇铜回省外，年内有浙江、江西滇铜各一起，湖南、广东采买广西白铅各一起，滇铜粤盐互易——云南委员胡筠运送广东省铜共五起铜铅过境。此外，为保障运输通畅，广西还需投入大量的人力、财力、物力加强境内南北两条运河——灵渠（北陡河）与相思埭（南陡河，亦称桂柳运河）的管理与维护，任务实属繁重。

［1］ 郑祖琛：《秦闻委员采办滇铜运回本省并无迟逾由》，道光二十八年正月二十六日，故机 081756 号。
［2］（清）佚名，魏明孔、魏正孔点校：《铜政便览》点校本，湖南科学技术出版社，2013 年，787 页。
［3］ 明山：《奏报乾隆二十八年分邻省采办铜铅经过广西入境出境日期折》，乾隆二十九年二月十九日，故宫 042821 号。

如遇贪赃不肖之委员或沿途地方官另生枝节，地方管理成本急剧增加。上文提及云南委员胡筠乾隆二十八年押运滇铜赴广东易换粤盐，回程中挪用铜价银偿还私债、夹带私盐、捏报盐耗，右江镇总兵官李星垣、百色同知陆广霖、宾州知州李仙洲（李星垣之叔父）、文山县知县吴际盛（债主）等串通一气，截留粤盐，假公济私，影响恶劣，朝廷震动，督抚大员疲于奔走审理案件和缮折咨部请旨，牵涉其中的上述地方官员被一一按例严惩。受此案牵连，广西巡抚冯钤被降三级调用；两广总督李侍尧系李星垣的保举人，且因审案定拟不当被乾隆降旨训斥而自请严处。

四、结语

广西本省采办滇铜及外省滇铜过境，有专任办运委员专司其职，同时沿途道府州县负有催趱防护、稽查之责，对偷漏盗卖、因故耽延、无故逗留、沉溺铜斤打捞守护等情形具结禀报，继由地方督抚具折奏报，直接加重了广西地方政府的行政负担。但作为"滇铜之路"重要节点和路段，此项跨省、跨区域的大规模物资流动对清代广西乃至西南地区社会的政治、经济、交通、文化等领域的影响是深远的，仍有广阔的研究空间。长年颠沛于运输途中的采办委员群体的生存状态，尤其值得关注。

桂林抗战文化城期间新闻界的抗争与贡献

夏晓宇

【提　要】抗日战争全面爆发后，随着上海、武汉等城市相继沦陷，桂林凭借独特的地理优势与新桂系相对开明的文化政策，成为大后方重要的抗战文化中心。在中共中央南方局的领导下，大批新闻机构与新闻界进步人士南迁桂林，以笔为枪，积极进行抗日救亡宣传。本文主要从把控舆论导向，使新闻报道服务抗战和多措并举促进桂林新闻事业的发展两个方面系统梳理了桂林新闻界在 1938 至 1944 年间的抗争实践与历史贡献，为日后中国新闻事业的繁荣提供经验借鉴，其表现出来的不畏艰险、艰苦奋斗、默默奉献的精神永远值得传承与弘扬。

【关键词】新闻界　抗争与贡献　桂林抗战文化城
【作　者】夏晓宇　桂林博物馆　助理馆员

一、引言

1937 年，日本发动全面侵华战争后，处于上海、武汉等大城市的新闻机构均遭到日军的轰炸和迫害，国民党当局对抗日持消极态度，众多集中在重庆的报刊出版机构无法顺利开展抗战文化宣传。桂林因为优越的地理位置、便利的交通条件、新桂系推行的开明文化政策及中国共产党抗日民族统一战线的实施，政治环境相对宽松。大批文化名人和文化团体云集桂林开展抗战文化运动，桂林成为闻名中外的抗战文化城。其间，新闻界在中国共产党领导或引导下开展卓有成效的工作，做出了积极的贡献，为抗战文化事业注入了强大力量。

二、桂林抗战文化城期间桂林新闻界概况

1938 至 1944 年大撤退期间，桂林是大后方进步报刊的重要聚集地。桂林当时是广西省省会，也是西南文化的传播中心。虽然桂系势力在形式上隶属国民政府统辖体系，基于派系利益博弈原因，其与中央政权长期处于表面协作实则疏离的特殊状态，这种政治裂隙客观上为抗战文化传播创造了弹性空间。随着民族矛盾上升为时代主旋律，"抗日救亡"成为全民族共识。中共中央通过多维度统战磋商向桂系高层传递中共联合抗战主张，并与之保持良好沟通。1938 年冬起，伴随战局演变而实施的文化力量战略转移中，新闻界许多进步人士和新闻机构在中国共产党的安排下南迁桂林。此后，桂林新闻界队伍迅速壮大。

新闻界领军人物夏衍、范长江、陈依非、孟秋江、胡愈之等云集桂林，在桂林开展了卓有成效的工作；桂林报纸除了原有《广西日报》之外，还新增了《救亡日报》《新华日报》《扫荡报》《大公报》《力报》5 种日报（有的专门是桂林版）和《桂林晚报》《自由晚报》《广西晚报》《大公晚报》《民众晚报》5 家晚报及《星期导报》《小春秋》等 6 家小报，这是桂林历史上出版报纸最多的时期；通讯机构也新增 10 多个，如国际新闻社、中国青年新闻记者学会、西南通讯社、战时新闻社等。抗战初期，国民党当局不允许其他新闻机构在国民党统治区进行新闻报道，还对延安新华社的抗战宣传造成不利影响。这些机构的进驻，打破国民党中央通讯社对抗战初期战场情况和消息的垄断与封锁，为加强抗战宣传及巩固和扩大抗日民族统一战线做了舆论上的准备。中共中央南方局利用新桂系与蒋介石的矛盾，多次与李宗仁会晤，争取其对中共抗战政策的理解，推动广西当局支持抗战，促使桂系集团采取相对包容的文化治理策略，为新闻界进步力量在桂活动开放有限的政治空间。

桂林新闻界在抗战文化城期间工作面临一系列困难。一是战时物资紧张，经费欠缺。如《大公报》（桂林版）在桂创刊初期，印刷设备和工作经费缺乏，工作人员"一切都要从头做起"，社评主要依靠重庆、香港两地通过电报或邮寄递送；在桂复刊的《救亡日报》（桂林版）由于经费短缺，采用廉价纸张，与其他报社合用印刷设备，工作人员不收取稿费，每月只领取少量的津贴。二是政治环境恶劣。敌机每天对桂林的骚扰和轰炸有四五次之多，国际新闻社的成员为保护采访资料，都是随身携带背包，有的在防空洞躲避空袭的间隙时写稿改稿，有的甚至献出自己的生命。三是文化宣传环境日渐恶化。《新华日报》在桂林的发行最初都是翻印航空版，有时因为国民党当局的查禁只能断断续续发行由重庆邮寄的报纸，随着国民党当局掀起的反共高潮，尤

其是"皖南事变"后，国民党顽固派扣压《新华日报》报纸，民众正常阅读受到阻碍，报社人员需要对报纸进行"伪装"，才能使读者顺利接收到报社邮寄的报纸。尽管如此，桂林新闻界团结协作，在困境中求生存，在逆境中谋发展，为桂林抗战文化城的形成和抗日民族统一战线的巩固和扩大做出了不可磨灭的贡献。

三、桂林新闻界为支持抗战开展卓有成效的工作

（一）把控舆论导向，使新闻报道服务抗战

1. 栏目设置有益于抗战新闻报道

《救亡日报》是中国共产党领导下的一份报纸，编辑部人员当中，既有共产党党员和新闻界、文化界的进步人士，也有国民党党员。抗战期间，桂林分社由郭沫若担任社长，总编辑为中共党员夏衍。《救亡日报》（桂林版）按照周恩来"宣传抗日、团结、进步，但要办出独特的风格来，办出一份左、中、右三方面的人都要看，都喜欢看的报纸……讲大众人民想讲的话，讲国民党不肯讲的，讲《新华日报》不便讲的"[1]的办报方针，硬是把报纸办成左中右都爱看的报纸。其在栏目设置上比同期其他报纸更为灵活，设有社会评论、战地报道、边区观察等栏目，注重报道的真实性。社会评论栏目，每天都要刊登一篇1000字左右的社论，主要由夏衍执笔，内容涵盖从国际国内的反法西斯战争的形势到百姓的日常社会生活，在当时十分受各界关注。如《破难船在怒海中》《近卫"事务官"内阁》等社论分析了日本政坛各派系的渊源和斗争，其精准、犀利的评述得到读者的赞扬与信任。战地报道栏目本着"理论与实践相结合"的编辑方针，持续推出前线指挥员的军事论述，如1939年春季连续刊载的《朱德〈抗日游击战争〉战略思想评析》（易今撰）及《叶剑英将军东线战局访谈实录》（司马文森记）等报道，通过将领亲述强化了战略传播的权威性。值得注意的是，该版还开创性地设立"边区观察"专栏，以专题报道形式系统呈现敌后根据地的政权建设与军事斗争实况。如1939年2月20日刊登的《晋中区是怎样建立的》和4月10日刊发的《我们在大别山》的专题报道，都详细报道了边区的建设情况和当地百姓、士兵的精神面貌。《救亡日报》（桂林版）在国民党统治区坚持宣传抗战、团结、进步，敢于揭露蒋介石消极抗日、积极反共的罪行，[2]为巩固和扩大抗日民族统一战线，呼吁国际社会关注中国的抗战事业及争取国际舆论的支持做出积极贡献。《大公报》栏目设置除常规的社会评论和专题报道之外，还增添了国际传播视角，设置"寰宇战讯"专栏，系统追

---

[1] 夏衍：《巨星永放光芒》，见《夏衍杂文随笔集》，生活·读书·新知三联书店，1980年，713页。

[2] 魏华龄：《桂林抗战文化史》，漓江出版社，2011年，183页。

踪反法西斯同盟动态；推出"印缅战纪"系列专题，依托前线特派记者网络，持续刊载滇缅战场纪实通讯，形成具有现场张力的叙事文本，有效发挥战时动员功能，实现军事传播与文化传播的有机融合。《新华日报》则将众多名家通讯安排在较显眼的位置，第四版的副刊上也时常刊登文艺性较强的通讯。

2. 新闻报道以公众需求为目标

1941 年 3 月，《大公报》（桂林版）正式发刊，作为抗战舆论阵地的重要载体，坚持新闻报道以"公众需要"为目标。抗战期间，社会大众对于战场和文化活动情况保持密切关注，《大公报》为此坚持长篇通讯，利用可接收国外英文电讯的条件为公众报道更多的战场实况和文化活动情景，回应公众需求。如南京大屠杀、重庆大轰炸等事件发生后，《大公报》通过报道事实谴责并揭露日军罪行；1941 年 12 月珍珠港事件爆发，《大公报》（桂林版）于 12 月 9 日的二版中刊登了报道《暴日扩大侵略终于掀起太平洋上大战！》，并配发《暴日自掘坟墓》社评。[1] 1944 年西南剧展期间，《大公报》开设了专题报道，不仅完整记录戏剧运动发展过程，还通过《大公晚报》呈现了开幕式当晚戏剧工作者联欢晚会的热闹景象。

3. 抢占舆论阵地，把控舆论方向

桂林新闻界的共产党员和进步文化人士积极响应中国共产党"桂林这个阵地不能丢，一定要保存下来大大发挥作用"[2] 的号召，抢占舆论阵地，坚持正确的舆论导向，使舆论朝着宣传中国共产党的抗日主张，传播先进文化，争取青年读者，广泛团结进步文化人士，巩固抗日民族统一战线的方向发展。如夏衍担任《救亡日报》总编辑，范长江作为国际新闻社领导人，共产党员聂绀弩、葛琴担任民营报纸《力报》副刊《新垦地》编辑，大多中共党员和进步文化人士成为该报主笔和记者，如杨东莼、宋云彬、邵荃麟等，使该报办报方针秉持着抗战、团结、进步的原则；国民党军事委员会创办的《扫荡报》，其总编辑为进步人士钟期森，他对夏衍等共产党员表达了自己对于抗战的支持，确保不会发表不利于抗战和新闻界团结的言论，还常采用进步文化人士的投稿，使《扫荡报》（桂林版）朝着有利于抗战的方向转变。

（二）多措并举促进桂林新闻事业的发展

1. 实行"每日评报"制度，确保稿件质量

《救亡日报》为提高报道内容质量，在夏衍的提议下建立"每日评报"制度，并定

---

[1] 梁宏霞：《抗战时期桂林新闻事业发展初探（上）》，载《新闻与写作》，2012 年第 2 期。

[2] 中共中央南方局书记周恩来 1941 年 6 月对中共桂林统战工作委员会书记李亚群的指示。中共中央文献研究室编，金冲及主编：《周恩来传（1898—1949）》，人民出版社、中央文献出版社，1989 年，527 页。

期召开编辑部民主会议，从排版到新闻内容、从形式到文风都听取编辑部众人的意见，不断改进。正因如此，《救亡日报》的报道短小精悍、观点犀利，在长篇报道上的文风力求打破传统，版面的编排上相较于同时期其他报纸更为灵活，使得众多读者对《救亡日报》有着极高的赞赏，其影响力在西南地区也迅速扩大。

2. 注重经验交流，提高业务水平

国际新闻社社长由范长江担任，在八路军桂林办事处处长李克农的领导下，采取合作社形式，社员当中既有共产党党员，也有进步文化人士，还有国民党党员。范长江十分注重对青年记者政治思想和新闻业务两方面的培养，多次强调"我们今天是稿子的发行，将来是人的发行"[1]，在国际新闻社内部创办了《采访与写作》（半月刊），便于社员通过该油印刊物交流业务经验，观摩优秀稿件并进行讨论。

中国青年新闻记者学会（以下简称"青记"）为培养青年记者，还主编过专刊《新闻记者》，主要内容包括新闻知识和办报经验等，相关稿件分别刊登在《救亡日报》《广西日报》等报刊上。同时，"青记"根据在上海、武汉的办报经验，在桂林设立了"记者之家"，为青年记者提供交流学习、提高业务能力的平台，为他们介绍工作或者提供有价值的信息，支持他们完成采访任务。"记者之家"将来自全国的记者都聚集在一起互通有无、彼此帮助，这一时期，记者之家成为进步记者团结的中心。[2]自1938年7月起，"青记"桂林分会连续举办四期学术讨论，结合现实需要，围绕着新闻采访工作进行座谈，注重实践性和可操作性。关于新闻业务研讨的内部学术讨论在"青记"总会和各分会都经常举行，通过交流，会员在新闻采编业务中遇到的问题得到进一步探讨和解决，新闻业务能力很快提高。

除此之外，广西建设研究会编辑印刷的《建设研究》、桂林文化供应社出版的《文化杂志》均丰富了新闻界的思想资源，为在桂的新闻工作者提供了思想碰撞、交流的平台，间接为新闻界输送了人才。[3]

3. 开办专题培训，创新教育模式

为培养新型新闻战士，提高新闻工作者的专业素养，发挥舆论在抗战宣传中的作用，"青记"采取了专班培训的新闻教育模式。

1939年2月，"青记"南方办事处在桂林启动首期新闻传播人才特训项目，由资深新闻教育家陈同生担任教务长，首期招录学员规模达80人。除范长江、孟秋江等战地记者担任实务导师外，更特邀教育家徐特立参与特约讲座。讲课内容涵盖新闻采编

［1］魏华龄：《桂林抗战文化史》，漓江出版社，2011年，188页。

［2］陈娟：《中国青年新闻记者学会历史研究》，华中科技大学硕士学位论文，2011年。

［3］梁宏霞、靖裕思：《抗战时期桂林新闻事业发展初探（下）》，载《新闻与写作》，2012年第3期。

到出版各方面的知识，教学方法根据当前抗战形势与学员具体需求来定，注重理论和实践结合，取得很好的教学效果。1940 年，"青记"桂林分会联合中华职业教育社举办了为期四个月的桂林星期（一说"暑期"）新闻讲座，每周六下午举行，愿意听讲的人先登记，经核实身份后发听讲证，讲座不收取任何费用。由于来听课的人数很多，讲座所用礼堂太小，只能将学员分为红、蓝两组分批授课。在核心课程设置上，夏衍主讲的《新闻报道》与王文彬的《新闻概论与怎样采访》形成理论—实践双支柱；专业细分课程则涵盖卜绍周的《中国新闻史》、钟期森的《评论研究》等七大知识模块，胡愈之的《各国新闻概况》提供国际化视野；而黄吉《怎样写作》与莫宝铿《怎样编辑新闻与怎样编辑副刊》则完善了采编业务的全流程训练。所有课程结束后，于 10 月21 日举办了结业仪式。除全体师生和"青记"成员之外，当时国民党党政部门负责人还到场发表了"训话"。[1]"青记"开展的职业教育培训推动了战时新闻传播人才培养，其采用系统性课程设计、战地采编实训与理论研讨相结合的教育模式，对于当时的新闻界来说是一次新的尝试。培训增强了战时宣传体系的人力资源储备能力，发挥了统一战线建设的战略支撑功能，强化了民众的抗战意志，为战略相持阶段向反攻阶段的转换提供了必要的舆论准备。

4. 组成媒体阵地，发挥合力作用

在中国青年新闻记者学会南方办事处的筹建过程中，广西地区形成了独特的媒体阵地，同心协力为抗战宣传服务，发挥合力作用。"青记"的办公地点和当时《新华日报》华南办事处、《救亡日报》桂林版编辑部、华侨战地记者团根据地相邻，形成了战时新闻生态圈。几家报纸、新闻社团彼此互相通气，协同动作，积极开展抗战宣传工作。"青记"与国际新闻社存在深度的人员交叉与业务协同现象。据统计，超过 60%的国际新闻社核心成员同时持有"青记"会员身份，两者实际上是一对姐妹团体，"青记"落地桂林后经常与国际新闻社组织记者进行采访。[2]1939 年夏季，"青记"南方办事处与桂林三大主流媒体［《扫荡报》、《救亡日报》（桂林版）及《广西日报》］达成合作共识，利用这几份报纸的副刊，定期推出《新闻记者》专栏，其内容多与新闻事业相关，其中还有对苏联、日本等国外新闻事业的介绍；"青记"桂林分会成立理事会，理事有中央社桂林分社社长陈纯粹、《大公报》（桂林版）办事处主任王文彬、《救亡日报》（桂林版）经理翁从六、国际新闻社社长范长江等人。"青记"南方办事处在 1939至 1940 年间组织了多场新闻记者交谊会。其中标志性事件是 1940 年 5 月 26 日举办的第九次交谊会上，邀请《前方日报》总编辑王造时进行专题演讲，王总编辑以"望远

［1］ 彭继良：《抗战时期在广西出版的报纸》，载《新闻研究资料》，1985 年第 5 期。

［2］ 魏华龄：《桂林抗战文化史》，漓江出版社，2011 年，189 页。

镜显微镜下的统战观"为题发表了演说，坚信"抗战必胜，建国必成"。

桂林新闻界每逢记者节到来之时，会组织座谈会和演讲，讨论展示新闻工作的挑战与责任，各报还会发表论述新闻工作的文章，强调新闻工作在抗战当中的宣传和动员作用。1939年9月1日，《广西日报》（桂林版）刊登了谌震的《站定立场，握紧武器，加强学习》一文，强调新闻工作者要站定"一个民族的立场"，才能"做一个最好的宣传者工作者"，"使报纸成为最有力的组织工具"。

5. 推进业务理论化，促进深入学习

抗战时期，在桂的新闻工作者把新闻学理论和日常业务编写成专著出版，供新闻工作者和有意于新闻工作的进步文化人士学习、研究，推动了新闻事业的改革和创新，强化了战时新闻工作队伍的宣传力量，许多能反映当时新闻研究水平的著作得以面向更为广阔的方向传播。如柯天的《新闻工作者基础常识》、萨空了的《科学的新闻学概论》、吴好修的《战时国际新闻读法》等；萨空了在《文化杂志》发表了《宣传的内容和技术》和《推进中国报业刍议》等论文，这些著作对当时中国的新闻界产生了重要的影响。[1] 众多新闻方面的优秀著作和论文的发表，以及一系列深入的新闻思想理论的研讨活动，是桂林新闻事业史上从未有过的文化盛况。

四、结语

桂林新闻界在桂林抗战文化城期间通过卓有成效的工作，培养了大批进步新闻人才，开展了协同抗战等做法，团结各方力量投入抗战宣传，不仅促进了战时新闻事业的发展，也为日后中国新闻事业的繁荣提供经验借鉴。桂林新闻界在抗战期间始终坚定抗战胜利的信心，不畏敌军轰炸对生命的威胁，克服物质条件紧缺的困难，在特殊的政治环境下，团结一致，积极进行抗日救亡宣传，其表现出来的不畏艰险、艰苦奋斗、默默奉献的精神永远值得传承与弘扬。

---

[1] 彭继良：《抗战时期广西新闻事业概况》，载《新闻大学》，1994年第3期。

博物馆学研究

Museology Research

新时代博物馆推动
铸牢中华民族共同体意识建设的思考

——以桂林博物馆为例

刘　进

【提　要】2023 年，党和国家鲜明提出"铸牢中华民族共同体意识是新时代党的民族工作的主线，也是民族地区各项工作的主线"。博物馆是中华文化遗产宝库，大量珍贵的历史文献与文物见证着中华民族共同体的发展历史，是弘扬和传播中华优秀传统文化的优质平台，也是加快形成中华民族共同体的优势资源。因此，博物馆应当积极开展铸牢中华民族共同体意识的各项工作，贯彻好新时期党的民族工作，实现新时代博物馆高质量发展。本文以桂林博物馆为例，对博物馆铸牢中华民族共同体意识建设的推进思路进行了一番思考。
【关键词】博物馆　中华文化　铸牢中华民族共同体意识
【作　者】刘进　桂林博物馆　馆员

　　2014 年 5 月，习近平总书记在第二次中央新疆工作座谈会上首次提出"中华民族共同体意识"这一概念。之后，习近平总书记在中央民族工作会议上提出"加强中华民族大团结，长远和根本的是增强文化认同，建设各民族共有精神家园，积极培养中华民族共同体意识"。2021 年 3 月，习近平总书记参加内蒙古代表团审议时强调："文化认同是深层次的认同，是民族团结之根、民族和睦之魂。"民族工作与文化工作是相互促进，相生相成的。博物馆是人类文明保护与传承的基地，也是一个能够让广大群众增强文化认同、坚定文化自信的平台，在培育中华民族共同体方面具有重要的促进作用。基于此，本文将以桂林博物馆为例，简要探讨一下在新时代背景下发挥博物馆功能，推动建设中华民族共同体意识的路径。

一、背景和意义

习近平总书记于 2023 年 12 月在考察广西时强调，广西要把铸牢中华民族共同体意识作为自治区各项工作的主线，作为推进民族团结进步创建工作的根本方向，巩固发展各族人民团结奋斗的良好局面。文化为一国之魂，文化认同为一国之本。一直以来，习近平总书记关于民族工作的精神指示大部分与"文化认同""文化自信""精神家园"等紧密联系，提出要以文化建设为统领，倡导中华民族共同体建设。

"铸牢中华民族共同体意识"是当下热门话题，许多学者对其进行了研究。国内知网上，笔者搜索"博物馆"和"中华民族共同体意识"两个关键词，共出现130多篇文章，大多是以教育学、政治学、民族学、社会学等角度，开展铸牢中华民族共同体意识的基本概念、生发逻辑、实践路径等研究；以博物馆角度开展铸牢中华民族共同体意识的研究论文 10 余篇，主要从博物馆的社会教育、文物征集、陈列展览等单个的视角进行研究，并没有太多有关中小型或综合类博物馆推动中华民族共同体意识建设的研究。以广西民族博物馆为例，赵媛媛提出要通过加强基础工作、开展形式多样的社会教育、精准实施宣传等方式，使中华民族共同体意识不断增强。[1]潘红祥、陈双娇强调，要坚持以"正确的中华民族历史观"为建设理念，构建中华民族共同体话语叙事体系。[2]黄彩文、刘晨旭将云南边屯文化博物馆作为地方博物馆的代表，提出应通过提炼内容、提升效度、培育活力，充分发挥博物馆叙事工具和文化载体的功能，增强中华民族共同体意识。[3]邓娟、王雅以伊犁州博物馆为例，提出博物馆是国家社会教育体系的核心构成内容，需要通过建筑艺术、藏品陈列等方式进行教育展示，从多角度对铸牢中华民族共同体意识教育进行了阐释。[4]龚世扬、吴桐提出，要高度重视少数民族文物对于铸牢中华民族共同体意识的作用效果。[5]红梅、李阿琴提出了博物馆推进中华民族共同体意识的四种实践路径，对构建长效机制作了初步的探讨。[6]

博物馆作为文化教育场所，肩负着服务群众、教育群众的职责，是加强中华民族共同体意识教育的重要实践场所。结合国家文物局官网提供的资料，2024 年中国备案博物馆达 7046 家，其中民族博物馆有 52 家。充分发挥博物馆的功能优势，更好有形有感有效铸牢中华民族共同体意识，是当今博物馆人值得研究的方向。[7]

1.博物馆的馆藏文物能够提供生动丰富的资源去开展中华民族共同体意识教育。博物馆收藏有丰富多样的藏品，它们作为社会历史文化传承的重要载体，承载着各民族的文化和记忆，深入挖掘这些藏品所描述的各民族相互合作、和谐共生的内涵，并将其清楚地向广大群众展示出来，可以帮助群众构建对中华民族共同体的认知。

2.博物馆具有较强的社会影响力，能广泛宣传中华民族共同体意识，扩大大众传播面。在文旅深度融合的大背景下，近年来博物馆受到社会各界的追捧，不少博物馆逐步成了旅游热点、网红打卡点。博物馆在向观众传递价值观念、构建思想体系上具有独特的资源和优势。

3.博物馆沉浸式体验能够唤醒人们的中华民族共同体记忆并激发他们的爱国热情。博物馆教育能对学校教育提供补充，更是社会宣传的重要组成内容，通过馆藏展览和主题社教活动，让大众身临其境地感知中华民族守望互助的历史，在共情中受到情感教育，使铸牢中华民族共同体意识教育做到润物细无声。

二、桂林博物馆开展铸牢中华民族共同体意识的亮点工作

桂林博物馆始建于1964年，现已是桂林市第一批民族团结进步教育基地、自治区第一批爱国主义教育基地，也是国家一级博物馆和全国百家重点博物馆之一。为响应党和国家号召，桂林博物馆充分发挥自身优势，在铸牢中华民族共同体意识上做出了积极有效的工作。

（一）推出民族融合主题精品展览，在展览交流中弘扬民族精神和文化

一是桂林博物馆依托丰富的民族民俗文物，精心打造常设展览"画里人家——桂林民俗文化陈列"。旨在表达桂林各民族文化中自然与人文统一、传统与现代共存的鲜明特点，勾勒出一幅各民族互相学习、互相帮助、共同奋斗、共同发展的优美画卷，展陈独具地域和民族特色。二是推出原创展览"三生三世 十里银装——桂林博物馆藏南方少数民族银饰展"。作为"走出去"的特色文化展览，该原创展览输出到中国妇女儿童博物馆、吉林省博物院、杭州南宋官窑博物馆、大同市博物馆等4家省外博物馆，对地域民族文化进行了广泛宣传。三是以"请进来"的方式开展民俗文化交流推广。引进大理白族自治州博物馆"蝴蝶泉边好梳妆——白族服饰精品展"、伊犁林则徐纪念馆"美丽伊犁——新疆伊犁风物民俗文化展"、云南省民族博物馆"滇韵——彩云南民族文化展"、中国妇女儿童博物馆"剪得春风入卷来——馆藏北方妇女剪纸展"、吉林省博物院"关东百年老幌——吉林省博物院馆藏老招幌展"、中国闽台缘博物馆"指掌春秋——闽台木偶艺术展"、鄂尔多斯市博物院"黄河几字弯里的鄂尔多斯民俗文化"等蕴藏不同民族文化内涵的精品展览，让不同民族的特色文化在桂林交相辉映。通过展览大力弘扬民族精神，促进各民族交流交往交融，加大少数民族文化的宣传力度。

（二）打造民族文化主题社教活动，推进文化教育与传承

桂林博物馆一直致力于传承发展中华优秀传统文化，增强文化认同，紧紧围绕铸牢中华民族共同体意识这条主线，紧扣陈列展览及民族文化主题，结合传统民族文化

和节庆文化，自主策划打造一系列富有"桂博特色"的民族文化方面的社会教育活动。如"五彩缤纷民俗乐""你好·三月三"、"魅力非遗""恋恋银风""扎染技艺学习"等主题民俗文化教育活动，广受公众欢迎。以广西特色节日"三月三"为节庆基础，有效提升非物质文化遗产传播效果与活态传承作用，邀请非遗传承人共同演绎和宣传民族技艺，非遗剪纸、编草龙、毛笔制作体验、红瑶刺绣等传统工艺在活动中得以生动呈现。为激发海外华裔年轻一代的民族自信心和自豪感，引导各民族群众共同团结奋斗、繁荣发展，将博物馆建设成为中华民族共同体教育的场所，推动多地区、多民族的文化交往交融，桂林博物馆多次组织举办了"中华寻根之旅"夏（冬）令营活动。深入挖掘藏品背后各民族融合发展的历史，进一步完善"参与式"体验，开发20多门课程，涵盖"工匠精神传承""民族文化探索""民族体育竞技"等门类，增强人们对民族历史文化的多元认知。同时，注重民族文化的传承推广工作，主动整合社会力量与外部资源，大力推广民族文化，特别是面向未成年人组织民族文化体验活动，并积极开展"民族文化进学校、下基层、下乡镇"志愿服务项目，足迹遍及50多个学校和社区。活动集知识性、趣味性、科学性于一体，得到来自不同年龄、不同阅历群众的高度认可，使青少年对民族文化有更深层次的体验，对培养中华民族精神、传承中华文明、建设中华民族共有家园意义深远。

（三）开发设计民族文化主题的创意产品，多形式多渠道强化民族共同体教育

通过对馆藏民族类展品的研究，同步研发设计了穿戴民族服饰互动性体验项目和60余套民族特色浓郁的文创产品，让民族文化走出馆舍，以更亲切的方式让社会大众感受广西优秀民族文化的魅力。其中"民族之花·便利贴套装"以民族服饰文物为设计元素，通过提取、重组、手绘等方式设计出生动有趣的卡通形象，意在表达多元民族互鉴融合的情景；"生肖寄语金属书签"以馆藏"清侗族十二生肖錾花银项圈"中的生肖图案为设计灵感，将灵动别致的民俗文化符号，创作成寄寓人们美好祝福的吉祥物，荣获2019年度广西十佳文创精品奖。同时，桂林博物馆以"桂博云课堂"为载体，利用线上直播、微信、官网及微博等多种形式和平台宣传推广民族文化，帮助观众牢固树立自己是中华民族一员的意识。

三、桂林博物馆开展铸牢中华民族共同体意识工作存在的不足

尽管在铸牢中华民族共同体意识建设过程中，桂林博物馆取得了一定成绩，但目前还存在一些不足。当前，桂林博物馆开展铸牢中华民族共同体意识工作主要依托展览、社会教育、文创产品，在历史文化研究、思想政治教育等方面较为薄弱。主要体

现在：

1. 缺乏顶层设计。开展铸牢中华民族共同体意识工作的整体性、系统性及常态化不够。

2. 对历史文化研究的深度和广度不够。对馆藏文物研究不够深入，从文物反映各民族共同创造、发展演变和共有记忆的研究十分有限。同时，缺乏对非物质文化遗产的研究，桂林有丰富的非物质文化遗产资源，是开展中华民族共同体教育的重要资源。

3. 开展活动的形式不够多元化，与各类社会机构的跨界合作不够。除了举办主题展览及主题研学活动以外，"请进来""走出去"的合作单位也应该突破同行博物馆或高校的限制，从而使合作主体更多元化，形式更丰富。

4. 缺少专项工作经费保障。由于经济下行、财政资金短缺，博物馆用于开展铸牢中华民族共同体意识工作的专项资金严重不足，而博物馆各项工作的开发和运行都需要充足的经费做支撑。

四、博物馆在新时代下推动铸牢中华民族共同体意识建设的几点思考

博物馆是厚植中华民族文化自信、加强中华民族共同体意识的重要平台。新时代下可以通过建立健全长效机制、整合博物馆资源、提升博物馆品牌建设等方式推动铸牢中华民族共同体意识建设。

（一）建立和完善长效机制，以铸牢中华民族共同体意识为目标，确保博物馆力量落地见效

博物馆要将铸牢中华民族共同体意识纳入文物藏品保管、陈列展览呈现、社教研学服务、网络宣传、文创开发等各项工作中，以实现可持续发展。具体可从以下几方面入手。一是切实加强组织领导。成立博物馆铸牢中华民族共同体意识工作小组，构建党委统一领导，党政齐抓共管、组织协调、分工负责，社会力量积极参与的格局，制定具体实施方案，搞好统筹协调，深入开展中华民族共同体意识工作，努力开创文博系统宣传思想文化工作新局面。二是建立协作机制。与政府、企业、社区等多部门联合发力，建成铸牢中华民族共同体意识教育实践场所，通过"博物馆+"新业态，建立由多主体共同参与的培育中华民族共同体意识的网络构架，实现博物馆与旅游、教育、科技、媒体等的跨界融合，突显铸牢中华民族共同体意识的意义。三是建立长效评估机制。将评估中华民族共同体意识工作效果与意识形态工作相结合，建立更加多元化的价值评估体系，使评估结果与干部员工的考核、奖惩及晋升紧密关联，通过一些激励机制和措施，使铸牢中华民族共同体意识的活动更加有活力、有质量、有

效果。

（二）对博物馆现有资源进行整合，通过创新创造铸牢中华民族共同体意识

馆内利用馆藏文物及研究优势，积极开发促进民族团结进步的陈列展览和宣教项目，让文物"活"起来，讲好中华民族文化故事，引导广大群众回望历史，感受共同的文化记忆，增进共同体意识。

1.深度挖掘文物文化价值，增强群众对中华民族多元一体的认识

博物馆开展一切业务经营活动，文物藏品是其核心基础。少数民族文物记录着各民族生产生活的历史轨迹，是中华民族命运共同体的重要物证，具有不可再生性和不可替代性。[8]如铜鼓是展示广西各少数民族与周边民族交往交流交融的重要实物。壮族是最早铸造并使用铜鼓的民族之一，但在铸造工艺、鼓体造型及纹饰图案上，吸收、融入了诸多中原文化元素，现在铜鼓已成为瑶族、彝族、布依族、水族等多民族共同使用的青铜礼器。博物馆应加强对文物藏品的学术研究，深入挖掘其背后各民族之间相互交往、交流融合的故事，同时组织召开"铸牢中华民族共同体意识""民族团结进步"等专题性的学术论坛、讲座或研讨会，聚集馆内外相关专家开展多学科、跨领域的历史研究和价值阐释，以学术研究为引领，为不断加强铸牢中华民族共同体意识教育提供理论支撑。

2.创新展览展示形式，促进中华民族共同体意识根深蒂固

一是开发馆内铸牢中华民族共同体意识教育专题展线，围绕展线内容在讲解词及展示中广泛融入中华民族共同体理念，深度挖掘文化的共生共荣，体现中华民族的多元一体与兼容并包。例如西南民族大学民族博物馆倾力打造的"多元一体 和谐共生——西南民族传统文化展"，专门设置了"多元一体"展览单元，以图文并茂的形式对"土司制度与中华民族多元一体"历史源流进行了详细介绍，展现了西南地区在中华民族多元一体格局中的重要地位。二是要深入挖掘地方文化内涵，充分利用移动互联网的优势，推出"云展览"、数字化博物馆、虚拟展厅等数字化服务，创新性地开发受欢迎的地方文化衍生产品，拓宽传播渠道，提高创新服务效能，引导各族人民坚固树立"四个与共"的共同体理念。比如由中国民族博物馆、广西民族大学等联合举办的"何以中华——百件文物中的中华民族共同体历史记忆"展，就精心选取了全国各地的百件珍贵文物，以图文并茂的影音形式，展现了各民族在长期互动中共享的集体记忆，构建起一条脉络清晰、"物""史"互证的中华民族共同体文物谱系。

3.增强社会教育功能，激活群众的民族意识和文化血脉

"一个博物院就是一所大学校。"博物馆应充分发挥铸魂育人功能，依托馆藏文物，用文物说话、用历史说话，根据文物的内涵及教育需求，设计出不同的教育活动，唤

醒大众的民族共同记忆。一是打造高质量的参与体验项目。以中华优秀传统文化为整体框架，融合非物质文化遗产项目，通过沉浸式参与体验项目的形式，让大众获得对中华文化的归属感，促进中华民族共有精神家园的建设。桂林博物馆在元宵佳节结合非物质文化遗产项目"桂林傩面具制作技艺"开展"傩神送福"传统民俗活动，通过"神秘的傩面具——传统文化小课堂""傩神拓印版画 DIY 手作""傩神拼图"等让参与者感受民间傩面具艺术彰显的厚重的民俗文化底蕴，感受传统文化魅力，进一步激发其爱国爱家的情怀。二是有效创建流动博物馆。通过实物展示、视频展示等方法，挖掘民族团结进步教育活动深度，利用近距离、高频率的方法，使参观者能了解博物馆、了解历史，激发参观者自觉学习中华优秀传统文化的主动性和积极性。三是创新宣传方式。以新媒体为手段，扩大铸牢中华民族共同体意识教育的辐射范围和传播效能。通过网络实时直播研学活动、专题讲座等，如孔子博物馆推出"遇见孔子""人间孔子"、邹城博物馆推出"邾国故城遗址考古研学"等直播活动，让人民群众感受到重视历史文化、参与文物保护、推进民族团结的良好氛围。

（三）推进博物馆品牌建设，实现铸牢中华民族共同体意识教育的优质传播

博物馆品牌的知名度影响着博物馆开展文化传播的深度和广度。博物馆在发展过程中，要注重建设优质的、有价值的品牌，突出博物馆的文化传播职能，注重文化的交流互鉴，以服务中华民族共同体建设为价值取向，在公众中不断提高自身的知识性、权威性和影响力，展示真实、全面的中华民族形象，从而使公众产生对中华民族共同体的深层次认同。

五、结语

博物馆凝聚了人类文化遗产精华，应围绕加强文物价值的挖掘阐释，创新文化传播方式方法，拓展文化传播的渠道和平台，提升讲述中华民族历史故事的能力和水平，加强对文化遗产收藏、保护、研究和展示，不断增强中华文化的亲和力、感染力、吸引力、竞争力，为增强文化认同、铸牢中华民族共同体意识做出更多更大的贡献。博物馆工作者应以习近平文化思想为指导，坚持党的领导，弘扬社会主义核心价值观，保护历史文化遗产，讲好中华民族故事，不断铸牢中华民族共同体意识，推动文博事业高质量发展。

参考文献

［1］赵媛媛：《博物馆开展铸牢中华民族共同体意识教育的探索研究——以广西民族博物馆为例》，载《民博论丛》，2022年第0期。

［2］潘红祥、陈双娇：《铸牢中华民族共同体意识视域下民族博物馆的功能确证与建设路径》，载《湖北民族大学学报（哲学社会科学版）》，2024年第1期。

［3］黄彩文、刘晨旭：《地方博物馆在铸牢中华民族共同体意识中的价值及实践路径研究——以云南边屯文化博物馆为例》，载《广西民族研究》，2023年第4期。

［4］邓娟、王雅：《博物馆开展铸牢中华民族共同体意识教育的阐释——以伊犁州博物馆为例》，载《新疆社科论坛》，2021年第2期。

［5］龚世扬、吴桐：《铸牢中华民族共同体意识视域下广西少数民族文物的征集：问题与对策——广西少数民族文物征集系列研究论文之三》，载《民族论坛》，2022年第4期。

［6］红梅、李阿琴：《博物馆铸牢中华民族共同体意识长效机制研究》，载《中华民族共同体研究》，2022年第6期。

［7］麦拉苏、高瑞奇：《博物馆开展"形感效"铸牢中华民族共同体意识教育的实践进路》，载《内蒙古师范大学学报（哲学社会科学版）》，2024年第6期。

［8］徐茜：《博物馆少数民族文物展陈路径探索》，载《中国民族美术》，2022年第4期。

专题博物馆教育活动的具身化设计及实现路径

——以"惠风和畅三月三"为例

廖 煜

【提　要】专题博物馆是我国博物馆体系中的重要组成部分，其教育活动的策划往往面临着藏品种类单一、文物内涵挖掘不足、活动体验性不强等困境。"惠风和畅三月三"教育项目运用具身认知理论设计实施，通过多感官体验和情境化体验取得了良好的社会效果，并探索出藏品物性的挖掘、多维具身化设计、意义的纵横关联作为运用该理论进行教育活动设计的三条路径，有效地化解了专题博物馆教育活动困境。研究表明，具身认知能够让观众与博物馆之间建立起更深入、更持久的对话联系，进而增强观众对于优秀传统文化的认同感和归属感。这一理论在博物馆教育领域有着良好的应用前景。

【关键词】专题博物馆　博物馆教育　具身认知
【作　者】廖煜　桂海碑林博物馆　馆员

一、研究起点：专题博物馆教育活动的困境

（一）专题博物馆的特点

专题博物馆是我国博物馆体系中的重要组成部分。从内容而言，专题博物馆更聚焦于某一学科、某一行业或某一领域，在特色上更为明显，是博物馆社会化、专题化、多样化发展潮流的具体体现。[1]2021 年，中央宣传部、国家发展改革委、文化和旅游部、国家文物局等 9 部门联合印发了《关于推进博物馆改革发展的指导意见》，明确要

---

[1] 单霁翔：《构建多元、开放、包容的博物馆体系》，载《中国博物馆》，2014 年第 2 期。

求促进包括专题博物馆在内的不同类型博物馆的发展，[1]将专题博物馆的发展纳入博物馆事业的总体框架当中。目前，上海公安博物馆、杭州工艺美术博物馆、中国考古博物馆等一批特色鲜明的专题博物馆相继建成并对外开放。这些博物馆的设立契合了时代发展的需求，不仅满足了不同人群的多样化文化需求，还在社会上产生了显著的影响。相较于综合性博物馆，专题博物馆通常专注于某一学科领域、行业领域或特定类别遗产的保护与利用。这种定位使其更加具有针对性，在特定类别藏品的研究、展示和利用方面更为专业化，有助于形成独特的品牌特色。

（二）专题博物馆教育活动面临的困境

然而，专题博物馆，特别是中小型专题博物馆，也存在着一些不容忽视的挑战。例如，它们普遍存在着诸如展陈内容过于专业化、展品阐释不够深入全面，以及形式与内容脱节等问题。这些问题导致部分观众难以理解展览内容或缺乏观展兴趣，从而限制了观众群体的覆盖范围，削弱了博物馆的社会效益，并在一定程度上制约了博物馆行业的高质量发展。博物馆教育是博物馆的核心职能之一，是博物馆发挥社会效益的重要途径。教育活动的质量往往直接反映出博物馆在藏品保护与利用方面的深度。专题博物馆在发展过程中面临的挑战，在教育活动的策划与实施层面表现得尤为突出。

首先，专题博物馆教育活动面临藏品类型单一的问题，可供使用的资源相对有限，这在一定程度上限制了教育活动内容与形式的多样化发展。其次，部分博物馆对馆藏文物内涵的挖掘不够深入，从而影响了活动内涵的深度和广度。再次，沉浸式和交互式体验的缺失、形式与内容的脱节，使得观众难以产生兴趣，重复参与率偏低，受众群体的范围受到极大限制，也难以形成具有持续性和影响力的品牌效应。如何破解专题博物馆在策划实施教育活动时所面临的困境，具体化解的方法又有哪些，是本文研究的起点。

二、破题之策：专题博物馆教育活动的具身化设计

（一）理论依据：具身认知

具身认知（embodied cognition）有时也被称为涉身、居身、寓身认知，[2]其研究肇

---

[1] 国家文物局：《关于推进博物馆改革发展的指导意见》，http://www.ncha.gov.cn/art/2021/5/24/art_722_168090.html，2021年5月24日。

[2] 周婧景：《具身认知理论：深化博物馆展览阐释的新探索——以美国9·11国家纪念博物馆为例》，载《东南文化》，2017年第2期。

始于哲学领域中有关身心问题的讨论。随后，这一理论被引入至心理学等人文社科领域，成了一个较为常见的研究取向。21世纪初，具身认知理论也逐渐受到我国学界的关注，相关学者就理论阐释及实践应用等多个维度进行了较为深入的研究。

具身认知在概念上可以分为广义和狭义两种理解。从广义角度看，具身认知不仅强调身体在认知过程中的重要性，还关注身体与环境之间的交互作用，突出身体的物理特征、感知运动经验、状态与环境和大脑共同作用于认知的过程。而狭义的具身认知则指认知或心智主要由身体的动作和形态决定，强调身体在认知活动中扮演的核心角色。[1]因此，在具身认知的框架下，认知的形成主要受到两个关键因素的影响。一是具身性，即认知深受个体身体结构和多感官体验方式的塑造。故而要深入理解认知过程，就必须关注个体在感知和体验认知对象时的具体方式。二是情境性，即认知并非孤立存在，而是与个体所处的环境之间存在着动态的交互关系，身体与环境的相互作用在认知建构中扮演着至关重要的角色。

纵观现有关于具身认知的研究，除理论框架的探讨，应用方面的研究多集中在心理学、教育学等领域。在博物馆研究领域，具身认知理论所发挥的作用也受到了不少学者的关注。其中，周婧景和王思怡两位学者的研究成果具有一定的代表性。周婧景厘清了具身认知的理论框架及其与博物馆展览的关系，总结了这一理论在博物馆阐释中的基本原则[2]及在博物馆应用中涉及的四个方面[3]；王思怡则将这一理论运用于多感官美学感知，为博物馆沉浸式体验应用提供了参考[4]。但从总体来看，这一理论在博物馆研究领域，尤其是博物馆教育方面的实证研究还不够丰富。而前文所述专题博物馆教育活动所面临的诸多挑战，恰恰可以通过具身认知理论来有效应对及化解。因此，将具身认知理论引入专题博物馆教育活动的设计中，具有重要的实践价值和理论意义。

（二）理论的适用性分析

自17世纪科学革命兴起之后，笛卡尔提出的"心物二元论"长期成为西方现代哲学的核心观念之一。然而，过去几十年中西方社会所发生的诸多根本性巨变让人们意识到，当下的社会状况已经无法继续按照古典社会学家所理解的"现代"来解释，一种与之相对的"后现代"社会与文化正在逐渐形成。具身认知理论起源于此，代表了第二代认知科学的崛起，是对第一代"心物二元论"的明确拒斥，并具体体现了后现

---

[1] 叶浩生：《具身认知：认知心理学的新取向》，载《心理科学进展》，2010年第5期。

[2] 周婧景：《具身认知理论：深化博物馆展览阐释的新探索——以美国9·11国家纪念馆为例》，载《东南文化》，2017年第2期。

[3] 周婧景：《实物、人类学习与博物馆学》，复旦大学出版社，2023年，155—163页。

[4] 王思怡：《博物馆之脑：具身认知在多感官美学感知中的理论与应用》，载《博物馆研究》，2016年第4期。

代主义的核心理念。

而在博物馆研究及相关领域，后现代主义也深刻影响了学科的研究范式。近年来，桑德拉·达德利（Sandra H. Dudley）、安德里亚·维特科姆（Andrea Witcomb）等学者相继提出"新的物质性转向"（new turn to materiality）、"情感教育学"（pedagogy of feeling）等观点，都主张打破主体/客体、物/人，甚至种族、性别之间的二元对立，从物质文化角度重新审视和发现博物馆。具体而言，达德利认为物的物性是在人与物的接触和互动过程中生成的，它囊括了物的物理特征、人的感官体验以及意义的生成；[1] 维特科姆则强调博物馆展览中互动的重要性，认为感官和情感体验可以激发观众思考，鼓励观众对话，进而修正因二元对立而可能产生的错误。[2] 博物馆作为"第二课堂"的定位已深入人心，其教育功能具有鲜明的场景性、实物性、体验性、互动性和情感性等特点。[3] 通过观众的多重感官体验和场景化学习，博物馆为知识的习得提供了独特的途径，是公众非正式教育的重要场所，与学校教育形成了良好的互补关系。

可以看出，具身认知理论的兴起与博物馆物质文化研究的转向共享了相似的话语背景。同时，具身认知理论所倡导的认知生成模式，与博物馆教育的特点及知识构建方式高度契合。因此，运用具身认知理论来探讨博物馆教育活动的实施路径具有重要的理论意义和实践价值。

三、实践应用："惠风和畅三月三"教育项目

（一）项目概况

桂海碑林博物馆是国家二级博物馆、广西唯一的石刻专题博物馆，负责桂林石刻的保护管理、研究展示和宣传交流工作，"惠风和畅三月三"是该馆策划并实施的代表性教育项目之一。该项目依托馆藏文物"曲水流觞"石刻及曾布《尽室泛舟题名》、章岷《丁未上巳再游龙隐岩诗》等和古代上巳节有关的摩崖石刻、石刻拓片而设计，是在"三月三"假期开展的一项上巳节文化体验活动。该项目以具身体验为策划的理论依据，观众的多感官和情境化体验为主要实施路径，旨在让参与者了解古代上巳节的来源及相关习俗，解析石刻中所记录的桂林古代三月三的活动；引导观众将古代上巳

---

[1] Sandra H. Dudley: "Museum Materialities: Objects, Sense and Feeling," in *Museum Materialities: Objects, Engagements, Interpretations*, Routledge, 2010, pp.1−17.

[2] Andrea Witcomb: "Toward a Pedagogy of Feeling: Understanding How Museums Create a Space for Cross−Cultural Encounters," in *The International Handbooks of Museum Studies: Museum Theory*, Wiley−Blackwell, 2015, pp.321−344.

[3] 郑奕：《博物馆教育活动研究》，复旦大学出版社，2015年，63—67页。

节与广西三月三和其他地区三月三的节日习俗相互对比，从习俗起源、文化表现、民族关系等方面向观众强化"中华文明长期的大一统传统，形成了多元一体、团结集中的统一性"这一重要认知。该项目自 2018 年首次策划实施以来，社会反响良好。2024 年 5 月，"惠风和畅三月三"在 2021—2023 年全区博物馆"十佳"代表性教育项目评选活动中获"'十佳'教育项目"荣誉称号。

（二）多感官体验实践

如前所述，具身认知理论中关于认知生成的逻辑与博物馆通过多感官体验促进观众认知的目标高度一致。人们通过视觉、触觉、味觉、听觉等多种感官方式与外界关联互动，最终使身体上的体验通过大脑形成认知。基于此，在"惠风和畅三月三"设计策划之时，就特别注意融入不同维度的感官刺激，旨在帮助参与者更深刻地理解三月三的习俗起源及文化表现。

1. 视觉方面

观众在博物馆学习最基本的方式即"观看"，"惠风和畅三月三"项目也是从"观看"开始。执行活动的授课教师以王羲之《兰亭集序》作为课程导入，讲解曲水流觞是古代文人雅集宴饮的活动这一基本事实，并请参与者仔细观察文物的材质、形制、纹样，观赏文物周围的自然与人文环境，介绍曲水流觞的原理，共同讨论流觞与古代三月三上巳节的关系、上巳节的来源及相关习俗。以曾布《尽室泛舟题名》、章岘《丁未上巳再游龙隐岩诗》等石刻为例，引导参观者阅读石刻碑文，从碑文中了解桂林古代上巳节的民间活动。这一过程聚焦于观众视觉方面的体验，观众不仅从视觉上获得感官体验，还能深入了解文物背后的历史和文化背景，为进一步理解文物做好基础知识上的准备。

2. 听觉方面

声音是一种符号，音色、音量等物理形式能够成为物的本意之外延；声音也能够唤起一些联想，成为某种意义的隐喻，甚至超越原有的本意产生新的意义。[1] 在人们的日常生活中，常常将声音作为实际意义的判断标准，也会将抽象的情感寄托于声音之中，故而声音完全可以成为意义传达的媒介。在"惠风和畅三月三"项目执行过程中，观众的听觉体验贯穿了全程。一方面，授课教师会详细讲解项目中所涉及的文物以及三月三上巳节的文化内涵，通过声音传递文物所蕴含的多维度意义。另一方面，活动现场还会播放《春晓吟》《山居吟》等与活动主题相契合的古琴曲，意图通过古琴深沉悠远的音色让参与者联想到文人雅士的闲情逸致以及草长莺飞的盎然春意。通过

---

[1] 郭美女：《声音与音乐教育》，台北五南图书出版股份有限公司，2000 年，59—60 页。

这种方式，将听觉体验融入体验过程，能够唤起观众的情感共鸣与美好回忆。

3. 触觉方面

博物馆并不总是一个纯粹的视觉空间，触觉感知对于观众形成具体而完整的细节知识非常重要。尽管在博物馆等公共场合，"请勿触摸"的提示标志随处可见，但这从另一个角度体现出，观众在观看的同时伴有强烈的触摸愿望，而触摸实际上也是人类认识陌生世界的本能方式之一。因此，触摸不应被"污名化"，相反应该被予以一定的支持。目前，不少博物馆设置了可供观众触摸的互动装置，这体现了博物馆对观众需求的正面回应，助力观众更好地理解和体认展品的各方面信息。[1] 在"惠风和畅三月三"项目中，一项重要的教学环节就是触觉体验——参与者可以领取羽觞、笊篱等道具，将羽觞放入曲水流觞附近的水渠之中任其漂浮，也可将漂流到自己近旁的羽觞以笊篱捞出。在这一几乎完全复原曲水流觞的场景中，参与者得以身临其境地体验流觞的乐趣和古代文人宴饮的氛围。通过触觉体验，观众的情感和智力之间的联系可以变得更为紧密，能够促进知识的形象化和具体化，极大地推动知识的形成与传播。

4. 味觉方面

在古代，上巳节这一天，人们除了在流觞时饮酒外，还会食用一些特定的食品，如熟鸡蛋[2]、米饼[3]等。在"惠风和畅三月三"活动的最后阶段，观众还将有机会品尝到鸡蛋、青团等茶点。味觉体验的设计不仅丰富了观众的感官层次，也让他们在其中更深刻地理解上巳节的文化习俗。通过味觉的参与，观众能够将抽象的知识与实际的感官体验相结合，从而对历史和文化的理解变得更加具体、生动，并激发更深层次的情感共鸣。这种体验方式不仅加深了观众对传统节日的认识，也提高了博物馆教育活动的互动性和参与度。

（三）情境化体验实践

情境之于物的阐释非常重要，博物馆通常采用多种展陈方式来构建情境，譬如沙盘模型、场景复原等都是情境的营构方法。而"情境"（context，有时也被译为背景）也是西方考古学中的关键概念，指考古材料自身的出土背景与特征，以及阐释物质文

---

[1] 例如浙江省博物馆"江南秘色——浙江古代青瓷陈列"设置有一组触摸互动装置，观众可通过触摸印纹硬陶、原始瓷和成熟青瓷的标本，在触觉上感知三者间的不同，从感官上认识到陶瓷器的发展过程。上海博物馆东馆、山东博物馆等文博单位的一些展览中也都设置了类似的标本触摸互动装置。

[2] 西晋潘尼《三月三日洛水作诗》中有"羽觞乘波进，素卵逐流归"之句，时人于当日"临水浮卵"，即将煮熟的鸡蛋放于水中任其漂浮，人们捞取食用以求子嗣。

[3] 据《荆楚岁时记》，古代荆楚地区的人们会在上巳节食用鼠曲草、蜜汁、米粉调和而成的米饼，称为"龙舌料"。

化意义时涉及的古代与当代的社会背景。具体而言，出土物的"情境"应该涵盖出土物周围的基质（matrix，或称作堆积环境）、出处（provenience），还有它与其他发现物的共生关系（association），[1]而这三项指标又可进一步归纳为"组合"和"空间"两个维度。[2]因此，从这个角度来看，博物馆中的场景复原实际上是在营造一种空间关系，而空间的营造本质上就是情境的构建。通过这一方式，展品不仅呈现了物理形态，还通过其所在的空间环境传递了更丰富的文化与历史信息，真正实现了考古学所倡导的"透物见人"。

"曲水流觞"石刻是一件出土文物，陈列于桂海碑林博物馆园区的禊亭中。禊亭紧邻小东江，南端有一水渠及鱼池，北侧则有环翠、听芗二阁等游观建筑，周围杂植竹子、桃花、玉兰、杜鹃等植物，而禊亭东侧则与龙隐岩、龙隐洞对望，曾布《尽室泛舟题名》、章岷《丁未上巳再游龙隐岩诗》等百余件石刻即摩崖于此。文物、景观、建筑彼此相互融合，共同形成了一个依山临水、疏密有致且极具文化氛围的古典园林式空间，在空间上构建起了博物馆陈列的情境化叙事。

"曲水流觞"石刻原本的使用场景就在古代文人士大夫的庭院当中，功用上是供人雅集宴饮的娱乐设施。这件文物陈列在上述环境当中，还原了它原本可能的使用空间，有效地解决了出土文物入藏博物馆后因"去情境化"而导致的"失语"状态，能够让观众在具体情境中理解其使用的场景，在情境中想象古人曲水流觞的场景，从而更深入地理解曲水流觞的文化内涵。

可以看出，情境不仅是具身认知中的关键因素，也是西方考古学的核心概念，同时也是博物馆叙事中的重要手段。尽管这些领域的研究视角各有侧重，但它们在本质上具有共通性，均强调身体与物品之间的互动与融合。在具身认知的框架下，身体被视为认知过程中的重要组成部分，通过与物质世界的互动来塑造认知与知识；而在后过程考古学中，情境同样被视为解读考古材料和理解文化背景的基础。博物馆叙事则通过将物品置于特定的情境中，不仅帮助观众理解物品的使用方式，还能激发他们对历史和文化的深入思考。在这一理论视角下，物与身体的关系不再是二元对立的，而是相互依存、共同作用的，从而促进了认知的生成与知识的创造。

桂海碑林博物馆在情境化叙事的构建方面具有天然优势，馆区内龙隐岩、龙隐洞摩崖石刻就是古人石刻创作的第一现场，石刻中所记述的文化风貌，与今天并无二致。

---

[１] 刘岩：《西方考古学的关键概念：context 的含义分析》，载《东南文化》，2020 年第 1 期；徐峰：《透物见人：从几则案例谈精神文化考古中的"情境"问题》，载《东亚文明》，2022 年第 0 期。

[２] 徐坚：《从无空间之物、物在空间到物建空间——博物馆的情境主义叙事方式》，载《杭州文博》，2022 年第 2 期。

观众在这一空间中赏读碑刻、参与教育活动，能够获得与古人相似的审美体验，并产生"古人今人若流水，共看明月皆如此"的时空交错感。在活动后续的评估反馈中，大多数参与活动的观众都认为该项目采用的情境化体验显著加深了他们对习俗起源、文化表现及民族关系等方面的理解。

四、实现路径

（一）基础路径：藏品物性的挖掘

藏品物性的挖掘是博物馆教育活动的基础性工作。物性（materiality，或物质性）是一定社会历史文化情境中人与物长期相互作用所形成的稳定的、物质的社会属性。通常，物的基本属性包括功能和象征两个维度。但是在物性理论框架下，物质功能性与象征性的二元对立被打破，从本体论上拓展了研究视野，也使得通过物质遗存探索社会存在成为可能。[1]具体到博物馆研究领域，我们可以通过对藏品物性的挖掘，发现其潜在的更多意义，从而超越单纯的本体信息识别，将视野延伸到藏品背后的人和社会。随着对藏品研究的不断深入，我们能够发现更多的信息维度，进而通过博物馆的展览和教育活动，将这些丰富的意义传递给公众，进一步提升博物馆的社会效益。对于专题博物馆而言，通过对特定类别藏品的专业化研究，能够补齐藏品类型单一这一短板，为博物馆教育活动的策划与设计提供坚实的学术支持，并推动其品质的不断更新与迭代。"惠风和畅三月三"项目正是通过对"曲水流觞"石刻这一单体藏品物性的深入挖掘，超越了其功能和象征层面的阐释，揭示了其背后的丰富人文内涵，实现了"透物见人"的效果。

（二）微观路径：多维具身化设计

传统的博物馆展示和教育活动往往只聚焦于视觉观赏和语言说教，这种形式难以和学校教育区分开来，无法发挥博物馆教育的独特优势。实践证明，对于大多数不具备相关历史文化背景的普通观众而言，单纯的观看与说教显得过于晦涩，难以激发观众的学习兴趣。而通过视觉、听觉、触觉、味觉及情境化体验等多维度的具身化设计，则更易于吸引观众参与体验。博物馆中的学习也因此从"无作为的静观"（Disinterested Contemplation）转向"有情感的参与"（Affective Participation）。[2]在"惠风和畅三月三"

---

［1］陈胜前：《早期中国社会权力演化的独特道路》，载《历史研究》，2022年第2期。

［2］王思怡：《多感官体验在博物馆展览营造中的理论与运用——以浙江台州博物馆"海滨之民"展项为例》，载《东南文化》，2017年第4期。

项目中，多感官体验贯穿始终，除了博物馆中常见的"观看"和"听觉"体验外，观众在"触觉"和"味觉"方面的探索需求也得到了充分鼓励和满足，这不仅增强了活动的交互性，还激发了观众的参与兴趣。情境化体验设计使观众能够在一个真实且可感知的环境中理解文物的文化内涵，文物也不再是一个孤立的信息单元，而是与其历史、文化和社会背景紧密相连，体现了整体性和关联性。通过情境化体验的设计，文物的多层次意义得以呈现，观众能够在互动与沉浸式体验中全面理解其文化内涵，从而使藏品成为可读、可听，甚至可被"触摸"、可被"品尝"的文化载体，让观众在更为丰富的感官体验中，获得更加深刻和全面的认知。

（三）宏观路径：意义的纵横关联

意义的纵横关联是将文物置于一个更为广阔的文化背景之中，构建起一条宏大的信息链条，其中包含了两个方面的意义：一是意义的古今纵向关联，二是意义的地区（民族）间的横向关联。"一切真历史都是当代史"，[1] 历史的意义不仅在于记录过去的事实，更在于能否引发当下的思考、触动现实的情感，并与当代生活建立起深刻的联系。无论是博物馆的展览还是教育活动，其终极意义应该是将文物背后的历史照进现实，回应时代命题，服务社会大众。"惠风和畅三月三"项目的核心任务之一就是古今对比，引导观众思考和发现古代上巳节的节俗与当代的节俗之间有什么相同或相近之处，使观众理解习俗的演变过程。例如，古代的祓除畔浴，逐渐演变成今日的踏青赏游或山歌对唱；部分地区的民众在三月三当日会祭祖、泼水，在内涵上保留了踏青、除去不祥的意义。饮食上，如今一些地区的人们于节日期间会食用荠菜煮蛋、青团、粑粑、乌米饭、五色饭等，这和上巳节的习俗有着明显的延续性。观众通过当代生活经验进行对比，能更迅速直接地理解文物，领悟到文物所折射出的文化内涵及文明的纵深。另一方面，不同地区的节日习俗又各具特色、丰富多彩，既展现了本民族和本地区文化的独特性，又反映出文明的统一性；而同一时代，不同民族（地区）间的文化又形成了一组横向对比。参与活动的观众通过纵横两个维度，从多元性到统一性的比较，能够深化对"中华文明长期的大一统传统，形成了多元一体、团结集中的统一性"这一重要命题的理解。在这一过程中，公众不仅能够更深入地理解历史，还能与当下的文化进行对话，从而构建出具有个人意义的文化认知。

---

[1] ［意］贝奈戴托·克罗齐著，［英］道格拉斯·安斯利英译，傅任敢译：《历史学的理论和实际》，商务印书馆，2017 年，2 页。

五、结语

具身性在人类认知形成过程中无处不在，它强调了人类的身体、大脑、情境之间的强关联性，表明认知不仅是大脑的功能，更是身体与环境互动的结果。这一理念与博物馆场域中知识的形塑过程紧密相关，为专题博物馆教育活动策划中重视观众的多感官及情境体验提供了重要的理论支撑。通过桂海碑林博物馆"惠风和畅三月三"教育项目的实施与分析，证明具身认知理论有助于突破传统博物馆教育中的单向传播模式，多感官设计、情境化体验等多维具身化路径能让观众在充分调动感官与情境互动中实现对历史文化的深入理解，从而有效增强观众对于传统文化的认同感和归属感。本案例探索了藏品物性挖掘、多维具身化设计与意义纵横关联的路径，有效克服了专题博物馆藏品种类单一、文物内涵挖掘不足及活动体验性不强等问题，验证了具身认知理论在博物馆教育中的应用价值，为专题博物馆教育活动的设计提供了有益的实践参考。

面向孤独症群体的博物馆服务路径研究

——以柳州白莲洞洞穴科学博物馆"纯真画语"展为例

田　军　梁春春

【提　要】博物馆应当正视社会的多元与多样，回应不同群体的需求。孤独症属于神经发育性障碍，该群体表现出来的沟通困难、社交障碍及重复性动作等主要特征，给博物馆面向该群体的服务带来了挑战。"纯真画语——龙雨程绘画作品展"是柳州白莲洞洞穴科学博物馆为孤独症青年龙雨程举办的展览。展览通过前期调查、精心策划等手段，有效宣传了孤独症知识。本文呼吁博物馆要提高自身认知并具有友善包容的心态，通过有效途径帮助公众了解孤独症，促进社会理解、关心、关爱孤独症患者。

【关键词】孤独症　博物馆服务　"纯真画语"展

【作　者】田军　柳州白莲洞洞穴科学博物馆　副研究馆员
　　　　　梁春春　柳州白莲洞洞穴科学博物馆　馆员

一、前言

无障碍博物馆发端于 20 世纪六七十年代在欧美社会兴起的社会包容运动，其核心理念是通过消除物理、信息和交流上的障碍，为所有人提供平等享有文化遗产和博物馆资源的机会。[1] 社会包容的理念是为了应对长久存在的社会排斥而提出的，社会排斥是指"拥有特殊需求的弱势群体被长期隔离于各类社会场景之中的现象"。[2] 在多元

---

[1] 赵甜甜：《可及性与包容性：无障碍博物馆的理论溯源、国际经验与国内实践》，载《中国博物馆》，2024 年第 2 期。

[2] 宋娴、金莺莲：《欧美博物馆教育活动中的社会包容理念：基础与实践》，载《外国中小学教育》，2018 年第 8 期。

化和包容性日益成为社会进步标志的今天，包容性也成为博物馆的价值追求。2022 年国际博物馆协会布拉格大会公布了最新的博物馆定义，与 2007 年的定义相比，"可及性""包容性""多样性""可持续性"等提法首次出现，反映了博物馆在新时空条件下对机构使命、功能领域及其实现方式等方面认识的更新。[1] 2023 年 9 月 1 日开始实施的《中华人民共和国无障碍环境建设法》规定，"提供公共文化服务的图书馆、博物馆、文化馆、科技馆等应当考虑残疾人、老年人的特点，积极创造条件，提供适合其需要的文献信息、无障碍设施设备和服务等"。所以，博物馆应该尽力满足更广泛的公众需求，特别是有特殊需求的弱势群体，如残疾人。

残疾是指从事某种活动的能力受到限制或有所缺乏，而这种活动对健全人来说，是可用正常方式或在正常能力范围内做到的。国内博物馆在面向残疾人提供服务时，关注点更多是在无障碍设施建设方面，如无障碍通道、无障碍卫生间、停车场、无障碍电梯、轮椅等，忽视无障碍信息交流。相对于肢体残疾、视力残疾和听力残疾而言，精神残疾更应该得到博物馆的关注。孤独症属于容易被博物馆忽视的精神残疾。孤独症是一种以社交沟通障碍、兴趣或活动范围狭窄及重复刻板行为为主要特征的神经发育性障碍，大多起病于儿童早期，持续终身，需要全生命周期的支持。2017 年，《中国自闭症教育康复行业发展状况报告（Ⅱ）》显示，我国孤独症发病率约为 1%，至少有超过 1000 万的孤独症人群和 200 万的孤独症儿童，并以每年确诊近 20 万人的速度增长。[2]

博物馆作为公共文化机构，可以利用自身特色资源，针对孤独症群体开展活动，满足孤独症群体的精神文化需求。20 世纪末，我国博物馆界开始关注孤独症群体。1997 年，台北市立美术馆李既鸣发表《美术馆的残障教育空间》一文，认为美术馆可以"激励封闭的心障者宣泄情绪""帮助了解病因、舒缓病情"。[3] 此后，陆续有研究者介绍国内博物馆面向孤独症群体开展的服务。[4] 在此，以柳州白莲洞洞穴科学博物馆（以下简称白莲洞博物馆）"纯真画语——龙雨程绘画作品展"（以下简称"纯真画语"展）为例，探讨博物馆面向孤独症群体的服务路径。

［1］ 安来顺、王思怡、宋汉泽：《应对变革 激发力量 携手未来——记 2022 年第 26 届国际博物馆协会布拉格大会》，载《中国博物馆》，2022 年第 4 期。

［2］ 五彩鹿孤独症研究院：《中国孤独症教育康复行业发展状况报告（Ⅴ）》，光明日报出版社，2024 年，54 页。

［3］ 李既鸣：《美术馆的残障教育空间》，载《现代美术》，1997 年第 70 期。

［4］ 主要有雷继成：《ASD 亲子观众的博物馆经验初探》，台南艺术大学硕士学位论文，2013 年；黄琇凌：《博物馆与自闭症儿童的身心接触》，载《台湾教育》，2016 年第 701 期；白茜：《用艺术告别孤独——"冲决藩篱·星星世界——关爱自闭症儿童特别展览"后记》，载《中国文化报》，2021 年 1 月 17 日；等等。

二、博物馆与孤独症群体

孤独症属于精神疾病范畴，患者通常不具备伤害性，但他们表现出的刻板行为和情绪问题，可能会让不了解情况的人误以为患者具有伤害性。孤独症患者由于特殊病理，无法像正常人一样遵守社会标准，容易做出不适应社会要求的行为，这会让患者家长产生病耻感，从而降低他们进入公共场所的意愿。孤独症家庭参观博物馆比较在意的是能否有愉快的参观体验，能否被宽容相待。参观过程中，当孤独症患者情绪失控时，他们希望能有一个安静且安全的独立空间来缓和焦虑、转换情绪。为满足孤独症群体的参观需求，一些博物馆推出了"特殊时段"参观活动，为他们创造一个不被打扰的参观环境。2017 年，新北市立十三行博物馆推出"早安博物馆"政策。[1]"早安博物馆"是该馆"友善平权博物馆应用计划"之一，做法是每个月的第一个星期六为孤独症群体提前一小时开馆，让孤独症患者及看护者能够轻松参观博物馆。该馆在为孤独症群体提供参观导览服务时，有意引导他们体验博物馆互动式展品，如"地貌沙盘""儿童考古体验室"等，让他们在动手体验中增进与陪伴者的社交互动。研究发现，密集的人潮、过度强烈的光线、复杂的气味和声音等容易引发孤独症患者的情绪波动。"特殊时段"参观服务有助于减轻孤独症患者的感官压力和看护者的心理压力，也能缓解博物馆人手不足的问题，故成为博物馆面向孤独症群体最常见的服务项目。

也有一些博物馆为孤独症患者举办展览或策划活动。2022 年 5 月，良渚博物院发布"一起：寻找文明之光"计划，该计划包括策划针对特殊群体的友好展览、定制特殊群体博物馆参观服务、编撰出版各类无障碍科普书籍、研发针对特殊群体的研学课程等。同时，该馆推出了"文明之光的折射"特殊儿童艺术展，展览展出了来自视觉障碍、心智障碍等特殊儿童的 100 余幅（件）艺术作品，包括版画、油画、水彩画、泥塑、超轻黏土等。[2]2023 年 7 月，良渚博物院推出了"良渚童 huà"儿童艺术展，特别邀请视力障碍和智力障碍儿童参与艺术创作，包括孤独症儿童。这种针对孤独症患者的展览能够为他们提供一个展现自我的平台，对提升患者及家庭的信心，让他们感受社会的善意与关心具有重要意义。博物馆为孤独症群体举办针对性活动有助于患者融入社会，为患者提供交流互动的机会，更加尊重患者的社会参与及社会交往意愿。

博物馆拥有大量文物、标本，有丰富的教育活动及教育项目，还有成熟的教育团队，这些成为博物馆服务孤独症群体的重要条件。当前，博物馆面向孤独症群体的服

---

[1] 蔡玫芳：《走近权利模式：十三行博物馆与自闭症平权政策》，台湾艺术大学硕士学位论文，2018 年。

[2] 周苏：《博物馆公众精神寄托探究——以良渚博物院"文明之光的折射"特殊儿童艺术展为例》，载《艺术教育》，2024 年第 2 期。

务形式主要有特殊时段进馆参观、举办展览、教育活动等。白莲洞博物馆"纯真画语"展属于展览类，是该馆为孤独症患者举办的特展。

三、白莲洞博物馆"纯真画语"展

白莲洞博物馆是以全国重点文物保护单位——白莲洞遗址为基础而建立的遗址性博物馆。白莲洞博物馆新馆于 2019 年 9 月对外开放，设有"地球·往事——古生物演化陈列"和"洞穴·家园——柳州史前文化陈列"两个基本陈列。其中，"地球·往事——古生物演化陈列"因展出大量古生物化石，如恐龙、巨犀、海百合等，备受青少年观众喜爱。为吸引观众，提升观众参观体验，白莲洞博物馆在园区设置了马门溪龙、永川龙、双冠龙等机械恐龙模型。2020 年底，白莲洞博物馆得知柳州一位孤独症青年创作了大量恐龙画作，开始与其家长及老师接洽，沟通举办展览的事。这名青年就是本次展览的主角——龙雨程。龙雨程 2 岁时被诊断患有孤独症，经过系统训练和干预治疗，情况有所改善。5 岁时，妈妈发现他对色彩比较敏感，就培养他的绘画兴趣，他从此开始了绘画生活。2021 年，他即将从广西某职业技术学院毕业，走上新的人生旅途，本次画展是对他过往绘画生涯的一个小结。展览筹备期间，白莲洞博物馆经过综合考虑并与龙雨程家长沟通，将展览目标确定为通过展览让观众了解孤独症，拉近观众与孤独症群体的距离，倡导社会理解、关心、关爱孤独症患者。为了实现该目标，该馆决定通过展览前期调查、设置爱心墙、展播孤独症公益视频等方式宣传孤独症知识。

展览前期调查在 2021 年 5 月 1 日至 5 日五一国际劳动节期间进行，调查员共 3 人，采取随机抽样的方式进行调查。调查共发放问卷 250 份，回收 250 份，有效问卷 235 份，有效率 94%。问卷共设置 15 个问题，包括基本信息和孤独症相关问题。根据问卷结果，在对孤独症的认知上（表 1），大多数受访者只是知道存在孤独症群体，在症状、病因等专业问题上存在误解，少部分受访者或多或少了解一些孤独症知识，认知普遍处于初浅阶段。针对"关于孤独症人士作品展，您有什么想法"这一问题的调查，63 名受访者中，有 36 名对展览表示支持。这些支持者希望通过展览宣传孤独症知识，提高社会对孤独症的关注度，让公众能够了解孤独症群体，如"有一个很好的展示孤独症人士的地方，能更好地清楚并了解他们内心的想法，支持""我觉得能（让）普通人更了解孤独症儿童，让大家都来关注和关心这一特殊群体，希望能多举办一点吧"。在对孤独症患者及相关展览的态度上（表 2），几乎所有受访者都表示同情孤独症患者并愿意提供帮助（99.6%），但很多人不知道如何帮助他们（64.3%），大多数受访者希望在博物馆看到孤独症相关展览（87.2%）。

整体来看，本次调查中多数受访者对孤独症患者富有同情心、尊重且愿意帮助他们，希望能做些力所能及的事情帮助孤独症患者，只是不知该如何做，也缺乏相应的专业知识来支持其行动。他们希望在博物馆看到有关孤独症的展览，也希望博物馆能够关注孤独症话题，真正为观众和孤独症患者建立沟通的平台，如"希望会给到孤独症人士该有的环境和空间，尊重他们的情绪和作品，多加以鼓励和关爱""建立社交平台，邀请专业心理咨询师为孤独症人士家属传播相关知识"。

表1　受访者对孤独症认知情况[1]

问题	选项	人数	百分比
您了解自闭症吗	完全不了解	1	0.4%
	不了解	50	21.3%
	了解一部分	148	63.0%
	了解	32	13.6%
	非常了解	4	1.7%
"世界自闭症关注日"的日期是?	3月20日	11	4.7%
	4月2日	34	14.5%
	4月21日	47	20.0%
	不知道	143	60.9%
您生活的环境中有自闭症人士吗	不清楚	73	31.1%
	没有	112	47.7%
	有	50	21.3%
您认为以下哪些属于自闭症的症状?	孤僻、不与人交往	199	36.3%
	行为古怪、总会重复某些行为	152	27.7%
	智力低下	18	3.3%
	对个别事物兴趣浓厚	69	12.6%
	情绪起伏大	101	18.4%
	不清楚	9	1.6%
您认为患自闭症的主要原因是什么?	基因遗传（先天原因）	59	15.8%
	缺乏家庭关爱及教育	133	35.6%
	心理障碍	135	36.1%
	大脑神经系统创伤	47	12.6%
您喜欢或希望通过哪种方式获取关于自闭症的信息?	影视广播	120	22.8%
	网络	191	36.3%
	讲座	68	12.9%
	报纸杂志	55	10.5%
	书籍	72	13.7%
	其他	20	3.8%

[1]　2021年，白莲洞博物馆"纯真画语"展览筹备及展览期间，涉及孤独症时均用"自闭症"称呼。根据2022年《关于在宣传报道中规范残疾人及残疾人工作有关称谓的通知》（残联宣文函〔2022〕12号），不用"自闭症"，统一称"孤独症"。故本文行文中采用孤独症，问卷调查内容仍沿用原"自闭症"称呼。

表 2　受访者对孤独症者及相关展览态度情况

问题	选项	人数	百分比
您对自闭症人士是什么态度？	不同情，那是他们的命	1	0.4%
	同情，但不知道如何帮助他们	151	64.3%
	同情并加以帮助	83	35.3%
如果您有机会亲自帮助他们，您希望采取何种方式？	参加志愿者组织	118	24.1%
	向相关机构捐款	59	12.1%
	学习、了解并传播自闭症知识	186	38.0%
	参加义卖等慈善活动	33	6.7%
	通过爱心墙向他们及亲属转达鼓励	89	18.2%
	我不认为他们需要帮助	1	0.2%
	其他	3	0.6%
您希望在博物馆看到自闭症相关展览吗？	非常不希望	1	0.4%
	不希望	11	4.7%
	无所谓	18	7.7%
	希望	170	72.3%
	非常希望	35	14.9%
白莲洞博物馆举办的自闭症人士绘画作品展将于六一节开幕，您会来参观吗？	一定不会	1	0.4%
	不会	13	5.5%
	不确定	140	59.6%
	会来	69	29.4%
	一定会来	12	5.1%

展览筹备前，该馆征求了龙雨程及其父母、老师的意见，他们愿意在展览中直面孤独症话题，希望通过该展览让社会关注孤独症群体。

"纯真画语"展展期为2021年6月1日至27日，展览展出了龙雨程个人绘画作品139件。展览按照他不同时期专注的题材进行分类，如静物、风景人物、野生动物和恐龙等。恐龙是他当时较为关注的题材，也是整个展览的重点。他创作的那些线条流畅、用色大胆的中生代巨兽，和不远处"地球·往事——古生物演化陈列"展出的古生物化石遥相呼应，吸引了大量观众特别是青少年观众驻足。

为了与观众互动，了解观众对孤独症群体的关注程度，策展团队特别在展厅结语处设置爱心墙板块，让观众在这里写下对龙雨程或孤独症患者想说的话。经过整理，共收集到留言450个，其中有效留言203个，其他247个留言多为个人许愿、节日祝福（六一儿童节、端午节）、任意涂鸦等。（表3）整体看来，观众在爱心墙的留言多以鼓励、祝福为主，占整个有效留言的84.2%，这也与展览前期调查结论一致，即大多数人对孤独症患者富有同情心、尊重且愿意帮助他们。"关爱自闭症人群，从我做起，从小事做起，从不歧视、不排挤、多包容做起。""我们没有什么不同。"这些留言体现出观众希望孤独症患者能够和普通人一样，共享各种社会资源，共享美好生活。此外，为了达到展览预期目标，策展团队在展厅循环播放孤独症公益短片，以引起观众注意或情感共鸣。除此之外，还通过白莲洞博物馆公众号、《柳州日报》等渠道对展览进行宣传。该展览在近一个月的展期内，接待观众近万人。

表3 爱心墙有效留言情况

类别	人数	百分比
表示鼓励	94	46.3%
表示祝福	77	37.9%
表示对作品的肯定	19	9.4%
表示对孤独症患者的理解和支持	11	5.4%
其他	1	1.0%
总计	203	100%

四、面向孤独症群体的博物馆服务路径建议

由于受时间和人力等限制，展览仍然存在很多不足。如未能配套开展教育活动及观众导览活动等。笔者结合本展览及相关资料，对博物馆面向孤独症群体的服务路径提出如下建议。

（一）培训引导，树立包容态度

博物馆需注重场馆文化建设，加强对工作人员的培训与引导，提高他们对孤独症的认知水平，关心和理解孤独症患者。孤独症患者来博物馆参观，可能会出现大声喊叫、奔跑、行动失控、碰触展品等干扰参观环境的行为，博物馆工作人员应对其持友善和包容的态度。应理解孤独症患者这些无状举止并非出自恶意，也非家长疏于管教，同时寻找可以安静的场所，帮助他们缓和情绪。

（二）充分调研，了解服务对象的需求

博物馆在为孤独症患者提供教育活动时，应主动与其沟通，了解其需求与想法，有针对性地提供服务。白莲洞博物馆计划为龙雨程举办"纯真画语"展前期，与其父母、老师进行沟通，了解他们希望通过展览来肯定龙雨程长期以来付出的努力，同时也希望借此引起社会对孤独症患者的关注的想法后，有针对性地策划了展览，使展览达到了预期目标。

（三）强化宣传，提高社会认知

通过本次展览前期调研，笔者发现公众对孤独症的认知程度较低，对孤独症特征和行为表现缺乏了解。"公众对自闭症（孤独症）的认知程度低也给自闭症患者的出行和就医都带来了不同程度的阻碍""随着年龄的增长，自闭症患者及照料人受到歧视的频率和可能性都在升高"。[1] 为此，博物馆可以充分利用博物馆资源，在全国助残日、世界孤独症日、六一儿童节、国际博物馆日等特殊节日，宣传孤独症相关知识，帮助社会了解孤独症患者日常表现特征及孤独症家庭的困境，提高公众对孤独症的认知度和对孤独症患者及其家庭的包容度，减少歧视孤独症患者及其家庭等不良状况的发生，为他们营造和谐、友好的生活环境，帮助孤独症患者更好地融入社会。

（四）精心设计，提供特殊感官服务

多数孤独症患者存在感知异常的情况，对环境中的感官刺激表现出异常兴奋或过度低落的情绪，比如，对特定的声音特别敏感或感到莫名恐惧，不能忍受明亮的光线和高饱和度色彩等。针对这种情况，博物馆可以借鉴国外公共空间感官包容设计理念，为孤独症患者提供一些用于缓解感官压力的小器具，如降噪耳机、眼罩，以及各种解压玩具等；针对孤独症患者感官敏感性，为他们提供不同场馆空间中可能存在的刺激感觉的信息，如"嘈杂区""安静区"等，帮助他们提前预判并选择适宜环境。[2] 此外，还可以提供"特殊时段"参观服务，让他们有舒适的参观体验。

（五）加强合作，寻求专业机构或专业人士支持

孤独症群体思考模式与逻辑异于常人，与外界沟通困难，除照料者外，公众很难理解他们的言语和行为所传达的信息，导致博物馆开展相关服务时面临很多困难。因此，博物馆需要与专业机构或专业人士合作，引入康复师和特殊教育师，学习与孤独症群体交流和相处的模式，与其共同探索适合孤独症患者参观、学习的方式，解决博物馆人手不足、专业知识缺乏等问题，提升博物馆合理利用馆藏资源服务孤独症群体的能力。

---

［1］ 李豪豪、沈亦骏、杨翠迎：《自闭症家庭的困境及社会支持体系构建——基于上海市的调研》，载《社会保障研究》，2020 年第 6 期。

［2］ 安琳：《面向自闭症群体的图书馆感官包容设计——来自美国公共空间的启示》，载《晋图学刊》，2020 年第 2 期。

五、结语

作为公益性社会文化机构，博物馆承担时代使命和社会责任。思考和关注身心障碍群体，正视其需求的多元性与特殊性，探索符合他们特殊需求的服务路径，亦是博物馆实现社会价值的体现之一。博物馆应提高参观舒适度和满意度，实现平等和包容的目标，使博物馆成为所有群体终身学习的场所，从而发挥博物馆促进社会理解，不断关心和关爱特殊群体的社会作用。

博物馆科研成果转化为科普教育的应用探究

李　阳

【提　要】随着时代与科技的迅猛发展，博物馆面临着全新的机遇与挑战。作为科普教育的重要平台，博物馆肩负着提高公众科学文化素养的重要使命。在这样的背景下，博物馆应如何通过巧妙有效的方式充分发挥自身的优势，促进科研学术成果向科普教育的转化？本文在剖析博物馆研究成果转化实践的基础上，积极探寻科研成果向科普教育转化的新思路，希望通过探索研究成果转化为科普教育的优化路径，使博物馆科研成果能以最快速度、最易理解的方式传递给公众，发挥其最大的价值。
【关键词】科学研究　科普教育　科研成果　应用转化
【作　者】李阳　桂林博物馆　馆员

社会公众对博物馆的期望正在发生变化。博物馆作为文化传承和科普教育的重要场所，其功能不再局限于收藏、保护、研究、展示文物，人们希望通过博物馆不仅能感受到历史的智慧，同时还能获得科学的认知和对未来的启示。博物馆在科学普及和教育中的地位日益显著，通过运用各种形式和方法将科学研究成果转化为丰富多彩的科普教育资源，不仅可以增强公众的科学素养和文化认知，还可以促进科学知识与技术的普及，对于推动博物馆科普教育事业的发展具有重要的理论意义和实践价值。

一、科研成果转化为科普教育的重要意义

科学研究是创新的源泉，蕴含着无尽的智慧。然而研究成果依靠教育来传播，"科普教育"与"科学研究"二者密不可分。在新的时代发展格局之下，博物馆将科研成果转化为科普教育，做到科学研究和科普教育"双翼齐飞"，对于提升全民素质至关

重要。

（一）博物馆科研成果是科普教育的重要资源

博物馆开展的科学研究涵盖了人类历史、自然科学、社会科学、文化艺术等诸多领域。这些研究成果不仅是博物馆进行陈列展览策划的科学依据，还是其开展科普教育的宝贵资源。博物馆科普教育以研究成果为强大的学术支撑，保障了教育的质量和效果。例如，博物馆将最新的生物保护调查研究成果转化为专题展览，能让参观者及时知晓生物保护工作的艰辛及保护生物多样性的意义，从而增强人们保护自然的意识，让更多的人参与到保护生态环境的行动中来。

（二）科研成果转化为科普教育可以提升博物馆的教育功能

科研成果通常具有非常高的专业性和抽象性，这些深奥的知识，普通公众理解起来存在一定困难。这就需要博物馆通过精心策划的展览、深入浅出的讲座、生动形象的模型、精彩纷呈的活动，以及有趣的实践体验等多种形式，充分发挥自身优势，帮助公众轻松地理解高深的学问和深奥的知识。有效的科研成果转化不仅可以增强科普教育的吸引力，让更多的人愿意主动走进博物馆探索科学的奥秘，而且可以进一步加深和拓展教育的深度与广度，让公众对知识的理解不再停留于表面，而是对其背后的原理和意义进行深入探究。

（三）科研成果的应用有助于加强科普教育的科学性和趣味性

科研成果的应用能够保证科普内容具有科学性。博物馆科普人员在策划科普教育活动时，以研究成果作为重要参考，在保障科普内容科学、准确的基础上，设计出更加生动有趣的科普活动，增加科普教育的趣味性。博物馆科普人员还能将研究成果以互动展览、模拟实验、展示最新的科研设备等多样化方式呈现，让公众能亲身感受先进的实验方法和技术，更加轻松地理解和掌握科学原理，增加教育过程中的乐趣。

（四）科研成果的应用能够促进科普教育创新发展

博物馆科研成果的应用转化对科普教育的持续更新与发展起着积极的作用。如果博物馆能将最新的研究成果及时地融入科普教育当中，就能保证科普教育内容的时效性与前沿性，进而确保开展科普教育的内容能时刻紧跟科学前进的脚步。例如，博物馆利用最新的生态学研究发现设计模拟自然生态系统的实验，让参与者能够身临其境地进行实践和体验，深刻领悟生态平衡的重要意义。这种做法突破了传统理论教学的局限，使抽象的科学概念变得鲜活而具体。

（五）科研成果的普及与转化，有助于提高公众的科学素养

科学研究的过程与方法，也是科普教育的重要内容。博物馆借助科学实验、实践操作等多样化途径，让公众亲自体验科学研究工作，进而让其更加深刻地领会科学文化知识的内涵，能够了解和运用科学的方法。不仅如此，博物馆的科研成果还能以科学故事、科学论坛、科学活动等形式，让公众充分认识到科学思维的重要性，感受到科学研究的独特魅力及蕴含其中的科学精神。

二、科研成果向科普教育转化的实践分析

在科技飞速发展、科普教育稳步迈进的当下，博物馆如何高效地将研究成果转化为科普教育资源已成为一个重要的议题。这一应用与转化过程不是简单的知识传递，其核心在于博物馆要对科研成果进行透彻的剖析与阐释，并以通俗易懂的语言和丰富多样的表现形式加以呈现。通过剖析以下几个具体案例，我们可以深入探讨科研成果在博物馆科普教育实践中是如何巧妙实现转化并产生效果的，为博物馆今后提升科普教育工作质量提供依据和参考。

（一）科研成果转化为特色展览

博物馆的科研成果是其独特的知识宝库。然而，这些成果多以学术论文、研究报告等形式呈现于专业领域，普通公众很难接触和理解。将科研成果转化为特色展览，不仅可以增加展览的深度和内涵，及时宣传博物馆的最新研究成果，还能吸引公众的目光，让他们了解展览背后的科学故事和文化背景，同时也是让这些知识走出学术殿堂、走向大众的重要途径。

例如，常州博物馆基于对三叶虫的最新研究成果推出"古海精灵——三叶虫化石及古海洋演化史"自然科普展览，展出了一件件精美的三叶虫化石标本，揭示远古海洋的演化变迁史的同时，还探讨生命与海洋协同演化的科学奥秘。观众可以通过展览，加深对古生物学的了解，促进自然科学知识的宣传教育。南京古生物博物馆根据其科研成果精心策划了许多科普展览，既有生命演化历程中的重大事件及知识，还有最新的古生物学科研进展和成果。其中，"化石见证青藏高原隆起"特展展出了几代科学家历经几十年岁月艰辛于青藏高原采集的100块珍贵化石标本，生动地向公众呈现了青藏高原历经漫长岁月、从沧海到桑田的巨大变迁；"时光胶囊——琥珀与时光的故事"展览结合最新的琥珀化石科研成果和新发现，展示了产自全球不同产地的精美琥珀化石标本。浙江自然博物院一直致力于浙江省珍稀濒危野生动植物的研究和保护工作，结合保护研究成果举办"'浙'里有宝——浙江珍稀濒危野生动植物保护专题展"，通

过解读这些珍贵物种保护工作背后的科学故事，激发公众对生物多样性保护的关注与重视。重庆自然博物馆的"光耀——中国西部科学院的植物资源调查"展览，向公众展示中国西部科学院植物学家们历经数十载采集与制作的珍贵标本，展现了博物馆在植物学研究与教育领域的深厚积淀。

（二）科研成果转化为趣味科普内容

文化传播内容和形式日新月异，但博物馆的科普文化教育不能为了吸引公众的关注目光而降低科普内容的品质。博物馆应当将科研成果转化为兼具科学性、趣味性、启迪性的优质科普教育内容，使观众能在休闲放松的氛围中收获知识。

例如，西北大学博物馆其在官方微信公众号向社会大众普及自然科学方面的知识，赢得了公众的由衷喜爱。在诸多科普文章中，一篇题目为《登上〈科学〉杂志的林乔利虫化石空降我馆》的科普文章采用贴近生活的语言风格，通过对比大众熟悉的虾和林乔利虫的结构，让读者能够快速知晓林乔利虫的特征。文中的林乔利虫化石标本来自西北大学研究团队，文章还介绍了该团队发表的引起学术界轰动的《华南早寒武世布尔吉斯页岩型化石库——清江生物群》科研成果，使广大读者深切体会到古生物学家在科学探索道路上坚持不懈、勇往直前的宝贵精神。又如，浙江自然博物院联合浙江儿童艺术剧团打造了生动有趣的科普剧《科学大作战》，将深奥的科学知识转变为精彩的艺术表演，让观众能够沉浸式领略科学的魅力。

（三）与科研院所合作，共享研究资源和成果

博物馆不仅有丰富的珍贵文物藏品、自然科学类标本，还有专业人员进行展览策划和科普教育。科研院所的科研实力雄厚，汇聚了顶尖人才和先进的仪器设备。如果博物馆与科研院所建立起学术交流的合作机制，可以让双方的优势得到充分的互补。科研院所可以将最新研究发现与理论成果分享给博物馆，并提供先进的检测设备与技术保障。博物馆可以将藏品资源开放给科研院所开展研究项目，并将其科研成果以生动有趣的形式展示给公众，扩大成果的影响力与传播范围。

例如，广东省博物馆通过建立"博士后科研工作站"打造馆校合作学术新高地，共享研究、科技与教育资源，组建联合科研团队进行科研课题和国际合作项目的研究，促进文博领域的学术交流与成果转化。南京古生物博物馆充分借助中国科学院南京地质古生物研究所的学科优势，能够及时知悉古生物学领域的最新发展成果与动态，通过编写科普书籍、举办科普展览、创作科普影视作品等，持续推出优质的古生物科普教育资源，构建起由博物馆、《生物进化》杂志和化石网组成的三位一体的古生物科普传播体系，确保科普教育内容的科学性和权威性。

（四）结合专业研究领域，打造科普品牌活动

博物馆利用馆内丰富的研究资源，将其巧妙地融入科普活动中，开发集知识性、科学性、趣味性于一体的科普品牌活动，让公众在学习和体验的过程中，自然地接触到科学知识，感受到科学的魅力，领悟科学的方法，培养科学探索精神。

以中国丝绸博物馆推出的"蚕乡月令"科普品牌活动为例。中国丝绸博物馆在科普农历节气、蚕桑生产之间找到衔接点，根据少年儿童的学习特点，在不同时节开展对应的科普活动。从春季开展的"大家来养蚕宝宝"活动开始，学生们便可踏上一段丰富的研学之旅，等到蚕结茧后将其送回博物馆。其间，学生们能体验蚕俗文化，参与缫丝、织布等趣味女红活动，参观丝绸展览，走进蚕桑研学基地，参加工业研学活动。研学内容丰富多彩，从生命教育、农业、工业研学到非遗传统文化，不同年龄段的儿童都能从中找到契合自己的研学课程。其中，亲子染缬课程活动依托了中国丝绸博物馆乾隆色谱复原课题的研究成果。这一系列活动让博物馆自身的资源和专业优势得到了最大的发挥。组织儿童体验养蚕的历程，让他们能了解蚕的生长周期及丝绸的生产制作过程。这种"体验式"的科普教育方式，有效地将科学研究成果与动手实践相融合，不仅提升了少年儿童的科学素养与动手能力，还有助于培养他们对生命、自然的尊重，让他们在实践中深刻感知中国蚕桑丝织文化的深厚内涵。

（五）以科研项目与成果转化为引擎，打造特色研学营

博物馆的科研项目成果凝结了科研人员的智慧与努力，所以需要被公众"看见"。将这些宝贵的科研项目成果转化为生动有趣、易于理解的研学课程，设置丰富多彩的实践环节和体验活动，可以让青少年能够有机会接触到前沿的科学知识，培养他们的动手能力和创新思维，助力他们在探索未知的旅程中茁壮成长。

以浙江自然博物院为例，"绿水青山两日营之大自然的拓荒者"研学项目以《苔藓植物在浙江自然博物院安吉馆景观营造及科普教育中的初探》为依托，带领孩子们深入苔藓的奇妙"小"世界。在活动形式上，该项目巧妙地将馆内专业教学与馆外实地探索有机结合，让孩子们深刻体会苔藓在生态系统中的重要性，获得探索大自然的乐趣。该博物院的中华凤头燕鸥研究团队将科研工作同步到研学课程开发中，打造"绿水青山系列营——生物多样性之海鸟保护计划"研学营、招募"海鸟监测员"志愿者等活动，带领青少年探索以中华凤头燕鸥为典型代表的浙江海鸟世界，让他们亲身感受到一线鸟类保护工作的艰辛与快乐。让青少年走进大自然，增强他们保护生态环境的自觉性和保护生物多样性的意识。

（六）建立研究与教育相结合的科研基地

博物馆结合馆内科研力量打造科研基地，在努力提升博物馆整体科研水平的同时，开发与之相关的科普资源，如对外开放实验室参观，吸引更多公众参与到了解科学研究的过程中来。这样，博物馆既发挥了科普宣传教育的优势，又克服了科研水平不如科研院所的短板。

以天津国家海洋博物馆建立的藻类实验室为例，该实验室在充分履行科学研究职能的同时，积极投身于各类科普教育活动，既保障了科普教育工作的及时性和科学性，又做到了科学研究与科普教育二者并重，为博物馆在科研与科普创新融合方面树立了典范。该博物馆也成为公众了解我国在深海探索过程中的艰辛历程和取得的辉煌成就，以及学习深海知识、探索深海奥秘的重要平台。

（七）让博物馆的科学研究成果跃然纸上

博物馆的科研成果凝结了专家学者们无数的心血。许多博物馆将自己的科研成果转化为科普图书以及科普期刊，此举是实现成果与知识广泛传播的有效途径，能让博物馆的研究被大众所熟知，还能突破时间和空间的限制，让科研成果成为具有重要价值的教育资源。这些科普资料的积累，还能为博物馆今后开展科普活动、举办科普展览、创作科普视频等提供丰硕的研究基础。

例如，中国国家博物馆携手北京四中编撰的《中学生博物之旅·古代中国》研学丛书，融合了馆内珍贵的代表性文物和最新学术研究成果，巧妙地串联起中华文明在漫长岁月中演进的历史足迹，为青少年开启了一扇崭新的博物馆研学之门。广西自然博物馆根据近30年来的科研成果编撰了集专业性与科普性于一体的图书——《自然广西》，全面展示广西悠久的地质历史变迁、丰富的自然资源，以及生物多样性和生态文明建设取得的成就。该馆积极推动成果转化，进一步发挥这部作品的价值，借助采集和收藏而来的广西代表性的动植物标本、化石、矿物、观赏石、贝类等展品打造"自然广西"巡回展览，向公众描绘壮美广西。成都博物馆编写的《自然·成都》生动形象地向读者讲述了成都的自然历史故事。国家自然博物馆于1980年创立了科普期刊《大自然》，传播我国自然保护事业的最新进展和研究成果，该刊荣登"郭永怀科学传播最佳影响榜"，获得众多读者的喜爱。

（八）借助新媒体打造科普教育新形式

随着新媒体时代的到来，社交媒体、视频平台、在线课程等新兴形式逐渐成为科普教育领域的新渠道。博物馆在运用期刊等传统媒体传播科学知识的基础上，还要强化对新媒体的运用。科普教育工作需向线上线下融合的数字化、智能化多元模式转变。

借助科普教育的新形式，有效展示与传播科研成果，构建起全方位、多角度的科普模式，让更多人能够在第一时间接触并了解博物馆的最新研究成果。

例如，桂林博物馆创新科普讲座形式，邀请中国地质科学院岩溶地质研究所专家进行线上线下同步直播"神奇的岩溶"科普讲座，向广大观众传播岩溶相关的专业知识，加深了人们对地球自然环境与环保问题的认识。专家直接面对媒体、公众进行科普讲解的方式，大大增加和提高了博物馆科普活动的影响范围和实效性。南京古生物博物馆与科普影视团队研发的科普电影《寒武纪大爆发》，生动地呈现了地球上最初的生命进化关键阶段——寒武纪时期的壮观场景，受到了观众的喜爱。浙江自然博物院在缙云县参与甲龙类骨骼化石的抢救性挖掘并采集了珍贵的标本；并通过参与中国缙云甲龙化石修复项目，研究其咬合机制及甲龙类咬合机制的演化，在国内外发表多篇研究论文。由研究成果转化的主题科普讲座在杭州市少儿频道"第二课堂"微课堂精彩亮相，"学习强国"平台也同步上线，为少年儿童带来了一场别具匠心的古生物知识盛宴。

此外，博物馆还需要不断地努力开拓和实践探索，尝试引入多样化的科普新形式，创新应用更多科研成果，以提升博物馆科研资源的利用率与转化率，为博物馆科普功能的拓展和服务效能的提升提供新的思路和方法。

三、探索新时代博物馆科研成果转化为科普教育的路径

（一）了解公众需求，是科研成果向科普教育转化的动力

公众对科普教育日益增长的需求和期望，是博物馆开展丰富多样的科普活动的动力源泉。博物馆应对公众的兴趣和需求有深入的了解，设计并开展以需求为导向的各类科普活动形式，有效地吸引公众参与，进而提高科研成果转化的成效。博物馆可以面向不同年龄、兴趣的公众，开发多样化、个性化的科普展览和教育活动，以满足不同群体的学习需求。同时，通过调查问卷、观众反馈、大数据分析等方式，对观众的接受程度、满意程度、评价建议等情况进行评估，建立反馈和改进机制，不断优化博物馆科研成果向科普教育转化的内容和方式。

（二）加强特色学术研究，增强成果转化意识

博物馆的特色学术研究是其实现可持续发展的强劲动力和智力支持。研究方向与内容要契合博物馆的科研规划目标和事业发展要求，立足于本土历史文化和馆藏特色，借助本馆优势领域的科研资源，有针对性地开展研究工作，开拓出一条适宜本馆研究的路径。综合性博物馆则需要强化跨学科研究，不应局限于人文科学范畴，还应积极

拓展自然科学等领域，以期能从更加丰富的视角和维度来开展研究与教育工作。为推动博物馆学术研究资源、成果实现创造性转化和创新性发展，博物馆还应重视研究的应用性，提高研究成果的转化意识，充分挖掘其实践价值。

（三）利用多样化手段，丰富科研成果转化形式

当今科技快速发展，科技与文化深度融合为博物馆科研成果转化带来了新的机遇与挑战。博物馆要在多样化创新成果转化形式方面积极探索，充分利用馆内设施和新科技手段打造沉浸式和互动式的参观学习体验。例如，将研究成果设计转化为具有互动性、科学性、引人入胜的高品质展览，再结合 AR、VR、互动展品等方式进行展示；搭建科学工作坊和实验室，让公众亲手进行科学实验来加深印象；举办科学夏令营或研学营，让公众进行深度的科学探索，增强其好奇心和探索欲；开发游戏化的学习平台，将研究成果融入其中，让公众在体验游戏的过程中掌握科学知识。总之，博物馆要通过不断创新科研成果转化的形式，精心规划展览、宣传、活动、文创等环节，提高公众参与度和满意度，打造博物馆科普教育的特色品牌。

（四）建立科研成果转化与资源共享平台

博物馆要积极搭建研究成果共享与科普服务的优质平台，提高研究成果的转化效能。博物馆可对藏品资源信息、科研成果、科普教育资料、实验数据等各类资源进行优化整合，建立数字化资源开放共享平台，为学界开展研究工作和公众欣赏藏品提供便利。以此推动馆藏资源与科研成果实现高效运用，为科普事业的发展提供专业、权威的数据支撑。

博物馆还要努力推动研究成果和科普教育资源向网络领域的转化，积极拓展新技术、新形式的呈现渠道。例如，借助智慧博物馆、数字虚拟展厅等数字化手段展示科普内容；依托在线学习平台、自媒体等进行知识传播；推出网络课程、互动问答等精准化服务；通过创作影视动漫、科普短视频等手段实现趣味化表达；利用网络新媒体将趣味性元素融入学术研究的前沿成果，保证科普内容的吸引力和专业性，打破博物馆科普服务在时间与地点上的限制，拓展博物馆科普教育和文化宣传的覆盖范围。

四、结语

博物馆科研成果向科普教育的应用转化具有非常重要的意义和作用。这种转化能够最大程度地发挥研究成果的价值，还能增强博物馆的社会服务功能，促进科学文化知识的普及与科学精神的传播。博物馆今后还需坚持不懈地实践和探索，争取将更多

的科研成果转化为容易被大众接受的科普知识和丰富有趣的科普教育活动，为科学研究和科普教育的融合转化开辟新的道路。

参考文献

［1］冯伟民.古生物博物馆科普产品的研发与应用 [J].自然科学博物馆研究，2016（S1）：120—124.

［2］李阳.关于推进科研向科普转化工作的策略探讨——以天津国家海洋博物馆为例 [J].文物鉴定与鉴赏，2022（13）：142—145.

［3］张越.高校博物馆科普内容创新探索 [C]// 中国科普研究所.中国科普理论与实践探索——第二十六届全国科普理论研讨会论文集.科学出版社，2020：133—139.

［4］商李，杨励.探索新时代博物馆人才资源与成果转化路径 [J].文物鉴定与鉴赏，2024（1）：58—61.

［5］张娟娟.西部地区博物馆文化资源转化水平测度研究 [D].西安建筑科技大学，2023.

［6］张婧文，郭美廷.基于 SWOT 分析的高校博物馆科普工作发展策略探究 [J].科普研究，2021（2）：77—84，111.

［7］安来顺，宋向光，徐玲，等.博物馆教育和研究功能的思考 [J].博物院，2024（1）：7—15.

［8］靳祎庆.关于博物馆学术研究特色化发展的思考 [J].文物鉴定与鉴赏，2020（23）：125—127.

博物馆科普研学发展路径探讨与实践

——以靖江王陵国家考古遗址公园为例

黄丽萍

【提　要】近年来，研学旅行的不断发展及博物馆职能深化，为开展素质化教育、丰富学生体验提供了平台。靖江王陵作为考古遗址类博物馆，兼具了博物馆及考古科普教育功能，是实施科普教育的重要阵地。本文通过分析近年来靖江王陵科普研学活动的开展形式及成效，结合当前科普研学的实际情况，探索靖江王陵科普研学未来发展路径，力求实现科学与博物馆的充分碰撞，突破博物馆传统静态展示的形式，创新参与互动方式，实现"考古科普、快乐体验"的目标。

【关键词】国家考古遗址公园　科普研学　开发路径

【作　者】黄丽萍　桂林市靖江王陵文物管理处　馆员

　　靖江王陵是目前全国保存规模最大、序列最全、发现石像生和梅瓶数量最多的明代藩王墓群。靖江王陵文物管理处依托全国重点文物保护单位，建设具有科研、教育、游憩功能的国家大遗址保护展示园区。近年来不断建设完善展示园区、场馆设施，现建有面积达 102 公顷的"八陵三墓"室外研学活动区、900 平方米的室内展示区域"靖江藩国故事"陈列展示馆、200 平方米的多功能影视展示厅，以及面积超过 5000 平方米的靖江王陵研学基地等科普教育场所。

　　靖江王陵国家考古遗址公园每年充分利用国际古迹遗址日、国际博物馆日、文化和自然遗产日、全国科技活动周、全国科普日以及中国传统节假日、寒暑假等，面向公众开展丰富多彩、形式各样的研学科普活动。以"体验"为核心，探索匠心精神，着力打造"博物馆校园直通车""藩王文化小使者夏令营""藩王文化进社区"等科普研学品牌。主题多样的科技与博物馆的碰撞让更多学生及市民走进博物馆，了解藩王历史。

一、大力开展科普研学的主要原因

自 2013 年起，国家开始提出要"逐步推行中小学生研学旅行"，2014 年首次明确将研学旅行纳入中小学生日常教育范畴。2016 年，教育部等 11 部门印发了《关于推进中小学生研学旅行的意见》，要求各基地要将研学旅行作为重要的教育载体，根据小学、初中、高中不同学段的研学旅行目标，有针对性地开发多种类型的活动课程。研学教育的出现，改变了过去游学的个体行为，成为学校教育与校外教育的有效衔接，是实现素质教育的重要举措。2016 年 12 月，国家旅游局颁布的《研学旅行服务规范》，明确将研学旅行产品按照资源类型分为知识科普型、自然观赏型、体验考察型、励志拓展型、文化康乐型五大类。从国家旅游局的分类来看，知识科普型研学是当前研学发展的主要类型之一。博物馆作为文化旅游发展的重要载体，承载着传承历史和文化的使命，是青少年回溯历史、感知过去的窗口。随着研学需求的迅速增长，国家及行业层面不断提出要进一步推动研学旅行发展，推出一批研学旅游精品线路，打造一批研学旅游目的地，由此可见国家及社会各界对于研学旅行的重视。科普研学作为研学旅行的一种表现形式，因其更加强调科技性和普及性而受到广大师生、学校及社会各界的重视与欢迎。对博物馆而言，开展科普研学活动能够进一步深化博物馆的教育功能，丰富学生体验，达到科普研学目的。

（一）强化学生的科学意识

科普研学教育的出现，改变了过去完全依托课堂教育来培养学生科学意识的形式，通过理论与实践的结合，在博物馆及其他研学基地能让学生们将在课堂上学到的知识有效转化。与课堂教育相比，校外课堂的优势在于能够充分利用本地丰富的自然、科研及历史文化资源，建立各具特色的科普研学基地。科技馆、地质博物馆等科普研学基地具有全面的展陈设计及先进的技术设备，能够提供交互式体验，满足学生对于自然科学的好奇心和想象力；高新技术设备能让学生在科普研学过程中实现对知识的感知和探索，强化学生的科学意识，进一步激发个人对于科学的兴趣。博物馆不同于科技馆的地方在于，博物馆（尤其是综合性博物馆）更侧重对当地历史的展示，借助科技设备让大众了解过去，所以博物馆在科普研学方面更多注重人文科学知识的普及与应用。

（二）提高学生的自主能力

研学课程设计强调要围绕落实立德树人的根本任务，聚焦中小学生发展核心素养，通过研学课程不断提高中小学生的自主能力。随着现代科技的不断进步，学生们面对的外界诱惑不断增加，学业与休闲娱乐之间的矛盾频发，最终演变成学生与家长、学校教育之间的矛盾。开展科普研学活动的目的就在于让学生通过团体性活动及动手实践的形式，在研学导师的引导下，发挥主观能动性。在研学活动中，逐步让学生们自己安排和处理活动中出现的问题，提高他们的独立自主能力和自我管理能力，真正做到研有所思、学有所获。

（三）增强学生的社会参与感

近年来，社会越来越关注学生综合素质的提升，处于青少年发展阶段的学生们，希望能够发展新的自我，寻求社会认同感，同时具有社会参与的心理需求。学生通过参与校外研学活动，能走出校园、走进社会，在活动中学会处理与同学之间的关系，学会与人合作、融入集体，提前适应社会发展需求。作为科普研学基地的博物馆，为了强化学生的社会参与感，常年推出文化志愿者服务活动，通过发布志愿服务信息，招募学生志愿者在课余时间和博物馆一起开展文化宣传活动。小小志愿者的加入丰富了博物馆的社会宣传形式，博物馆也为学生参与社会公益活动提供了平台。

二、靖江王陵科普研学活动开展情况

自 2021 年以来，靖江王陵依托丰富的文物资源持续开展科普研学活动，至今已连续举办四届全国科技活动周活动。2021 年被桂林市科协公布为"桂林市科普教育基地"，2023 年通过自治区科协验收获批成为"十四五"期间第二批广西科普教育基地。

（一）"走进靖江王陵 探索六百年科技之光"

2021 年，适逢靖江王陵国家考古遗址公园研学基地揭牌，靖江王陵首次将科技与文物相结合，推出全国科技周桂林系列活动"走进靖江王陵 探索六百年科技之光"。该活动是靖江王陵博物馆依托新建成的研学基地举办的第一次大型主题科普活动，包括三个项目，分别是模拟考古与修复、再现桂林"兵马俑"——轻黏土人物和动物造型捏塑、青花梅瓶拼接描绘换新颜。此次活动邀请了桂林市二附实验学校同学参与，通过讲解员的介绍及考古知识相关讲座，让学生们感受到了靖江王陵 600 年前的建设智慧及科技元素。学生们通过耳听、眼看及动手参与等形式，不仅开阔了眼界，更树立起爱科学、学科学、用科学的思想意识。该活动的举办让靖江王陵研学科普活动进一步走入市场，丰富了靖江王陵国家考古遗址公园的体验式游览内容，为推出靖江王陵研学旅游新业态奠定基础。

（二）"'石头会生病'科技与考古"

2022 年全国科技周期间，靖江王陵结合"5·18 国际博物馆日"，在 2021 年的基础上不断推陈出新，增加科技元素。此次科技周期间共推出三场科普研学活动，包括 5 月 18 日"博物馆的力量"研学活动、5 月 20 日"博物馆与你相遇"科普活动、5 月 28 日"生病的石头"科普讲座研学活动。通过多种形式和不同主题，让更多青少年走进博物馆，在活动中用眼睛去探索文化的内涵，用脚步去丈量历史的广阔。此次科技周主题活动为"'石头会生病'科技与考古"，靖江王陵数量庞大的石像生是博物馆最为珍贵的文物，整个靖江王陵墓群现有石像生 345 座，超过所有明代帝王陵神道现存石像生的总和，为研究明代藩王陵的墓仪规制提供了一套较为完整的实物资料。靖江王陵 2022 年科技周的活动主题就从石像生出发，从文物保护与科学技术的角度阐述科技对于文物保护的重要性。在讲座上老师用拟人的方式，从科学角度向同学们阐述了靖江王陵的"石头"为什么会生病、都生什么病以及生病了怎么治这三个主题。通过讲座与现场观摩，学生们了解石像生所经受的"病痛"，将理论与实际相联系，在科学与文物的碰撞中找寻到乐趣，增强保护文物的决心。

（三）"科技添彩 焕发文物新生命"

2023 年全国科技活动周及"5·18 国际博物馆日"之际，靖江王陵博物馆开展了"感受科技魅力 尽享探索乐趣"主题科普教育活动。靖江王陵文物管理处与桂林电子科技大学合作共建的广西文化遗产数字化保护与利用研究院派出专家团队，开设了"3D 打印技术在文化遗产数字化保护中的意义和方法"讲座，从文物数据采集、数字建模到材料准备、打印方法及半成品展示，使参与者对科技助力文物保护、焕发文物新生命有了直观认识。3D 打印技术可为基础科学的研究提供重要的技术支持，能直接加工出特殊、复杂的形状，在文物保护、展示和利用上大有可为。本次科普活动中，科技团队还将小型 3D 打印机带到博物馆活动现场，孩子们第一次近距离观摩了 3D 打印机是如何工作的，见证了高科技与博物馆的碰撞。此次科普活动在前两年的基础上不断增加科技含量，注重与大中院校及科研团队的合作，为博物馆注入了新的生命力，让孩子们在科技中感受历史文物遗址的厚重价值，以及科技为文物赋能的意义。

（四）"科技助力靖江王陵保护 探索气象与文物的秘密"

2024 年"5·18 国际博物馆日"及全国科技活动周期间，靖江王陵博物馆开展了

"科技助力靖江王陵保护　探索气象与文物的秘密"主题科普教育活动。随着科技的发展进步,气象对文物的影响越来越为人们所了解,日益受到了关注。通过开展"'老石人'说石话"专题科普讲座,让孩子们了解到我国作为文物大国的实力。据第三次全国文物普查数据,目前全国拥有约76.7万处不可移动文物,包含古遗址、古墓葬、古建筑、石窟寺及石刻等。由于不可移动文物多处于露天或半露天环境,文物常遭受自然灾害严重破坏,甚至有毁灭的风险,而在气候变化带来的极端天气频发的背景下,这些风险正在加剧。通过气象知识讲座,人们可了解气象对不可移动文物的影响,将预防理念运用到文物保护中,学会在气象的影响下进行文物保护。此次活动将馆藏文物和科普知识有机结合,向公众普及历史知识,弘扬中华优秀传统文化,充分发挥博物馆的社会教育功能。

近年来,靖江王陵博物馆不断与新科技产生连接,并且与各大院校及中小学开展合作共建教育基地,力求通过开展科普研学活动创新博物馆展现形式,通过感悟靖江王陵文物背后所凝聚的科技和智慧,发现文物保护与现代科技碰撞的魅力,为博物馆赋予新的时代意义。

三、靖江王陵科普研学活动存在的问题

"博物教育属于社会教育的范畴,在开展青少年科普教育过程中具有直观性、多样性、互动性等特点。藏品是博物馆最独特的教学素材,'以物证史'是博物馆教育的特色。"[1]近年来随着研学旅行的持续火热,博物馆开始在研学活动中占据了重要地位,通过对馆藏文物的展示和利用,充分发挥了博物馆社会教育的功能。科普研学作为研学活动的一类,往往更强调科学属性,同时对于研学导师的专业素质要求也更高,因此在实际活动中,科普研学活动的开展频次相对较少。从靖江王陵近四年的全国科技活动周活动中可以看出,博物馆在开展科普研学领域已取得一定的成效,但仍存在一些普遍性的问题需要解决。

(一)课程设计深度与学科整合有限

在研学活动中,课程开发是活动开展最为关键的步骤和环节。从靖江王陵博物馆现有的课程来看,虽然针对不同学段进行了梯度课程设计,但是在执行中往往存在课程内容深度与学段适配性不足的问题,部分课程在设计的深度上无法满足学生开展研

---

[1] 蒋丽楠:《馆校合作背景下的青少年科普教育——以内蒙古博物院"行走中的博物馆"项目为例》,载《科技视界》,2022年第15期。

学活动的需求。例如"石头会生病"课程主要依赖于博物馆老师的理论讲解，缺乏趣味性体验环节的设计，导致学生的参与度不高。与此同时，课程设计在跨学科整合方面联动性较弱，部分活动仍旧停留在浅层体验阶段，如梅瓶鉴赏系列课程主要是从历史与美术的角度出发，让学生进行梅瓶纹饰手绘来开展体验，但是未能多维度对文物的价值及艺术进行解析。此外，课程设计存在的问题主要在于博物馆与学校之间的合作不够深入，未能充分了解课程教育目标。对于跨学科课程整合能力有限，导致学生体验感不强，无法达到深化课外教育的目的。

（二）科技赋能与数字化应用滞后

当前研学活动的主要关注点在于对优秀传统文化及红色革命文化的宣扬，作为承载历史的博物馆更是如此。与一般宣教活动不同的是，科普研学活动的科技含量更高，专业性更强，对博物馆提出了更高的要求。靖江王陵作为以明代藩王文化为主要内容的专业类博物馆，拥有着全国数量最多的明代石像生。靖江王陵文物管理处与国文科保（北京）新材料科技有限公司合作共建"中国桂林·石质文物保护研究工作站"，与桂林电子科技大学共建"广西文化遗产数字化保护与利用研究院"，在科学技术上有了相应科研机构的支撑，但是从目前的活动中来看，在科技赋能博物馆方面发展不够深入，未能充分发挥科研机构在科普活动中的重要作用。在数字化应用方面，虽然尝试引入多媒体影院及遗址场景复原，但是数字化体验仍以展示为主，缺乏互动性体验，难以满足公众对博物馆沉浸式探索的需求。

（三）宣传推广与人才储备不足

博物馆作为对外窗口，做好大众宣传工作是吸引游客的关键。伴随着新媒体的广泛应用，大众在获取资讯时往往更依赖微信、小红书及抖音等平台，因此博物馆在宣传方面要适应当前的流行趋势，做好新媒体宣传。目前靖江王陵主要对外宣传平台为"靖江王陵国家考古遗址公园"官方微信公众号，在宣传形式上较为单一，并且更新频率较低、互动性弱，导致受众覆盖面受限。同时，以自媒体为媒介的科普宣传工作缺乏活力，不能适应当前科技创新、科学知识普及与形势发展需要。主要原因在于，当前靖江王陵博物馆全职的科普工作人员数量严重不足，缺乏新媒体运营方面的人才，且兼具考古专业素养与教育能力的"双师型"导师稀缺，以至科普活动宣传推广力度不够和科普课程专业性不足。

四、靖江王陵科普研学未来发展路径探讨

靖江王陵作为目前华南地区最大的国家考古遗址公园，拥有着丰富的野外文物资源。从 2021 年全国科技活动周开始，靖江王陵博物馆着力于将考古与科普相结合，做出了尝试，取得了一定的成效。对于后续如何充分利用靖江王陵馆藏及野外文物资源，在活动中真正实现科普和博物馆的有效连接，笔者提出以下思考，希望对今后的科普研学活动起到一些借鉴作用。

（一）加强馆校合作，实现课程优化

博物馆作为第二课堂，要想充分发挥其作用，需要与学校建立长期稳定的合作机制。学校或者教育主管部门可以作为馆校合作的主导者，推动学校建构平台与博物馆资源共享。在将博物馆作为校外课堂的同时，共同推进校本课程的设立，学校老师与博物馆导师共同参与相关科普课程设立，在教学目标、教学计划上进行合理区分，针对不同年龄段的学生（尤其是低年级的学生），根据他们的特点让学生们更好地了解什么是博物馆科普，从而达到预期效果。可将与博物馆相关的课程直接搬到博物馆，推动校外课程规范化、具体化。与此同时，要做好课程反馈及评估，建立完善的评估机制，每学期或年度开展一次教学评估，双方共同探讨改进措施。对于合作密切深入的博物馆适当推出激励措施，在政策和资源上给予倾斜，推动馆校合作深入开展。

博物馆在科普主题及课程的选择上，可以将馆藏文物及现有资源与学科相结合。一是构筑相关学科探究。靖江王陵博物馆作为古建筑遗址，可与桂林理工大学进行合作，将古建筑遗址教学课堂放在博物馆，围绕靖江王陵现有建筑开展教学交流，通过现场教学让学生走进古建筑，了解其建造技术及工艺，直观感受古建筑之美，知晓建筑设计的基本原理。二是与理科科目相结合。靖江王陵文物管理处与国文科保（北京）新材料科技有限公司合作共建的"中国桂林·石质文物保护研究工作站"，为石像生保护带来了福音——通过新技术与新材料定期为石像生开展"治疗"，可与初、高中及各大高校理科专业相结合，分析石像生病害成因。从研究石头风化出发，可与物理、化学、生物等学科产生联系，了解石头风化的类型与机理，"诊断"石头为什么会生病及生病了如何救治，做好文物保护上的"望闻问切"，利用各类检测仪器为石头做治疗评估。三是从文科和艺术学科的角度探索。文物不仅仅具有文化价值、艺术价值，更为重要的是其蕴含的历史及社会价值，由此可以延伸出美术、历史及思政等文科专业的学习内容。靖江王陵出土的 300 余件梅瓶，从制作工艺、颜色选料、纹饰图案等角度来看，蕴含着巨大的美学价值。靖江王陵的自然环境、古建筑和石像生等为艺术创造者提供了良好的创作素材。在靖江王陵博物馆外聘的教师中，有不少美术专业教师，

近年来经常组织学生前来开展活动。随着科普研学的不断规范，后续将持续开展规模性的校外写生及科普研学课堂，让学生们在博物馆中进行历史、美术学习的同时，培养他们对于美的感知及艺术鉴赏能力。

（二）推动科普研学与科技深度融合

博物馆科普活动的开展应当立足于科学技术的不断创新发展，通过对高新科技的运用，提高博物馆的竞争力，增强互动体验，让公众更直观地感受博物馆的魅力。加强数字化博物馆建设，实现数据共享，真正做到科技赋能博物馆发展。

文物利用、保护先行。一方面，需要不断提高科技在文物保护中的应用。近年来，随着无人机技术的发展，靖江王陵博物馆积极将其运用到遗址日常巡查及考古现场图像采集之中，大大减少了人力投入，提高了工作效率。同时需加强与科研院校的合作，充分利用 3D 打印、3D 建模等方式准确获取文物数据，多角度还原、展示文物本来状态，对其进行数字化采集，建立文物数据库，制作出相应模型，让文物能够得到更好的保存。利用先进设备充分展示文物价值，能为后续开展科普研学活动奠定基础。可在每年全国科技活动周及科普研学活动中，邀请专业人士介绍设备并动手操作，让公众能够感受到科技带来的便利及其意义。另一方面，需要加强科技在数字化博物馆建设中的作用。随着体验经济的盛行，游客对于旅游的感知不再停留在文字、图片、视频等方面，而是希望能够身临其境去感受。因此，博物馆在该方面需不断加大投入，通过设置触摸屏虚拟翻书、三维动画等形式进行文物展示。例如安阳殷墟博物馆利用"全息展柜＋裸眼 3D"的形式，将古老的文物和历史场景以新颖的方式呈现在观众面前，大大提升了观赏性，加深了公众对商代文明的理解；陕西考古博物馆利用全息投影技术展示历代石窟，让游客置身其中感受我国石窟艺术的独特魅力，获得一次全身心的艺术洗礼。这些博物馆的数字化应用深受游客好评，大大激发了公众的参与热情。目前，在大型博物馆中，数字化运用已经逐渐成熟，但是靖江王陵这类专业型博物馆，由于体量较小，数字化运用仍较为缺乏。下一步可以考虑在现有的展陈空间引入 3D、VR、AR 等技术，打造沉浸式虚拟考古互动场景，帮助公众理解考古工作及不同遗址的特征。同时，可以加强对虚拟展厅的开发，让那些对靖江王相关历史感兴趣却无法到现场参观的公众，可以利用线上平台去了解靖江王的相关历史，感受明代藩王历史文化的独特魅力，从而增强大众的参与度和获得感，让科技真正做到服务于大众。

（三）强化宣传矩阵建设与人才培养

宣传推广是博物馆走进公众的重要渠道和手段，为了进一步提高靖江王陵博物馆的知名度，需要强化宣传矩阵建设。"靖江王陵国家考古遗址公园"官方微信公众号作为对外宣传的主要媒介，可以通过开设科普小专栏等形式定期推送科普小知识；同时需要提高对时事热点的敏感性，增加宣传频次，做好用户维护，让公众号真正成为大众了解靖江王陵博物馆最为便捷的途径；定期发布以"探秘靖江王陵"为主题的短视频，增加宣传的趣味性；邀请区内外知名文旅博主在博物馆专家的指导下进行现场直播，推出"云游靖江王陵"系列直播活动，吸引线上公众参与；加强与附近高校的联系，对在校大学生实行优惠政策，吸引大学生利用社交媒体进行活动宣传，发展高校潜在游客群体。通过发展多种宣传形式，形成推广传播链条，最终建立新媒体宣传矩阵。

针对人才储备不足的情况，靖江王陵博物馆需在加强讲解队伍建设的同时，进一步注重对科普队伍的打造，适当组织科普工作专门培训，提升科普工作者能力，尤其需要培养科普工作者掌握现代科技发展的专业知识，建设一支具有一定业务素质的科普工作队伍。深化和广西师范大学历史文化与旅游学院的合作，培养兼具考古专业技能和教育科普能力的"双师型"导师，提高靖江王陵博物馆整体科普研学水平。储备跨学科人才，通过与高校建立实践教育基地及课题共建等形式吸收新媒体运营、艺术设计、数字化建设等方面的人才。以上这些举措，能够推动靖江王陵博物馆人才队伍建设从单一技能型向综合创新型转变，为博物馆的可持续发展提供核心支撑。

科普研学作为研学活动的重要表现形式，其传播和发展离不开博物馆。靖江王陵作为展示明代藩王文化的国家考古遗址公园，将科普与优秀传统文化相结合，运用科技创新发展，探索出适合市场运行的有效路径。充分发挥博物馆及国家考古遗址公园的教育职能开展科普研学活动，真正做到全民参与、全民共享，让靖江王陵国家考古遗址公园成为广大人民群众"感知历史、增强自信、享受快乐"的科普乐园。

对博物馆志愿者服务工作的思考

——以南宁孔庙博物馆为例

杨晓燕

【提　要】随着社会公共服务意识的增强，博物馆志愿服务成为推动文化传播与教育发展的重要力量。本研究以南宁孔庙博物馆为例，探讨如何加强博物馆志愿服务工作。针对南宁孔庙博物馆志愿服务的现状、存在问题提出了具体策略，并进一步探讨了加强博物馆志愿者服务工作的措施和方法，为提升博物馆的社会教育水平提供借鉴。

【关键词】博物馆　志愿服务　思考

【作　者】杨晓燕　南宁孔庙博物馆　馆员

一、引言

随着社会经济的快速发展和文化自信的不断增强，博物馆作为保护和传承文化遗产、提供社会教育、促进文化交流的重要机构，其社会功能和公共价值日益突显。特别是在我国，博物馆已成为连接过去与现在、沟通传统与现代的文化桥梁，承载着弘扬中华优秀传统文化、提升国民文化素质、促进社会文明进步的重要使命。伴随着博物馆事业的快速发展，参观人数逐渐增加，博物馆面临着人员不足的问题。因此，志愿者服务应运而生，并逐渐成为连接博物馆与公众的重要桥梁。

南宁孔庙博物馆是广西乃至岭南地区规模最大的孔庙，作为市级文物保护单位，不仅是南宁市重要的历史文化遗产，也是推动地方文化发展和提升城市文化品位的关键因素。志愿者通过提供讲解和导览服务等方式，极大地丰富了南宁孔庙博物馆的服务内容，丰富了观众的参观体验。然而，当前南宁孔庙博物馆的志愿服务存在一些问题，在一定程度上制约了志愿者服务发挥效果，影响了博物馆服务质量和文化传承效果。因此，本研究旨在深入分析南宁孔庙博物馆志愿服务的现状和存在的问题，并提出加强和改进志愿服务的具体措施，以期为南宁孔庙博物馆提升公共文化服务水平提供参考和借鉴。

二、相关概念阐述

（一）博物馆志愿者

博物馆志愿者是义务为博物馆工作的人员。志愿者无偿为博物馆提供服务和知识，这种形式在欧美国家被广泛采用。近年来，国内博物馆也大都拥有了自己的志愿者队伍。志愿人员服务的范围大都集中在教育和后勤部门，志愿人员若想为博物馆工作，必须由本人申请并经过博物馆考核，才能被批准参与志愿服务。

中国的博物馆是从 20 世纪 50 年代开始招募志愿者的。经过逐年的发展，各地的博物馆志愿服务都成了公益文化事业上的重要组成部分，志愿者团队已经成为博物馆志愿服务的重要力量。同时，博物馆志愿服务也逐渐走向规范化、法治化的道路。北京自然博物馆（今国家自然博物馆）于 1986 年开始组织志愿者工作，标志着我国博物馆志愿者实践活动正式开始。[1] 中国历史博物馆（今中国国家博物馆）于 2002 年首次面向社会公众招募志愿者，建立了自己的志愿者队伍。

（二）博物馆志愿服务的内涵

志愿服务指的是任何人自愿贡献自己的时间和精力，在不为获得物质报酬的前提下，为促进人类社会发展、社会进步和社会福利而提供的服务。

我国志愿服务活动的起步比较晚，尽管大家对志愿者的性质都有一定的了解，但对于志愿者工作的意义，国外博物馆认知的时间比较早。早在 20 世纪初，就已经有博物馆开始了志愿服务活动。一百多年来，在欧美、日本等发达国家的博物馆都已普遍拥有志愿服务功能，并且形成了自身独特的志愿服务制度。

志愿服务是包罗万象的，不仅包括一般性的讲解和咨询，还包括一些专业性的工作，比如协助研究及收藏等。并且志愿服务本身还可以进一步拉近博物馆与观众的距离，增强博物馆观众参观的亲切感和参与感，还可以在平等交流中达到教育和传播的目的。同时，博物馆通过招募志愿者的方式，既可以弥补现有专职人员人力不足的问题，又可以节省馆内的经费开支。

---

[1] 杜歆雨、甘雅云、尹科逸：《双重角色定位视角下的博物馆志愿者研究》，载《中国志愿服务研究》，2023 年第 4 期。

（三）博物馆招募志愿者的意义

博物馆通过招募志愿者可以吸纳更多的人参与到博物馆的日常管理工作中，缓解博物馆工作人员不足的状况。志愿者来自四面八方、各行各业，他们年龄不同、经历不同，拥有不同的专业知识，所以他们对文物也会有自己独到的见解，在从事志愿服务的过程中，可以让游客从各个角度去欣赏、去探究、去了解文物，从而对熟悉的传统文化产生不一样的认识，促进博物馆发挥教育职能。

志愿者的加入也可以减轻馆内工作人员的压力，分担馆内事务。同时，志愿者来自社会公众，他们会更加了解公众的特点及其需求，可以更好地为参观博物馆的观众服务，拉近博物馆与社会公众的距离，使博物馆更好地融入社会，让更多的人来参观博物馆。

三、南宁孔庙博物馆志愿服务的现状

（一）南宁孔庙博物馆志愿服务的内容

1. 提供讲解服务

南宁孔庙博物馆作为传承和展示儒家文化的重要场所，志愿者需要为游客提供讲解服务，涵盖孔庙的历史沿革、建筑特色、孔子及其弟子的思想等多个方面。从孔庙的始建背景、历代的修缮与迁建，到大成殿的建筑风格、孔子的教育理念，再到崇圣祠中的红陶孔子圣迹图、家风馆等，都需要志愿者们的生动解说。

2. 提供导览服务

南宁孔庙博物馆由于暂时还没有安装智能检票闸机管理系统，节假日入园人数较多的时候往往会出现拥堵，在入园处需要配备大量的志愿者，为游客提供网络预约指导、前台咨询、参观路线引导等服务。在园内有活动时，人员也较为集中，需要志愿者协助疏导观众、引导观众有序排队，以保护藏品和观众的安全等。

（二）南宁孔庙博物馆志愿服务的调研现状

本研究采用问卷调查法，在前人的研究成果上，自行设计问卷，向南宁孔庙博物馆的 62 名志愿者发放问卷，以了解南宁孔庙博物馆志愿服务的现状。本研究共发放问卷 62 份，回收了 60 份，其中有效问卷 59 份，有效回收率 98.33%。

1. 南宁孔庙博物馆志愿者基本情况

表 1　南宁孔庙博物馆志愿者基本情况统计表（N=59）

组别	项目	人数	占比（%）
性别	男	34	57.63
	女	25	42.37
年龄	18—25 岁	27	45.76
	26—35 岁	5	8.47
	36—45 岁	9	15.25
	46 岁以上	18	30.51
志愿服务时间	三个月以下	17	28.81
	三至六个月	20	33.90
	六个月至一年	5	8.47
	一年以上	17	28.81
职业	学生	26	44.07
	自由职业者	8	13.56
	公司职员	3	5.08
	经商	4	6.78
	退休人员	18	30.51

根据上表可知，在接受调查的 59 名志愿者中，性别以男性为主，占到了 57.63%，女性则占 42.37%。在年龄方面，18—25 岁的年轻人占比最高，达到 45.76%，而 46 岁以上的志愿者也有较高比例，为 30.51%。从志愿服务时间来看，三个月以下和一年以上的志愿者人数比例相同，均为 28.81%，三至六个月的志愿者最多，占比 33.90%。在职业背景上，学生占据了最大比例，达到 44.07%，其次是退休人员，占 30.51%。由此可见，南宁孔庙博物馆的志愿者队伍呈现多元化的特点，涵盖了不同性别、年龄和职业背景，青少年和老年人对文化事业的支持性较高，有助于丰富南宁孔庙博物馆志愿服务的内容和形式，提高服务质量。

2. 南宁孔庙博物馆志愿者招募制度情况

表 2　南宁孔庙博物馆志愿者招募制度是否完善调查表（N=59）

项目	人数	占比（%）
非常完善	3	5.08
较为完善	4	6.78
一般	18	30.51
不完善	34	57.63

根据表2可知，有57.63%的志愿者认为博物馆现行的招募制度不完善。仅有5.08%的志愿者觉得招募制度非常完善，而认为制度较为完善的也只有6.78%。这表明绝大部分志愿者对南宁孔庙博物馆现行招募制度的满意度较低，认为存在改进的空间。这种现状提示博物馆管理者需要对现有的招募流程进行审视和修订，以吸引更多合适的志愿者，提升志愿服务的质量和效率。

表3　南宁孔庙博物馆志愿者了解志愿者招募信息渠道调查表（N=59）

项目	人数	占比（%）
博物馆官方公众号	12	20.34
朋友	15	25.42
学校	26	44.07
社交媒体	6	10.17

根据表3可知，通过学校得知招募信息的志愿者占比最高，达到44.07%。这和博物馆与学校的合作关系有关，学校有学分制度，学生需要来修学分，所以志愿者中学生较多。另外，经朋友介绍和通过博物馆公众号了解到招募信息的分别占25.42%和20.34%，说明博物馆需要提高在线信息发布的可见度和吸引力。而社交媒体作为一个信息传播渠道，通过这个渠道获得招募信息的人数仅为10.17%，说明博物馆招募志愿者的宣传力度是较弱的，没有吸引更多人注意。

3. 南宁孔庙博物馆志愿者培训现状

表4　南宁孔庙博物馆志愿者培训内容是否充分调查表（N=59）

项目	人数	占比（%）
非常充分	3	5.08
比较充分	5	8.47
一般	14	23.73
不充分	37	62.71

根据南宁孔庙博物馆的规定，所有志愿者都会受到为期两天的培训，但是培训内容仅仅是博物馆的一些基本信息，对于其他内容涉及很少，而且培训方式仅是口头传授和发放宣传册。根据表4可知，有62.71%的志愿者认为所提供的培训内容不充分，仅有少部分志愿者表示培训内容比较充分或非常充分，分别占8.47%和5.08%，可见

当前博物馆为志愿者提供的培训无法满足他们的需求。

4.南宁孔庙博物馆志愿者服务态度现状

表 5　南宁孔庙博物馆志愿者激励制度建设是否完善调查表（N=59）

项目	人数	占比（%）
非常完善	3	5.08
比较完善	5	8.47
一般	17	28.81
不完善	34	57.63

根据表 5 可知，大部分受访志愿者（57.63%）认为现有的激励机制并不完善。相对而言，只有少数志愿者认为激励制度比较完善或非常完善，分别占了 8.47% 和 5.08%。由此可见，博物馆在激励志愿者方面还有很多工作要做，需要改进现有激励措施，以更好地激发志愿者的服务热情和维持他们的长期参与。

表 6　南宁孔庙博物馆志愿者服务热情程度调查表（N=59）

项目	人数	占比（%）
非常高	7	11.86
比较高	8	13.56
一般	26	44.07
不高	18	30.51

根据表 6 可知，有 44.07% 的志愿者认为自己的服务热情处于"一般"状态。还有 30.51% 的志愿者觉得自己的服务热情并不高，可见，南宁孔庙博物馆的志愿者在服务过程中缺乏足够的热情和积极性，最终会影响到游客的参观体验和博物馆的服务质量。

四、南宁孔庙博物馆志愿服务存在的问题

（一）志愿者招募制度不完善

根据表 1 可知，学生群体是南宁孔庙博物馆志愿者的重要组成部分，占比 44.07%，他们大多是通过馆校合作定期输送的志愿者。根据表 2 可知，有 57.63% 的志愿者认为博物馆的志愿者招募制度是不完善的。根据表 3 可知，南宁孔庙博物馆在面向社会公开招募志愿者的过程中存在一些问题。当地招募宣传力度小，很少能在街道、社区

看到志愿者招募的招贴海报，使得很多公众对博物馆志愿者不甚了解。报名只能通过微信公众号填报，只有关注"南宁孔庙博物馆"微信公众号的群体才能看到招募信息，而目前该公众号的关注人数极其有限。

（二）志愿者培训方法不科学

培训是提升志愿者专业知识和服务质量水平的重要途径，只有做好岗前培训工作，才能培养出优秀的志愿者，使他们更好地为公众提供服务。[1]然而南宁孔庙博物馆几乎没有制定长期有效的培训机制，大多通过短期、突击的形式培训志愿者。培训内容往往不够丰富、不成系统，大多涉及博物馆岗位工作内容，鲜少对志愿者的服务意识进行强化。虽然南宁孔庙博物馆90%以上的志愿者年均服务时长均达标，但也有一些志愿者没有认识到志愿服务活动的意义，在失去新鲜感后会退出志愿者行列，导致博物馆志愿者队伍的稳定性较差，志愿者流失。

（三）志愿者服务热情不足

根据表6数据，近75%的志愿者在南宁孔庙博物馆进行志愿服务时，没有表现出特别积极热情的态度。而且根据表5可知，有57.63%的志愿者认为当前博物馆的激励制度建设是不完善的。博物馆志愿者是指不以获得物质报酬为前提的、自愿为博物馆提供服务和帮助的人，但是不能否认有部分志愿者在新鲜感褪去后会失去志愿服务的热情。他们凭借一时冲动报名参加志愿工作，后来发现并没有想象中的简单，便会产生退却的想法，缺乏服务意识。

另外，由于许多志愿者的志愿服务时间具有不确定性，会出现管理松散、志愿服务意识较差、积极性不高等情况。此外，南宁孔庙博物馆志愿服务内容不够丰富，志愿者在博物馆能做的事情很少，他们只能协助做一些基本的讲解和导览服务，没能参与活动的策划与实施、文创产品开发等更有深度、更有意义的服务活动，这会导致他们的参与感、成就感、归属感不够强，久而久之服务热情降低。

---

[1] 陈艳鸽：《新时代博物馆志愿者队伍建设探析——以开封博物馆为例》，载《时代报告（奔流）》，2023年第10期。

五、加强博物馆志愿服务水平的几点思考

（一）完善志愿者的招募制度

1. 加大宣传力度

博物馆志愿者招募面临志愿者流动性高、专业匹配度不足等问题，反映出当前中小型博物馆普遍存在"重数量、轻质量"倾向。为此，各地博物馆应加大宣传力度，加强与学校的合作，不仅要推动传统文化进校园，也要善于在学校中招募优秀的志愿者。同时，借助现代信息技术，安排专业人员通过各种新媒体渠道展开宣传推广工作，借此来吸引更多有意向的人参与博物馆志愿服务。在各地博物馆微信公众号、抖音、快手、小红书等平台多渠道发布博物馆志愿者招募信息，以进行多平台的传播，拓宽志愿者招募范围，同时还能让外地用户了解到自己家乡的博物馆。或是与当地志愿者协会联络，通过协会平台招募志愿者，向用户定向推送招募信息，宣扬志愿者的精神理念，增进群众对于博物馆志愿工作的了解。让更多有意向的人加入志愿者的队伍，使博物馆志愿者的队伍日渐壮大。

除了以上几种等待志愿者报名的被动招募形式，各地博物馆更应该"走出去"主动招募。到各个街道社区、高校、机关、老年大学等进行志愿者招募，以储备人才。这种"走出去"的招募方式不但能够提高志愿者的素质，也能加大对博物馆的宣传力度，使公众对博物馆更感兴趣、更了解。

2. 规范招募程序

除了线上扫描博物馆微信公众号二维码的方式之外，各地博物馆还应开通多渠道的报名方式。报名时，报名人员应在规定时间内提交报名表，博物馆工作人员进行初次审核，审核通过后应进行笔试初试，考察报名人员的专业素养、服务意识等。初试可采用线上线下等多种方式进行。按照一定的比例形成复试人数，复试最好采用线下面试的方式，最终招募结果可以在博物馆官网、微信公众号等进行公示。

面试时，不同的岗位要求应不同，讲解岗位应对普通话水平、仪容仪表等方面做一定的要求；教育宣传或服务岗位，应对沟通能力、服务态度等方面做一定的要求。筛选后应给予志愿者一定的培训和考核，培训结束后，根据考核的成绩，决定是否录用应聘者。

（二）优化志愿者的岗前培训工作

1. 建立长期、系统的岗前培训机制

博物馆担负着文化传播、公共教育等多重职能，因此，博物馆志愿者也应具备一定的思想道德修养和科学文化知识，并且热爱文博事业。目前大部分志愿者来自各行

各业，他们的年龄、受教育程度、文化素养等都存在着很大的差别。虽然大家都热衷于参与志愿活动，但是文博方面的专业知识仍较欠缺。以南宁孔庙博物馆为例，在志愿者岗前培训环节面临培训机制缺乏系统性、培训方式单一等难题，折射出中小型博物馆志愿培训中"重短期速成、轻持续发展"的共性困境。所以各地博物馆应对志愿者进行长期的、系统的岗前培训。培训时要制定明确的目标和合理的培训内容。

志愿培训主要分为三个方面：常规培训针对实习志愿者进行博物馆历史沿革、志愿者规范章程的培训，并且是实地的参观培训；讲解培训需要对讲解志愿者进行专业的讲解培训，如语言的规范性、讲解语速语调、讲解的礼仪规范等；专题培训则根据志愿者上岗后选择岗位的不同，有针对性地进行集中和分组的培训。

2.建立多样化的培训方式

志愿者培训还可采用"线上＋线下"的方式，开展志愿服务知识、基础技能等理论模块培训，以及专业技能等专项模块培训。对于志愿者的培训，各地博物馆管理层在制定方案时，需考虑到不同的培训内容和对象。可以邀请历届优秀的志愿者为新志愿者进行培训，或者参照其他博物馆优秀的培训方式进行培训。为使志愿者参与培训学习更加有积极性，各地博物馆的管理人员还可以采用沉浸式体验等培训方式，让志愿者亲身体验服务人员与参观人员的角色差异，也可以举办一些比赛活动，并设置一定的奖励，让全体志愿者在这个过程中与他人进行互动，交流学习、取长补短。多样化的培训方式有利于调动志愿者的学习热情，组织化的培训方式有利于对志愿者进行规范管理，专门化的培训方式有利于对不同岗位的志愿者进行专项培训。[1]

岗前培训既可以提升志愿人员的专业技能，又可以激发他们的社会责任感，让他们在工作中始终以饱满的热情、以积极主动的态度去面对工作，承担自己的责任。

（三）完善志愿者管理制度

1.制定志愿者管理制度

南宁孔庙博物馆曾因志愿者排班冲突、服务记录缺失等问题导致活动执行效率低下，反映出中小型博物馆普遍存有的"管理粗放化""激励形式化"痛点。为此，各地博物馆可设立志愿服务部，并设置专门的部门和人员来负责志愿者的管理工作，建立由博物馆工作人员主导的自治化志愿者管理体系，包括前期招募、中期培训及后期考核激励等。这些环节都是相互联系的，需要有整体性的安排。博物馆工作人员与博物馆志愿者相互配合，定期沟通，不断引导志愿者积极主动地开展志愿服务工作。

---

[1] 孙斌：《江苏省中小型博物馆公共服务发展——基于讲解、志愿者现状的思考》，载《文化产业》，2022年第24期。

制度内容至少包括两个方面：一是明确志愿服务的内容；二是明确志愿者的权利。志愿者在参加志愿服务的过程中，应该要遵守相应的纪律和工作要求，而能够给到志愿者的权利要尽可能的实际。在管理制度中，要详细说明博物馆志愿者应尽的义务和可以享受的权利，进一步规范志愿者的服务工作，并且保障志愿者的权益。志愿者只有在明确了解自己的权利和义务的基础上，才能够更有效地展开工作。各地博物馆应为志愿者明确相关权利，比如志愿者可使用博物馆提供的业务书籍及学习资料，免费参观本馆的陈列展览、讲座和其他活动；博物馆志愿者可以在任何时间、以任何原因申请退出志愿者组织；优秀的博物馆志愿者享有向博物馆推荐志愿者的权利。

博物馆的工作人员要多和志愿者进行沟通交流，了解志愿者的学习工作时间及闲暇时间，以此来安排志愿服务工作，根据不同的服务内容选定合适且有服务时间的志愿者，避免与其工作、学习的时间冲突。

2. 建立绩效考核制度与奖励机制

许多博物馆因缺乏科学绩效考核和有效的奖励机制，难以调动志愿者的积极性。为解决这一问题，各地博物馆可采用志愿手册记录志愿者每次的活动情况，并作为考核依据。志愿者在服务前领取志愿手册，填写服务开始时间，服务结束后填写结束时间，手册由博物馆回收。此外，每次活动设置签到表，先签到的志愿者可优先选择服务项目。若志愿者忘记填写服务结束时间，可与管理负责人联系补写。

各地博物馆可以在年终对志愿者进行考评，对全年出勤率100%且圆满完成工作任务的志愿者给予一定的奖励，并且推荐优秀志愿者参加"中国博物馆十佳志愿者之星"的评选。除此之外，还可以通过在年底举办答谢会、优秀志愿者颁奖仪式等方式凝聚人心，激发志愿者的责任感和志愿服务热情。博物馆志愿者参加志愿服务大多是为了传播文化、实现自身价值。尽管志愿者的服务并非带有功利目的，但各地博物馆仍可以通过创设奖励机制，激励志愿者更热情、更认真地投入志愿活动当中。

六、结语

博物馆作为传承和弘扬中华优秀传统文化的重要阵地，加强志愿服务对于博物馆的长期发展具有重要意义。通过对南宁孔庙博物馆志愿服务现状的调研与分析，不难发现，虽然博物馆志愿服务取得了一定成效，但在志愿者招募、培训、志愿者管理等方面仍存在不足。为此，本研究提出了一系列改进策略，包括完善招募制度、优化培训工作和建立志愿者管理制度等，旨在吸引更多有热情、有能力的志愿者参与，提高志愿服务水平，进而推动南宁孔庙博物馆的文化传播和教育事业迈向新的高度。

南宁孔庙博物馆作为中小型博物馆的代表之一，其存在问题在同类博物馆中具有一定的代表性，对博物馆志愿者工作的思考可以为各博物馆提供借鉴。志愿服务不仅可以弥补中小型博物馆人员短缺、资金有限等不足，还可以搭建起博物馆和普通大众沟通的桥梁。人人都有机会参与博物馆建设，参与者既是建设者、传播者，更是受益者。期待在不久的将来，各个博物馆都能够拥有一支更加专业、更加热心的志愿服务队伍，共同为博物馆和文化事业贡献力量。

新媒体时代博物馆文化传播的实践与探索

易勇成

【提　要】随着新媒体技术的快速发展，博物馆文化传播迎来了前所未有的机遇与挑战。本文依托桂林博物馆近几年相关建设和成果进行讨论和思考，并结合国内外先进的案例与数据进行分析，以求探索新媒体时代博物馆文化传播的现状和未来发展方向，为行业实践提供参考。研究发现，尽管当前存在技术壁垒、内容创新不足、人才短缺等问题，但通过优化技术应用、加强内容创意、深化跨界合作，博物馆能够实现文化传播的广泛覆盖与深度传承，为文化遗产的"破圈"传播提供理论与实践支持。

【关键词】新媒体　博物馆　文化传播

【作　者】易勇成　桂林博物馆　馆员

在《"十四五"文化发展规划》和文旅融合政策的推动下，新媒体的兴起为文化传播提供了全新路径，成为提升公共文化服务能力的重要举措。因此，近年来，国内各博物馆积极响应国家战略，以"科技赋能文化、创新驱动传播"为核心目标，推动数字化转型。尤其受新冠疫情的影响，博物馆的线下展览等活动受到限制的情况下，依托多媒体平台系统性推进线上体验产品的开发与运营，吸引了大量观众参与，进一步提升了博物馆的社会影响力和文化传播效果。本文依托桂林博物馆近几年相关建设和成果进行讨论和思考，以求探索新媒体时代博物馆文化传播的现状和未来发展方向，为行业实践提供参考。

一、新媒体对博物馆文化传播的影响

随着新媒体时代的到来，博物馆通过微信公众号、视频号、抖音号等新媒体平台，以图文、视频、直播等多种形式，向观众介绍文物及其背后蕴藏的历史文化，打破了时间和空间的限制，实现了线上和线下的融合，使更多人能够便捷地获取相关文化信息。这些观众来自不同的地区，年龄层和文化背景不尽相同，可见新媒体使博物馆的文化资源能够惠及更广泛的受众群体，进一步发挥了博物馆的社会教育功能。

（一）新媒体平台联动，拓展传播渠道

1. 社交媒体矩阵

近年来，桂林博物馆依托"一网、两微、一视频"布局，其官方网站、微博、微信、视频号等新媒体平台已形成集众智、聚众传、强联动的多元立体网络服务体系，进一步增强了博物馆的互动性和传播效果，桂林博物馆的社会影响力进一步扩大，也收获了极大的公众关注度。近两年具体情况如下：

2023 年，桂林博物馆官方网站共发布各类信息 218 条，内容涵盖资讯、展览、活动、学术等，访问次数 72757 次，总浏览量 133795 人次；官方微博共计发布博文 46 篇，阅读量共计 55.5 万次；视频号通过"文旅＋短视频"模式实现用户规模快速扩张，全年共发布视频 24 条，视频总播放量达 53422 次；新增抖音号，全年共发布抖音 24 条，总播放量达 13123 次。

2024 年，桂林博物馆官方网站共发布各类信息 157 条，内容涵盖资讯、展览、活动、学术等，访问次数 67136 次，总浏览量 123964 人次；微信公众号全年共发布推文 69 篇，总阅读次数 312753 人次，总阅人数 252101 人次，截至 2024 年，总关注人数 346727 人次，全年新增关注人数 76530 人次，增长率为 28.32%；官方微博共计发布博文 53 篇，阅读量共计 96.99 万次，粉丝 6.2 万；视频号全年共发布视频 9 条，视频总播放量超过 23646 次；抖音号全年共发布抖音 9 条，2024 年总关注人数 303 人，全年新增 163 人，增长率达 116.43%，累计观看人数达 2973 人次，互动量（点赞＋评论＋转发）达 46 次。

2. 多媒体直播平台

在数字化的时代浪潮中，直播活动为博物馆打开了全新的展示窗口。其最大魅力在于能够实时互动，使观众仿佛身临其境。桂林博物馆依托地域、民族、文化优势，推出聚焦民俗主题、挖掘文化深度的直播，规划出"赏银饰之美：瑶族银饰中的信仰与艺术""品瑶乡油茶：一碗茶汤中的千年智慧""观制银技艺：非遗工坊里的时光淬炼""听原生态瑶歌：大山深处的天籁之音"四个主题方向，通过专家和非遗传承人的直播解读和演示，展示银饰的细节和艺术魅力、油茶制作的全过程、银饰制作的每一个环节及自然环境中的演唱场景，极大突出了少数民族的审美和文化内涵。

3. 虚拟展览

依托博物馆网站、微信公众号和微博等数字化平台以及全球开放网络，虚拟展览使观众突破了时间和空间的限制，人们可以无须出门，在家就能畅游博物馆的丰富世界，尽情浏览博物馆藏品详情、展览信息，同时还能够享受在线导览及虚拟讲解服务。桂林博物馆近年来推出"雅士风采——桂林博物馆藏明清人物扇面图片展""书以明志——桂林博物馆藏明清书法扇面图片展""意趣无穷——桂林博物馆藏明清花鸟扇面图片展""山水无垠——桂林博物馆藏明清扇面图片展""妙手丹青——桂林博物馆藏明清画轴图片展""心随花开——陈薇茵大写意花鸟画个展""龙耀九州——桂林博物馆藏龙纹文物展""美美与共——桂林博物馆藏南方少数民族银饰展""百花迎春——桂林博物馆藏花卉文物图片展""戏剧长缨——桂林博物馆藏西南剧展文物史料展"共计 10 个在线展览。这些展览通过官网"数字展厅"栏目和记忆网平台推广发布，浏览量共计 84767 人次，吸引了大量观众在线参观，进一步拓展了博物馆的展览空间，极大增强了观众现场参观的兴趣，让文物"活"了起来。

4. 短视频

依托抖音、小红书等平台，短视频凭借时间短、内容精炼及传播迅速的特质，备受青睐。桂林博物馆于 2023 年推出"馆长说宝"专题，由本馆馆长以视频方式介绍我馆的镇馆之宝——明宣德青花西溪问樵图梅瓶，通过视频号讲述梅瓶中的知音文化，受到观众好评。同时，为满足听障观众的需求，2024 年制作并推出了一系列手语讲解视频，内容涵盖"靖江遗韵"展厅内的多件重点文物，满足了特殊群体的观展需求。

（二）突出文化爆点，打造文化 IP[1]

2023 年，桂林博物馆重点打造和推出的"广西文物 dou（抖）起来"专题线上数字化体验产品，吸引近 4 万人次观看，为民众提供了丰盛的文化大餐，传递和汇聚少数民族的文化力量，打造文化 IP。

1. 依托特色展览，打造特色 IP

桂林博物馆以馆藏南方少数民族银饰为依托，打造了"美美与共——桂林博物馆馆藏南方少数民族银饰展"这一原创展览 IP。通过展览，深入挖掘南方少数民族银饰背后的文化内涵、制作工艺及民族特色，将银饰所蕴含的丰富文化元素进行系统展示，为观众呈现了一个独具魅力的少数民族文化世界。

2. 结合传统节日，强化 IP 影响力

借助"三月三"这一具有广泛影响力和深厚文化根基的民族节日，进一步强化桂

---

[1] IP，网络流行用语，互联网界引申为所有成名文创（文学、影视、动漫、游戏等）作品的统称。——编者注

林博物馆在传播少数民族文化方面的独特优势和品牌形象。通过在"三月三"期间举办与银饰文化相关的活动、展览等，使观众在感受节日氛围的同时，更加深入地了解和体验南方少数民族银饰文化的魅力。

（三）线上线下融合，增强互动性和教育性

1. 多媒体平台互动

2024 年，桂林博物馆推出"龙行中华"专题线上数字化体验产品，设计了如"中国传统龙纹设计大赛""线上问答"等多种互动活动，鼓励观众积极参与创作和分享，不仅让观众成为内容的消费者，更成为内容的创造者，增强了他们对中国传统龙文化的认同感和归属感。同时，观众可以在直播过程中通过提问、发表评论与讲解者进行交流，这种实时互动不仅解答了观众的疑问，还让他们感受到被关注和重视，增强其参与感和体验感。此外，产品注重社交分享功能的设计，方便观众将感兴趣的内容分享到朋友圈、微信群等社交平台。这种社交分享不仅扩大了产品的传播范围，还促进了观众之间的交流和互动，形成良好的传播效应。

2. 在线教育与科普

桂林博物馆近年来推动"桂博云课堂"建设，进行线上教育新探索，2022 年推出17 期内容，涵盖节庆文化、民俗文化、地域特色文化、红色文化等多个主题，并且教学形式灵活多样，有生动的视频讲解、图文并茂的辅助教材，还有在线测试巩固知识、互动讨论激发思维。例如，第 16 期"桂北游击队"详细介绍了桂北游击队的革命事迹，展现了桂林作为革命传统城市的光荣历史；第 3 期"新春特辑——漓江的石头会说话"则通过漓江石的传说和艺术价值，展现了桂林独特的自然与文化魅力。2023 年，围绕馆藏文物及新年文化主题，共推出 4 期内容。例如，第 1—3 期"桂博里的兔宝贝"通过与兔相关的馆藏文物，介绍兔年习俗和文化。2024 年，结合馆藏文物和春节文化，以"非遗里的年味"为主题，推出"龙韵桂林之草龙""龙韵桂林之板凳龙""桂林舞龙的传承"3 期云课堂。

二、新媒体时代博物馆文化传播的不足

（一）数字化建设差异明显，技术应用不足

1. 资源投入不均，部分博物馆数字化建设滞后

大型博物馆因资金、技术、人才等资源相对丰富，能较好地进行数字化建设，但中小型博物馆则多数未实现有效的数字化转变，致使藏品信息难以在网络上充分呈现。同时，仍有大量博物馆在数字化尝试中仅仅完成了低层次的建设，比如线上展览只是

线下展览的复制，没有充分发挥数字化技术和多媒体平台的优势，缺乏互动性和深度体验。

2. VR、AR 技术应用有限

VR、AR 技术为观众营造沉浸式参观体验，但此类技术的设备购置、软件开发、内容制作等都需要大量资金和技术支持。利用此类技术的博物馆不仅需要专业团队进行内容设计和开发，还要考虑设备的维护和更新，这使得许多博物馆望而却步。即便完成硬件部署的场馆，也普遍存在"重设备、轻内容"现象——调研数据显示，国内博物馆的 VR 设备月均使用时长不足 18 小时，大量设备沦为摆设。

（二）内容创新不够

1. 同质化问题

博物馆数字化传播陷入"千馆一面"的困境，内容匮乏创意。博物馆于社交媒体平台发布的多为简单的图文，既缺趣味又少互动，难以激起观众的共鸣，更无法唤起他们的分享意愿。超七成省级博物馆年度特展仍围绕"镇馆之宝""朝代通史"展开叙事，展陈逻辑停留在"器物＋标签"的旧模式，暴露出内容团队人类学视角与数字叙事能力双重短板。

2. 缺少受众分层

当前博物馆数字化建设普遍存在受众分层模糊的问题，表现为对不同受众群体需求考量不周，未针对儿童、青少年、成年人等不同年龄段或不同兴趣爱好的人群定制个性化内容，致使传播成效大幅降低。据统计，78.6% 的线上展览采用"全龄段统一导览"模式，导致青少年用户平均停留时间不足 2.1 分钟，仅为成年观众的 1/3。这种"一锅烩"式的内容生产，既忽视了儿童对趣味交互（如动画角色引导、益智小游戏）的需求，又未能满足青少年热衷的社交化传播特性（如弹幕互动、数字文创 DIY），更缺乏针对银发群体的适老化设计（如字体放大、方言导览）。

（三）人才短缺

人才短缺成为博物馆文化传播的关键制约因素，专业新媒体技术与传播人才的缺失较为严重。《2022 文博数字化报告》中提到"据国际博物馆协会调查，2021 年 5 月，全球仅有 21.9% 的博物馆拥有全职数字化员工"。[1] 这直接制约了数字化建设的深度推进。新媒体环境下，想要吸引观众，新奇创意和独特策划不可或缺；但当下博物馆此

---

[1]《2022 文博数字化报告 | 数字技术如何让文物活起来、潮起来？》，见《新京报》官网 https://www.bjnews. com.cn/detail/165957574714050.html，2022 年 8 月 4 日。

类人才寥寥无几，致使许多博物馆的文化传播活动平淡无奇、缺乏魅力。中小型博物馆受制于资源短缺，数字化团队往往由传统策展人员兼任，团队专业能力与创新思维难以匹配新媒体时代的传播需求。

（四）资金投入有限

在新媒体时代，资金投入有限成为博物馆文化传播的重大掣肘。博物馆的运营资金多仰仗政府拨款，但政府财政支持难以填补其在新媒体建设与推广上的巨大资金缺口。中小型博物馆新媒体建设经费缺口巨大，且资金大部分用于基础设备与系统维护，能投入虚拟展览开发、互动程序研发等创新领域的很少。

因资金匮乏，博物馆在新媒体传播领域的投入小心谨慎，不敢贸然尝试新的技术和项目，这无疑限制了文化传播的成效与影响力。仅有少数头部博物馆（如故宫博物院、中国国家博物馆）能通过品牌联名、IP 授权等方式获得商业合作资金。这种两极分化暴露出中小型博物馆商业谈判、品牌运营方面的专业人才缺口巨大。

三、新媒体时代博物馆文化传播发展的建议和方向

（一）结合技术优势，增强互动性和沉浸感

1. 3D 技术

线上 3D 展览的创新突破不仅体现在技术层面，其更开创了全新的观展模式。作为博物馆数字化的关键形式之一，线上 3D 展览凭借高精度的 3D 扫描与建模技术，把珍贵文物以数字化之姿展现在网络平台。无论何时何地，观众都能自由浏览。敦煌研究院的"数字敦煌"项目通过高精度 3D 扫描技术实现洞窟数字化，汇聚经典洞窟的高精度壁画图像、提取的壁画元素、绘制的壁画线描，以及石窟三维重建、洞窟虚拟漫游、敦煌文化艺术多媒体等数据，2022 年底已吸引全球 2200 万人次访问。[1]

2. VR、AR 技术

博物馆可以借助 VR、AR 技术，为观众呈上全新的沉浸式盛宴，使其如身临其境般品鉴展品。博物馆借助 VR、AR 技术，正在重构观众与文化遗产的互动方式，以沉浸式体验突破传统观展边界。故宫博物院利用 VR 技术打造"紫禁城四季"虚拟展览，

---

[1]《"数字敦煌"资源库已吸引全球 2200 万人次访问》，https://www.gswbj.gov.cn/a/2024/11/28/23368.html，2024 年 11 月 28 日。

用户可通过设备"漫步"于不同历史场景中。[1]

（二）突出内容为王，探索新媒体营销破圈策略

1.内容助力新媒体破圈

新媒体的宣传，首先需提供深度内容支持。各博物馆尤其是中小博物馆，只有尽可能完成对文物及其背后历史文化故事的深度探索，才能够更好地依托多媒体平台进行文化宣传，并获得好的成果。

2.热点联动与创意营销

博物馆在新媒体传播上，应依据文物的主题、历史时期及文化背景，制定差异化的传播策略。针对年轻群体，通过融合流行文化元素、游戏化互动或趣味性叙事提升吸引力。河南博物院"考古盲盒"通过抖音等社交媒体平台的推广，实现销售额破4300万，证明了社交媒体的商业转化潜力。[2]

3.打造专属文化传播矩阵，孵化关键意见领袖

博物馆应系统打造专属文化传播矩阵，培育文博关键意见领袖（KOL），如造诣深厚的专家学者、经验丰富的资深志愿者及声名远扬的文化名人等。他们凭借专业的知识见解、精妙绝伦的评论、生动有趣的故事等内容，能够成功吸引众多"粉丝"关注博物馆，并提供正向的文化输出。博物馆应重点孵化三类关键意见领袖：学术型、互动型和跨界型，使专业知识突破圈层壁垒，实现大众化传播。

（三）人才培养

破解人才困局需构建系统性解决方案，推动政策引导与制度创新，将数字创意人才纳入文博系统职称评定体系，设立专项激励基金；深化"政校企"协同育人机制，开发"文物新媒体传播""文物数字活化""元宇宙策展"等前沿课程模块；搭建行业共享平台，通过云端工作坊、项目众包等方式实现智力资源跨域流动，使县级博物馆亦可获取顶尖团队的技术支持。

（四）资金问题

解决资金问题，需要推动政府设立"文化数字化专项基金"，优先支持中小型博物

---

［1］《穿越时空的盛宴：故宫博物院全景虚拟游览体验》，https://yaotai.163.com/cs/news/LQFgDI4Bm1p-cBRUZYiM.html，2024 年 3 月 5 日。

［2］《从博物馆到直播间 文化 IP 何以变身抖音"网红"》，https://www.163.com/dy/article/HPP3CT610514DTKM.html，2022 年 12 月 29 日。

馆的新媒体转型；发挥大馆优势，以大带小，减少重复投入，搭建区域性"文博数字资源共享平台"，实现 3D 扫描设备、动作捕捉系统等高价设备的馆际轮转使用；激活社会资本，创新合作模式，尝试与科技公司达成"资源置换"合作，以博物馆资源换取 AR、VR 技术服务；设立"文博创客空间"，吸引创业团队基于馆藏资源开发数字产品，共享收益；与视频平台签订保底和分成协议，打造文物主题短视频专栏。

四、结语

新媒体时代为博物馆文化传播提供了前所未有的可能性，但需以技术为支撑、内容为核心、用户为导向。未来，博物馆需进一步优化资源配置，加强跨界合作（如与科技企业、教育机构联动），以数据驱动决策，最终实现文化遗产的"破圈"传播与代际传承。唯有在技术应用、内容创意、人才培养三方面持续发力，博物馆方能在新媒体浪潮中占据文化传播的制高点。

新媒体背景下摄影在博物馆的应用和探索

陈明霞

【提　要】本文通过对博物馆摄影工作的实践积累和知识梳理，探索新媒体背景下摄影在博物馆的发展趋势和研究方向；探索如何利用摄影传播博物馆文化知识信息，挖掘自身优势，结合实际思考博物馆摄影工作的发展路径，指出博物馆摄影工作者应提升摄影技术水平和文化素养，并具备良好的职业操守。

【关键词】摄影　新媒体　应用　博物馆

【作　者】陈明霞　桂林博物馆　馆员

博物馆摄影工作是一个多维度的领域，它不仅涉及对文物的数字化拍摄，还涵盖对旧照片底片的数字化扫描和录入、新闻采集及数据和资料的整理与归档等。这些工作的质量直接影响到数字化博物馆的视觉效果，以及公众对博物馆藏品资源保护和利用的认可度。随着新媒体技术的突飞猛进，信息传播格局发生深刻变革。博物馆作为文化传承与展示的重要场所，摄影工作在新媒体背景下被赋予了新的使命和价值。博物馆摄影技术与方法的运用显著拓展了博物馆的传播维度，打破了时间和空间的限制，吸引了更多不同地区、年龄层和文化背景的观众，进一步发挥了博物馆的社会教育功能。本文基于对博物馆摄影工作的理解，分析博物馆摄影工作的发展现状和趋势，针对新媒体发展下的博物馆摄影工作模式，探索运用"互联网+"思维和创新技术手段提升艺术品质的路径，并对博物馆摄影工作促进博物馆高质量发展进行了思考。

一、新媒体背景下的博物馆摄影

（一）博物馆摄影的传播模式

新媒体技术打破了传统博物馆摄影的单向传播模式，观众不再是被动接受信息，而是主动参与到摄影内容的创作和传播中。通过社交媒体平台，观众可以分享自己在博物馆拍摄的照片，与其他观众交流心得，甚至对博物馆摄影展示提出建议，在通过自主创作内容、参与创作过程等方式表达情感的同时，也能感受到博物馆影像作品丰富有趣、生动形象的一面，并在观看过程中实现与摄影师的交流互动。这种互动关系的建立不仅能够加深博物馆与观众之间的了解，同时也能够让博物馆更好地传播自身品牌价值和文化理念。

（二）博物馆摄影的传播渠道

依托网络技术和基础设施，博物馆充分利用官方网站、微博、微信公众号、视频号、抖音号等新媒体平台，构建多元化传播矩阵。通过这些平台，博物馆摄影作品打破了时间和空间的限制，突破了展陈的局限性，能够以最快的速度在全球范围内传播，从而获得更多受众的关注。比如，故宫博物院就通过其官方微信公众号，定期推送精美文物的摄影作品及其背后的故事，吸引了大批粉丝；同时，根据观众的兴趣和关注点不断更新馆内摄影展示内容，定期更换主题，增加新的摄制作品等，使受众每次参观都有新的收获。为满足观众需求，博物馆可以依托多媒体平台推出专题摄影展览，针对不同的节日、纪念日等，将与之相关的文物及其历史故事通过图片的形式进行线上宣传。

（三）博物馆摄影的审美变化

新媒体时代下，观众的需求已不能仅用传统的审美标准来满足，这也意味着博物馆摄影师的审美能力需要根据摄影新技术和新媒体传播新模式进行调整。博物馆摄影师要不断更新创作理念和审美视角，并在展厅的拍摄中着重对观众进行引导，把观众和展品之间的情感交流拍摄下来。这自然对博物馆摄影人员提出了新的要求——必须时刻关注观众审美能力和观念需求的变化趋势及发展情况，以符合时代要求为标准，对作品做出调整与改变。新媒体时代下，博物馆摄影如何实现突破创新，是每位从业者需要思考和研究的问题。

二、博物馆摄影工作的具体应用

（一）摄影构图方法

博物馆摄影的画面构图需要综合考虑展品特点、空间布局、光线条件及观众的视角，既要突出展品的美感与历史感，又要避免杂乱元素干扰。博物馆摄影常见的画面构图有中心构图 、三分构图、对角线构图、对称构图和填充构图。

1. 中心构图

为了突出主体，可以将展品置于画面的中心位置，使之成为视觉焦点，使展品的整体面貌和主要特点得到直接展现。这种构图适合拍摄对称性强、造型规整的展品，如青铜器、雕塑等，能较好地体现其庄重气质。拍摄时还应注意避免杂乱的背景，为了突出主体，背景应简洁、清晰，否则会使观众的注意力分散；同时，主体在画面中应有合适的比例，避免太满或者太空，可通过调整拍摄的角度和距离实现最佳效果。例如桂林博物馆"滴水春秋——桂林历史文化陈列"的展品图片（图1），将佛像置于画面正中央，弱化背景以突出文物主体，突显雕塑的立体感，强化佛像的庄严感与宗教神圣性。

2. 三分构图

将画面分为九宫格，将展品或展品的重要部分放在画面的三分线上或三分线的交叉点上，使画面更加平衡、稳定，富有节奏感和动态美。这种构图广泛应用于各种博物馆展品的拍摄，如拍摄绘画作品时，可将画面中最吸引人的部分（如人物眼睛、关键细节等）放在三分点上；拍摄文物时，可将文物的主体部分放在三分线上，同时留出一定的空间展示背景或环境。在实际拍摄中，要灵活运用三分构图，并根据展品的特点和拍摄意图进行调整，不要过于死板地追求三分点或三分线的精确位置，关键是要使画面达到视觉上的平衡与协调。例如桂林博物馆"画里人家——桂林民俗文化陈列"的展品图片（图2），为增强画面叙事性，故意将文物偏离分叉点，将主体文物的几何中心重合于图片纵向直线下端的黄金分割点，借助黄金分割制造视觉张力。

3. 对角线构图

在展厅中利用展柜和展品的线条、形状或摆放位置，形成一条对角线，引导观众的视线沿着对角线方向移动，增添画面的动感和立体感。这种构图适合拍摄建筑模型、陶瓷器皿等线条明显的展品，可以更好地表现出展品的线条美和空间感。同时也要利用好对角线上的元素，使画面的节奏和层次更加丰富。当然，使用这种构图还需要注意对角线的方向和角度，避免过于生硬或者倾斜，使画面失去平衡。例如桂林博物馆"靖江遗韵——桂林出土明代梅瓶陈列"的展品图片（图3），从展台侧方拍摄，让梅瓶阵列形成自然对角线，利用器物的高低错落形成视觉引导，易于使观众感受到视线沿

图1 "漓水春秋——桂林历史文化陈列"的展品图片

图2 画里人家——桂林民俗文化陈列"的展品图片

图3 "靖江遗韵——桂林出土明代梅瓶陈列"的展品图片

展品对角线延伸的动势，赋予静止的文物视觉上的动感。

4. 对称构图

在对称的建筑结构、对称摆放的展品等中寻找对称元素，可沿着对称轴心构图，使画面呈现出一种平衡、协调、稳重的美感。该构图方式适合拍摄宫殿建筑模型、兵马俑等具有对称美感的建筑展品和大型文物，可以很好地体现其恢宏庄严的气势。在拍摄对称构图时，应尽量保持摄影机的稳定，以保证对称轴的准确和画面的均衡感，避免画面倾斜或变形。同时，应在细节处理上注重对称元素，使画面更细腻、更完美。例如桂林博物馆"情系桂林——李培庚 宋克君 叶侣梅捐赠作品展"的展厅图片（图4），通过展厅门框中轴的镜像平衡展现中式美学，形成自然的框架布局，营造画中画

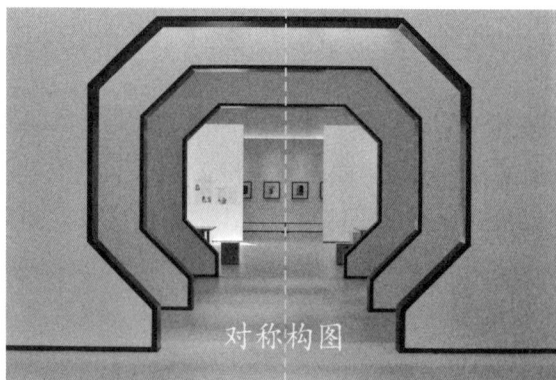

图4 "情系桂林——李培庚 宋克君 叶侣梅捐赠作品展"的展厅图片

的美感，体现出整个展厅的庄重和空间感。

5. 填充构图

填充构图就是将展品充满整个画面，不留或少留空白区域，通过放大展品的细节，突出其纹理、质感和细节，让观众能够近距离感受展品的艺术特色和魅力。这种构图适合拍摄绣布、服饰、银饰和瓷器等细节丰富、质感独特的展品，让观众更好地欣赏到展品的工艺之美。拍摄过程中，摄影师应注意画面的焦点和虚实处理，避免画面杂乱；通过合理的对焦和景深控制，使背景或其他次要部分适当虚化，让主体部分更加清晰、突出。例如桂林博物馆"画里人家——桂林民俗文化陈列"的展品图片（图5），画面过于中规中矩，后期可以运用填充构图对画面进行重构，通过饱满的视觉布局突出文物细节，强化视觉冲击，呈现文物的神秘感和精致感，让文物"说话"，通过极致的视觉呈现引导观众聚焦文物工艺和岁月的痕迹。（图6）

图5 "画里人家——桂林民俗文化陈列"的展品图片

图6 图片局部

（二）色彩搭配

在博物馆摄影创作中，色彩搭配起着重要的作用，可以营造气氛、突出展品的特色，也可以增强作品的整体美感。针对展品的主色暖调，所拍摄图片的色调、色彩的明度也要有区别。如古代青铜器一般呈现青绿冷色调，明清瓷器则大多釉色鲜亮，如祭红釉等为暖色调。颜色不同，所表达的效果自然截然不同。暖色调一般给人以热烈、活跃的感觉，适宜表现剪纸、年画、刺绣等富有生机、喜庆的展品；冷色调则显得沉稳大气，适合表现文化底蕴深厚的古代书画、青铜器等展品。

同时，在自然光条件下进行拍摄时，光线的指向性、强度、色温等也会影响展品色彩的搭配。顺光拍摄会让展品的色彩更加鲜艳明亮，但立体感可能不足；侧光拍摄对展品的肌理、层次感有增强作用，会使展品的色彩比较丰富，变化比较大；逆光拍摄可以营造出独特的光影效果与神秘气氛，但要注意对曝光的把控，切忌遗失展品细节。如果利用人工光源，如博物馆内射灯、补光灯等，要选择合适的色温、光线强度，根据展品的色彩、材质等进行拍摄。摄影者可根据创作思路及画面效果，适当增强色彩饱和度、对比度等，使画面更加鲜活、鲜明。但要注意不能过度调整，以免造成色彩失真或破坏自然效果。对一些年代较久、色彩稍显暗淡的文物，在保留其历史沉淀感的同时，应适当提高饱和度和对比度，使其焕发出新的生机。

（三）光线与光影的运用

在博物馆摄影创作中，光线是必不可少的重要元素。光线的设计走向是塑造摄影作品氛围的关键。运用光线与光影既能突出展品质感和立体感，还能使作品展现出层次感。自然光具有柔和、温暖、舒适和色彩真实等特点，能够很好地还原展品的本来面貌，尤其适合拍摄对光线敏感的书画类和丝绸等展品。人工光线具有可控性，可以根据拍摄的需求调整光线的方向、强度和色温，创造出丰富的光影效果；但是也要注意使用，若放置不当反而会适得其反，使拍摄的画面生硬或者展品失真、不自然。博物馆的展厅大多是没有窗户的，因此展厅内几乎都有精心设计的照明系统，包括射灯、轨道灯等，可直接利用这些灯光进行拍摄。拍摄时还需注意观察灯光照射的角度和范围，选择合适的位置和角度，使光线能够充分照亮展品的重点部位，同时避免出现过多的阴影。如果展厅内的光线不足或不符合拍摄要求，在允许的情况下，可以携带小型的便携式补光灯。例如，在拍摄一些较小的文物时，使用补光灯可以更好地突出重点，同时通过调整补光灯的角度和强度，可以创造出理想的光影效果。

光线透过窗户、门缝或装饰物等所形成的光斑，在一些特殊的情况下，可以为画面增添一种别具一格的光影效果。当阳光透过窗棂投射在古建筑模型上时，斑驳的光斑营造出一种古色古香的静谧氛围。光斑的大小、形态、分布要自然合理，切忌杂乱无章，也不要太过于集中。光斑的效果可通过调整拍摄位置、角度或使用遮挡物等方式加以控制，使其对展品起到更好的烘托作用，同时也能增强画面的艺术感染力。

（四）后期制作的重要性

摄影后期是创作过程中非常重要的一部分，它可以帮助摄影师更好地表达自己的想法，提升照片的整体质量和效果。

博物馆展厅内灯光的色温不同，会导致所拍照片偏蓝或偏黄。这个时候就需要通过后期进行色彩校正，运用图片处理软件中的色温工具就可以很方便地对色温进行校正，使作品准确还原展品色彩。

由于博物馆展厅内光线条件复杂，拍摄时曝光不足或过曝的情况都有可能发生。通过后期调整影像的曝光，可以更好地还原展品细节。比如减少曝光，可以把杂乱无章的背景压得更暗，让主体展品更突出，画面更有质感；针对欠曝图片，可提升曲线参数至合理曝光区间，使画面更加明亮；开启 HDR 功能，在光线过于强烈的情况下，能够得到更多的暗部细节，让画面的明暗两个部分比较均衡。

拍摄文物细节，后期可运用图片处理软件的锐化功能进行处理，以突出文物的质感、肌理，增强照片的清晰度及细节表现。景深合成技术可用于一些需要大景深的文物拍摄。拍摄多个不同焦点的照片，在后期软件中加以合成，这样就可以清晰地呈现整个文物的细节。

如果想突出主体展品，使画面更简练美观，可以通过图像处理软件中的模糊工具或选择工具对背景进行虚化处理。如果背景太杂或与展品不协调的话，可以考虑替换背景，选取一个与展品风格相匹配的、简洁的背景，可使画面更加和谐。

三、新媒体背景下对摄影工作的要求和思考

在新媒体时代，博物馆摄影工作者不仅需要具备摄影专业的技术技能，还需要掌握新媒体发展的趋势和优势，更需要具备深厚的文化素养和良好的职业操守。

（一）提高摄影工作者的素养

博物馆摄影工作者需要具有较高的文化素养，了解文物信息乃至其背后所包含的历史文化底蕴。只有这样才能将文物置于特定的历史语境下进行拍摄，把文物的历史、文化价值体现得淋漓尽致。摄影工作者只有通过长期积累，具备与时代同步的创作理念，逐步了解文物及其背后的历史故事，并具备一定艺术修养，才能够巧妙地运用摄影技术，在文物拍摄中将文物的艺术神韵表现出来，彰显文物的独特魅力。

（二）提升摄影工作者的技能

在具备一定艺术修养的基础上，博物馆摄影工作者还需要持续学习，如参加线上、线下的专家课程等，以提升专业技术操作水平。学习内容包括基本的摄影理论知识、单反相机的使用方法、照片的构图、灯光布置、色彩搭配及各类文物的拍摄技巧和后期处理等。同时，应将理论学习与实践操作相结合，让摄影工作者在实际操作中熟练掌握拍摄技巧，熟悉不同材质文物、展厅陈列等的拍摄要求。

（三）培养摄影工作者的职业操守

博物馆摄影工作者应遵守《中国文物、博物馆工作者职业道德准则》，不收藏文物，不买卖文物，不违规占用文物、资料，不以文物、博物馆的职业身份为个人牟取利益，严格依法履行职责，坚决贯彻执行文物工作方针，坚决贯彻执行文物保护法，在与文物违法犯罪行为的斗争中，勇于担当、敢于担当。秉持对科学精神的追求、对知识的尊重、对人才的尊重、对规律的遵循、对现实的追求，以及对改革创新的追求。

四、结语

新媒体时代，博物馆的摄影工作人员需要与时俱进，在应对挑战、把握新机遇的过程中不断提高自身素养和能力。如此，博物馆摄影作品才能在新媒体浪潮中绽放与众不同的魅力，更好地为文化传承和大众教育服务，在更广泛的范围传播博物馆文化，促进文化事业的繁荣与发展。随着技术的不断发展和博物馆事业的不断壮大，博物馆摄影工作必将突破自我，迎来更加灿烂的明天，成为连接过去与未来、传统与现代的重要桥梁。

参考文献

［1］王朋娇. 数码摄影教程（第 3 版）[M]. 电子工业出版社，2013.

［2］杨帆. 广告设计 [M]. 中国商业出版社，1997.

［3］陈敏. 数字媒体对传统文化传播的推动作用 [N]. 中国文化报，2023-7-7.

［4］马红涛，等. 最新实用摄影技法 [M]. 农村读物出版社，2000.

［5］周信华，施达民. 现代摄影基础教程 [M]. 东华大学出版社，2007.

浅析"戏剧长缨"展形式设计的主要特征

陈锡娟

【提　要】为纪念"西南第一届戏剧展览会"在桂林举办 80 周年，2024 年桂林博物馆推出了"戏剧长缨——桂林博物馆藏西南剧展文物史料展"。本文将从展览主题转化的准确性、展厅空间规划的引导性等四个方面分析该展览形式设计呈现的主要特征，并对该展览形式设计进行思考，提出加强业务培训、打破传统展陈模式和增强观众参与感等意见或建议。

【关键词】戏剧长缨　主要特征　形式设计

【作　者】陈锡娟　桂林博物馆　馆员

2024 年是"西南第一届戏剧展览会"在桂林举办 80 周年，为纪念这一伟大的戏剧盛况，桂林博物馆策划举办了"戏剧长缨——桂林博物馆藏西南剧展文物史料展"（以下简称"戏剧长缨"展）。展览由"烽火岁月 勇担使命""西南盛会 一呼百应""剧展之光 永不落幕"三个部分九个单元组成，通过展示馆藏 100 余件文物史料，再现"西南剧展"的盛况，帮助观众从中了解戏剧人在抗战烽火中以笔为枪、以舞台为战场的史实，弘扬和传播"西南剧展"所反映的伟大民族精神，让这场具有重要里程碑意义的经典戏剧运动真正走进大众内心。展出期间，展览得到社会各界的关注，获得很好的社会效益。机关团体和企事业单位干部职工、大中专院校师生、中小学生及广大游客观众计 30 余万人次参观了展览；《桂林日报》《桂林晚报》及桂林电视台等新闻媒体对展览进行了密切关注和详细报道。

一、展览形式设计主要特征

博物馆展览形式设计其实是形式设计人员根据展览大纲，在特定的展陈空间里对展览内容设计进行二次创作的过程，需要形式设计人员对展览主题、展览大纲结构、文本说明、展品信息等内容进行提炼分析后，运用各种创意手段为观众呈现具有思想性、科学性、知识性、观赏性、趣味性、互动性的展览，传递有效信息，帮助每一位观众获得更好的观展体验。"戏剧长缨"展在形式设计上具有如下几个主要特征。

（一）展览主题转化的准确性

展览主题是整个展览的灵魂所在，是一个展览所要表达的中心思想。在形式设计中，对展览主题的转化主要体现在展览主题墙、展览海报等项目的设计中。观众在博物馆微信公众号、官方网站、新浪微博等媒体宣传平台或馆内展厅看到某个展览海报及展览主题墙时，就能大致了解该展览所要传达的核心信息。"戏剧长缨"展形式设计人员在主题墙、主题海报的设计过程中，通过对展览主题中心思想的准确把握提炼核心元素，运用设计语言和艺术化的手法表现展览主题，以达到吸引观众参观的目的。

1. 提炼核心信息

展览核心信息的提炼是为了帮助观众快速了解展览主题和主要内容，是获取展览有效信息的前提。"戏剧长缨"展是桂林博物馆为了纪念"西南第一届戏剧展览会"在桂林举办80周年而推出的展览，旨在立足现在、面向未来、回顾过去，弘扬和传承抗战文化精神，为走好新长征路凝心聚力，为圆复兴梦提供强大精神支柱。如何表达出这一主题思想，对形式设计人员来说是一个很大的挑战。形式设计人员在进行设计前反复阅读展览大纲，查阅大量史实资料，精选出10张馆藏文物照片，包括抗战标语（如"我们的剧场就是战场！战壕就是我们的舞台！"）、展演剧照（如剧宣四队演出的活报剧《七年了》）、展演宣传（如艺术师资训练班宣传队"保卫大西南运动"的合影）等，从中提炼出核心元素。通过电脑对核心元素进行艺术处理，用创意性手段制作主题鲜明、重点信息明确的主题海报，向观众传递"回顾戏剧抗战，弘扬戏剧精神"的主题思想。

2. 设计层次分明

众多元素如何排列和组合，使版面呈现出清晰的逻辑结构和视觉美感，考验着设计师的专业水平和其对展览主题的把握程度。在"戏剧长缨"展主题墙设计中，设计师采用虚实结合的方式营造层次分明的设计效果（图1）。虚化部分主要选用了"西南第一届戏剧展览会"开幕时报纸上刊登的开幕消息，以及漫画宣传队在桂林举行抗战漫画展览时写下的"我们要以必胜的信念抗战到底""我们的剧场就是战场！战壕就是我们的舞台！"标语。设计师用艺术手段做虚化处理，形成若隐若现的效果。写实部分主要选用了艺术师资训练班宣传队"保卫大西南运动"的合影、剧宣四队演出的活报剧《七年了》的剧照，以及南洋华侨捐赠物资的照片等。由于照片元素多为黑白色调，给人感觉比较深沉，设计师将其与虚化部分结合，形成层次分明的艺术效果。虚实结合的艺术处理方式增强了主题墙的层次感，在有限的空间中创造出多维度的视觉延伸，使观众仿佛置身于那个以剧场为战场的年代，感受戏剧工作者为抗战而战的勇气和精神。

3. 突出视觉焦点

通过醒目的标题、图像的处理、色彩的对比等手段突出视觉焦点，是准确呈现展览主题、快速吸引观众注意力并引导观众关注最重要信息和内容的有效办法。在"戏剧长缨"展主题墙的设计中，展题位于偏左位置，以红色为底色，白色为字体颜色，红白两种颜色的对比突显展题，同时文字部分通过字体的变化和创意排版形成艺术美感，营造视觉冲击效果，让观众一走进展厅就能被瞬间吸引。

图 1 "戏剧长缨——桂林博物馆藏西南剧展文物史料展"主题海报

（二）展厅空间规划的引导性

展厅的空间规划是否合理直接影响观众的参观体验和信息接收效果。合理的空间规划能引导观众按照预设的路径完成参观过程，帮助他们高效、有序地获取信息。展厅的墙面、顶部和地面都属于空间规划的范畴，规划的主要内容包括展示区、观展区、过渡区等。展示区可以利用不同色彩、展线长短、展示环境突出重点部分；观展区可以通过地面箭头标识引导观众参观；过渡区则可以通过合理设计确保参观路线通顺。

1. 使用色彩引导观众区分展览结构并关注重点内容

色彩在形式设计中扮演着至关重要的角色，不仅是视觉美感的重要组成部分，更是传递信息、引导观众区分展览结构并关注重点内容的关键因素。"戏剧长缨"展按照展览内容分为三部分：第一部分讲述"西南剧展"建立的历史背景，第二部分讲述"西南剧展"筹备、建立、发展、壮大的整个过程，第三部分讲述"西南剧展"带来的影响。第一部分和第三部分分别选用蓝色和红色作为该部分的主色调，蓝色为冷色调，仿佛黎明破晓前的黑暗（图2）；红色则代表着激情与活力，象征对未来的展望。第二部分是整个展览重点展示的部分，为了表现其重要性，设计师选择棕色作为第二部分主色调，突显纪念类主题展览古朴、稳重的特点，营造了沉稳、厚重的历史氛围，旨在引导观众关注重点部分，增强观众对抗战文化的认同感（图3）。

图2 "戏剧长缨——桂林博物馆藏西南剧展文物史料展"第一部分版面色彩运用实景图

图3 "戏剧长缨——桂林博物馆藏西南剧展文物史料展"第二部分版面色彩运用实景图

2.合理设计过渡区域，引导观众按预设参观路线参观

参观路线的设计是空间设计中必不可少的一个内容，观众观感的好坏与观展线路的畅通与否有很大关系。如何确保观众按设计师规划的路线完成参观？除了依据参观标识从左到右顺时针参观外，还要考虑独立展区路线、过渡区域路线走向的设计。过渡区域需要既能保证参观线路的顺畅，又能起到隔离美观的作用。如"戏剧长缨"展展厅之间有一过渡区域，为了让观众按照设计人员规划的路线更好地参观展品和展板

内容，设计人员在过渡区域设计了一扇木制的屏风隔断（图4），不仅能有效引导观众沿着正确的路线进行参观，还能起到美化作用，丰富观众参观体验。

图4　展厅过渡区域使用的屏风隔断

（三）版面设计的清晰性、信息准确性及美观性

1.清晰性

在版面设计中，清晰性是最基本的要求。版面文字字号、字体、行距应适中，在确保观众能够清楚且轻松阅读的同时，引导观众关注重点信息。标题、副标题、说明文字则应通过字号大小、字体变化让观众区分信息层次，帮助观众快速获取关键信息。各层级标题和文字说明在设计上既有相似又有不同，既要醒目又要保持前后风格一致。在"戏剧长缨"展览中，部分、单元、组三级标题通过不同的字体、字号来区分（图5）。如第一部分标题"烽火岁月　勇担使命"与其所属第一单元标题"思想领路　凝聚信念"即通过字号、字体变化表明从属关系——部分标题字号最大，加粗并且带有阴影，单元、组标题字号则逐级递减。

2.信息准确性

陈列展览中的版面设计是将展览内容进行创造性转化的形式之一，需要设计人员依据展览内容大纲，对各级标题、文字说明、图文资料等进行整合、编排、处理，形成一个主题突出、内容完整、逻辑清晰的版面形式，准确无误地传达文字、数据、图片等信息。"戏剧长缨"展中有大量的信息需要整合，如桂林抗战文化城的历史、参加戏剧展览的团队名单、西南第一届戏剧展览会筹备委员会成员名单等，设计人员需要将这些信息转化成设计语言，准确、清楚地表达出来。对此，设计人员采用了绘制表格的方式，对繁杂的信息进行重新设计排版，以呈现出条理清晰、版面精美、便于观众阅读的版面效果（图6）。

图 5 "戏剧长缨——桂林博物馆藏西南剧展文物史料展"各层级标题字体、字号变化实景图

图 6 "戏剧长缨——桂林博物馆藏西南剧展文物史料展"版面表格设计实景图

3. 美观性

版面设计的美观性体现在标题、文字、图表、照片等内容的设计当中。字体、字号、色彩使用和谐且有节奏，既有美感又有可读性，能极大丰富观众的观展体验。"戏剧长缨"展内容大纲有各种史实资料，包括图像、表格、书籍、照片等，为了避免版面过于杂乱，设计师在进行排版设计前，需要对这些原始资料进行调整，修复残缺、处理瑕疵，使其达到版面设计的要求，再根据需要将图像、表格、照片等元素进行艺术处理，形成图文呼应、视觉美观、具有艺术性和创意性的版面。

（四）展厅氛围营造的切实性和细节性

展厅氛围的设计首先要紧扣展览主题，以强化主题表达和展览效果；其次还需注重展厅细节之处，运用文化符号元素渲染文化氛围，起到锦上添花的作用。如"戏剧长缨"展展厅的氛围营造始终紧扣抗战文化主题，以"西南剧展"文化史料为设计素材，对展厅入口两侧墙面、展厅立柱、通柜柜头等细节处做了装饰性处理（图7）。入口处墙面选用了一张日军入侵桂林前桂东路繁华景象的照片，街道两侧的建筑营造了由远及近的视觉纵深感，使观众一走进展厅就仿佛置身于80年前老桂林的街道上，感受抗战中的桂林城市风采。展厅立柱选用老报纸的照片进行装饰，搭配"澹泊明志，宁静致远"的励志铭，让人们不由对抗战文化城期间那些不追求名利，为挽救民族于危难中冒着生命危险呐喊、奔走的文化人产生敬畏之情。为了延长展线，设计团队将通柜间的过渡区域用展板连接起来，选用抗战标语、战争中桂林的残垣断壁及老建筑等照片进行装饰，拓展信息，营造出切合主题、具有强烈视觉冲击力的观展氛围。

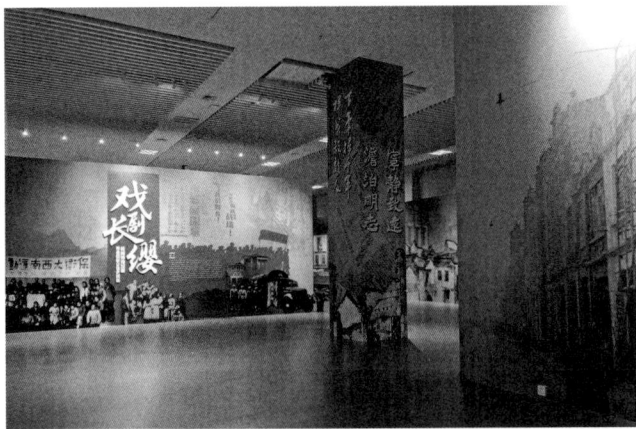

图7 "戏剧长缨——桂林博物馆藏西南剧展文物史料展"展厅墙壁、立柱处理实景图

二、展览反思

笔者作为"戏剧长缨"展形式设计的参与者，对该展览形式设计进行了思考，发现存在以下不足：

一是形式设计人员缺乏主动性。形式设计人员在进行版面设计前需要对文物照片、史料、影像等拟作为设计元素的素材进行处理，符合设计要求的设计元素才能用来进行设计创作。由于设计人员缺乏主动处理资料的意识，导致展板中采用的一些文物照片还存在馆藏文物编号及污渍、瑕疵等，影响版面美观。在制作展板小样时，形式设计人员未在色彩、材质选择等方面与广告制作公司主动沟通，导致广告公司制作出来的小样与设计人员的设计预期存在较大差异，影响版面美观和观众观展体验。

二是形式设计缺乏互动性。该展形式设计按照以往的设计思路，以静态展示为主，采用文物展品和图文展板相结合的方式，缺少互动项目的设计，观众没有参与感、体验感，只能通过单一的视觉方式来了解历史。由于受众群体的知识面不同，对展览的理解程度也会不同，尤其是一些老人、小孩和视障群体，他们很难通过视觉方式理解展览所要表达的内容。因此，缺乏互动体验在一定程度上影响了他们的参观兴趣，也引发不了他们的深入思考，展览效果达不到预期。

三是形式设计缺乏多感官体验。该展形式设计虽通过合理的空间布局、灯光设计及展品陈列等方式营造出丰富的视觉体验，但以视觉为主导，忽略听觉、触觉等多感官体验，单一感官刺激难以满足观众观展需求。

针对以上不足，笔者认为可以从以下几个方面进行改进。

1. 加强形式设计人员专业技能培训，提升业务能力

笔者认为，作为博物馆展览形式设计工作人员，首先要掌握展览形式设计的基本原则、流程和方法。其次，要有强烈的责任意识，清楚知道自己担负的是博物馆传播文化的使命，应在实践中努力提高业务能力。除此之外，博物馆应对形式设计人员进行系统化培训，以提升展览设计水平。博物馆可以定期对形式设计人员进行有计划、有针对性的培训，邀请专家到馆进行专题讲座，分享最新设计理念和经验；派人员参加馆外相关的专业课程培训，使线上线下培训相结合，有效提升形式设计人员的专业水平和创新能力。

2. 增加互动体验项目，增强观众的参与感

在博物馆形式设计中增加互动体验项目，可以增强观众参与感。在实践中，互动体验项目需要结合展品特性、技术手段、观众需求和信息传达目的来设计。比如在策划"戏剧长缨"展形式设计方案时，可以在主题墙背后空闲区域设计一个戏剧舞台，用幕帘、灯光、音乐等来复原历史场景，打造沉浸式、互动式的演出场所，让有兴趣的观众在舞台上自由演绎经典的戏剧剧目，体验戏剧文化的光辉。同时，可以配套设置"戏服"打卡点，观众穿上戏服或站在"戏服"道具后面拍照留念，仿佛置身于80年前抗战文化城时期的桂林。增加互动体验项目既能引起观众观展兴趣，又能帮助观众加深对文化的理解，促进文化认同。

3. 打破传统展陈模式，探索多元化的展示方式

随着展示理念的更新和技术的进步，多感官体验在博物馆展陈设计中的应用逐渐受到重视，单一的视觉方式已经不能满足观众的观展需求。博物馆形式设计人员要紧跟时代步伐，突破单一、传统的展览模式，探索多元化的展示方式。例如，在听觉方面，可以通过音响设备播放有代入感的背景音乐、解说词等，为观众营造沉浸式氛围。尤其对于视障群体来说，此举可以帮助他们通过听觉了解抗战文化城历史背景和文化故事。在触觉方面，可以挖掘文物背后的故事，制作与文物相关的衍生品。可以用"西

南剧展"展会会徽制作"打卡"印章，让观众"打卡"留念；还可以制作"西南剧展"展演的剧照、手稿信件等文物的复制品，供观众零距离观看、触摸，甚至带走收藏。以上种种方式可以帮助观众在观展过程中重温剧展历史，将"剧展文化"带回家，从而加深观众对剧展的印象和对桂林抗战文化城的理解。

三、结语

桂林作为抗战时期重要的抗战文化中心，承载着丰富文化内涵和历史使命。"西南剧展"是桂林抗战文化城规模最大、持续时间最长、参演团队和参加人数最多的一次戏剧展览活动，在中国戏剧史上是罕见的，具有深远的历史意义。当时《新华日报》称之为"中国戏剧史上的空前盛举"，《纽约时报》认为"如此宏大规模之戏剧盛会，有史以来，自古罗马时代曾经举行外，尚属仅见"。"戏剧长缨"展利用桂林博物馆藏"西南剧展"时期戏服、道具、剧本手稿、照片、海报、信件等文物，向观众呈现出剧展的背景、筹备、演出、影响，将文物资源进行创造性转化，为观众提供了一场丰盛的历史文化盛宴。该展览不仅是对剧展的回顾，更是立足现在、面向未来的一场有意义的对话，是传承和弘扬剧展精神、为新时代文化建设凝心聚力的载体。此次展览形式设计较好地将剧展史实和展览主题思想传递给了观众，帮助观众在观展过程中了解剧展情况，感悟戏剧人艰苦奋斗、默默奉献的精神。虽然设计中有不足之处，但在未来，形式设计人员通过加强专业技术学习、突破形式设计盲区，不断积累实践经验并勇于创新，一定能为观众呈现更多更好的展览。

中小型博物馆商标建设

——基于一级博物馆的实证分析

黄剑青

【提　要】随着文化和旅游深度融合的发展趋势，社会各界对博物馆的公共文化服务提出更高需求，推动了博物馆文创事业的发展。商标作为商业活动的重要标识，是博物馆进行商业活动必然涉及的要素，也是博物馆文化及形象的重要载体，各博物馆都加紧展开商标的注册和研究。然而，受商标和博物馆专业性的限制，各馆商标注册存在或多或少的问题，尤其以中小型博物馆更为明显。本文以中小型一级博物馆为研究对象，通过整理国家一级博物馆中中小型博物馆注册商标材料，了解中小型博物馆商标现状，并结合商标定义、形式类别、在博物馆中的应用及现实问题等进行分析，尝试提出有效的对策，促进中小型博物馆商标的建设与发展。

【关键词】中小型博物馆　商标　问题

【作　者】黄剑青　桂林博物馆　馆员

商标在我国经过长期发展和实践，其作用获得广泛认可。商标作为识别商品来源的重要标识，除了标识来源之外，还是企业商誉的重要载体，具有品质保证、广告宣传、彰显个性等功能。[1]早在春秋战国时期，随着社会大分工出现，手工业和商业获得较快的发展，人名、地名等标记符号被用在商品上，用以区别商品的制造者和经营者，[2]如要求制造者在器物上刻下姓名的"物勒工名"之制。

近年来，随着文旅产业融合的迅速发展，博物馆作为文化传承的重要场所和传播

---

[1] 张今：《知识产权法》，中国人民大学出版社，2011年，172—173页。

[2] 孙英伟：《商标起源考——以中国古代标记符号为对象》，载《知识产权》，2011年第3期。

者，在社会大众认知中扮演着重要的角色，成为民众旅游的重要目的地。公众对博物馆的文化服务提出更多需求，促使博物馆不断地拓展宣传、经营等活动。为此，国家、文旅主管部门也都给予了足够的重视，陆续出台一系列规划纲要及政策法规进行指导和规范，比如《博物馆条例》《关于推动文化文物单位文化创意产品开发的若干意见》《博物馆馆藏资源著作权、商标权和品牌授权操作指引》等，从国家层面激发博物馆创新活力，盘活用好博物馆馆藏文物资源。另外，对博物馆来说，国家一级博物馆申报从"博物馆＋"、社会效益、经济效益、品牌创建及影响力等方面，也提出了明确的指导和要求。因此，通过商标管理与利用馆藏文物资源，拓展服务和宣传渠道，建立品牌，是当前博物馆发展的重要方式之一。本文以中小型一级博物馆为研究对象，收集国家一级博物馆中中小型博物馆经国家工商行政管理总局商标局注册商标的基本信息，了解中小型一级博物馆注册商标现状，并结合商标定义、形式分类、在博物馆中的应用及现实问题等进行分析，通过对各个地区中小型博物馆商标的分类整理，尝试提出有效的对策，促进中小型博物馆商标建设与发展。

一、概念和研究对象的界定

（一）商标、注册商标及博物馆商标权

1. 相关概念和文件规定

《中华人民共和国商标法》第八条规定："任何能够将自然人、法人或者其他组织的商品与他人的商品区别开的标志，包括文字、图形、字母、数字、三维标志、颜色组合和声音等，以及上述要素的组合，均可以作为商标申请注册。"[1]

《中华人民共和国商标法》第三条规定："经商标局核准注册的商标为注册商标，包括商品商标、服务商标和集体商标、证明商标；商标注册人享有商标专用权，受法律保护。"[2]

《博物馆馆藏资源著作权、商标权和品牌授权操作指引（试行）》中提到，馆藏资源商标权是指"博物馆用名称全称、简称及其标志图形，馆藏资源的名称及其他具备商标构成要素的元素等，通过商标申请注册而获得的专有使用权利。商标是品牌或品牌的一部分，必须在政府指定部门进行注册后成为'注册商标'，才能获得商标专用权。

---

[1]《中华人民共和国商标法》，中国政府网 https://www.gov.cn/guoqing/2020-12/24/content_5572941.htm。

[2]《中华人民共和国商标法》，中国政府网 https://www.gov.cn/guoqing/2020-12/24/content_5572941.htm。

商标权是品牌价值的重要组成部分"。[1]

2. 博物馆的商标和商标权

（1）博物馆商标的注册元素具备独特性，其全称、简称、标志图形以及馆藏资源的名称等都可以申请注册商标，并具备一定排他性，可以在市场竞争中与其他机构和品牌进行区分。

（2）博物馆的标识、标志等不等同于商标，而博物馆商标需要向相应的国家主管部门提交申请并经过审查批准后才能成为注册商标，方受商标法保护。

（3）商标专用权是商标权利人在法律上享有排他的商标使用权和处置权，可以保障其在经营活动中所使用的名称、标志等的唯一性和权益。

（4）商标是品牌的重要组成部分，是产品或服务在市场上的身份标识和象征，品牌则是消费者心中对产品或服务的良好形象认知。

（二）中小型博物馆

中国博物馆行业对于大型和中小型博物馆的划分并没有明确和官方的界定，根据建筑规模、行政层级、功能定位、收入等因素有不同界定，其中，行政层级和隶属关系的划分方式为博物馆界的普遍共识。因此，为了明确研究目标，本文参考国内博物馆学界通常认知，以隶属关系来划分，将县（市区）属博物馆统一划入中小型博物馆。

（三）研究对象的界定

国内中小型博物馆数量众多，文创开发参差不齐，商标注册情况差距大。不过，基于国家一级博物馆对文创建设的需要，大量一级博物馆已开展文创建设和商标注册等工作，具有一定的数据参考和研究汇总意义。因此，本文拟以国家一级博物馆中的中小型博物馆为研究对象，探讨国内中小型博物馆商标现状和未来发展方向。下文中提到的中小型博物馆均指国家一级博物馆中的中小型博物馆，截至 2025 年 1 月 6 日，共计 140 家。

二、中小型博物馆商标现状

（一）中小型博物馆商标注册情况

从中国商标网上查询注册商标情况可知（图 1），140 家中小型博物馆中，有 87 家

---

[1] 国家文物局：《博物馆馆藏资源著作权、商标权和品牌授权操作指引（试行）》，中国政府网 https://www.gov.cn/zhengce/zhengceku/2019-09/25/content_5432923.htm，2019 年 5 月 10 日。

博物馆已进行商标申请，申请注册商标 1817 项，获得注册商标 1161 项；商标被驳回、权利人注销、待实质检查等 656 项（其中汉阳陵博物馆、襄阳市博物馆、郑州博物馆等 11 家博物馆 225 项申请未通过，未获注册商标）。剩余 53 家博物馆未见相关信息。从结构上看，以组合商标最多，有 478 项；文字商标次之，有 369 项；图形商标较少，为 314 项。从分布来看，江苏地区注册商标较为普及。

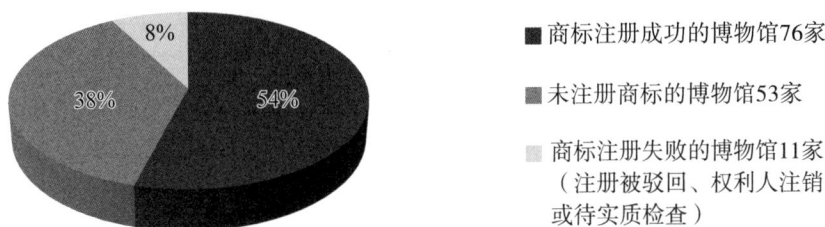

图 1 140 家中小型博物馆注册商标情况分析

（二）中小型博物馆商标结构

按商标法规定，文字、图形、字母、数字、三维标志、颜色组合和声音等，以及上述要素的组合，均可以作为商标申请注册。根据笔者收集的资料来看，中小型博物馆商标多为文字、图形及组合商标，数字、颜色组合商标采用较少，三维标志、声音商标则基本未见。

1. 组合商标

组合商标是指由两种或两种以上要素组合构成的商标，也叫复合商标，中小型博物馆多采用此形式，组合形式多样，各具特色。大致可分为以下几类：

（1）以图形、汉字、字母进行组合的商标（图 2），此类最为常见。如连云港市博物馆、淮安市博物馆、襄阳市博物馆、上饶博物馆、沈阳故宫博物院、大同市博物馆、唐山博物馆、鄂州博物馆、广州博物馆、烟台市博物馆等。

（2）以图形、汉字、字母、数字进行组合的商标（图 3），如华侨博物院、随州博物馆、南通博物苑等。

（3）以图形与汉字组合或汉字与字母进行组合的商标（图 4），如长沙博物馆、淮北市博物馆、济南市博物馆、西安碑林博物馆、绍兴博物馆、江阴市博物馆、盐城中国海盐博物馆等。

图 2　以图形、汉字、字母组合的博物馆组合商标举例

图 3　以图形、汉字、字母、数字组合的博物馆组合商标举例

图 4　以图形与汉字组合或汉字与字母组合的博物馆组合商标举例

2. 文字商标

文字商标，就是指纯粹使用文字构成的商标。其中采用的文字，可以包括汉字、汉语拼音字母、中国少数民族文字和外国文字。文字商标的文字书写不拘定式，楷、行、草、隶、篆，横书、直书、艺术体、印刷体、变异体均可使用。[1] 根据上述中小型博物馆商标收集情况来看，文字商标按其来源可分为两类：一是还未注册组合商标的博物馆使用其名称全称或简称进行注册，或自身名称有相应的出处（图5），如无锡博物院、运城博物馆、桂林博物馆、鄂尔多斯市博物院（鄂博）等；二是博物馆或下

---

[1] 陈淑卿：《国家一级博物馆商标注册情况初步分析》，载《博物院》，2018 年第 1 期。

属机构创建的品牌（图6），如苏州博物馆的"艺在西东""艺在天工"、嘉定博物馆的"学宫狮"、成都博物馆的"这礼是成"等。

图5 以名称全称或简称注册的博物馆文字商标举例

图6 博物馆或下属机构创建的文字商标举例

3.图形商标

图形商标，是指仅由图形构成的商标。此类商标比较符合博物馆业界采用馆藏文物资源及馆建筑等元素进行宣传的习惯，可分为以下几类：

一是采用博物馆建筑外形，或以外形进行艺术设计的商标（图7）。如定州博物馆、运城博物馆、鄂尔多斯市博物院、上海市奉贤区博物馆、徐州博物馆等。

图7 采用博物馆建筑外形，或以外形进行艺术设计注册的博物馆图形商标举例

二是采用博物馆馆藏精品文物整体，或以整体文物设计的商标（图8）。如定州博物馆的龙螭衔环谷纹青玉璧、定窑白釉刻莲花瓣纹龙首净瓶、定窑白釉划波浪纹法螺，吉林市博物馆的唐双人驭马铜饰，嘉定博物馆以嘉定孔庙门前七十二石狮为原型设计的"学宫狮"等。

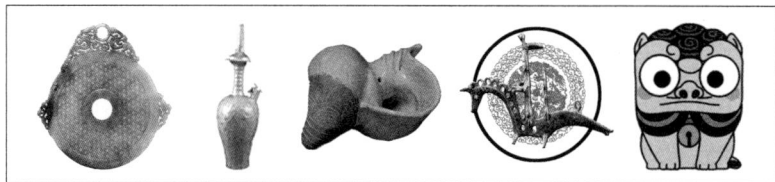

图8 采用博物馆文物整体，或以整体文物设计注册的博物馆图形商标举例

三是以文物部分元素作为商标（图9）。如连云港市博物馆商标，图案元素提取自西汉长寿绣丝衾纹饰的局部纹样凤鸟。此外，还有滕州博物馆、潍坊市博物馆、宜昌博物馆、常州博物馆、邯郸市博物馆等采用此种形式。这类商标含义深刻，特色鲜明，

极具代表性。

图9 以博物馆文物部分元素注册的博物馆图形商标举例

四是以地域特色、馆藏特色、地域名称等进行艺术加工设计而成的商标（图10）。如安徽楚文化博物馆、江阴博物馆、宜兴市博物馆、舟山博物馆等。

图10 以地域特色、馆藏特色、地域名称设计注册的博物馆图形商标举例

五是新兴的卡通造型商标（图11）。此类商标较少，但深受青少年人群喜爱。长沙博物馆、哈密市博物馆、嘉兴博物馆、成都博物馆就申请了此类商标。

图11 以卡通造型注册的博物馆图形商标举例

（三）中小型博物馆商标类别

商标产业分类又称为商标商品及服务分类，是作为申请商标注册办理手续及缴纳费用的基本单位。依据世界知识产权组织对商品及服务进行分类的原则，国际商标产业分类共包括45类，其中商品34类，服务项目11类，共包含一万多个商品和服务项目。[1]根据在中国商标网的查询，76家获得注册商标的中小型博物馆，共注册723类商标，其中运城博物馆、阿拉善博物馆、旅顺博物馆、常州博物馆、宜兴市博物馆、连云港市博物馆、淮安市博物馆、温州博物馆、丽水市博物馆、宿州市博物馆、华侨博

---

[1] 陈淑卿：《国家一级博物馆商标注册情况初步分析》，载《博物院》，2018年第1期。

物院、厦门市博物馆、齐文化博物院、滕州博物馆、巨野县博物馆、平顶山博物馆、鸦片战争博物馆、南宁博物馆、柳州工业博物馆、天水市博物馆等20家博物馆注册1类（第41类）；吉林市博物馆和吐鲁番博物馆注册1类（第16类）；伪满皇宫博物院和南湖革命纪念馆注册1类（第39类）；滕州市汉画像石馆和荆州博物馆注册1类（第35类），其他博物馆注册商标类别情况如下：

表1　中小型博物馆商标类别情况

名称	类别数量	文字商标类别	图形商标类别	组合商标类别
邯郸市博物馆	3	16.41	16.33.41	
唐山博物馆	6		16.25.26.27.28.41	16.25.26.27.28.41
定州博物馆	8		14.16.18.21.24.25.35.41	
大同市博物馆	2			35.41
鄂尔多斯市博物院	45	1—45	3.6.8.14.16.18.20.21.24.25.26.27.28.29.30.32.33.35.36.37.39.41.43	
呼伦贝尔博物院	9			14.16.20.26.29.30.32.35.41
沈阳故宫博物院	30			2.3.4.5.6.7.8.9.11.14.15.16.18.20.21.24.25.26.28.29.30.32.33.34.35.36.40.41.43.45
嘉定博物馆	11	35.39.41.42	6.14.18.20.21.25.28.35.39.41.42	
上海市奉贤区博物馆	10	14.16.20.21.25.30.41	3.14.16.21.25.30.32.33	41
南通博物苑	8			14.16.20.21.24 30.33.41
苏州博物馆	24	3.6.14.15.16.18.20.21.24.25.26.27.28.30.32.33.35.41.43	14.26.27.41	3.4.5.9.11.14.15.16.18.20.21.25.26.27.29.30.32.33.35.41
扬州博物馆	10			8.16.18.21.25.28.30.33.39.41
无锡博物院	29	3.7.8.9.11.14.16.17.18.20.21.22.24.25.26.27.28.30.31.32.33.34.35.36.38.39.41.43.44	3.7.8.9.11.14.16.17.18.20.21.24.25.26.27.28.30.31.32.33.34.35.38.39.41.43.44	
徐州博物馆	3		37.41.42	
江阴博物馆	3	16.30.41	16.30.41	
苏州市吴中区博物馆	7		41	14.16.18.25.26.35.41
苏州丝绸博物馆	15			3.14.16.18.20.21.23.24.25.26.27.35.37.41.42

名称	类别数量	文字商标类别	图形商标类别	组合商标类别
盐城中国海盐博物馆（盐城市博物馆）	18	3.14.16.17.19.21.25.28	6.9.14.16.17.18.19.20.21.25.26.28.35.37.40.41.45	3.6.37.45
扬州中国大运河博物馆	28	2.3.4.5.8.9.10.11.14.16.18.20.21.24.25.26.27.28.29.30.32.35.37.39.41.42.43.45		
杭州博物馆	8		16.21.24.25.30.32.33.41	
舟山博物馆	2		16.41	
嘉兴博物馆	16	6.14.18.20.21.24.39.41	6.9.14.16.18.20.21.24.25.28.32.35.38.39.41.42	
绍兴博物馆	5			16.18.20.33.41
淮北市博物馆	3	9.35.41		9.35.41
蚌埠市博物馆	7			14.16.20.21.35.41.42
安徽楚文化博物馆	5		6.16.19.21.41	
安庆博物馆	9		33	6.14.16.21.25.30.33.41.42
瑞金中央革命根据地纪念馆	4			14.16.25.41
南昌八一起义纪念馆	13			6.9.14.16.20.21.24.25.28.35.40.41.42
景德镇中国陶瓷博物馆	45		16.21.35	1—45
上饶博物馆	6			16.18.21.25.35.41
青州市博物馆	19	6.14.16.19.20.21.24.25.26.28.36.37.39.40.42		3.6.18.19.21.24.25.26.28.36.37.39.40.41.42.43
烟台市博物馆	14			6.16.18.21.24.25.28.29.30.31.32.33.35.41
潍坊市博物馆	3		35.36.41	
济南市博物馆	15			3.8.14.16.18.20.21.24.25.26.28.29.30.32.41
洛阳博物馆	45	25.35.40	1—45	4.6.11.14.16.18.20.21.25.30.35.41
开封市博物馆	2			16.41
宜昌博物馆	12			16.18.20.21.24.25.28.32.35.39.41.43
随州博物馆	7			6.14.20.24.30.41.43
恩施土家族苗族自治州博物馆	9			3.14.16.18.20.21.24.25.30
长沙博物馆	7	41	41	16.20.24.26.36.41.43

名称	类别数量	文字商标类别	图形商标类别	组合商标类别
广州博物馆	13			3.6.8.9.14.16.18.20.21.25.39.41.43
江门市博物馆	19		5.9.11.14.16.18.20.21.24.25.26.27.28.29.30.35.40.41.42	16.41
桂林博物馆	6	3.16.20	9.21.42	
自贡恐龙博物馆	44	1—17.19—32.34—45		1.2.3.4.6.8.9.12.14.16.18.20.21.24.26.27.28.32.34.37.39.42
成都博物馆（成都中国皮影博物馆）	22	3.6.16.18.19.20.21.25.28.30.35.39.41.43	3.9.11.14.16.18.21.22.24.25.26.28.30.31.32.33.35.41	3.9.11.14.16.18.20.21.22.24.25.26.28.35.41.43
宜宾市博物院	13			6.14.16.18.20.21.24.25.32.33.30.35.41
昆明市博物馆	5	14.16.35.41.43	14.16.35.41.43	14.16.35.41.43
西安碑林博物馆	45	16.19.40	5.10.16.19.30.40.43	1—45
哈密市博物馆	5		35.38.39.41.42	
总计	697			

综上所述，中小型博物馆注册商标类别较少，情况不容乐观，注册类别则以第 41 类教育娱乐、第 16 类办公用品最多，第 14 类珠宝钟表、第 35 类广告销售次之，其中鄂尔多斯市博物院、西安碑林博物馆、洛阳博物馆等完成了全域注册。

三、中小型博物馆商标存在的问题分析

综上所述，商标对博物馆有着重要的应用价值，现中小型博物馆在日常经营、宣传等活动中也经常涉及商标业务。但是通过对中小型博物馆商标结构和类别的分析，可以看出，中小型博物馆商标存在比较多的问题，主要集中在以下几个方面。

（一）商标注册认识不足

中小型博物馆对商标注册的意识普遍较为不足，认为注册商标花钱、费时、费力，不必注册商标。这也是目前大多中小型博物馆都未进行商标注册的主要原因。同时，在实际办理中，商标需要按类别申请，并根据国家知识产权局商标局规定缴纳费用。45 个商标类别共包含一万多个商品和服务项目，加上商标实质检查、通过需考虑人为因素和时效性，的确需要一定的时间及费用，而中小型博物馆大多属于事业单位，运营资金大都来源于地方财政，经费存在不足的问题。但是，我国商标法实行申请在先

原则，中小型博物馆大多有馆标、标志、馆藏文物资源等，若不及时注册商标，将面临馆藏资源、商标被抢注、乱用等风险，增加注册商标的难度，损害自身权益。

（二）商标保护意识不足

中小型博物馆整体商标保护意识不足，虽然有部分博物馆已经开始构建商标体系和文化形象，但由于商标权益保护的意识不强，缺乏对商标专用权利的认知，特别是通过使用来进行保护的意识薄弱，且不做维护与监管、监测，很容易被他人侵权，存在一定的风险隐患。例如商标续展问题，调查的数据中就有博物馆逾期未办理商标续展的情况。《中华人民共和国商标法》第三十九条、第四十条规定，依法注册的商标有效期自核准注册之日起计算，共计十年。有效期满、需要继续保留商标专用权的商标所有人，可在有效期满前十二个月内向商标局申请续展注册；未能及时续展的商标，还可以在有效期满之后的六个月宽展期内提出续展申请。宽展期满后，仍未提出续展申请的，商标局将注销该注册商标。被注销的注册商标，不再受法律保护，不再享有专用权。例如商标抢注问题，随着知名度的上升，发生的可能越大。河南博物院"莲鹤方壶"被抢注，陕西历史博物馆 IP 形象"唐妞"、河南博物院"唐宫夜宴"在多个商标类别被注册等案例，表明中小型博物馆应引起重视，防患于未然。

（三）专业性和针对性不足

近年来，虽然文化主管部门和博物馆协会对博物馆的政策支持和指导不断加大，但由于法律的专业性及中小型博物馆实际情况的多样化，导致针对性不足。首先，对于中小型博物馆来说，掌握商标相关政策的具体内容和注册实操技巧，仍存在一定的困难和挑战。例如唐山博物馆采用剪纸人物形象申请注册商标，因未符合独特性显著特征，均被驳回。其次，博物馆注册商标时，存在组合商标申请被驳回就不再申请，或文字商标、图形商标、组合商标一起申请，导致整体被驳回等情况。最后，商标代理公司的选择方面，中小型博物馆多属于市县一级，合作的代理公司相较于大城市接触博物馆业务较少，对商标的解读和实际注册操作不足，致使商标申请未能通过。

（四）未能发挥商标应有作用

商标作为品牌的重要组成部分，是博物馆文化内涵的重要载体，也是博物馆日常工作、服务的具象体现。而中小型博物馆在日常运营管理中，未能转换观念，将商标意识融入产品中。尤其体现在文化服务上，未能对商标进行研究和规划，发挥商标的作用，增强自身竞争力，提高知名度，形成品牌。

四、对策与建议

为了解决中小型博物馆在商标方面存在的问题，增强博物馆商标意识和提高保护、利用商标的能力，笔者认为可以从以下几个方面对商标进行保护。

（一）及时注册，按需申请，合理拓展类别和范围

我国实行商标自愿注册制度，未注册商标不受法律保护，有被抢注的风险。为维护自身合法权益，商标应及时注册，避免被他人抢注。再者，根据《中华人民共和国商标法》第四十九条规定："注册商标成为其核定使用的商品的通用名称或者没有正当理由连续三年不使用的，任何单位或者个人可以向商标局申请撤销该注册商标。"因此，中小型博物馆应根据自身业务、经营、宣传等活动，思考未来发展趋势，对商标注册、管理和保护进行规划，及时注册，按需申请，合理拓展类别和范围，有效保护博物馆权益。根据前文调查数据，中小型博物馆可重点关注第41类教育娱乐、第16类办公用品、第14类珠宝钟表及第35类广告销售的商标，并结合自身馆藏资源、特点、发展方向，与已注册的博物馆进行交流、借鉴，构建自身的商标体系。

（二）积极开展学习、交流和培训，提高商标注册和保护的能力

中小型博物馆应积极开展学习，了解商标的知识、特点和应用技巧，提高商标注册能力。同时，可利用各类业务培训和馆际交流，加强与大馆的交流和合作，了解商标注册相关公司、理论及政策等，共同探讨商标建设的方法和保护策略，促进中小型博物馆商标建设与发展。笔者结合自身经验，有以下几点体会：1.商标显著性特征是从设计之始、起名之初就要考虑的关键因素，是对构成商标的标志的解读，是独特性的体现，是能否成为注册商标的关键；2.组合商标作为中小型博物馆注册最多的类型，需要注意：组合商标最好单独申请，且组合商标是一个整体，不可拆开使用，若组合商标由于图形相似的原因被驳回，可分开申请该商标的各个构成要素，如都能注册，则可以组合使用——该方法看似费时花钱，实则更为灵活；3.商标的颜色在申请时可选择黑白色，后期使用时商标可随意变换颜色；4.要以商标局核准的规定形式呈现，申请商标和注册商标的产品与服务应尽可能标注"TM"和"®"标记，突出商标性质。

（三）加强商标管理和利用

中小型博物馆应加强、完善商标管理和利用，规范商标使用和推广的流程和方式，提高商标使用效益和优化保护效果。1.设立专门部门，系统统筹商标的规划和建设工作，安排专人负责商标相关工作。2.进行项目合作前，应严格审核被授权方资质，进

行项目可行性评估。以合同形式约定双方权利和义务，明确商标授权的要求和标准，加强对授权期内产品品质、宣传内容的监管，项目结束后的持续跟踪，若发现违约行为及时制止。3.注意商标的监督和维护，关注、掌握注册商标情况，筛查近似商标，避免被恶意抢注，维护商标权益。4.注意日常商标资料留存，为维护商标专用权合法性，及时处理商标侵权和争议问题做好基础工作。

（四）积极构建品牌

中小型博物馆应树立品牌一体化意识，把握自身文化内涵、优势特点和发展方向，创造性地形成自身独特的品牌形象和文化标志。应以商标注册为基础，通过对注册商标的保护和利用，维护自身馆藏资源和合法权益，拓展合作，通过优质的展陈、文创产品和宣传教育等业务，获得社会公众良好的认可，进一步提升博物馆的知名度和美誉度，增强市场竞争力，建立自身品牌。

五、结语

综上所述，博物馆商标是博物馆文化服务和经营活动中不可或缺的重要组成部分，有助于博物馆挖掘馆藏文物资源、实现区分识别、奠定品牌基础等，对于博物馆的发展具有重要意义。然而，中小型博物馆在商标方面仍存在不少问题和困境。在这种情况下，中小型博物馆应根据自身特点注册商标，合理拓展类别和范围，增强自身商标意识和保护能力，通过商标管理和规划，提高馆藏资源开发和活化利用能力，积极构建品牌，提升影响力，更好地推进博物馆自身发展。

"四爱图"梅瓶衍生的文创产品特征浅析

秦艺芸　汪　豪

【提　要】"四爱图"梅瓶承载着中国传统文人雅士对个人美德和品质的美好追求，诠释了中国古代陶瓷文化的深刻内涵，具有极高的文物文化价值。本文对"四爱图"梅瓶衍生的文创产品的文化性、教育性、针对性、实用性和创意性等特征进行浅析，思考其存在的不足，为文化创意产品设计提供参考思路。

【关键词】"四爱图"梅瓶　文创产品　特征

【作　者】秦艺芸　桂林博物馆　馆员
　　　　　汪豪　广西师范大学　讲师

一、"四爱图"梅瓶文化内涵及衍生的文创产品

（一）"四爱图"梅瓶的文化内涵

国内国有博物馆收藏的"四爱图"梅瓶中，笔者对湖北省博物馆和武汉博物馆分别收藏的元青花"四爱图"梅瓶及桂林博物馆收藏的青花"大明万历年制"款"四爱图"梅瓶最感兴趣，这三件"四爱图"梅瓶做工精美、图案秀美、传世稀有，为元、明两代青花瓷器里罕有的精品，均被鉴定为一级文物。

湖北省博物馆和武汉博物馆分别收藏的元青花"四爱图"梅瓶中，所绘制的图案均为陶渊明爱菊、周敦颐爱莲、林和靖爱梅鹤、王羲之爱兰；桂林博物馆藏明万历"四爱图"梅瓶绘制的图案为陶渊明爱菊、周敦颐爱莲、俞伯牙爱琴和孟浩然爱梅。

在中国传统文化中，"四爱图"常反映的是中国传统文人雅士的品位和喜好，往往与其追求的个人品德和精神风貌相关联。周敦颐爱莲的典故取自北宋理学家周敦颐

创作的《爱莲说》："予独爱莲之出淤泥而不染，濯清涟而不妖，中通外直，不蔓不枝，香远益清，亭亭净植，可远观而不可亵玩焉。"此句成为千古名句，至今脍炙人口。《爱莲说》歌颂了莲花的坚贞高洁，作者采用以物喻人、托物言志的方法，通过赞扬莲花来表达自己为人处世的态度和品格。爱菊的陶渊明是中国田园诗派的开创者，东晋末年，朝政被士族把持，政治黑暗腐败，社会没落，一心想施展济世抱负救黎民于水火的陶渊明，最终还是离开其厌倦已久的官场，回归田园，与菊为伴，不与世俗同流合污。"菊，花之隐逸者也"象征着陶渊明高洁的品格和隐逸的生活态度。"梅妻鹤子"故事的主人公林逋，生性恬淡，对世俗眼光和功名利禄不屑一顾，厌恶社会上阿谀奉承、追逐名利的风气。他一生未娶，与梅花和白鹤为伴，隐居孤山，是真正的隐士。王羲之精研书法与他一生爱兰爱鹅息息相关，鹅在水中曲颈高歌的姿势与迎风飘拂、婀娜多姿的兰叶，启发他创作出飘逸流畅、妍美遒媚的新书法体。他将兰叶的姿态运用到书法中，使书法神韵生动。伯牙抚琴只为子期，子期病故，伯牙摔琴绝弦亦为子期。伯牙以决绝之举表达知己难寻之意及对子期的怀念和敬重，诠释了世间稀有的珍贵友情和一种唯美的情感追求。孟浩然爱梅源于"踏雪寻梅"这个典故，孟浩然少年好学，酷爱梅花，常冒雪骑驴来到深山中观赏傲雪的梅花，如果梅花含苞待放，他就伫立在雪中静静地等待。于是，有人送了他一首打油诗"数九寒天雪花飘，大雪纷飞似鹅毛。浩然不辞风霜苦，踏雪寻梅乐逍遥"。后来人们用此典故来形容文人雅士欣赏风景、苦心作诗的心境。典故中的人物对待生活、官场和事业的态度或超然于世，或通透豁达，或肆意洒脱，或悠然自得，或清雅高洁，这般出世的品格、洁身自爱的人格和磊落的胸襟正是"四爱图"备受喜爱的原因。以"四爱图"作为题材，不仅丰富了梅瓶的艺术价值，也使梅瓶具有了深刻的文化内涵，其中蕴含的文化符号是对个人美德和品质的一种追求和启迪，具有积极的现实教育意义。

（二）"四爱图"梅瓶衍生的文创产品

"四爱图"梅瓶因青花蓝温润典雅，有独特的历史美感，又因图案深厚的文化内涵，具有故事性和现实教育意义，用"四爱图"青花梅瓶这个题材研发文创产品，能传承和发扬中华优秀传统文化，培养消费者高尚的审美情操，增强消费者的文化认同感。2022 年 5 月，湖北省博物馆推出"四爱图"系列文创产品"四季之爱"，包括茶具、书签、胸针、香薰和帆布包等（图 1），受到广泛关注。随后，武汉博物馆推出青花"四爱图"梅瓶书签交通卡（图 2），网友直呼"手机交通卡瞬间不香了"。桂林博物馆近年来也研发了一系列"四爱图"文具、生活用品、服饰、帽饰、装饰摆件套装（图 3），赢得了不少观众的喜爱。

图 1 　湖北省博物馆"四季之爱"文创产品

图 2 　武汉博物馆"四爱图"梅瓶书签交通卡

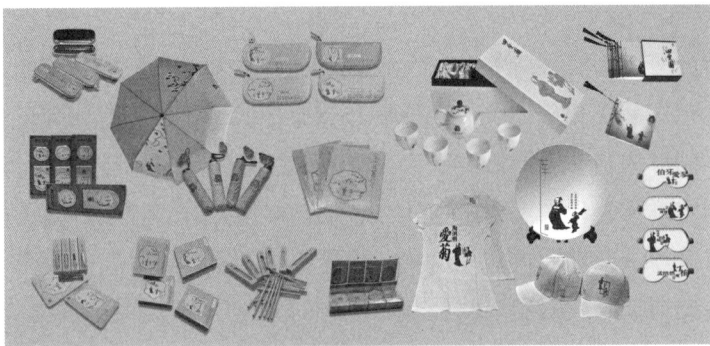

图 3 　桂林博物馆"四爱图"系列文创产品

二、"四爱图"梅瓶衍生文创产品的特征分析

（一）文化性

湖北省博物馆、武汉博物馆、桂林博物馆推出的"四爱图"梅瓶文创产品均以馆藏"四爱图"梅瓶为设计素材，提取其造型、色彩、纹饰等为设计元素，用消费者喜闻乐见的方式分别讲述了周敦颐爱莲、陶渊明爱菊、林和靖爱梅鹤、王羲之爱兰、俞伯牙爱琴或者孟浩然爱梅之"四爱"故事，承载着以周敦颐、陶渊明等为代表的中国传统文人雅士对高洁品格和唯美情感的追求，诠释了古代陶瓷文化的深刻内涵，成为宣传和传播中华优秀传统文化的重要媒介。

（二）教育性

教育，随着人类社会的产生而产生，又随着人类社会的发展而发展。从古至今，教育都是人们成长中最重要的环节之一。古代的教育与儒家思想紧密相连，讲究"德"的培养，着重培养"君子"精神。古人认为"君子"应该具备品德高尚、志洁行廉、不为五斗米折腰等令人敬重的精神。在这样的历史背景和教育体系下，"四爱图"梅瓶不仅是"君子"德行发展的体现，也是古代社会文人雅士高洁品格的缩影。

"四爱图"梅瓶作为一种文化遗产的载体，其衍生品有书签、茶具或学习用品，这些一直是求学者或传统文人雅士学习和生活的必需品。它们以更加灵活和创新的方式融入人们的日常生活中，意在让消费者在使用过程中培养正确的人生观、世界观和价值观，并在潜移默化中学习传统文化中的精华，培养健康的审美情操，洗涤心灵，升华情感境界；体现了研发团队对中华优秀传统文化和美德的关注，以及对当代人的人文关怀。

（三）针对性

文创产品的研发需要进行充分的市场需求分析和调查，把握产品的定位和市场接受度，进而实现产品文化价值、教育价值和商业价值。上述价值如何实现？根据不同年龄阶段、不同群体消费者的需要来研发是不错的途径。如学生群体、青年群体、女性群体、中老年群体，他们需要的是什么？他们常用什么？什么产品可以长时间伴其左右？了解这些需求，然后再研发这些"被需要"的文创产品，能让受众群体在日常的使用中，慢慢地被"四爱图"及其背后优秀的文化所熏陶，达到培养健康审美和增进文化认同的双重目的。例如，学生群体以学业为主，学习用品是使用最频繁的，桂林博物馆研发的"四爱图"系列学习用品，将中华优秀传统文化融入学生生活学习中的各个方面，意在培养他们的社会主义核心价值观；青年群体是文创产品的主要受众，对文创产品的创新力和娱乐性更为看重，"自我取悦""文创社交"成为他们消费行为的重要动力。湖北省博物馆"四季之爱"系列的车载香薰（图4），武汉博物馆的"四爱图"梅瓶书签公交卡，桂林博物馆"四爱图"服饰、帽饰、帆布包（图5）等产品，满足了这些需求，具有实用性、美观性、趣味性，成为年轻人展示自己文化素养、个人追求和文化认同的载体；女性群体更在意产品体现出传统文化中的"美和典雅"，因此，在文创研发上要发掘"美"的魅力，通过现代设计再创造，让文创产品同时拥有古代的优雅和现代的婉约，满足女性群体的审美需求，如"四爱图"首饰、胸针、服饰、包等；中老年群体，更注重传统文化中的哲学思想、生活智慧和吉祥寓意，具有"德廉礼义信"和"福禄寿康宁"等美好寓意，既美观又有意义的文创产品会成为他们的最爱，如桂林博物馆"四爱图"茶具套装（图6）等。

图4 湖北省博物馆"四季之爱"系列车载香薰

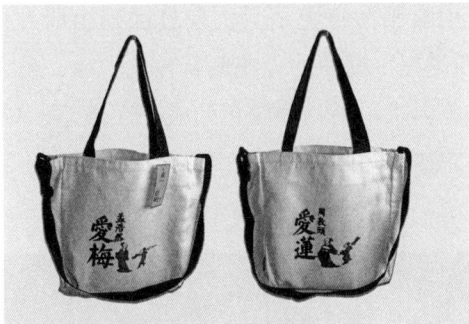

图5 桂林博物馆"四爱图"帆布包

图6 桂林博物馆"四爱图"茶具套装

图7 湖北省博物馆"四季之爱"书签尺

（四）实用性

只有让文创产品成为人们生活的必需品，文创产品才能更好地发挥其文化教育作用。通过文物衍生品让传统文化生活化，并非遥不可及。它需要设计师更"接地气"地思考什么产品能真正融入人们生活，故提高文创产品的实用性尤为重要。

如湖北省博物馆的"四季之爱"书签尺（图7），不仅是书签，也是尺子，造型美观还能作为装饰品，一物多用；武汉博物馆的"四爱图"梅瓶书签交通卡，用时刷卡，不用时当包饰，精美典雅且独特；桂林博物馆的"四爱图"四色文具系列，种类繁多，满足学生学习中的各种需求，伞具套装更是家中常备物品。这些文创产品都兼具美观性和实用性，受到消费者的肯定和喜爱。

（五）创意性

三家博物馆推出的"四爱图"系列文创中有一些很有创意的产品，值得称赞。例如湖北省博物馆"四季之爱"系列梅瓶茶具套装（图8），组合在一起呈现的是完整的元青花"四爱图"梅瓶造型，拆分开就是茶碗、茶杯、茶壶等独立器具。该文创不仅是一套实用的茶具组合，更是经典梅瓶的复制品，消费者不用时可将其作为装饰品，使用时则为特色茶具。桂林博物馆研发的"四爱图"四色系列文创产品（图9），将"四爱图"梅瓶的青花创新转化为绿、粉、黄、蓝四种颜色，满足消费者对明艳色彩的审美需求——一种颜色代表一个故事，单看任意一件产品都很美观，但组合在一起即为完整的"四爱图"故事，极具创意性。

图8 湖北省博物馆"四季之爱"系列梅瓶茶具套装

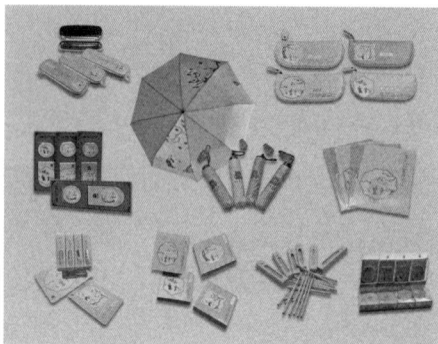

图9 桂林博物馆"四爱图"四色系列文创产品

三、"四爱图"梅瓶衍生文创产品存在的不足

（一）地域性不足

三家博物馆都藏有"四爱图"梅瓶，"四爱图"中都有周敦颐爱莲、陶渊明爱菊的图案，提取图案作为设计元素很难不重样，最好的解决方式就是增加本地元素。例如武汉有黄鹤楼和热干面，桂林有山水、梯田和米粉等，这些元素地域特色突出，若与"四爱图"结合设计，会碰撞出神奇的火花。试想，武汉夏天的东湖公园，莲池花朵累累，鸟叫蝉鸣，池边建一濂溪书院，周敦颐在书院门口抚须观莲；一年一度的武汉金秋菊展，千余种菊花竞相开放，热闹非凡，人群中隐现一位东晋时期的游客陶渊明；俞伯牙与钟子期在秀美的桂林山水间相遇，在漓江岸边竹林下抚琴品茗；林逋与鹤漫步长江边，不远处即是黄鹤楼；等等。通过文创产品实现古今最奇妙的邂逅，不仅能宣传所在地的城市特色，也体现了"四爱图"文创产品的地域性，使其个性更为鲜明。目前三馆尚未推出与城市文化元素相结合的"四爱图"文创产品。

（二）缺乏IP形象

文创产品几乎到了"一切皆IP"的时代，文物IP可以延长文创产品的生命周期。但目前文物IP仅见于国内几家大型博物馆里，如故宫博物院的猫和侍卫、宝鸡青铜器博物馆的宝宝和博博、陕西历史博物馆的唐妞、湖北省博物馆的鹿角立鹤（芝芝）等。

三家博物馆目前还没有用"四爱图"梅瓶进行 IP 形象设计，这是一个较大的缺憾。

（三）趣味性不足

有趣的文创产品能提升公众对博物馆的关注度，甚至能形成全网热点。如甘肃博物馆的"绿马"IP 系列，除了常见的毛绒玩偶外，还有头套、飞盘、风筝等一系列玩具；英国 jellycat（吉利猫）玩偶以独辟蹊径的销售模式走红后，国内多家博物馆参照此模式开发"中国版 jellycat"，如甘肃博物馆"甘肃（不）土特产"系列、东莞潮玩"本'潮'纲目中药铺"、苏州博物馆的粽叶定胜糕等均成"爆款"，消费者纷纷称赞其创意性。现有"四爱图"梅瓶衍生品"有意思""有新意"之处尚不足，如果从已有的产品出发，再开发一些新奇的、好玩的、有趣的、带有吉祥寓意的文创产品，一定会让更多的消费者喜爱。

四、结语

博物馆是一座文化宝库，更是学校以外的第二课堂。博物馆收藏的每一件文物藏品，都有其重要的历史文化价值。博物馆要深入研究文物内涵，分析文物的作用和价值，用消费者喜闻乐见的形式说好文物故事，帮助消费者真正了解文物内涵。目前，博物馆文创产品的市场热度和公众购买力正在逐年上升，人们对文创产品的喜爱离不开其文化性、教育性、创意性、针对性、趣味性和实用性。"四爱图"梅瓶衍生的文创产品用消费者喜欢的方式融入消费者的生活，宣传中国古代陶瓷文化，又以潜移默化的方式培育消费者正确的价值观，发挥了文创产品的教育功能。

博物馆公共安全应急管理的挑战与应对措施

蒋宏平

【提　要】博物馆公共安全属于社会安全的重要组成部分，随着博物馆越来越成为公众热门参观目的地，博物馆公共安全应急管理工作的重要性日益突显。有必要对博物馆公共安全应急管理的内涵与目的、常见风险类型、强化管理的现实意义以及面临的挑战展开分析，进而在此基础之上总结出有效应对挑战的措施以防患于未然，促进博物馆事业的长期稳定发展。

【关键词】博物馆　公共安全　应急管理　挑战与措施

【作　者】蒋宏平　桂林博物馆　馆员

一、引言

在社会经济快速发展的背景下，我国的博物馆事业正步入发展的黄金时期。博物馆规模的扩大以及人流量的增多，对安全应急管理工作提出了更高的要求，使博物馆的公共安全应急管理工作面临新挑战。《博物馆公共安全应急管理规范》明确指出，博物馆应建立并不断完善各项应急管理制度，建立健全公共安全应急管理组织。由此可见加强博物馆公共安全应急管理的紧迫性。为此，须从博物馆日常运营实际出发，采取科学有效的举措应对应急管理方面所面临的挑战。

二、博物馆公共安全应急管理的内涵与目的

博物馆公共安全应急管理又被称为"风险管理"，简而言之即是博物馆为满足广大公众的公共安全需求而实行的管理，具有公共性、人为性及社会性的特点，包含制

度层面、设备层面、精神层面等不同方面的管理。实行公共安全应急管理的目的在于，博物馆在发挥正常社会功能的同时，可以有效应对来自环境、人员等方面的风险。博物馆的应急管理包含减缓、准备、响应与恢复四阶段。减缓指通过采取应急管理举措，减少公众所受到的生命财产风险；准备指增强博物馆应对各种突发性事件的能力；响应指在风险发生前、中、后采取必要措施将损失最小化；恢复指结合日常运营标准，推动博物馆工作恢复常态。

三、博物馆常见公共安全应急管理风险类型

博物馆常见公共安全应急管理风险类型包含四个方面。其一为盗窃事件，盗窃事件呈现出职业化、团伙作案的特点，在日常管理过程中难以被发现。其二为客流风险，即在博物馆免费开放之后，参观者数量增多，一旦未做好相关人员的疏导工作，便易发生踩踏等群体性安全事件。其三为火灾风险，火灾是博物馆所面临的最常见的风险，常因防火设备不完善、管理松懈而导致。其四为涉恐事件，涉恐事件也呈现出团伙化的趋势，常会涉及爆炸物品，因此博物馆需加强对进出人员的安检工作。

四、加强博物馆公共安全应急管理的意义

加强博物馆公共安全应急管理工作，首要意义在于保障公众生命财产安全。社会经济的快速发展使得人们的物质生活水平逐渐提高，精神需求日益增长，而博物馆则为人们满足精神需求提供了条件。伴随着广大公众对博物馆认知的深刻变化，博物馆参观人数与日俱增，在公众步入博物馆享受服务的同时，也面临着来自火灾、盗窃、群体性踩踏等事件的威胁。通过强化博物馆公共安全应急管理工作，则可有效应对来自多方面的安全威胁，如博物馆通过建立完善的风险预警机制，及时发现在博物馆日常运营过程中所存在的隐患，进而全方位保障公众的生命财产安全。此外，博物馆属于重要的社会公共文化服务场所，加强博物馆公共安全应急管理工作有利于促进博物馆的健康发展。如做好公众参观时的疏导工作、维护博物馆内日常运营秩序、创造和谐稳定的参观氛围等举措，为文物展览、文化交流提供了安全条件，进而使博物馆的日常运营质量得到提升，推动博物馆健康发展。

五、博物馆公共安全应急管理所面临的挑战

（一）存在信息不对称的问题

科学技术的快速发展使得各领域的信息化建设成为关注焦点。在博物馆安全应急管理工作中，因有关人员的应急管理理念相对落后，未将现代信息技术与应急管理工作进行结合，造成应急管理中的信息不对称问题。例如：博物馆对应急管理信息库、管理平台及信息系统的建设未予以足够的资金支持，部门管理人员无法应用信息技术对博物馆存在的公共安全应急管理风险进行动态监控，未能对潜在问题进行精准的分析与预测，且无法运用先进的管理平台实行管理，因而导致公共安全应急管理事件无法得到有效处理，存在滞后性，公共安全应急管理工作的效果与质量不尽如人意。

（二）缺乏完善的应急管理机制

在新时代背景下，虽然我国大多数博物馆已认识到公共安全应急管理工作的关键性并做出相应努力，但是部分博物馆安全应急管理水平仍较低，这主要源于其内部缺乏完善的应急管理机制，主要表现在三点：其一，博物馆内各岗位之间的职责划分相对不明确，当发生问题时难以第一时间找到相关责任人及查明事件所发生的原因，如博物馆内部的消防安全工作未明确到个人，在发生消防事件时无法找到责任人进行处置，使得博物馆面临安全隐患；其二，博物馆内部缺乏完善的监督机制，部分应急管理人员在工作中存在玩忽职守、懈怠的现象，对公共安全应急管理工作不重视，影响了博物馆的公共安全应急管理水平；其三，在公共安全应急管理工作中，博物馆未能提前制定风险应急管理预案，事发时无法做出有效应对举措，造成风险态势的进一步扩大，为博物馆带来不可估量的损失。

（三）高素质应急管理人才不足

博物馆作为社会服务机构，一支高素质的应急管理人才队伍不可或缺。然而，纵观众多博物馆可发现，博物馆的公共安全应急管理方面存在着人才不足现象。一方面，由于博物馆负责应急管理工作的多为安保人员，其自身缺乏公共安全意识及过硬的临场反应能力，在各种突发性事件发生时往往无法采取有效措施加以解决，难以在短时间内实现对现场情况的控制，导致应急管理工作效率不高。另一方面，部分博物馆安全应急管理人员自身素质不高，未经过专业的培训，无法熟练掌握各种安全应急设施的使用方法。与此同时，部分博物馆为节省成本，会减少应急管理岗位人员的数量或聘请第三方派遣人员，其中有些人员综合素质不高，一定程度上阻碍了博物馆公共安全应急管理水平的发展。

（四）硬件设施配备不够完善

缺乏完备的硬件设施是博物馆在公共安全应急管理方面存在的薄弱环节。首先，博物馆属于具有公益性质的场所，在博物馆实行免费开放后，每日进入博物馆的人员数量快速增多，给不良分子以可乘之机，使其可能会借此混入公众中。与此同时，博物馆的展品与参观公众的距离较近，若博物馆缺乏必要的防护设施，则会造成展览品面临损坏与丢失的风险。其次，博物馆硬件设施配备不够合理，尤其是消防栓、灭火器的分布与配置不科学，未能结合博物馆展品分布及人流量情况进行合理布局，以致在发生公共安全事件时无法及时使用相关设施。另外，部分博物馆未能及时引进现代智能化监控系统及防盗系统，且未能对众多硬件设施展开定期维护升级，不仅影响博物馆正常运行，还会给公众的人身安全带来隐患。

六、博物馆公共安全应急管理挑战的应对措施

（一）重视信息化管理系统的构建

信息技术的迅猛发展，使得信息化管理已成为博物馆应对公共安全应急管理挑战的重要路径。为提升博物馆公共安全应急管理工作水平，应重视信息化管理系统的构建，以解决信息不对称问题。如结合博物馆所面临的公共安全应急管理风险，选用前沿的信息系统与设备，将先进的智能分析技术、大数据技术及人工智能技术应用于公共安全应急管理工作中，增强工作人员处理突发事件的能力，并凭借该系统实现博物馆安全应急管理事件数据的互通互联，从而及时响应各种突发性应急管理事件并进行有效预警，最终提高博物馆应急管理工作水平。

（二）建立完善的应急管理机制

"凡事预则立，不预则废"，由于博物馆在运营过程中所承受的公共安全应急管理挑战众多，完善的应急管理机制建设的重要性不言而喻。一方面，博物馆需建立应急管理人员的管理机制，如制定应急管理人员的监督制度及责任制度，即对博物馆中所有应急管理人员的责任进行明确，安排专项人员对其展开监督，使其能够在日常工作中恪尽职守，提升工作质量。另一方面，建立博物馆日常巡检制度，制定操作规范，让应急管理人员定期对博物馆展开全范围检查，及时发现潜在的安全隐患。另外，还需建立控制处理机制，由工作能力强的应急管理人员建立应急管理小组，定期展开应急演练（如消防演练等），从而在应急管理事件发生时，迅速采取有效措施，有效降低应急管理事件对博物馆造成的损害。

（三）加强应急管理人才队伍建设

加强应急管理人才队伍建设是保障博物馆公共安全的第一道防线。首先，博物馆需制定详尽的安全应急管理岗位招聘标准，提高应急管理人员的待遇水平，吸引更多高素质人才加入管理工作中，进而提高工作质量。其次，定期对博物馆安全应急管理人员展开培训，可通过集中培训的方法，传授公共安全应急管理方面的知识，使所有人员皆能掌握博物馆安全应急软硬件设备操作方法，熟悉博物馆消防通道、人员疏散通道。另外，还可定期邀请公共安全领域的专家召开讲座，使博物馆应急管理人员吸收到更多管理经验，提升自身应急管理水平。最后，创建应急管理人员的奖惩制度，对在博物馆公共安全应急管理工作中表现优异的人员给予资金奖励及精神激励，调动其工作积极性；对违反安全应急管理相关规定及因管理不当而引发事故的员工，根据情节予以警告、罚款等惩罚，从而增强应急管理人员的安全责任意识，使所有人员皆能顺利地开展工作，最终打造出一支高素质应急管理人才队伍，切实维护博物馆日常运营安全。

（四）重视硬件设施的配备工作

完备的硬件设施是保障博物馆公共安全的基础，因此应重视博物馆内部硬件设施的配备工作，尤其应加强对硬件设施的资金投入力度。首先，应引进前沿的防盗设备及先进的信息化设备，对参观人员的不正当行为进行监控，如当参观人员接触展品时，相关设备会触发警报，以此保障展品的安全。与此同时，引进先进的智能化火灾监测系统，对博物馆中存在的火灾隐患展开实时监控，一旦出现异常问题，设备会自动报警，从而有效防范火灾事故。其次，在引进先进硬件设施后，应结合博物馆展品分布、博物馆整体布局以及人流量情况合理分配各种设施配置，不给不法分子可乘之机。最后，还需加强对各种硬件设施的周期化审核、保养与升级工作，保障设施的稳定运行，以备不时之需，全方位做好应对突发事件的准备。

七、结语

博物馆的公共安全应急管理工作是一项长期而艰巨的任务。加强博物馆公共安全应急管理工作有利于保障公众生命财产安全，助推博物馆的健康发展。博物馆在日常运营中，面临着信息不对称、缺乏完善的应急管理机制、高素质应急管理人才不足、缺乏完善的硬件设施等多方面的挑战。对此，应采取重视信息化管理系统的构建、建立完善的应急管理机制、加强应急管理人才队伍建设、重视硬件设施的投入等举措有效应对挑战，全方位保障博物馆日常运营安全，促进博物馆事业长足发展。

参考文献

［1］魏峰.博物馆公共安全管理模式构建［J］.模型世界，2022（31）：173—175.

［2］张心瑶.博物馆消防安全管理路径研究——以奉贤区博物馆为例［J］.消防界（电子版），2024（15）：10—12.

［3］盛丽芬.论博物馆安全体系构建［J］.中国公共安全，2023（4）：5—7.

［4］王河云.新形势下博物馆安全管理模式的研究［J］.中国民族博览，2024（19）：232—234.

文化遗产论坛
Culture Heritage Forum

自有心胸甲天下 老夫看熟桂林山

——桂林山水与齐白石山水画之变

雷林杰

【提　要】 齐白石在中国近现代绘画史上以花鸟画而名世，但其山水画也展现了极高的艺术造诣和鲜明的个人风格。齐白石"五出五归"的游历为其山水画艺术创作打下坚实的基础，桂林山水更是在其创新转变过程中发挥了重要的作用，激发了他自我绘画理念的觉醒，促使其形成独具个人风格的山水画模式。他的山水画在传统基础上大胆创新，融合文人画的写意精神和质朴的生活真趣，形成"稚拙天真""平淡见奇"的独特面貌。

【关键词】 齐白石　桂林之缘　山水画转型　独秀山图

【作　者】 雷林杰　桂林市文学艺术研究室　二级美术师

　　齐白石，生于 1864 年，卒于 1957 年，名璜，字濒生，号白石，湖南湘潭杏子坞星斗塘人，是 20 世纪最具影响力和创新力的中国画大师之一。他融诗、书、画、印于一体，以精湛的花鸟画技艺开创"红花墨叶"一派，蜚声海内外。相较其花鸟画而言，他的山水画在很长一段时间内不被世人重视。然而，其山水画中所展现出的独特艺术个性和创新精神，为中国山水画的发展注入了新的活力和现实情怀，值得我们更好地研究和借鉴。

　　齐白石从小体弱多病，家境贫寒，幼年随祖父识字，也上过短暂的私塾，后因家贫而辍学，在家砍柴、放牛，青年时从粗木工活起步，后拜雕花木匠周之美为师，成为一位行走乡间的雕花木匠，21 岁时在雇主家中借到一本残缺的《芥子园画谱》，开始自学绘画，后拜湘潭名士胡沁园学习工笔花鸟草虫，同时随民间画师萧芗陔、文少可、谭溥学习人物、山水画，起初为乡里人画像，渐渐地停掉了雕花木匠手艺活，走上了卖画为生的道路。1902 年，齐白石第一次离开家乡，开启了他自称为"五出五归"的鬻艺远游生涯，足迹遍布陕西、北京、江西、广西、广东、江苏等地，还跨越国境到过越南。他沿途饱览名川大山，临摹写生，刻印卖画，结交名流，极大地开阔了眼界，在书法、篆刻、绘画等艺术上不断提升。"五出五归"是齐白石艺术生涯中山水画探索和创作的高峰时期，为他今后的艺术创作打下了坚实的基础，使其在形象、画法和构图上都有了全新的突破，对他取得高超的艺术成就起到了非常重要的作用，其中桂林山水给齐白石留下了深刻印象。

一、桂林之缘

齐白石先后两次到过桂林。其首次桂林之旅，缘起于他"五出五归"中的"三出三归"。齐白石第一次远游西安、北京之后，在第二次"侍湘绮师游南昌"期间，接到了好友汪颂年（时任广西提学使）的邀请，到桂林游览，写生作画。前两次出游，齐白石收获颇丰，回到湖南安顿好家人后，便于光绪三十一年（1905 年）七月，踏上了去往广西的行程："七月中旬，汪颂年约我游桂林……广西的山水，是天下著名的，我就欣然而往。进了广西境内，果然奇峰峻岭，目不暇接。画山水，到了广西，才算开了眼界啦！"[1]

从 1905 年 7 月到 1906 年 2 月，齐白石在桂林的时间超过半年之久，悠闲的桂林生活给齐白石留下了许多美好的回忆。

在桂林，齐白石如前两次出游一样，以卖画刻印为生："眼昏隔雾尚雕镌，好事诸公肯出钱。死后问心何值得，寻常一字价三千。"[2]齐白石把樊樊山在西安给自己写的刻印润例挂出去，依仗他的名声，生意非常好。

齐白石还经常去会仙楼吃马肉米粉，喝鱼生粥："粉名马肉播天涯，粥号鱼鲜（一作生）美且佳。世味饱尝思饮水，几曾经过会仙来。"[3]他也和好友常在湖边榕树下钓鱼、喝茶饮酒："消闲临水一竿丝，五美堂西碧柳垂。却被人呼垂钓者，从来无那羡鱼时。""榕叶团团盖不如，桂林风物故乡无。不看山水全无事，日坐榕荫把酒壶。"[4]生活得好不惬意！字里行间，洋溢着齐白石对桂林安静闲适生活的热爱。当然，这期间他更多的是和友人游山问艺："穿石穿山逐火飞，桂林重到寸心违。泊庐若问奇山水，阳羡曾看白石归。"[5]桂林奇峰多山洞，齐白石和友人打着火把穿山游洞，行走如飞。

［1］齐白石自述，张次溪笔录：《白石老人自述》，浙江古籍出版社，2020 年，84 页。

［2］齐白石自述，张次溪笔录：《白石老人自述》，浙江古籍出版社，2020 年，85 页。

［3］北京画院编：《人生若寄：北京画院藏齐白石手稿·诗稿（上）》，广西美术出版社，2013 年，177 页。

［4］北京画院编：《人生若寄：北京画院藏齐白石手稿·诗稿（上）》，广西美术出版社，2013 年，176 页。

［5］林京海：《清代广西绘画系年（下册）》，广西师范大学出版社，2017 年，790 页。

齐白石第二次到桂林是在其"四出四归"的旅途中。"……（应邀后）予如是游桂林，看阳羡（朔）山水，看独秀山之一灯乱星。越年，再游桂林，转广东之钦州……"[1]光绪三十三年（1907 年），他应上一年与朋友的约定而前往钦州，从湖南先到桂林，再下梧州，经广州再往钦州，此为二游桂林。

桂林的奇山秀水，让齐白石大为震撼，之后每每想起桂林风光，他都会感叹一番，并曾多次作诗追忆桂林之行。"石山如笋不成行，纵亚斜排乱夕阳。背想我肠无此怪，更知前代画寻常。"[2]桂林尖耸如石笋般的喀斯特峰林给齐白石留下了深刻的印象。"笑看独秀如碑立，可惜周遭没字痕。只有晚风残照候，一竿灯火乱星辰。"[3]齐白石不仅爱画桂林独秀山，还有诗记录其对独秀山的独特感受："桂林城内有独秀峰，峰上有灯，树甚高，晚景苍苍时，灯如一星早出，众星出，不可辨灯也。"[4]桂林山水以阳朔最具特色，其山水画题诗有两次提到阳朔，其一："曾经阳羡好山无，峦倒峰斜势欲扶。一笑前朝诸巨手，平铺细抹死工夫。"[5]其二："当时有味是清闲，虽设柴门尽日关。经过宦游阳朔者，羡侬屋后数层山。"[6]齐白石漓江乘船，曾看见今人也能偶尔一见的鸬鹚捕鱼："密网拦江有漏鱼，鸬鹚过去钓潭枯。持竿君欲垂何处，两岸萧萧柳几株。"[7]"柳岸鸬鹚"这一形象经常出现在他今后的作品中。桂林与众不同的奇异山水深深地刺激着齐白石，他感觉到以前所画的山水太平常了，桂林山水激发了他的创作灵感和想要改变的欲望。

二、得山之助

齐白石 21 岁开始临摹《芥子园画谱》自习绘画，27 岁起跟随当地名师学习山水画。到 1902 年走出湘潭之前，其山水画主要是学习乡间见到的画谱和当时流行的"四王"画风，代表作品有其 1892 年所画的《山水条屏》（图 1）、1894 年时所画的《龙山七子图》（图 2）。其这一时期的作品多采用以传统披麻皴为主的"四王"复古画风，细笔勾皴，设色构图完全尊崇传统，重峦叠嶂，小桥流水，仕隐山中，一股刻板的画谱程式味道，既无水墨韵味也无个性生趣。

[1] 齐白石自述，张次溪笔录：《白石老人自述》，浙江古籍出版社，2020 年，165 页。

[2] 北京画院编：《人生若寄：北京画院藏齐白石手稿·诗稿（上）》，广西美术出版社，2013 年，178 页。

[3] 郎绍君、郭天民主编：《齐白石全集（普及版·全 10 卷）》第十卷《诗文》，湖南美术出版社，2017 年，43 页。

[4] 郎绍君、郭天民主编：《齐白石全集（普及版·全 10 卷）》第十卷《诗文》，湖南美术出版社，2017 年，6 页。

[5] 郎绍君、郭天民主编：《齐白石全集（普及版·全 10 卷）》第十卷《诗文》，湖南美术出版社，2017 年，40 页。

[6] 郎绍君、郭天民主编：《齐白石全集（普及版·全 10 卷）》第十卷《诗文》，湖南美术出版社，2017 年，123 页。

[7] 郎绍君、郭天民主编：《齐白石全集（普及版·全 10 卷）》第四卷《绘画》，湖南美术出版社，2017 年，38 页。

图 1 《山水条屏》（辽宁省博物馆藏）   图 2 《龙山七子图》（广汇美术馆藏）

出游之后，齐白石把之前所学和现实中的真山真水进行比照，"那时，水陆交通，很不方便，长途跋涉，走得非常之慢，我却趁此机会，添了不少画料。每逢看到奇妙景物，我就画上一幅。到此境界，才明白前人的画谱，造意布局和山的皴法，都不是没有根据的"。[1] 齐白石渐渐地打开了眼界，也见到了朋友们收藏的许多名画真迹："……搜罗的许多名画，像八大山人、徐青藤、金冬心等真迹，都给我临摹了一遍，我也得益不浅。"[2] 通过不断观察写生、临摹学习，在奇山美景的启发下，齐白石实现了从模仿到"我用我家笔墨，写我家山水"艺术理念的转变。这一转变在出游桂林之后尤为明显，表现在以下三个方面：

1. 通过对比齐白石游桂林前的作品《石门二十四景》和游桂林后的作品《借山图册》，可以看出其山水画风格的明显变化。

《石门二十四景》的创作缘起，如齐白石自述："朋友胡廉石把他自己住在石门附近的景色，请王仲言拟了二十四个题目，叫我画《石门二十四景》。"[3] 《石门二十四景》

---

[1] 齐白石自述，张次溪笔录：《白石老人自述》，浙江古籍出版社，2020 年，75 页。

[2] 齐白石自述，张次溪笔录：《白石老人自述》，浙江古籍出版社，2020 年，89 页。

[3] 齐白石自述，张次溪笔录：《白石老人自述》，浙江古籍出版社，2020 年，96 页。

之九《霞衣横琴图》的款识："……癸卯夏，余为画师客京师……"《石门二十四景》之二十四《甘吉藏书图》的补题："……石门山人以石门一带近景拟目二十有四，属余画为图册，此十余年前事也……今冬石门复携此册过，我见之不禁技痒，遂补题并记。乙卯十月，齐璜。""癸卯"为 1903 年，"乙卯"为 1915 年，1915 年前十年则是 1905 年，可以判断《石门二十四景》应作于齐白石 1902 年开始"五出五归"之后，1905 年来桂林之前，两次远游回到家中休息期间。仔细看《石门二十四景》，大多借鉴《芥子园画谱》的范本进行重构，不论山石云水、树木房舍、蕉叶竹林还是人物点景，都能在画谱中找到相似的影子，也能看出受到金农、石涛的影响。《石门二十四景》虽用笔传统纤弱，但也不失文气清雅、恬淡活泼，比其早期的山水作品多了一些人文气息。（图 3、4）

图 3 《石门二十四景》之一《石门卧云图》（辽宁省博物馆藏）

图 4 《石门二十四景》之十五《松山竹马图》（辽宁省博物馆藏）

    1910 年，"五出五归"游历结束，齐白石回到湘潭家中，把游历写生所得的画稿重新整理创作，编成《借山图册》，一共 52 幅，后来多有失散，现藏于北京画院，共有 22 幅（图 5、6）。《借山图册》与之前的作品相比较，让人耳目一新，首先在思想意识和题材取法上，《借山图册》的作品素材都来源于现实，是齐白石游历过程中亲眼所见，有真情实感。二是在形式构图上，《借山图册》不同于之前传统程式化的构图，如陈师曾的题字所言，"平淡见奇"。许多作品大面积留白，简洁概括，给人一种空灵辽阔、意味无穷的形式美感。三是用笔用色，一改过去的纤弱细致、淡雅文气的特点，而变得下笔概括肯定，色彩轻快明丽。

    通过《石门二十四景》和《借山图册》的对比，可以明显感受到齐白石山水画的风格变化，说明了前两次的出游和桂林山水给齐白石带来的新奇视觉美感，激发了他

图5 《借山图册》之四（北京画院藏）

图6 《借山图册》之十八（北京画院藏）

的创作激情和创新灵感。《借山图册》的出现，标志着齐白石的山水画由传统的旧文人画向现实的新文人画风格转变。

2. 齐白石对桂林山水的写生激发其山水技法和风格上的创新，桂林经历成为其山水画创作的重要源泉。

齐白石旅居桂林期间，与友人游山写生，也为朋友作画，留下了不少画稿，这些画稿成为他日后山水画创作的重要素材。研究这些画稿及其后来的画作，能从中看出其风格之变化由来。

现藏于北京画院的《山水双面画稿》[1]（图7）画的是漓江边崖石下，人们在竹筏上钓鱼的情景。画家以逸笔勾画出巨大的江边崖石，崖下停着几艘漓江边特有的桅杆渔船，两个小人坐在竹筏上钓鱼，画的左下角，一个渔人划着小舟而来，远处三块重墨涂抹远山，将石崖衬出。画面布局的构成感很强，这样的构图在古画中不多见，具有现代写生意味。画稿石崖中有题字："阳朔下十余里，河岩下有钓者，钓竿置之石磴中，人踞于舟，以竹为之，殊有别趣。"这种漓江边特有的喀斯特地貌山崖，没有传统山水画皴法范例，齐白石根据实景用近乎九十度方折的线条勾出山崖，写生感很强。这种方折直线表现山石的方法，与传统的折带皴不同，经过齐白石的提炼，有很强的图案感、结构感，经常出现在他的山水画创作中，如《两岩含月》（图8）、《桂林山水》等，而"河岩下有钓者"这一写生题材，也出现在他1931年创作的《阳羡垂钓》中。

---

[1] 北京画院编：《北京画院藏齐白石精品集：画稿卷Ⅰ》，广西美术出版社，2015年，28页。

图 7 《山水双面画稿》（北京画院藏）

图 8 《两岩含月》[1]

题有"拟桂林山造稿"的《桂林山稿》[2]（图 9）是齐白石在游览桂林山水之后画的草图。画面右下角并排两个馒头小山，中间横斜出一山坡，一个小人立于斜坡之下。后面是并排的六座尖耸的山峰，黑重的山峰衬出前面的山峰，山峰有明显的桂林"山如石笋"的特点，用笔较为圆转，山石的皴法极为简化，这类山头的表现方法，在齐白石后来的作品中经常可以看到，如 1928 年的《山水》（图 10）。

图 9 《桂林山稿》（北京画院藏）

图 10 《山水》及其局部[3]

在桂林期间，齐白石少不了要为友人作画，北京画院藏有多幅为郭午和汪颂年造

---

［1］ 郎绍君、郭天民主编：《齐白石全集（普及版·全 10 卷）》第四卷《绘画》，湖南美术出版社，2017 年，191 页。

［2］ 北京画院编：《北京画院藏齐白石精品集·画稿卷Ⅰ》，广西美术出版社，2015 年，41 页。

［3］ 郎绍君、郭天民主编：《齐白石全集（普及版·全 10 卷）》第四卷《绘画》，湖南美术出版社，2017 年，6 页。

稿的作品,其中一幅题为"客桂林为郭午造稿"的《桂林造稿》[1]（图11）。图右下角画漓江边常见的竹丛,中间水面大面积留白,左上角画一落日和两艘远去只见一半的船帆,画面空灵让人充满遐想。这种占角占边、大面积留白的极简构图,在齐白石出游之前的作品中是很少见的,但在后来的山水画中经常出现,是他惯用的手法,成为其山水画特点之一。如《借山图卷》中的三、四、十四（图12）、三十一等。

图11 《桂林造稿》（北京画院藏）

图12 《借山图册》之十四（北京画院藏）

　　美术界在谈论齐白石山水画技法时经常提到的《水鸟画稿》[2]（图13）,是齐白石二游桂林（1907年）经过阳朔时的写生草稿。画中一小鸟立于河边石上,石边勾有水纹,记有:"丁末二月廿六午刻,过阳朔县,于小岩下之水石上见此鸟,新瓦色其身,枣红色其尾,小可类大指头。"值得注意的是水纹的两种勾法,图中提示"石下之水只宜横画,不宜回转,回转似云,不似水也"。这一云水的表现方法在齐白石后来的山水画创作中被大量使用,成为其鲜明的风格特点之一。如1931年《风顺波清》（图14）中前面的云和远处的水的画法。

　　从这些画稿中可见,齐白石写生观察之仔细、积累素材之用心,这些都成为他日后创作取之不尽用之不竭的灵感源泉。多年后,齐白石在与胡佩衡

图13 《水鸟画稿》（北京画院藏）

---

[1] 北京画院编:《北京画院藏齐白石精品集:画稿卷Ⅰ》,广西美术出版社,2015年,27页。

[2] 北京画院编:《北京画院藏齐白石精品集:画稿卷Ⅰ》,广西美术出版社,2015年,18页。

交流中说道："我壮年时代游览过许多名胜，桂林一带山水，形势陡峭，我最喜欢，别处山水，总觉不新奇，就是华山也是雄壮有余秀丽不足。我以为，桂林山水既雄壮又秀丽，称得起'桂林山水甲天下'。所以，我平生喜画桂林一带风景，奇峰高耸，平滩捕鱼，即或画些山居图等，也都是在漓江边所见到的。"[1]可见齐白石后来所画的山水画中，那些形似馒头的小山，或尖尖突起的山峰，竹林山居，浅滩鸬鹚，大多源自桂林。桂林山水成为齐白石山水画创作的重要题材。通过对比齐白石在桂林留下的画稿与后来作品，我们不难看出，不论在形象、画法还是构图上，桂林山水对齐白石山水画创作都有着深刻影响，可以说桂林之行是齐白石山水画重要的转型时期。

3. 从齐白石不同时期所绘桂林标志性题材"独秀峰"，看其山水画风格的演变。

齐白石一共画过多少幅桂林独秀峰已不得而知，目前可考的有四幅，可见他把桂林山水作为创作母题不断研究。独秀峰是桂林名胜之一，我们通过相同造型和构图的三幅作品，可看到齐白石山水画笔墨画法、思想意识的演变。

现藏于中国美术馆的《独秀峰》[2]（图15），应是齐白石在桂林时的创作。耸立的山体以较多的皴法表现出山石凹凸的体积感，用笔造型传统无新意；山下的树木画法取自画谱，方整的院墙，浓淡墨色晕染出云烟，构图和对物象的描绘都比较传统刻板。

第二幅是收入《借山图卷》的《独秀山》[3]（图16），创作时间在1910年齐白石"五出五归"回到家乡之后。独秀峰立于画幅的右边，皴法用线较为平直，

图14 《风顺波清》（故宫博物院藏）

---

[1] 胡佩衡、胡橐：《齐白石画法与欣赏》，文化艺术出版社，2011年，140页。

[2] 郎绍君、郭天民主编：《齐白石全集（普及版·全10卷）》第一卷《雕刻 绘画》，湖南美术出版社，2017年，79页。

[3] 北京画院编：《北京画院藏齐白石精品集：山水·杂画卷》，广西美术出版社，2015年，13页。

图 15 《独秀峰》(中国美术馆藏)

庭院简约且只画一半，隐去树木，背景云烟以淡墨略染群青，如水彩画平涂绘出，画面更为简洁。

第三幅，为齐白石 1927 年创作的《独秀山图》[1]（图 17），是其山水画成熟时期的作品，竖式构图更为饱满，山上的旗帜直冲画面顶端，山下院墙的一抹红色压得更低，山峰的竖式与院墙及云烟的横抹形成强烈对比，视觉冲击更强。画中可见其多年书法篆刻笔墨功力的加持，用笔放逸恣肆，横涂竖抹，完全略去皴法，"以少少许胜多多许"，齐式大写意笔墨造型更趋老辣。

从这三幅独秀山图的风格演变，我们可以看到齐白石在桂林之行后思想意识和笔墨表现上逐渐成熟，形成自己的山水笔墨样式，最终确立个人风格面貌。"五出五归"让齐白石对山水画创作有了全新的认识和突破，当然突破和改变不是一蹴而就的，在传统笔墨基础和前两次出游的加持下，特别是见到桂林山水之后，奇峭秀逸的山水打破了他对传统程式化山水的认知，激发了他的创作灵感和自我艺术的觉醒。正如朋友之信所说："无论作诗作文，或作画刻印，均须于游历中求进境。作画尤应多游历，实地观察，方能得其中之真谛。古人云，得山之助，即此意也。"[2]

图 16 《独秀山》(北京画院藏)

图 17 《独秀山图》

---

[1] 周文林、顾华明编：《白石精华》，晨光出版社，2008 年，73 页。

[2] 齐白石自述，张次溪笔录：《白石老人自述》，浙江古籍出版社，2020 年，73 页。

三、艺术之真

一个人艺术风格的形成，对题材和手法的选取，一定和自己的成长经历、喜好及艺术个性有关。齐白石的山水画处处体现出自我艺术主张的真性情，他以"胸中山水奇天下，删去临摹手一双"的创新理念、"用我家笔墨，写我家山水"的艺术自信和异于古人、时人的面貌，呈现出一种自然率真、简淡新奇的个人风格。主要体现在三个方面：

1. 齐白石的山水画首先是画其所见，选材求"真"。

一如他自己所说："从西安归来，因工笔画不能畅机，改画大写意。所画的东西，以日常能见到的为多，不常见的，我觉得虚无缥缈，画得虽好，总是不切实际，我题画葫芦诗说：'几欲变更终缩手，舍真作怪此生难。'"[1]

齐白石学习山水画从传统中来，但他绝不是亦步亦趋的跟随者。当他掌握了一定中国画笔墨技巧之后，经过"五出五归"的游历，真山真水的洗礼让他开阔了眼界，他渐渐脱离宋元以来传统文人山水画远离尘世、隐逸清高的"主流正脉"，以及清末以来山水画"四王力追古法"而流弊四出、难逃"余晖"的命运。他从自己亲眼所见之景中选取题材，如桂林奇峰、竹林山居、平潭捕鱼、洞庭烟水、柳岸鸬鹚等，将其与自己的生活经历、感受结合起来，开拓出一大批全新的山水画题材，描绘充满温情的当下现实生活。"所以我的画，不为俗人所喜，我亦不愿强合人意"，正如他在《桂林山水》中所题"逢人耻听说荆关，宗派夸能却汗颜。自有心胸甲天下，老夫看熟桂林山"。（图18）[2]这种面对真山真水的感悟，对宗派约束的反对，对传统山水画思想凝固化、方法程式化的突破，表现出齐白石对自然美好的向往，对平凡乡村生活的怀念，对祖国大好山河的热爱。齐白石让山水画回归生活本真，这就是艺术源于生活之真。这种散发着大自然气息、平凡温馨的世俗真山水画，令人感动，让人耳目一新。

2. 齐白石的山水的新，也表现在构图形式的突破。

齐白石曾说过："我画山水，布局立意，总是反复构思，不愿落入前人窠臼。"[3]他的山水画，打破传统文人画的程式化构图模式，几乎不画崇山峻岭，或繁复的大山大川全景式的山水。"余近来画山水之照，最喜一山一水，或一丘一壑"，这种受桂林山水启发的构图和造型，省去琐碎的细节，高度概括，所表现的山水形象单纯简约、鲜明突出，给人很强的视觉冲击。如《借山图册》中的许多作品，有时近景实、远景空，

---

[1] 齐白石自述，张次溪笔录：《白石老人自述》，浙江古籍出版社，2020年，133页。

[2] 齐白石自述，张次溪笔录：《白石老人自述》，浙江古籍出版社，2020年，86页。

[3] 齐白石自述，张次溪笔录：《白石老人自述》，浙江古籍出版社，2020年，134页。

有时远景实、近景空，通过大面积的留白，表现出一种异乎寻常的空灵，让人充满遐想。正如他在《老萍诗草》中所说："山水画要无人所想得到处，故章法位置总要灵气往来。"同样是平平常常的一座小山、一间房屋，在齐白石的画中，因新奇的图式构成，画面"简约而不简单"，平中见奇，形成一种强烈的现代视觉美感。

3. 齐白石的山水画之新，还表现在其笔墨技法上。

齐白石始终把握中国画"以写造型"的笔墨手段，通过书法和篆刻的修炼，把笔墨和形体结构结合起来，极大地丰富了水墨的表现力，如他所言"山水笔要巧拙互用，巧则灵变，拙则浑古，合乎天"。齐白石善用对比，他的山水画将传统繁密的皴法逐渐减弱、省去，将山峰或滩石的造型简化到最简，或双勾平涂，或直接用墨、用色平涂，与线条描绘出的繁密树丛、竹林、水纹、柳枝、蕉叶、房舍形成强烈的疏密对比。（图19、20）齐白石最终以高度概括的笔墨意趣和新奇简约的构图形式，造就了自己"稚拙天真""平淡见奇"的山水画风格。

遗憾的是，齐白石极具个性和创意的山水画，在当时并未得到世人的认可。如他所说："三峰如角世非稀，木末楼台未足奇。何处老夫高兴事，桂林归后姓名低。（姓字本画字）"可见齐白石从桂林归来以后，逐渐创新、改变了自己山水画的画法，这种具有现实主义精神的新文人山水画，在当时过于前卫，并未能冲破世人对传统的认知，

图18 《桂林山水》（故宫博物院藏）　图19 《柳岸鱼鹰》　图20 《白石草堂图》
（故宫博物院藏）

只得到陈师曾、徐悲鸿等极少数人的赞许。然而，齐白石极为坚定地坚持自己的艺术主张，宁可"绝笔"不再画山水，也不愿放弃求"真"的艺术理念。迫于生活的压力，齐白石后来把全部精力都放在花鸟画的创作上，他的山水画技法因而没有得到进一步的发展和完善，也暴露出诸多欠缺和不足。

齐白石的艺术之道始于清末，成熟于新中国成立前后，是在古今之交、中西碰撞、新文化运动的时代大背景下，本土文化孕育出的一颗璀璨明珠。齐白石的山水画虽然没能像他的花鸟画一样因其坚持创作而名满天下，但其坚持了自己对山水艺术的真诚，关注、表现自己对现实生活的真实感受，开拓创新了山水画的题材和面貌，让山水画回归生活本真，为传统山水画走向现当代做出了积极的贡献。

浅谈打造桂林世界级旅游城市中革命文物的
保护与利用

荣健霄

【提　　要】革命文物承载着党和人民英勇奋斗的光荣历史，是弘扬革命传统和革命文化、加强社会主义精神文明建设的活化教材。桂林拥有丰富的革命文物资源，加强桂林革命文物的保护利用，对于传承红色基因、赓续红色血脉、铸牢中华民族共同体意识、推动地方经济文化建设具有重要意义。本文通过梳理桂林革命文物资源概况，在打造桂林世界级旅游城市的视域下，分析桂林革命文物的保护和利用，剖析当前桂林革命文物保护与利用存在的不足并提出建议，为进一步推动相关工作发展提供参考。
【关键词】桂林革命文物　保护　利用

【作　　者】荣健霄　桂林市文化广电和旅游局　文物保护与考古科科长

　　2021 年 4 月，习近平总书记考察广西时提出"打造桂林世界级旅游城市"的重大要求。自治区党委根据习总书记的重要指示，要坚持"以文塑旅、以旅彰文，提升格调品位，努力创造宜业、宜居、宜乐、宜游的良好环境"；并强调"打造世界级旅游城市，是建设新时代中国特色社会主义壮美广西的应有之义，是一项宏大的系统工程"。[1] 2022 年，广西印发了《广西壮族自治区人民政府办公厅关于印发支持打造桂林世界级旅游城市若干政策措施（试行）的通知》（桂政办发〔2022〕60 号），提出加快推进世界级山水旅游名城、世界级文化旅游之都、世界级康养休闲胜地、世界级旅游消费中心建设。2023 年 9 月，《桂林世界级旅游城市建设发展规划》获批复，标志着

---

[1]　魏恒：《贯彻习近平总书记重要指示　勠力打造桂林世界级旅游城市》，载《广西日报》，2021 年 12 月 29 日第 1 版。

桂林世界级旅游城市建设上升为国家战略。在稳步推进桂林世界级旅游城市的建设中，抗战旧址的修缮、展馆展陈的升级改造、红色资源的挖掘与整合等革命文物相关项目均名列其中。

一、桂林革命文物概况

革命文物包括可移动革命文物和不可移动革命文物。其最初的含义主要是指红军战士遗物，在 1931 年的《中国工农红军优待条例》、1933 年的《中央革命博物馆征集陈列品启事》、1938 年的《为征集中共历史文献启事》中均有提到革命文物范围只是革命文件、革命烈士的物品、革命文献等。后随着党史研究的深入和学者对此类文物研究的加深，革命文物的范围和年限逐渐得到扩展，其范围从战士遗物扩展到相关革命史料、旧址、建筑物，时间范围也由原来抗日战争时期扩展到上限为鸦片战争时期，下限为社会主义革命时期。2008 年，国家文物局、中宣部、发展改革委等联合颁布《关于加强革命文物工作的若干意见》，明确了"革命文物"的定义："革命文物是自 1840 年以来，中华民族为争取民族独立、实现伟大复兴而奋斗，特别是中国共产党领导下的新民主主义革命和社会主义革命与建设光辉历程的重要实物见证。革命文物包括各类与革命运动、重大历史事件或者英烈人物有关的，具有重要纪念意义、教育意义或者史料价值的近代现代重要史迹、实物、代表性建筑，蕴含着中华民族和中国共产党人的精神价值与优良传统。"[1] 2018 年《关于实施革命文物保护利用工程（2018—2022 年）的意见》、2020 年《关于开展革命文物名录公布工作的通知》、2021 年《中共中央关于党的百年奋斗重大成就和历史经验的决议》以及 2024 年《中华人民共和国文物保护法》等，都对革命文物的时间、定义、范围进行了补充和完善。

桂林拥有丰富的革命文物资源，时间跨度涵盖了太平天国运动、辛亥革命、红军长征、抗日战争等多个重要历史阶段。其种类丰富，包含了相关革命史料、遗物、遗址遗迹、机构旧址、革命纪念设施、名人故居、革命烈士墓等。从地域分布情况来看，不可移动革命文物主要集中于兴安、灌阳、全州等桂北地区，可移动革命文物则大多收藏于市区的桂林博物馆、八路军桂林办事处等文博单位。据不完全统计，桂林市现有各级各类革命文物保护单位 138 处，其中全国重点文物保护单位 4 处，分别是广西省立艺术馆旧址、八路军桂林办事处旧址、湘江战役旧址及其增补点等；自治区文物

---

[1] 《国家文物局、中宣部、发展改革委、教育部、民政部、财政部、住房城乡建设部、文化部、国家旅游局、共青团中央关于加强革命文物工作的若干意见》，见国家文物局编《中国文物年鉴（2009）》，华夏出版社，2011 年，92—93 页。

保护单位 23 处，如李济深故居、红七军前委会议旧址等；市（县）级文物保护单位 80 处。全市博物馆藏品中，与近现代重要革命事件、人物相关的可移动革命文物近 4000 件 / 套。在 2021 年和 2022 年广西先后两次公布的革命文物名录中，桂林有不可移动革命文物 78 处，可移动革命文物 398 件 / 套列入该名录。

二、桂林革命文物保护利用情况

革命文物承载党和人民英勇奋斗的光荣历史，记载中国革命的伟大历程和感人事迹，是党和国家的宝贵财富，是弘扬革命传统和革命文化、加强社会主义精神文明建设、激发爱国热情、振奋民族精神的生动教材。[1] 在坚持"真实性保护、整体性保护、发展中保护"的原则下，认真贯彻"保护第一、加强管理、挖掘价值、有效利用、让文物活起来"的新时代文物工作方针，桂林革命文物保护利用工作稳步推进，目前家底基本廓清，场馆体系基本建成，展陈推陈出新，文物保护状况和旧址相继得到改善。

（一）革命文物资源廓清，积极开展革命文物名录报送工作

桂林可移动革命文物在 2016 年全国第一次可移动文物普查时已基本厘清，不可移动革命文物则是在第三次全国文物普查成果的基础上，又经 2014 年桂林历史文化资源调查得以补充和完善，而后湘江战役烈士遗骸收殓保护工作的完成，逐步使桂林革命文物家底基本廓清。根据国家文物局《关于开展革命文物名录公布工作的通知》（文物革函〔2020〕395 号）、《中央宣传部、国家文物局关于持续开展革命文物名录公布工作的通知》（文物革发〔2022〕13 号），广西分别于 2021 年、2022 年公布第一批次和第二批次革命文物名录，根据已公布的革命文物名录进行统计，广西不可移动革命文物 673 处，可移动革命文物 5383 件 / 套，而桂林在广西公布的两次革命文物名录中有不可移动革命文物 78 处，集中分布在秀峰区、叠彩区、兴安、灌阳、全州、龙胜，其中全国重点文物保护单位 4 处，自治区级文物保护单位 19 处，市县级文物保护单位 39 处，一般不可移动文物 16 处；可移动革命文物 398 件 / 套，集中收藏于桂林博物馆、八路军桂林办事处纪念馆、全州县文管所、兴安县博物馆、永福县博物馆、灌阳县博物馆、龙胜县文管所、灵渠博物院，以西南剧展、红军长征、抗战文化城、桂北游击队相关文物史料居多，其中一级文物 8 件 / 套，二级文物 28 件 / 套，三级文物 81 件 / 套，一般文物 281 件 / 套。桂林革命文物具有明显的"抗战文化 + 长征文化"体系特征。

---

[1] 中共中央宣传部编：《中国共产党宣传工作简史（下）》，人民出版社，2022 年，715 页。

（二）场馆体系基本建成，展陈方式推陈出新，革命文物集中连片保护利用初见成效

开展革命文物集中连片保护利用工程是广西实施革命文物保护利用工程的六个重点项目之一。2019年《关于实施广西革命文物保护利用工程（2019—2022年）的意见》正式出台，明确了未来几年广西革命文物保护利用工程的时间表和路线图，同时确定实施百年党史文物保护展示、革命文物资源普查、革命文物集中连片保护利用、长征文化路线整体保护利用、革命文物保护利用精品和革命文物宣传传播"六大重点工程"。[1]随着桂林革命文物资源调查工作的圆满完成，革命文物相关场所体系得以逐步完善。在原有八路军桂林办事处纪念馆、桂林博物馆等承担革命文物遗址、史料的保护、宣传研究等职能的场馆的基础上，美国飞虎队桂林遗址公园、桂林抗日战争名人博物馆、红军长征湘江战役纪念园、桂学博物馆、灌阳县红军长征湘江战役新圩阻击战纪念园等一批纪念场馆、博物馆相继建成并开放。与此同时，湘江战役旧址、广西省立艺术馆旧址、李宗仁官邸及故居、白崇禧故居、黄旭初旧居、李济深故居、救亡日报社等一批革命旧址的修缮保护工程顺利完工。此外，还完成了马君武故居旧址、国际新闻社桂林总社旧址、柳亚子桂林住所旧址、民国广西省政府旧址等20处桂林抗战文化标识的建设。

其中，湘江战役相关遗址遗迹的保护利用成果尤为突出。2019年，湘江战役相关遗址遗迹调查中，共登记红军长征过桂北遗址遗迹89处，征集到文物、档案资料1143件/套，完成82具完整遗骸、7465块零散遗骸的收殓工作。同年，在此基础上，红军长征突破湘江烈士纪念碑园、湘江战役纪念馆、全州湘江战役纪念馆、灌阳新圩阻击战旧址、红三军团指挥部旧址等新建与改造提升项目全面完成，《红军长征湘江战役烈士纪念设施建设保护总体规划》中的26个红军墓维修保护项目、14个遗址遗存维修保护项目全部竣工。2020年，灵川县、全州县、兴安县、灌阳县、龙胜各族自治县、资源县被列入第二批革命文物保护利用片区长征片区（红一方面军）名单。同年，"以纪念馆建设为载体传承红色基因——湘江战役旧址保护利用实践探索"成功入围"2020年全国革命文物保护利用十佳案例宣传推介活动"。2021年，湘江战役烈士纪念设施等入选国家2021年度中华民族文化基因库（一期）红色基因库建设试点。兴安、灌阳、全州三县陆续完成红军长征相关旧址的维修保护工程。同时，各县相继编制相关旧址的"三防工程"（安防、消防、防雷）方案，并依据方案为相关文物安装防雷设备、建设地上消火栓灭火系统等，有效地消除革命文物安全隐患，极大改善文物周边环境风貌。2005年2月，红军长征湘江战役纪念园、湘江战役新圩阻击战酒海井红军纪念园

---

[1] 宾阳：《广西："六大重点工程"推进革命文物保护》，载《中国文化报》，2019年6月19日第2版。

被列为第七批国家级纪念设施名单。2019 年至 2024 年，湘江战役"三园三馆"累计接待游客约 1865 万人次。

（三）革命文物普法宣传深入基层，史料收集整理工作成果丰硕

为进一步增强群众保护革命文物的意识和法治观念，近些年桂林市文物行政管理部门积极作为，与相关县、乡、镇紧密协作，因地制宜地开展革命文物法律政策宣传工作。在此过程中，尤其注意与各乡镇政府宣委、乡镇文化站深度沟通并实地走访。通过准备文物信息纸质材料、文物电子材料，借助网络平台及微信"乡镇文化工作群"，向村民发送各乡镇文物信息，让村民了解本乡镇的革命文物点名称、年代、地址、保护范围及建控地带等关键信息，使革命文物保护的规范和要点深入基层，助力日后更精准、更高效地落实革命文物保护工作。

与此同时，桂林各县加大了整理和挖掘境内革命史料的力度，为革命文物的保护和利用工作奠定坚实基础。以灌阳县为例，县委、县政府专门成立了革命文物资源保护开发办公室，该办公室承担综合梳理红军长征故事、系统收集相关遗迹遗物资料、组织申报国家红色旅游经典名录等工作。经过各部门多年的努力协作，掌握了大量的红军史料，出版和整理了《红军在灌阳》《红色灌阳》《红军在灌阳故事集》等一系列成果。又如，灵川县八路军桂林办事处路莫村军需物资转运站纪念馆在查阅 400 多万字历史文献资料、120 多幅历史图片，并采访相关历史资料收集人 19 人次的基础上，汇编《抗战烽火中的路莫村转运站》（内部出版）一书。该书对路莫村转运站的成立、活动及历史影响力进行了深入研究，为研究抗战时期军需转运站提供了丰富且翔实的史料。此外，桂林市区各博物馆也以本单位的革命文物藏品为研究对象，相继出版了一系列研究成果，如《永远的旗帜：桂林博物馆藏桂林抗战文化城文物精品》《桂林抗战文物精品集萃》《抗战丰碑——八路军桂林办事处》《桂林抗战文化遗产》等等。

三、桂林革命文物保护利用存在的问题与对策建议

虽然近些年桂林革命文物保护利用方面成果显著，但是横向对比来看，相较于其他地区仍存在很大差距，在彰显革命文化感召力和社会主义先进文化强大生命力方面仍有欠缺。

（一）加强地方立法和编制规划

就目前桂林革命文物保护利用来说，地方立法和编制规划略显迟滞。在《中华人民共和国文物保护法》《中华人民共和国文物保护法实施条例》《关于实施革命文物保

护利用工程（2018—2022 年）的意见》《关于加强革命文物工作的若干意见》《关于加强文物保护利用改革的若干意见》等法律法规的基础上，很多地方根据这些法律法规制定了适合本土革命文物保护利用的地方性法规。据统计，截至 2022 年底，有 16 个省、直辖市制定了革命文物保护相关的省级地方性法规，有 46 个设区的市制定了革命文物保护相关的地方性法规，有 7 个设区的市制定了革命文物保护相关的地方政府规章，虽然这些法规的名称不尽相同，但是从内容上看，都将革命文物作为这些法规的核心保护对象。[1] 而桂林在这方面仍处于摸索阶段，目前地方性规定仅有《桂林市红军长征湘江战役红色资源保护传承规定》，而编制规划也仅有《长征国家文化公园（广西段）建设保护规划》和《桂林市红色文化旅游概念性规划》，略显迟滞。

（二）革命文物资源碎片化，整合有待协同发力

从总体上看，桂林革命文物资源呈现数量多、类型丰富、空间分布广的特点，但在管理体制上存在多头管理（分属各区县、系统管理）的问题，导致文物资源碎片化，整合协同力不足。在不可移动革命文物中，目前列入各级文物保护单位的有 24 处，其中全国重点文物保护单位 4 处，自治区级文物保护单位 4 处，市级文物保护单位 16 处。这些文物资源类型比较丰富，有以八路军桂林办事处旧址、临桂秧塘机场飞虎队指挥部旧址为代表的指挥机构遗址；以象鼻山、鹦鹉山碉堡为代表的桂林保卫战防御工事遗址；以李济深故居、黄旭初故居为代表的名人故居；以陈光烈士、张曙烈士、八百壮士墓为代表的抗战烈士墓；以广西第一图书馆旧址、救亡日报社旧址为代表的文化机构旧址。而可移动革命文物中，现收藏于桂林博物馆的革命文物达 1700 余件 / 套，八路军桂林办事处纪念馆馆藏达 1300 余件 / 套，涵盖日军侵华罪证实物，如手榴弹、中国军队武器装备、"八办"使用过的通信设备、交通工具、名人遗物、出版物等等。然而，从整体来看，当前这些革命文物资源的保护利用存在较为明显的短板，呈现分散发展的态势：一方面，城区内相关纪念设施和红色景区之间缺乏内容联动和路线优化整合；另一方面，城区与县区的纪念设施和红色景区尚未形成有机联动，旅游路线的割裂导致整体效益未能得到充分发挥。以红军长征相关革命文物为例，随着红军长征湘江战役纪念设施"三园三馆"的建成开放、长征国家文化公园（广西段）建设的推进、桂林红军长征湘江战役保护传承中心的设立，桂林正在形成以长征文化为核心的主题展示区，但由于受到行政隶属关系、产权性质不同等因素的限制，三者之间协同联动困难重重。

---

[1] 田艳、李帅：《革命文物保护与中华民族共有精神家园建设研究》，载《中央民族大学学报（哲学社会科学版）》，2023 年第 2 期。

同时，桂林革命文物形成于不同历史时期的多个历史事件，相关史实研究缺乏联动点。在桂林革命文物相关史实中，有 1921 年 12 月，共产国际驻中国代表马林及张太雷到桂林与孙中山会谈，开启探讨国共合作先河。土地革命战争时期，红军三次经过桂林：1931 年 1 月，红七军北上中央革命根据地时经过桂林，召开了具有转折意义的中共红七军前委全州会议；1934 年 9 月 2 日至 10 日，中央红军长征先遣队红六军团经过桂林，为胜利完成战略转移任务奠定了基础；1934 年 11 月 25 日至 12 月 13 日，中央红军长征经过桂林，著名的湘江战役就发生在其间。抗战期间，桂林是当时著名的文化城，在 1944 年成功举办名扬海内外的"西南剧展"。桂林沦陷期间，中共地方组织建立了八支抗日武装。解放战争时期，中共地方组织发动武装起义，在桂林周边开展两年半的武装斗争，建立起 4700 余人的队伍，有力牵制国民党军队，等等。桂林的革命文物如何反映这些重要历史事件之间的关联及其作用，怎样挖掘其新时代价值和深层内涵，如何体现桂林深厚的红色文化底蕴，还有待党史文献研究室、文化广电和旅游、宣传、史志办、退役军人事务等相关部门，联合高等院校、研究机构等形成合力，多学科、多角度地对桂林革命文物的价值阐释与合理利用进行深入研究。

（三）革命文物保护利用方式比较单一，利用效益不高

虽然桂林在革命文物保护利用方面成绩斐然，但是从总体上来说，桂林革命文物在修复、保管、展示方面仍然比较薄弱，展示手段比较单一，利用效益不高。一是桂林革命文物大都以纪念馆的形式存在，或者保存在相关的展示机构之中，参观主体物相对单一。许多纪念馆或展示机构本身规模较小，在相关配套方面有一定的局限性，比如展柜的恒温恒湿环境、库房环境达不到文物保护的条件。二是相关纪念馆或展示机构的展陈布局相对单一，展陈内容大多是静态的、文字和图片的平面介绍，除了一般的参观讲解，情景式、体验式、融入式教育少，总结提炼、内涵拓展较少。三是建筑类革命文物大部分是土木砖石结构，目前保存状况并不是很好，存在风化、剥蚀、塌毁等现象，亟待抢救。又因此类革命文物多位于山区地段，交通条件比较差，保护起来相当困难，展示利用更是无从谈起。比如阳朔临阳联队，它是抗战时期中共广西省工委直接组建领导、第一支公开揭举党的旗帜的武装力量，是桂林抗战文化的重要组成部分。现经桂林市、县两级党史部门调查，发现临阳联队相关遗址遗迹达 11 处，并在此基础上陆续修建 5 处纪念设施。但由于保护利用工作起步较晚，仍有大量与临阳联队相关的遗址遗迹需要进一步考证和保护，包括雁山区草坪乡 5 中队驻地、阳朔县杨堤乡（浪石村、下龙村、土岭村）、兴坪镇（古圣宫、太太庙、回龙村、渔村）、白沙镇（赖吉村、同滩）、阳朔镇（瀑布塘村、五龙潭）以及平乐县（蒲地村、河口）等关键点。同时，临阳联队遗址目前采用"历史陈列室＋纪念碑＋旧址"的保护利用

方式，其内涵价值挖掘力度还不够，利用效益比较低。

四、结论

革命文物是革命文化的载体。桂林革命文物见证了中国人民在争取民族独立和自由过程中的英勇斗争，是中国革命历史的重要见证和物质载体，具有重要的历史价值、文化价值和精神内涵。长期以来，桂林革命文物保护利用工作在资源调查、修缮保护、研究阐释、价值传播等方面取得了一定成绩，但也面临着保护资金短缺、专业人才匮乏、资源整合力度不够、保护利用模式单一等问题。因此，在当前桂林打造世界级旅游城市的环境中，桂林革命文物的保护利用如何突破瓶颈，积极探索全面保护和可持续利用，已成为亟待研究和解决的重要课题。这不仅关乎传承和弘扬红色文化遗产、赓续红色血脉，更是铸牢中华民族共同体意识的实践路径之一。

来宾市博物馆馆藏革命文物保护与利用研究

陈云华

【提　要】革命文物承载着党和人民英勇奋斗的光荣历史，体现着中国共产党人的初心使命，凝结着中华民族精神，是弘扬革命传统和革命文化、进行爱国主义教育的生动教材。本文以来宾市博物馆为例，结合自身工作实践，在归纳总结该馆革命文物现状的基础上，梳理该馆在保护利用革命文物过程中进行的有益尝试，探索博物馆革命文物保护与利用新路径，切实把革命文物保护好、管理好、运用好。
【关键词】革命文物　保护　利用　博物馆
【作　者】陈云华　来宾市博物馆　馆员

一、引言

革命文物是来宾市博物馆藏品的重要组成部分。建馆之初，来宾市博物馆就成立了文物征集小组，对馆内已有革命文物资料进行了系统梳理，并在市区及周边县市范围内进行革命文物摸底调查，制定切实可行的革命文物征集计划。除了在博物馆官网、微信公众号平台刊登文物征集启事，面向全社会公开征集革命文物以外，文物征集小组还多次到武宣、象州及桂林荔浦等地开展革命文物专项征集工作。文物征集小组多次走访老一辈革命家及其家属，鼓励其无偿自愿向博物馆捐赠革命文物。

来宾市博物馆通过接受社会捐赠、有偿购买、捐赠与奖励相结合的方式，收集了一批历史价值极高的革命文物，补充和完善了馆内革命文物体系。2020 年以来，来宾市博物馆新增革命文物 217 件 / 套，其中接受社会捐赠 107 件 / 套、征集购买 110 件 /套。新增革命文物中，韦纯束抗日战争时期使用的手提箱、中国人民银行忻城县支行抗美援朝爱国储蓄票、民国修荔蒙特别支部入党志愿书、民国"抗战必胜"银戒指等

28 件 / 套革命文物已于 2023 年 9 月被定级为三级文物。

随着革命文物工作基础不断夯实，来宾市博物馆馆藏革命文物类型日益丰富，包含名人遗物、像章、纺织品、档案文书等，保护管理状况也显著改善。截至 2024 年底，来宾市博物馆共有革命文物 991 件 / 套，占全馆藏品总数的 12%。收藏和保存的张声震、韦纯束等老一辈革命家的生活遗物，不仅是研究老一辈革命家生平事迹的重要实物资料，也是来宾市红色教育的生动教材，具有重要的社会教育意义。部分抗战实物、生活遗物等珍贵藏品，真实再现了老一辈革命家勤俭节约的生活作风和艰苦奋斗的革命精神。

二、来宾市博物馆馆藏革命文物保护与利用情况

革命文物是弘扬和践行爱国主义精神的重要见证物。习近平总书记强调："加强革命文物保护利用，弘扬革命文化，传承红色基因，是全党全社会的共同责任。"近年来，国家高度重视革命文物的保护利用工作，革命文物资源的保护利用得到了空前发展。来宾市博物馆以此为契机，保存和利用好馆藏革命文物资源，让革命文物"说话"，使其成为党史学习教育、爱国主义教育的生动教材，推动馆藏革命文物的保护利用，带动来宾市红色文化的传承与发展。

（一）馆藏革命文物保护概况

1. 人防物防技防相结合，保障革命文物安全

近年来，来宾市博物馆提升文物安全保卫等级，更新文物安全保卫理念，建立人防物防技防"三位一体"的监管模式，多措并举提高来宾市博物馆的革命文物安全防范水平。馆内积极争取资金，加大文物安防资金投入，通过库房改造、更换库房安全门、加强库房薄弱部位的实体防护等措施保障文物安全。同时，提高博物馆全体工作人员的素质，定期开展全员安全教育，将文物安全责任压实到每个人身上，确保每一位工作人员都掌握文物安全的基本知识。对于藏品管理部的专业工作人员，除了掌握基础的文物安全知识，还需要对馆藏革命文物进行全方位的保护与管理。安防人员定期开展革命文物安全隐患排查，加强馆内及周边环境的安全隐患巡查，加强日常培训，以提高博物馆安防人员工作的主动性和积极性。在博物馆文物库房外配套建设微型消防站，定期组织人员举行消防演练，开展日常消防巡查，在文物库房和展厅安装视频监控，对革命文物进行 24 小时远程监管、智能巡检，有效提升革命文物安全监管现代化水平。

2. 科学化、规范化管理保护革命文物

博物馆科学化、规范化地管理保护革命文物，是革命文物得以长久保存的关键。来宾市博物馆科学化、规范化管理保护革命文物，为将革命文物所蕴含的科学价值、历史价值转换为社会教育价值奠定了基础。通过建立健全文物管理规章制度，该馆实现了革命文物制度化、规范化管理。完整、严格的文物管理规章制度为科学管理革命文物提供了重要保证。来宾市博物馆制定了《来宾市博物馆藏品管理办法》，使文物管理工作做到有章可循。来宾市博物馆的文物管理规章制度主要包括防火、防盗等安全保卫制度和文物征集、接收、登记入库等保管工作流程。馆内严格执行库房保管、文物出入库登记等制度，并对出入库房的工作人员实行登记制度，最大限度保障革命文物安全。在落实文物管理规章制度的过程中，做到职责明确、责任到人，确保文物管理制度得到有效落实。

通过建立完整的藏品档案、根据文物材质分库分区管理等措施，来宾市博物馆藏革命文物实现了科学化管理。例如，革命文物入库前，邀请文物鉴定专家鉴定真伪，对每一件革命文物进行多角度、全方位拍照，制作文物登记卡，在建立纸质版藏品档案的同时建立电子档案，对文物来源、流传经历、基本信息及文物背后的故事进行详细记录，尽可能准确、详细地留存文物信息。登记整理革命文物基本信息后，需要根据材质对革命文物实行分库分区管理，定期进行库房温湿度监测，并开展文物清点工作。同时，对部分珍贵革命文物进行三维扫描和数字化保护。

3. 预防性保护与抢救性保护并重

来宾市博物馆坚持以文物为本、重在预防的理念，建立健全文物保护机制，使预防性保护与抢救性保护并重，不断提高革命文物保护水平。2020年以来，来宾市博物馆通过实施可移动文物预防性保护项目，从主动保护文物的理念出发，致力于为馆藏革命文物营造一个"干净、稳定"的保存环境。从改善革命文物存放微环境入手，来宾市博物馆采购了一批移动抽屉式文物储藏柜、恒温恒湿设备及160件囊匣，确保易受损坏的革命文物处于最佳保存状态。馆藏革命文物入库前，严格进行防霉防虫处理，对部分有病虫害的革命文物采用密封袋充气消杀，并在存放革命文物的独立柜中放置安全环保的除虫剂、调湿剂、吸附剂等。为了给革命文物创造一个相对稳定的保存环境，来宾市博物馆采用净化调湿机、小型除湿机调节库房温湿度，并对库房进行温湿度监测与光照检测，定期对文物库房进行超微雾化喷雾消杀，以改善馆藏革命文物的保存环境，为革命文物长期保存提供有力支持。

针对馆藏革命文物中纸质文物较多的情况，来宾市博物馆采用恒温恒湿设备着重保护纸质类和棉麻纤维质地的革命文物，对于部分历史价值高但受到不同程度损毁的珍贵革命文物，如战帽、藤盾牌等，积极申请经费进行抢救性保护，并对其进行三维数字化采集。部分抢救性保护的革命文物经修复以后，逐渐转变为预防性保护。通过以上种种措施，来宾市博物馆逐步建立起馆藏文物预防性保护与抢救性保护并重的文物安全长效机制。

（二）馆藏革命文物利用概况

1.依托馆藏革命文物资源，推出精品展览

陈列展览是来宾市博物馆革命文物利用最主要的形式。来宾市博物馆依托馆藏革命文物资源，策划了"跌宕春秋"固定陈列，展现了来宾各族人民在中国共产党领导下开展革命运动的波澜画卷。围绕"庆祝中国共产党成立100周年"重大主题，来宾市博物馆与来宾市收藏协会精心策划了"红色记忆——来宾革命文物展""韦纯束专题展"等红色展览，不但盘活了馆内革命文物资源，更宣扬和传承了革命文化和革命精神。"红色记忆——来宾革命文物展"打破了"闭门办展"的形式，是来宾市博物馆革命文物保护模式的一次有益实践和积极探索，充分调动了社会力量参与到革命文物的展示、利用与文化传播中，营造了浓厚的革命文物保护氛围，探索出一条新型革命文物活化利用之路，为来宾市博物馆依托社会力量保护文物、办展、传播文化提供了可复制和可推广的实践经验。

2022年以来，来宾市博物馆通过实施智慧博物馆建设项目和馆藏文物数字化保护项目，对一批具有典型性、代表性的革命文物进行三维数字化采集和高清图像拍摄。搭建博物馆数字化微信公众号平台，观众通过来宾市博物馆微信公众号，可以获取博物馆近年来开展的红色文化教育活动资讯，部分革命文物的藏品信息实现了在线赏析。此外，来宾市博物馆还全景拍摄了革命文物展厅及相关展览，使观众可以通过文字、图片、语音等形成与革命文物相关内容的全方位互动。

2.利用馆藏革命文物资源，开展红色教育活动

来宾市博物馆作为第三批自治区级中小学生研学实践教育基地，依托丰富的馆藏革命文物资源，开发了"学党史 祭英烈""赓续红色血脉 传承红色基因"等研学课程，通过科普馆藏革命文物知识、设计革命文物拼图游戏等多种形式，向中小学生讲述革命先烈事迹，传授红色文化知识。来宾市博物馆还开展了"革命文物知识进校园"、红领巾讲解员大赛、小小讲解员公益培训等一系列活动，以讲好红色故事为先导，弘扬红色文化，传承红色基因，引导广大中小学生继承革命先辈的红色基因，淬英雄之心，铸爱国精神。

来宾市博物馆联合其他单位，以"赓续红色文化·培育时代新人"为主题，推出革命文物讲述大赛，用微电影、短视频、图片等多种形式讲述革命文物背后的故事，以感悟革命志士为国捐躯、不怕牺牲的爱国精神。参赛选手通过讲述馆藏革命文物背后

的故事，以"小切口"展现"大主题"，深度挖掘革命文物所蕴含的时代精神，生动展现桂中地区的革命历程，以实现让革命文物"活"起来的目的。

3. 整理馆藏革命文物资源，开展革命文物研究

来宾市博物馆利用人才、资源等方面的优势，充分挖掘馆藏革命文物的价值和内涵，开展馆藏文物保护利用的课题研究，"来宾近代革命史研究""来宾市可移动革命文物保护利用研究"等多个课题立项。来宾市文化广电和旅游局编写的"来宾市文化遗产"丛书，以公开出版物的形式介绍来宾市博物馆藏革命文物资源，其中，《来宾遗珍》一书收录了 1949 年石宗琳等缴械投降书、粤桂边第二十二团委任状、粤桂边区人民解放军独立第五团收据等一批珍贵革命文物资料。在整理革命文物资料的基础上，来宾市博物馆同步编写革命文物讲解词，定期在博物馆微信公众号与内部刊物《来宾文博》上更新。

革命先辈的工作、生活遗物是革命传统教育和爱国主义教育的优秀教材，为了让韦纯束等老一辈无产阶级革命家的革命精神被更多的人知晓，来宾市博物馆深挖韦纯束生活遗物背后的故事，联合广西籍一级美术师王培堃先生，创作了《韦纯束画传》，以群众喜闻乐见的连环画形式，全面、真实、生动地展现了韦纯束同志半个多世纪的战斗历程和光辉事迹。

三、来宾市博物馆革命文物保护与利用建议

（一）重视革命文物的鉴定与评估定级工作

革命文物的鉴定与评估定级是加强革命文物保护利用的重要内容，也是博物馆进行文物科学保护与规范化管理最基础和最前沿的工作。来宾市博物馆高度重视馆内革命文物鉴定与评估定级工作，制定了详细、系统的革命文物鉴定及评估定级章程。革命文物征集入库前，本馆工作人员需对拟征集的革命文物进行调查，明确其来源，了解其特征与内涵，并邀请文物鉴定专家鉴别其真伪。革命文物入藏后，需及时整理革命文物资料，对革命文物价值作出初步判断，在此基础上邀请行业内权威的、具有丰富经验的专家对革命文物进行定名与评估定级。

（二）有计划、有针对性地进行革命文物的抢救性征集

受革命文物流失速度加快、文物征集资金有限等因素的影响，目前来宾市博物馆革命文物征集工作面临诸多困难。因此，及时调整文物征集工作思路，有计划、有针对性地进行革命文物的抢救性征集就很有必要。来宾市博物馆需结合自身业务特点和未来发展方向制定文物征集计划，拓宽文物征集渠道，精准征集藏品，在提高革命文物

收藏数量与质量的同时不断完善藏品体系，填补馆藏革命文物空白。全馆要尽量集中人力、物力、财力征集那些能够突出地方革命斗争史的典型性革命文物，尽量做到精准征集，避免随意性征集。对于纸质类等易毁损、史实价值高的革命文物，要进行抢救性征集。同时，走访革命先辈后代、抗战老兵、烈士家属，尽可能获取更多革命文物资料，还要通过各种渠道向公众普及文物保护知识，加大宣传力度，鼓励社会公众无偿捐赠革命文物。

（三）善于借助社会力量保护革命文物

保护革命文物是全社会的责任已成为一种共识，近年来，社会力量以文物捐赠、看护巡查、展示利用、志愿服务等多种形式参与到革命文物保护利用工作中。来宾市政府结合实际，建立了来宾市红色资源保护传承工作联席会议制度，通过明确各联席会议成员单位的职责与分工，来统筹、指导、协调、推动来宾市红色资源保护与传承工作。这标志着来宾市正在逐步形成"政府主导、部门协作、社会参与"的革命文物保护新格局，在探索建立社会力量参与革命文物保护与利用长效机制方面迈出了重要的一步。来宾市博物馆通过采取"社会+"文物征集、"社会+"合作办展、"社会+"宣教传播相结合的方式，吸引社会力量积极参与到革命文物的保护利用中。来宾市博物馆通过网络传播、公众参与、跨界合作等方式，吸引更多社会力量关注与支持革命文物保护工作，发展壮大了革命文物保护志愿队伍，拓宽了革命文物受赠渠道。此外，来宾市博物馆鼓励、支持社会团体、企事业单位和个人参与革命文物保护工作，以激发社会力量参与革命文物保护工作的热情和积极性。

（四）加强对革命文物的价值研究与阐释

由于革命文物存世时间较短，价值阐释主要集中于政治领域，因此研究人员在一定程度上忽略了文物自身所蕴含的丰富内涵，导致文物价值研究和阐释不够充分。随着革命文物承载的革命斗争精神被广大干部群众接受并发扬光大，来宾市博物馆逐渐开始重视革命文物的价值研究与阐释，但涉及面较窄，量较少。实际上，馆藏品类丰富的近现代革命文物大有文章可做，还可对部分珍贵革命文物进行深入研究。对于涉及面广、影响力大的历史事件见证物，应采取交叉学科的研究方式，不仅要深入剖析革命文物见证的历史事件，还要理解其背后体现和承载的革命先烈品格和革命精神。对于分散保存于不同博物馆的重要人物的革命遗物，还需加强馆际合作，力求全面、准确、客观地阐释其价值内涵。

（五）创新方式提高馆藏革命文物利用率

来宾市博物馆的革命文物大多保存在库房，只有少部分对外展示，加之大部分革命文物存在同质化且不够典型的问题，受限于经费不足等原因，普遍存在重藏轻用的现象。博物馆馆藏革命文物最主要的利用方式仍是陈列展览。在陈列展览时，来宾市博物馆应对同类藏品进行筛选，定期更换固定陈列中的展品，陈列展出空间允许的条件下，适当提高陈列密度，使展出的革命文物常换常新，激发观众参观热情。来宾市博物馆以智慧博物馆建设为契机，实施藏品数字化项目，积极探索智慧型藏品资源利用方式。来宾市博物馆重视学术研究，利用互联网的传播优势，将研究成果在微信公众号和官网上公布，将馆藏革命文物课题研究成果整理出版，使馆藏革命文物资源最大限度转化为社会公众可共享的成果。

四、结语

新时代背景下，来宾市博物馆作为革命文物的收藏和保管机构，在保护革命文物、传承红色基因上做了很多有益探索与尝试。依托馆藏革命文物资源策划展览和开展社会教育活动，加强革命文物资源的利用和研究，探索革命文物活化利用新途径，增强革命文物的生命力和影响力，从而真正让革命文物"活"起来。来宾市博物馆利用革命文物讲好红色故事，将革命精神传承并发扬光大，使馆藏革命文物成为党史学习教育、爱国主义教育的生动教材，对推动来宾市博物馆藏革命文物的活化利用，带动来宾市红色文化的传承和桂中地区革命文物保护事业高质量发展，具有深远的影响和重要意义。

文化铸魂、文化赋能内涵及实现路径研究

——以广西铜鼓文化为例

梁燕理　张　伦　马　鋆　谢　睿

【提　要】作为广西最有代表性的文化名片之一，铜鼓文化在增强民族文化自信、铸牢中华民族共同体意识上具有不可替代的作用。广西铜鼓文化资源丰富，体现在：铜鼓的数量最多、类型齐全，装饰艺术精美，铸造工艺精湛，在当代仍保留着丰富的使用习俗，关于铜鼓的传说多姿多彩。多年来，广西在挖掘研究、开发利用铜鼓文化，以铜鼓文化铸民族魂，以铜鼓文化赋能文旅上取得了一定成绩，尤其在文创、节庆和文艺作品上。但仍存在一定的局限性，如铜鼓文化资源与开发利用存在一定程度的脱节，铜鼓文化创造性转化和创新性发展还不够充分，利用铜鼓文化开发的旅游产品或项目还停留在较为传统的模式和阶段等等。针对所存在的问题，可通过加强政府政策引导和资金支持，推动铜鼓学术研究和资源开发利用、市场开拓的密切联动；通过拓宽铜鼓文化利用领域，丰富铜鼓文化产品形式，促进铜鼓文化的创新发展；通过加大铜鼓文化宣传力度，进一步增强文化认同和文化自信，谱写铜鼓文化铸魂、赋能的新篇章。

【关键词】文化　内涵　铜鼓

【作　者】梁燕理　广西民族博物馆　副研究馆员
　　　　　张伦　广西民族博物馆　馆员
　　　　　马鋆　广西民族博物馆　馆员
　　　　　谢睿　广西民族博物馆　馆员

习近平总书记在中央全面深化改革委员会第二十二次会议上的讲话中指出："要加强文物保护利用和文化遗产保护传承，提高文物研究阐释和展示传播水平，让文物真正活起来，成为加强社会主义精神文明建设的深厚滋养，成为扩大中华文化国际影响

力的重要名片。"如何在文旅融合背景下让文物活起来，实现文化铸魂、文化赋能，成为新时代文化工作者的重要使命。

铜鼓是中国南方与东南亚特有的青铜礼乐器，有着近 2700 年的历史，至今仍在中国南方和东南亚部分少数民族中使用，堪称民族文化的"活化石"。广西铜鼓蕴藏量丰富，铜鼓文化资源丰厚，如何在文旅融合的背景下更好地让民族文化瑰宝——铜鼓更加充分地发挥文化铸魂、赋能的作用，进一步增强民族文化自豪感和自信心，推动促进广西文旅事业的发展，值得进一步研究和探讨。

一、广西铜鼓文化内涵

《辞海》对"文化"的定义是，从广义来说，指人类社会历史实践过程中所创造的物质财富和精神财富的总和。从狭义来说，指社会的意识形态，以及与之相适应的制度组织机构。文化是一种历史现象。[1] 根据文化的这个定义，铜鼓文化大致包括了铜鼓的数量和类型、装饰艺术、铸造工艺、使用习俗以及相关民间传说等物质及非物质文化，这也构成了广西铜鼓文化的核心内涵。

（一）铜鼓的数量最多，类型齐全

广西因铜鼓数量最多、种类齐全、体型硕大被誉为"铜鼓之乡""铜鼓大本营"。据 2014 年的全区铜鼓调查项目统计，广西馆藏铜鼓的数量为 772 面，[2] 包括学术界划分的八大类型铜鼓。其中，万家坝型铜鼓 4 面，石寨山型铜鼓 8 面，冷水冲型铜鼓 152 面，遵义型铜鼓 5 面，麻江型铜鼓 375 面，北流型铜鼓 107 面，灵山型铜鼓 99 面，西盟型铜鼓 5 面，越南鼓、异形鼓和不明类型鼓共 17 面。此外，据《河池铜鼓》的记载，广西民间使用的铜鼓数量在 1400 面左右。[3] 无论是馆藏铜鼓，还是仍在使用的民间藏鼓，广西铜鼓数量都居全国之最。这对于广西来说是一笔巨大的资源财富，作为铜鼓蕴藏量最多的省份，广西在铜鼓收藏、研究、展示、利用等方面有不可替代的优势。

（二）铜鼓装饰艺术精美

铜鼓上的装饰艺术也是非常重要的文化资源。铜鼓上的装饰纹样，按照艺术形式可分为平面纹饰和立体装饰。平面纹饰又包括几何纹样、写实图案和抽象图案。不同

---

[1] 辞海编辑委员会：《辞海（文化、体育分册）》，上海辞书出版社，1981 年，1 页。

[2] 广西民族博物馆、中国古代铜鼓研究会编：《广西铜鼓精华》，文物出版社，2017 年，40 页。

[3] 吴伟峰等主编：《河池铜鼓》，广西民族出版社，2009 年，11 页。

历史时期铜鼓的装饰艺术都有丰富而特定的文化内涵，反映了人们的信仰和审美。如云雷纹反映了人们对自然的敬畏和崇拜；翔鹭纹则反映了人们对鸟的特殊情感；羽人舞蹈纹、船纹都是当时社会的真实写照；青蛙立体装饰反映了古老稻作民族求雨和繁衍的文化面貌。铜鼓的装饰艺术作为民族信仰、审美的物化体现，对于文化认同、文化自信和文化铸魂起到了重要的作用。如今铜鼓上的装饰艺术不仅被广泛地运用在广西的建筑、服装、生活领域，还深度融入铜鼓文创产品中，成为艺术设计领域中重要的文化资源。

（三）铜鼓的铸造工艺精湛

学界普遍认为古代铜鼓由泥型合范法和失蜡法两种工艺铸造而成。泥型合范法是古代普遍采用的铜鼓铸造工艺，其流程包括选料、冶炼、制模、翻范、合范、熔炼、浇铸、打磨等多道工序，此外，北流型和灵山型铜鼓还有通过刮削鼓面背部改变其厚度的调音工序。虽然铜鼓的铸造工艺没有确切的史料记载和传承，但是新中国成立后，广西环江韦氏兄弟在传统铸铁锅工艺的基础上，研发了砂模铸造铜鼓的工艺，并且成功制作多面铜鼓。古代铜鼓铸造工艺和现代铜鼓铸造工艺都是铜鼓文化的宝贵资源。

（四）铜鼓在当代的使用习俗内容丰富

广西目前有壮族、瑶族、苗族、彝族四个少数民族仍在使用铜鼓，使用的习俗各具特色，主要体现在使用的时间、场合、方法、形式和文化内涵有所区别。正是这些不同造就了广西丰富的铜鼓非物质文化，包括铜鼓音乐、铜鼓舞蹈和铜鼓节庆等等。如广西南丹白裤瑶的铜鼓曲谱有许多调式，不同的场合演奏不同的鼓点，形成不同的鼓点音乐；广西西北部的东兰、凤山、巴马的壮族，西部田林的瑶族和那坡的白彝等都有跳铜鼓舞的习俗，但舞蹈形式各具特色。铜鼓相关节庆和习俗更是多姿多彩，如东兰、南丹等地壮族的青蛙节，人们通过铜鼓祭祀青蛙，祈祝丰收；巴马、大化等地布努瑶的祝著节，人们击打铜鼓、祭祀祖先；南丹白裤瑶在喜庆和丧葬场合都打铜鼓，但不同场合使用的铜鼓和击打方式不同；融水、南丹的苗族在春节打铜鼓庆祝新年；田林木柄瑶在除夕祭祀社神和正月春节时使用铜鼓。铜鼓在当代的使用习俗无疑是文旅融合发展的重要资源。

（五）铜鼓的民间传说多姿多彩

广西自古关于铜鼓的民间传说就丰富多彩，这些民间传说是人们智慧的结晶，反映了人们的观念信仰、思维方式和审美喜好。广西铜鼓民间传说主要有三个方面：一是铜鼓的来历，如壮族传说铜鼓是天上雷公造的，天上的太阳是雷王的铜鼓变的；[1] 还有南丹白裤瑶传说铜鼓是猴王带来的。二是铜鼓的神性，如西林县马蚌平寨壮族传说铜鼓打败了海龙，成功击退洪水；那坡县城厢镇彝族传说铜鼓自己飞到深潭里与邪恶的龙搏斗，并杀死龙，保护地方百姓过上安宁的日子。[2] 三是铜鼓的人性，如铜鼓有公母之分、铜鼓变人等传说。上述铜鼓的民间传说内容丰富，反映了人们非凡的想象力和智慧，是铜鼓非物质文化的重要组成部分，对于文学艺术创作、文创产品的开发有很好的借鉴作用。

二、广西铜鼓文化赋能、文化铸魂的路径和局限性

近年来，广西重视发展铜鼓文化经济，打造铜鼓文化品牌，在铜鼓文化资源的开发利用上不断创新，将铜鼓文化运用在博物馆文创产品、旅游工艺纪念品、建筑、服装等领域的设计和生产中，并取得一定的经济效益和社会效益。同时，在铜鼓使用地区大力开展以铜鼓文化为主题的文化艺术节、民俗文化旅游节等，拉动了当地的文化旅游经济。此外，以铜鼓为题材，创作文学、音乐和戏剧作品，并将其包装成文化衍生产品的工作也逐渐起步。

（一）铜鼓文化赋能、文化铸魂主要路径

1. 铜鼓文创产品

广西铜鼓文创产品种类丰富。作为广西最具代表性的文化之一，铜鼓在文创领域的开发和利用迅速发展，从最开始单一的仿制铜鼓摆件发展为现在多品种、多功能的文创产品，为广西的文旅事业创收贡献了一份力量。据不完全统计，目前广西有近40款铜鼓相关文创产品。按照文创产品功能，主要分为艺术装饰品和实用品两大类。其中，艺术装饰品数量最多，主要有仿制铜鼓摆件，以铜鼓形制或纹样提取元素设计的挂件、壮锦、刺绣、壁挂、手提袋、首饰、冰箱贴、钥匙扣、纪念币等等；实用品有铜鼓形茶具、餐具，铜鼓纹样小风扇、镜子、迷你机器人扫地机、衣帽、明信片、便签、卷尺、包装盒等等。其中，仿制铜鼓摆件以麻江型铜鼓和石寨山型铜鼓为主，铜鼓纹样的开发又以石寨山型铜鼓纹样为主。

广西铜鼓文创产品的开发和利用主要集中在博物馆，部分文旅企业和艺术院校也研发铜鼓文创产品。以广西民族博物馆为例，广西民族博物馆是目前世界上收藏铜鼓

---

[1] 蓝鸿恩：《历史的脚印》，见广西民间文学研究会编《广西民间文学丛刊（2）》，内部资料，1981年。

[2] 蒋廷瑜：《古代铜鼓通论》，紫禁城出版社，1999年，11页。

数量最多的博物馆，作为该馆的特色藏品，铜鼓一直是文创的重要基础和方向。目前广西民族博物馆共研发了近10款铜鼓文创产品，包括铜鼓纪念币、铜鼓钥匙扣、铜鼓信插、铜鼓明信片、铜鼓杯、铜鼓化妆镜、铜鼓首饰、铜鼓纹饰冰箱贴等，除此之外，还联合相关企业代为售卖仿制铜鼓工艺品、铜鼓挂件、羽人纹壮锦、铜鼓坭兴陶工艺品和茶具等等。

表1　2022至2024年广西民族博物馆铜鼓文创产品销量表

品　名	2022年销售数量	2023年销售数量	2024年销售数量	合计
铜鼓钥匙扣（个）	39	下架	下架	39
铜鼓钥匙扣DIY系列（个）	未上架	未上架	7236	7236
铜鼓纪念币（套）	4	0	0	4
10厘米铜鼓工艺品摆件（个）	40	30	40	110
13厘米铜鼓工艺品摆件（个）	0	18	23	41
16厘米铜鼓工艺品摆件（个）	4	7	9	20
18厘米铜鼓工艺品摆件（个）	43	16	25	84
30厘米铜鼓工艺品摆件（个）	0	1	0	1
36厘米铜鼓工艺品摆件（个）	2	1	2	5
80厘米铜鼓工艺品摆件（个）	0	0	0	0
铜鼓挂件（件）	13	8	60	81
铜鼓明信片（套）	2	6	下架	8
铜鼓杯（个）	18	1	下架	19
铜鼓手链（条）	0	下架	下架	0
铜鼓吊坠（个）	0	下架	下架	0
铜鼓冰箱贴（个）	128	未生产	1303	1431

从以上销量表看，2022年至2024年，铜鼓文创产品中销售数量最多的是铜鼓钥匙扣，销售总量为7275个，其中，铜鼓钥匙扣DIY系列销售数量最多，达7236个。其次，铜鼓冰箱贴的销售也突破千件。铜鼓钥匙扣、冰箱贴等在提取青蛙、翔鹭等铜鼓特色纹样的基础上进行创意设计，尤其是铜鼓钥匙扣DIY系列，让观众参与互动，富有创意和纪念意义，同时兼具实用功能，再加上价格适中，因此深受游客，特别是外地游客的喜爱，逐渐成为普适性文创产品。铜鼓文创产品以铜鼓文化为基础，通过创意加工，以实物的形式诠释铜鼓文化内涵，成为广西铜鼓文化赋能、文化铸魂的重要途径之一。

2.铜鼓文化旅游节

目前，广西红水河流域的东兰壮族、南丹瑶族、中堡苗族和那坡彝族仍在使用铜鼓，其习俗内容丰富，文化寓意深远，是广西铜鼓文化资源的重要组成部分。自20世纪90年代开始，随着社会的发展，这些铜鼓习俗资源得到重视、保护、开发和利用，主要体现在政府主导、专家指导、企业赞助、民众参与的文化旅游综合节庆模式，如铜鼓文化艺术节和铜鼓民俗文化节。铜鼓文化艺术节的代表是"河池铜鼓山歌艺术节"，它以铜鼓音乐艺术、舞蹈表演为主题，融入河池各地壮、瑶、毛南等民族的非物质文化展演，将艺术表演打造成文化旅游资源。该艺术节每年举行一次，由河池市11个县（区）轮流承办，自1999至2017年共成功举办了18届，每年都吸引大量国内外游客，并成功打造铜鼓非物质文化品牌项目，成为广西重要的文化旅游资源。

而铜鼓民俗文化节的代表就是广西东兰、南丹等地的"蚂拐节"，又称"青蛙节"，几乎每年春节轮流在东兰和南丹的壮族村寨举行。节日以找蛙、祭蛙、游蛙、葬蛙为主线，整个仪式过程中都打铜鼓。虽然这种原生态的青蛙节活动是民间自发的行为，但是在文旅繁荣发展的当下，已经成为吸引旅游者的特色民俗文化资源。广西巴马、大化等地的瑶族祝著节，又称"达努节"，传说农历五月二十九日是瑶族始母密洛陀的生日，后人出于崇拜，定该日为祝寿日，并于该日举行当地传统的祭祖活动。节日期间，家家户户杀猪宰羊，宴请宾客，同时还举行铜鼓舞、斗画眉、赛弓箭、赛马等文娱活动。2021年，瑶族祝著节被列入第五批国家级非物质文化遗产代表性项目名录。广西百色那坡彝族跳弓节，也称"孔够"，意为"快快乐乐，祈祷祝福"，是那坡彝族人民一年之中最隆重的节日。各个村屯过节的具体日期虽不尽相同，但一般都在每年农历四月上、中旬举行。跳弓节上，人们打铜鼓，吹葫芦笙，跳舞，祭祀祖先，表达喜悦之情。上述节日节庆都与铜鼓有关，最初都是民间自发的行为，但是近年来，政府参与到了这些传统节日的组织、保护和宣传中，使其作为文旅节庆，为推动当地的旅游业做出了贡献。

3. 铜鼓文艺作品

广西部分文艺企业、文艺团体、艺术院校和民间自由创作者已经在努力根据铜鼓文化内涵创作与铜鼓相关的音乐、文学、戏剧等多种形式的艺术作品，或是将铜鼓元素融入艺术作品中，形成特色商业性文化演艺项目，如广西大型舞台风情剧《锦宴》、壮剧《赶山》等都利用了铜鼓文化元素。广西演艺集团和广西歌舞剧院创作的大型音乐舞蹈剧《花山》、广西演艺集团和广西杂技团创作的大型壮族魔幻杂技剧《百鸟衣》，以及更为先进的大型实景歌舞剧《花山"船"说》等高科技文化演艺项目都融入了铜鼓文化元素。将铜鼓文化运用于文艺作品也是铜鼓文化资源开发利用的一个重要途径，真正实现了铜鼓文化赋能经济发展。同时，铜鼓文化的"魂"也能通过优秀的文艺作品不断滋养人心，铸就民众文化自信之魂。

（二）铜鼓文化赋能、文化铸魂局限性

虽然目前广西铜鼓文化资源创造了一定的经济效益和社会效益，但是开发利用的局限性依然存在，主要体现在以下几个方面。

1. 铜鼓文化资源与开发利用存在一定程度的脱节

广西铜鼓文化资源丰富。自 20 世纪 80 年代以来，铜鼓文化的研究发掘更加全面、深入和细致，很多研究成果对于铜鼓文化的开发和利用有重要的价值和意义。但遗憾的是，铜鼓文化资源与开发利用之间缺乏一个有效的沟通桥梁，导致一定程度上的脱节。如广西铜鼓种类齐全，各个类型铜鼓的装饰丰富而精美，但该资源没有被充分重视和利用。许多文创产品的开发及一些建筑、装潢设计等仅仅利用了石寨山型铜鼓的造型或纹饰，而对于最具广西本土特色的冷水冲型、北流型和灵山型等其他类型铜鼓的利用几乎是一片空白。再如，铜鼓的铸造技术也是重要的文化资源。但是目前铸造生产铜鼓的厂家较少，主要集中在环江、东兰两地；针对青少年的铜鼓铸造技术研学课程仅在广西民族博物馆有实践，可以说，铜鼓铸造的体验互动项目凤毛麟角。又如广西铜鼓使用习俗和民间传说资源丰富多彩，但是目前仍缺乏专门以铜鼓为主题的文艺作品创作，仅部分作品利用了铜鼓文化元素进行展示和表演。

2. 铜鼓文化创造性转化和创新性发展还不够充分

广西铜鼓文化资源虽然丰富，但是铜鼓文化的创造性转化和创新性发展仍然存在较大的局限性。一是文化创意产品单一，形式老套，仍以仿制铜鼓工艺品为主。中低端消费层级的铜鼓文创产品种类少，主要集中在钥匙扣、冰箱贴等较为老套的实用小产品形态上。二是创意乏力，内容陈旧。铜鼓文创产品设计大多直接仿制铜鼓真品，或仅仅利用石寨山型或麻江型铜鼓的鼓面元素开发小件铜鼓文创产品，有的甚至将石寨山型和麻江型这两个不同时期的铜鼓纹饰混搭使用，此举既容易误导消费者，也没有什么新意可言。铜鼓文创产品提取的纹样以青蛙立体装饰和翔鹭纹为主，缺乏新意。三是铜鼓文化资源的创造性转化和创新性发展仅在旅游、演出等领域，未能广泛扩展到其他业态。

3. 利用铜鼓文化开发的旅游产品或项目还停留在较为传统的模式和阶段

近年来，铜鼓相关的文化旅游节基本上是线下、短期的以演出活动为主的文化旅游项目。虽然也增加了一些文旅推介项目和新媒体手段，但实际主体仍是以铜鼓习俗演出为主的传统旅游节模式。一方面，这在一定程度上易造成游客的审美疲劳，长此以往，将消磨大众对铜鼓文化资源的新鲜感，导致该旅游形式逐渐失去吸引力。另一方面，打造品牌文化旅游节也需要在创新策划、景观配套、品牌综合打造、整合营销等方面进行科学、长效的规划和布局，这样才有利于铜鼓文化资源开发的持续性和长效性。

三、广西铜鼓文化赋能、文化铸魂的新思考

针对目前广西铜鼓文化资源现状、开发利用的程度及局限性，本文就广西铜鼓文化赋能、文化铸魂新路径提出以下新思考。

（一）加强政府政策引导和资金支持，推动铜鼓研究与利用密切联动

广西铜鼓文化资源具有独特性和唯一性，独特的地理环境和文化基础十分有利于铜鼓文化的发掘研究和开发利用。针对铜鼓文化发掘研究和开发利用的脱节问题：首先，政府相关部门应对广西铜鼓文化资源的开发利用进行顶层设计和科学规划，并在民间自发进行的铜鼓文化开发利用基础上加以指导，避免文创产品、文旅节庆、文艺作品等载体出现盲目或误导性的开发利用。其次，政府相关部门可以举办专题研讨会等形式，为铜鼓学术研究和产业开发提供交流合作平台，消除铜鼓文化资源发掘研究与开发利用之间的隔阂，实现双方的密切联动和双向促进。这样既能通过发掘研究来保证开发利用的创新性和严谨性，又能通过开发利用来促进发掘研究的深度和广度。再者，我国正在大力发展文化产业，从国家到地方，都应给予文化产业政策和资金支持，如设立文化产业基金、对文化企业实行相应的减税或退税政策等。此外，还应建立和完善各种文化产业奖励机制，对企业或个人的创新成果进行适当奖励，以此促进文化产业发展。这对于广西铜鼓文化的开发有积极意义，可在一定程度上激发科研单位和文创企业人员的积极性。

（二）丰富产品形式，拓宽利用领域，促进铜鼓文化创新发展

随着社会的发展，人们对文化产品有了新的要求，从而产生了新兴市场。不同年龄、不同层次的消费者对于产品有不同需求，这为广西铜鼓文化资源的开发利用提供了新的强大动力。未来应该加大市场调研力度，根据市场需求开发产品。针对目前铜鼓文化产品形式单一、资源利用率低等问题，应进一步加强对铜鼓文化资源的挖掘和研究，在政府政策引导下，鼓励各类人才创新铜鼓文化产品的形式。一是在铜鼓文创方面，应培训和鼓励文创设计人员深入解读铜鼓文化内涵，从源头上突破创意瓶颈，使设计人员对铜鼓文化资源的利用有更多的灵感。此外，应根据市场需求规划高端和中低端消费层级的铜鼓文创产品，满足不同游客的需求，在此基础上形成集装饰性与实用性于一体的"铜鼓系列"文创产品。如此既能使游客有更多的选择，也有利于品牌的塑造。二是在铜鼓文化旅游节庆方面，应更科学和全面地联动多部门合力开展节庆活动的策划，深挖并整合本地铜鼓文化习俗的历史内涵和演变过程，再延展至铜鼓文化习俗的横向比较。打破线下单一的"展演＋推介"模式，丰富节庆内容，提升节

庆品质。借助新媒体、电商等平台，丰富节庆的展示和销售渠道，扩大节庆影响力和知名度。三是应进一步扩大铜鼓文化资源利用的领域。除了在文创、文旅等方面的开发利用，应把铜鼓文化资源的开发利用拓展到影视、动漫、游戏、图书音像制品、自媒体、建筑、设计、餐饮等领域和业态，打造新的铜鼓文化品牌，抢占新的文化市场。

（三）加大铜鼓文化宣传力度，增强文化认同和文化自信

铜鼓文化宣传既能吸引更多的消费者和潜在消费者，又能为铜鼓文化产品造势，促进铜鼓文化产品的销售，创造一定的经济价值。同时，铜鼓文化的宣传也能向大众普及铜鼓文化知识，引导广大民众认同铜鼓文化，增强人们的文化自信。广西一直注重铜鼓文化的宣传，通过铜鼓文化的展览、新闻报道、电视专题节目、报刊专栏、短视频等等，多角度、多层次、全方位展示铜鼓文化，为铜鼓文化的普及打下坚实的基础。伴随着新媒体平台的发展，铜鼓文化需要通过更广阔的网络及自媒体平台等渠道和高新科技手段来进一步扩大影响力和知名度。在新的发展阶段，应加大铜鼓文化宣传力度，一是在制定宣传策略时，将所推出的铜鼓文创产品或文化旅游项目背后的文化内涵和历史故事挖掘出来，嵌入创意文案和广告中，使宣传既有广度又有深度，集知识性与趣味性于一体，达到良好的宣传效果。二是充分考虑多种宣传渠道，结合高科技手段，将铜鼓文化中极具正能量的部分，如铜鼓所体现的大国工匠精神，铜鼓所反映的民族交往交流交融的历史等进行整合并系统包装，通过传统媒体和新媒体渠道，打造铜鼓文化宣传矩阵，形成符合新时代特征的铜鼓文化精神，谱写铜鼓文化铸魂、赋能的新篇章。

铜鼓文化源远流长，是中华民族灿烂文化的重要组成部分。铜鼓是"文化铸魂"的载体，传承着民族的文化基因，凝聚着民族的集体记忆；同时，铜鼓为"文化赋能"提供资源，推动着文旅发展和乡村振兴。在新时代背景下，挖掘并运用好铜鼓文化资源，对增强民族文化自信，铸牢中华民族共同体意识，提升我国文化软实力，实现中华民族伟大复兴有重要意义和价值。

从古诗中看兴安灵渠的历史文化

唐莉静　秦幸福

【提　要】灵渠自秦代开通以来，古代文人仕宦经水路南来北往途经兴安，多有感怀吟咏，留下古诗有近千首。本文通过对兴安县历代古诗进行搜集整理及综合解读分析，拟从历代兴安古诗中描写的事物、景致以及作者当时的心境等方面入手，解析其中所蕴含的历史文化。这些古诗印证了灵渠作为南北民族和文化交融的纽带，是先人留给兴安人民宝贵的文化遗产。对这些古诗进行挖掘整理并加以解读，是我们对这笔精神财富的传承和利用，更是从文化方面深层次地为"世界古代水利建筑明珠"灵渠增光添彩。

【关键词】兴安县　古诗　灵渠　历史文化

【作　者】唐莉静　灵渠博物院　院长
　　　　　秦幸福　灵渠博物院　工作人员

一、引言

　　兴安县，位于广西东北部的湘桂走廊，属桂林市辖县，是湘漓二水之源，也是世界上最古老的人工运河之一"灵渠"的所在地，自古以来即是楚越文化交汇之区。灵渠湘漓分派通浚水运，古严关雄踞湘桂要冲，古代自中原来广西上任或遭贬谪来桂者都需道经兴安，其中多有文人名士，他们在兴安留下的诗篇数量相当可观。这些古诗涵盖了文人士子们游历吟咏、途经感怀、离别钱行等内容，从多方面、多角度体现出兴安的历史文化，是兴安历史文化的重要组成部分，成为研究兴安乃至灵渠历史文化的一条蹊径。

二、舟过灵渠，雅士"寻秦访古"

兴安在湘漓之源，山水清幽，灵渠、乳洞、严关、秦城遗址、湘桂古道等古迹历历如画，吸引着文人士子们前去寻秦吊古。不管是初来广西上任进入兴安，或是在任期间专程来游，抑或是奉使公干路过兴安的仕宦文人，都会为兴安的美景古迹所倾倒。游历者往往情不自禁作诗吟咏，留下一首首脍炙人口的名篇。

南宋嘉定十年（1217 年），朝奉郎广南西路转运判官方信孺游乳洞岩，将其间美景喻为道教十大洞天之罗浮山，作《乳洞》，有句："分得灵河一派流，铁桥仍复借罗浮。"范成大《兴安乳洞有上中下三岩，妙绝南州，率同僚饯别者二十一人游之》中"山水敦凤好，烟霞痼奇怀"写出了他对兴安山水云霞的赞美，不再像他刚来时感觉此地乃"瘴乡"。王正功有关乳洞之诗则描绘了洞外的村庄，是一处悠然自适的世外桃源："湘南悬想碧云横，桂岭遥瞻烟霭暮。招提钟磬出幽深，村疃牛羊自来去。"

兴安县最著名的古迹，当属灵渠，而灵渠两岸的美景，明洪武年间工部尚书严震直感触最深。当时严震直奉命至兴安修缮灵渠，竣工离去时作《筑兴安堤》，"促装归去去朝天"，自是喜不自胜；行于灵渠岸，"桃花满路落红雨，杨柳夹堤生翠烟"，六百多年前的灵渠美景如一幅优美画卷展现在我们眼前。

山清水秀的兴安古城，引来多少文人雅士游历并为之倾倒。乾隆年间，著名诗人袁枚自桂林坐船到兴安，见两岸奇峰倒影如生长于水中，船行江上如行走于山顶，有感于兴安绝美山水，写下了与元代唐温如《题龙阳县青草湖》"醉后不知天在水，满船清梦压星河"有异曲同工之妙的佳作《兴安》：

> 江到兴安水最清，青山簇簇水中生。
> 分明看见青山顶，船在青山顶上行。[1]

乾隆八年至十三年（1743—1748 年）间任兴安知县的杨仲兴，在兴安五历重阳，分别"驱马游三洞""奉使出永福""登高点灯山""北祭海洋庙""西向雷神殿"，游历了兴安的各处名胜古迹，"樵歌雁落与离骚，风吟泉滴声相偶"，写下了情景交融的《重阳纪游》诗。

时任庆远府同知的查礼，于乾隆十九年（1754 年）协修灵渠，并考查湘漓之源，沉醉于灵渠美景，更是将分水塘边的景色刻画得出神入化，他的《分水亭晚眺》中，"粼粼亭下""苍茫对夕曛"等描绘，使动与静的意境完美地交融在一起，一幅生动的

---

[1]（清）袁枚著，周本淳标校：《小仓山房诗文集》，上海古籍出版社，1988 年，830 页。

山水画卷展现在眼前；末句"看山看水看飞云"，有让人从中读到自然美景目不暇接之妙。

广西玉林举人苏宗经道光年间经过兴安，见灵渠内舟从桥底过，水街边篷窗买酒便，一派热闹景象，已远非明末徐霞客经过时那般"城墙环堵，县治寂若空门"[1]；遂作《出陡河过兴安县》，将清代兴安水街的繁华景象呈现在我们眼前："行尽灵渠路，兴安别有天。径缘桥底入，舟向市中穿。桨脚挥波易，篷窗买酒便。水程今转顺，翘首望前川。"[2]灵渠上的桥多，水路便是穿过一座座古石桥。沿水街两岸是集市商铺，打开舟上篷窗，伸手出去便可向酒家买酒。

还有清代王国梁在《秦堤观澜》写道"三十六矶一望遥，江干风雨正潇潇"，赞飞来石"此石飞从何处来，参天拔地势崔嵬"。陆纶《陡河口号》中"陡门湾湾三十六，二水湘漓一派分"生动描绘了灵渠三十六陡及湘漓分派的情景。

清末，兴安县最后的古诗名作代表，当属废除科举考试前兴安最后一位举人彭榕。彭榕走遍了兴安所有的名胜古迹，用他独特的目光，感受、诠释了家乡的山、水、草、木，激发了用画笔把这些壮丽景色表现出来的创作热情。于是，他创作了气势磅礴、技艺精湛、清逸俊秀、飞彩流韵的《兴安八景图》组画（8幅），并为每幅画题写相应的诗一首，这些诗作成了兴安古诗最终的名篇：

铧嘴观澜

秦开灵渠，堵分水潭作天平如堰，高二丈余，长近百丈。当中叠石为矶，前锐后广，形若铧嘴，分流湘漓两江。春夏之交，江水暴涨，怒激天平而下，狂澜骇浪，伟然大观。

澎湃汹汹激上矶，横流倒泻震声威。

惊疑蛰起龙分水，舞爪掀鳞势欲飞。

秦堤拜石

飞来石在城东二里，突兀箕踞于秦堤之上，堤工至此最险，实恃石为保障焉。前后两江相夹，树木蓊蔚，具有清疏逸远之趣。文师杏田作亭以润之，韵度不流于寒瘦。

障地如砥拳多大，国计民生歌永赖。

不但棱皱品格奇，襄阳一见倾心拜。

---

[1]（明）徐弘祖著，朱惠荣校注：《徐霞客游记校注》，云南人民出版社，1985年，305页。

[2]（清）苏宗经：《酴江诗草》，清光绪十八年（1892年）刻本，卷一。

渡头唱晚

渡头江，去城市半里，江广三十余丈，水深且涟，境旷气清，嚣氛净尽。左岸多渔村，傍晚归歌，饶有出尘之致。

渡头风景晚来佳，夕影炊烟画不差。

犹有鱼排三五起，一歌一答唱还家。

越岭歌风

越城岭为秦戍五岭之一，在城西北二里，与城对峙，形成犄（掎）角之势。汉路博德、赖恭前后出兵，尝憩于此。唐静海帅刘士政拒马殷，楚王马希范御汉，悉屯兵岭上。清蒋日澧破满登科，亦先占此岭。志称："从来兵事逾越城岭，则已夺桂州之险。盖粤西之襟喉，自越城岭操之。"近代战术革新，形势递变，此地已非用武所重要矣。惟遗垒依稀，长留历史上之陈迹，徒供后人凭吊耳。

越城岭上草婆娑，碧血殷殷迹未磨。

北望边尘旋地起，登临合唱大风歌。

北郭耕云

县城北门封堵不开（见柳宗元《全义县北门记》），即址筑亭于上，曰"省耕"。郭外渠田千百亩，农村错落其间，春耕临眺，如读豳风之图。今城拆辟路，亭改为炮楼，萧家桥亦圮，此图仍旧，以存其迹。

时雨时晴布谷鸣，春来郭外带云耕。

省耕亭上凭栏望，一幅豳风谁画成。

金峰待月

金峰在城西三里。环城诸山，此为独高，四境历历在望。先贤陶处士读书于此，远近常见灯光，故俗名点灯山。山上有藏书岩、曝书台、陶亭、一瓢泉诸胜，四时游踪不绝，九秋尤盛，往往月夜始归。

纵横眼界如披画，开拓心胸胜读书。

有酒不妨人去后，无诗且待月来初。

乳洞餐霞

乳洞岩在城西南八里，叠连三洞，下洞明敞宏阔，可容数千人。题记最著有宋张孝祥"上清三洞"四大字。李邦彦《三洞记》记名上洞"飞霞"、中洞"驻云"、下洞"喷雷"。流泉清冽而甘，灌溉甚广。中洞（下脱）。窈然深远，非拥火不可入，其中石乳凝结，人物姿势状态无不惟妙惟肖，进愈远而见愈奇，惟阴寒逼人，虽伏暑时重衣犹怯，故其究竟自来好游者未之穷也。有鱼肥美异常，不易得。岩下为飞霞寺，古木阴郁，清泉萦绕，别有天地非人间，推为一邑名胜之冠。

> 巉岩三洞乳晶莹，隐隐霞光映上清。
>
> 到此飘然尘浊净，无须云母一身轻。

严关玩雪

严关在县西北十五里，两山对峙，中为通道，置关其间，势极严险，旧有"北雪南雨飞不过"之谚。自汉迄元，岭南战事尝系于此。志称："严关北负峻岭，陂陀险阻，若守御严密，敌虽众多，无能为也。"今则土地垦辟，道路交通，已失险要之势。然关塞岿然，雅人征客，无不感慨系之。

> 一夜雪飞不过关，满山都是玉为颜。
>
> 重楼十二城一座，白玉京原在此间。[1]

文人士子们游历兴安，哦诗题名，留下不少千古名篇，而最终饱含深情以诗入画并因画题诗的兴安人彭榕，作《兴安八景图》及配诗，以空前的高度总结了兴安的各处名胜古迹，成为兴安历史上古诗文化的千古绝唱。

三、湘桂古道，仕宦"途经感怀"

唐宋以来，大量官吏文士或任职或游历来桂，多自水路进入广西。由于广西地处穷乡僻壤，远离中原政治经济文化中心，那些离家的游子抵桂之后，难免各有感叹。唐开元十八年（730年）夏天，张九龄从湖南经兴安灵渠，途中作有《自湘水南行》："落日催行舫，逶迟洲渚间。"元和年间，参与永贞革新失败后被贬的柳宗元从永州赴任柳州刺史，亦是溯湘江过灵渠去柳州，在兴安时留下了名篇《全义县复北门记》。

宋之问、李商隐、元晦、范成大、张孝祥、刘克庄、秦观等名士，无论入广西上任者，或在任者途经兴安，各自都会有一番感慨：身处岭外，空有报国之志，却无法很好地在政治舞台上施展才华。卸任之时，大抵还会因得以重返中原而感到喜不自胜。李师中累官提点广西刑狱，摄帅事，在离开广西的前夕作《菩萨蛮·子规啼破城楼月》一首，其中"佳人相对泣，泪下罗衣湿。从此信音稀，岭南无雁飞"生动描绘出诗人

---

[1] 兴安县灵渠申遗办公室编：《灵渠轶事》，线装书局，2020年，148页。

将要去职北返，佳人无法挽留，二人相对而泣，热泪纵横湿透罗衣的情景。从此音信稀少，因为岭南没有传书的鸿雁，可见其北上的欲望是任何情感也无法阻挡的。调任北返，意味着在仕途上更进一步，报国的抱负更容易实现。李师中离开广西过严关时，勒马回望来时路，回想着在这里度过的四年时光，然男儿有大志，终是去意已决，作《过严关有感》，诗中深深感触途经严关恰似过玉门关的心境："大抵孤忠报国难，古今共是一长叹。玉关还路春无绿，定远归来鬓已斑。四年岭外得生还，自顾无功但愧颜。欲识君恩至深处，严关便是玉门关。"[1]

从宋代邕州知州陶弼《出岭题石灰铺》"马度严关口，生归喜复嗟"中，可体会到他得以出严关入中原，从而可以更好地实现自己远大志向和理想时喜出望外的心情。想到自己的仕途，两知邕州，今又终得北返，坎坷曲折，看湘水蜿蜒，借景抒情："江势一两曲，梅梢三四花。"

相对于严关，古秦城也是士子们途经吟咏抒怀之处。南宋隆兴年间，知静江府张孝祥道经兴安古秦城，作《秦城》感怀帝王："堙山埋谷北防胡，南筑坚城更远图"，虽然"桂海冰天尘不动"，但是"那知陇上两耕夫"。明着是写当地百姓如处于桃花源中，过着"不知有汉，无论魏晋"的悠然自适的生活，却又暗喻了陈胜吴广起义。

南宋绍圣年间，广西提点刑狱曹辅过秦城，作诗《古秦城》抒发了另一番感慨，"髀肉消残只自惊"，回首都城八千里，秦城已不知何处寻。

官宦儒士们道经兴安时总会万分感慨，吟诗寄怀，其中还包括曾权倾朝野的明代内阁首辅严嵩。他经过万里桥时，正值风雪日暮，远峰层阴，感慨之余，写下了《兴安县》二首：

其一

兴安城郭枕高丘，湘漓水分南北流。

万里桥头风雪暮，不知何地望神州。

其二

破屋古松喧夕籁，远峰寒雾起层阴。

梅花两岸湘漓水，岁晚相随到桂林。[2]

一番感慨，一声长叹。历代文人儒士们的情怀，寄寓严关，寄寓秦城，从一首首古诗中流露出来，让我们今天读来，仍能深切体会到他们当时或喜或悲的复杂心境。

---

[1]（清）汪森：《粤西诗载》，钦定四库全书版，卷二十二。

[2]（清）汪森：《粤西诗载》，钦定四库全书版，卷二十三。

四、楚粤之交，挚友"饯别相送"

兴安地处粤西之首，湖湘之尾，是历代文人士子自中原来上任或遭贬谪流放来广西的必经之地，也是任满回中原离开广西的必经之途。解缙于《素位轩记》说："兴安当道于交广，湘漓渠水之所发源，山林沮洳。"又在《赠周兴安朝京师序》写道："兴安在广右水陆之冲，湘漓渠水之所发源，送往迎来者日相续也。"[1]湘水逶迤，古道悠悠，同僚或挚友间饯行送别，多在兴安同游乳洞岩并吟诗题刻，或严关口纵马北返，或从灵渠发舟。从此一别，如湘江北去，不知何时才能再相见，感慨之情油然而生。

宋代范成大在《桂海虞衡志》中记载："兴安石乳洞最胜。余罢郡时过之，上中下亦三洞。此洞与栖霞相甲乙，他洞不及也。"罢郡之时，也就是他离开广西北返之时，从桂林出发，一众同僚为他送行饯别，"华裾绣高原，故人纷后陪"。过兴安，经灵渠，与同僚们沿湘桂古道一路前行，至乳洞岩同游，心情十分愉悦而又有几分不舍，"向闻乳洞胜，出岭更徘徊"。想着即将远离广西这边陲之地，又因知静江府兼广西经略安抚使四年之久，对此地及众同僚已有深厚的感情，但朝廷调任，身不由己，只能用文人们最儒雅的方式"题名"话别，"祝元将、王仲显、游子明、魏景道、马奉先、李静翁、杨懋之、周直夫、郑梦授、陈仲思、魏舜徒、陈席珍、刘庆长、施进之、赵伯山、诸葛叔时、谭明卿、范至能，右十八人同游。至能之侄若、男莘侍行，岁月及道号在上洞"。[2]并作诗《兴安乳洞有上中下三岩，妙绝南州，率同僚饯别者二十一人游之》，"南游冠平生，已去首犹回"。再次感受到了四年前来桂林时在余杭与亲友道别的那种"分路时，心目刬断，世谓生离不如死别"[3]的感觉。与同僚们乳洞话别后，范成大沿古道路经严关时写下了《严关》一诗，诗中有句"裹饭长歌关外去，车如飞电马如流"。车轮马蹄留下的，是霎时间滚滚风尘，而其诗文中留下的，却是醇厚的千年文化余韵。

南宋嘉泰二年（1202年）正月初八日，广南西路提点刑狱王正功携家还里东归，幕僚送行至兴安，同游乳洞，王正功想到自己二十余岁便步入官场，为官几十年，虽颇有政绩，却始终未能青云直上，感慨"绝知官里少夷途，始信闲中无窄步""共醉生前有限杯，浇我胸中今与古"。相对而言，王正功更多的是对仕途的感慨，对人生的无奈："早知富贵如浮云，三叹归田不能赋。"

宋淳祐甲辰年（1244年）三月，静江知府谢逵奉诏经过，同客张景东、冯云，从男公阐、公闻，同游乳洞岩，称赞兴安"灵钟秀异，美哉风物"，留诗《乳洞纪事寄彭

---

[1]（明）解缙：《解学士全集》，明万历刻本，卷六。

[2] 兴安县灵渠申遗办公室编：《灵渠轶事》，线装书局，2020年，46页。并见兴安乳洞岩石刻。

[3]（清）汪森：《粤西丛载》，钦定四库全书版，卷三。

令尹》于乳洞："寻幽天气得晴酣，小小蓝（篮）舆胜绣鞍。洞以乳名云液涌，泉纡石出水晶寒。山容染翠开油幕，竹韵鸣竽立玉竿。孰谓地灵钟秀异，美哉风物见兴安。"[1]

乳洞岩自古为离别广西北归中原的士大夫们饯别、探幽、同游的最佳场所，往往在此留诗题名吟咏。据《邕帅蒋公墓志铭》载，南宋乾道二年（1166 年）六月，静江知府张孝祥离开桂林时，"（蒋允济）与邦人送余于兴安，置酒于鲜乳洞之下""题名赋诗，火尽乃出"。[2]

送别于兴安，除乳洞之外，文人士子们还会在湘桂古道上的严关、石灰铺吟诗题刻。

宋代官员邹浩，累迁兵部侍郎，两谪岭表。其在广西时与兴安当地名士唐叟有旧，关系非常好，在兴安为唐叟写了《止止堂记》与《华严阁碑》，而唐叟的朋友也大都是当时名士，如苏东坡、黄庭坚等，可见其才华修养之高雅。邹浩出严关，想起多年前从此经过，今日终于得以重返，听泉水声响潺潺仍似往昔，岁月悠悠，古迹依旧，作诗《滑石泉》，感念"惟有流泉声似旧，凭栏重听响潺潺"。邹浩北归时，念念不忘好友唐叟，文人重情，离别时，千般不舍，在石灰铺促膝对饮，依依惜别，作《留别兴安唐叟元老推官》："天绘亭边三载梦，石灰铺里一时情。个中不是同参得，胸次峥嵘何日平。"[3]

而元代任广州路学教授的傅若金，其《和智礼部早发兴安》，则描写的是与好友相别于灵渠，过灵渠时的悠然自适："解缆眠看竹，哦诗坐煮茶。"彼时灵渠岸边景象别有致趣：雨来，云去，解缆看竹，哦诗煮茶，发兴安、过灵渠，"归程足幽意，莫向市朝哗"。

对于那些从中原来到广西，任满后又离开的文人仕宦们而言，他们不断了解该地的山水胜景，徜徉于甲天下的桂林山水，置身于"胜绝南州"的"湘南第一洞"乳洞岩，道经悠悠的湘桂古道，行舟于千年历史的灵渠，潜意识里该地从"瘴疠之乡"渐渐转变为"钟灵毓秀之地"。而一旦离去，自是感慨万千，更多的是对同僚朋友的不舍，如范成大与众同僚、张孝祥与蒋允济、邹浩与唐叟间的深厚交情；一旦远离，南北两茫茫，不知他日能否再重逢，难免千般不舍，依依惜别，吟诗题名，在兴安留下一段段饯别同游的千古佳话。

---

［1］ 刘仲桂等编著：《灵渠》，广西科学技术出版社，2014 年，157 页。并见兴安乳洞岩石刻。

［2］ （清）汪森：《粤西文载》，钦定四库全书版，卷七十三。原文中"置酒于鲜"的"于"误，应为"击"。

［3］ （宋）邹浩：《道乡集》，钦定四库全书版，卷十三。

五、结语

兴安县自古以来便是湘桂走廊，为楚越文化交汇之区。历代以来，文人仕宦们或上任途经此地，或游历古迹美景、沿途吟咏，或离任时同僚挚友送别，留下了一篇篇传世诗作。这些诗文中既有"大小天平""三十六陡"等意象凝练的灵渠水利智慧，又有"舟向市中穿"的诗意画卷，既承载了灵渠千年的历史文化，也是中华文明多元价值的生动写照。从诗中，我们可以读到中原与岭南因灵渠"利商惠旅舟楫通"的交融历程，感受诗中蕴含的中华民族共同体意识。

斗转星移，岁月如斯，灵渠及古道已完成其原有航运和交通运输使命，但其水利灌溉、防洪排涝、为漓江补水、供应工商业和居民生活用水等功能仍在延续，泽被世人。而今，我们从古籍文献和摩崖石刻中，对这些古诗进行挖掘整理并加以解读，是对先贤为我们留下的精神财富加以传承和利用，使这些文旅融合的活态载体得以呈现，更是将之作为跨越时空的对话符号，向世界传递中华文明绵延千年的智慧与包容。

南岭走廊传统民居天井文化研究 *

——以广西富川福溪村为例

蒋孟寰　王大可

【提　要】南岭走廊潇贺古道上的福溪村历史悠久、位置优越、族群多样、文化多元、古建筑汇集，其中古民居天井是体现当地文化生境的重要载体。本文以广西富川福溪村为例，对该村民居中的天井文化进行人类学诠释。本研究采用了查阅文献、口述访谈和实地测量等方法，重点从三个方面探讨天井文化：一是，在天井水法方面，"四水归堂"设计理念和"九曲连环"水法工艺，体现了传统天井设计与水法的科学性、合理性，主要可防虫、排污、通气、采光等；二是，在天井禁忌方面，主要为天井台面置物和屏风使用禁忌，这种传统民间禁忌表现了当地人日常生活中对隐私的重视和对天地、家神的敬畏；三是，在吉祥文化表达方面，通过祈福仪式、天井台面上的图案文字及周边壁画对联等呈现，寄托屋主的道德教化企图和美好愿望。概而言之，天井文化展现了中国传统建筑的精髓所在，彰显古人改造生存环境的高超智慧，为当下建筑提供文化样本和现实借鉴。

【关键词】福溪村　传统民居　天井　仪式　禁忌

【作　者】蒋孟寰　西藏大学在读博士　贺州学院贺州民族文化博物馆　助理研究员

　　　　　王大可　广西民族大学民族学在读硕士　档案助理馆员

　　中国传统民居多数设有天井，是古代南岭地区传统建筑的重要组成部分。天井的历史由来已久，它是古代劳动人民为适应生存环境，而对建筑结构因地制宜进行建设性改造的结果，集中体现了古人在栖居环境中追求"天圆地方""天人合一"的思想

---

* 本文为西藏大学 2024 年度研究生"高水平人才培养计划"项目"潇贺古道民族交往交流交融研究"（2022-GSP-B033），2025 年南岭走廊研究院开放基金课题"桂东北碑刻民族'三交'史料的搜集整理与研究（2025KF13）"的阶段性成果之一。

理念。

目前，学界关于古民居天井的研究成果，在区域上主要集中在安徽[1]、江西[2]、重庆和湖北[3]等地。然而，目前除《泉域与聚落：南岭走廊福溪瑶寨水文化研究》一文稍有提及福溪村古民居天井研究之外，鲜有人关注两广地区古民居天井研究。不可否认，上述呈现的研究成果为民居天井文化的研究奠定了一定基础，但是基于上述代表性研究成果，不难察觉这些研究仅限于环境学、建筑学、艺术学和文化学等单一学科视角，而天井文化是一个较为庞杂的客观文化事象，单靠一门学科可能难以全面、系统地阐释其中的文化内涵。本研究以南岭走廊潇贺古道上的传统村落福溪村古民居天井为具体研究对象，通过口述访谈、实地测量、文献资料等研究方法，对本地古民居天井中的构造水法、仪式活动、民俗禁忌、吉祥文化等文化事象进行探讨，旨在总结先人在居住环境中的生活智慧，为今人的民居建筑提供一个具象化的文化样板。

福溪村素有"宋元明清民居露天博物馆"的美称，历史悠久，文化底蕴十分丰厚。福溪村选址秦汉潇贺古道、湘桂通衢上，坐东向西。古人崇尚"天人合一"的宇宙观，惯于以山水作为自然屏障，追求中国传统风水理论中的"择吉而居，人财两旺"。该村始建于唐宋时期，至今有1000多年的悠久历史。它是南岭走廊潇贺古道上第一批入选中国传统村落名录的历史文化名村和全国生态文化示范村。福溪村地处广西贺州市富川瑶族自治县朝东镇东北部，地理坐标为东经111°16'27"，北纬24°49'13"，与湖南省江华镇相邻，村域面积4.5平方千米。该村自古以来就是湖南和广西商贸交往的重要通道和集散地，地理位置十分优越。福溪村属于丘陵和小盆地交错相间的地形类型，喀斯特地貌特征显著，土壤为酸性红土，气候为亚热带季风型气候，以农作物种植、采伐经济林木、发展旅游业和外出务工为主要生计方式。

目前，福溪村共有14个村民小组、486户人家，人口总数为1613人，村中主要姓氏为周姓、蒋姓、陈姓、何姓。该村的4个姓氏在长期杂居的历史进程中均有汉族和瑶族的成分，他们经过不断接触、混杂、联结和融合，形成了高度融合的你来我去、我来你去，我中有你、你中有我，而又各具个性的多元统一体局面。他们在生活习惯、

［1］甘兴义：《徽州传统建筑与天井的文化艺术特色》，载《洛阳师范学院学报》，2017年第4期；于新颖：《试论徽州民居中天井的文化内涵》，载《饰》，2005年第3期；王锦坤：《徽州天井的文化意蕴》，载《淮北煤炭师范学院学报》，2010年第3期；等等。

［2］彭计波：《江西传统民居天井的环境营造研究》，南昌大学硕士论文，2011年；万璐：《基于生态视角下的江西传统民居建筑设计生态智慧研究》，南昌大学硕士论文，2020年；马原野：《基于天井式新民居设计方案的江西天井式民居建筑文化探析》，载《住宅与房地产》，2019年第9期；等等。

［3］李超玹：《重庆地区传统天井建筑初探》，重庆大学硕士论文，2004年；王曼曼：《鄂东南天井民居空间解析与应用》，湖北工业大学硕士论文，2017年；等等。

生产方式、民族文化、民间信仰等方面求同存异，秉承"各美其美，美人之美、美美与共，天下大同"的理念，瑶汉之间不断交汇融合、和谐共生。

一、天井水法

在南方地区，天井的构造十分独特，其科学性、合理性和优越性直接取决于该民居天井的水法是否得当。天井的建筑空间呈现的是"天圆地方"的具象化景观，其具体释义为：天井上方天空似圆穹，开阔包容；下方院落、建筑呈方正形态，规整稳固，以空间形态呼应天地认知，诠释宇宙观与人文秩序。人们习惯将天井作为向天上的神灵祈福的通道，因此，天井作为向上天传达民意的载体，有着神圣的一面，而作为民居中客观存在的建筑部分，又有着世俗的一面。

（一）天井的构成

福溪民居中的天井，多半是用当地的青石板围砌而成，看上去十分规整大气，通常设有一个用大青石或鹅卵石铺制而成，且比周边环境低20—30厘米的天井台面。这个台面与周边天井围石形成一个四方回环的内部排水系统。在这个排水系统中，阳沟（明沟）的四个角落或中间留有各种不同形状的"禾水口"。这些禾水口有的是铜钱状，有的是四方口，有的是圆形口，它们或平铺在天井的阳沟上，或嵌在阳沟的沟壁上。这些禾水口便是民居雨水和生活用水的主要排泄口，通过它们，室内的生活污水可以流入天井下面的阴沟（暗沟），顺利排到屋外，再经屋外的明沟或暗沟排放到当地的蓄水塘或河流中。除此之外，由于天井四周分布的明沟用青砖或石板砌、拼成，天然存在缝隙，这些缝隙也可以吸收、消化一部分民居内部的水。需要特别指出的是，民居内，雨水和生活用水的排泄通常关系到人们生活的舒适度和整洁度，而决定排水效果的直接因素就是天井的水法布置。福溪村大部分有天井的民居都分上下两个大厅，天井设置在上下厅之间。上厅为民居的主厅，这里的正堂墙壁根据当地的民俗习惯，均悬挂写有"天地君亲师"或有关祖先姓氏的神位。天井与下厅之间隔着一个屏风，据说这个屏风是民居挡煞和防止财气外流之用。天井的左右两边设有两间厢房，主要用于来客留宿和家中老人居住。

（二）天井的功用

古人云："凡宅天井中，不可积屋水，主患疫痢。"意思是说，天井不能太过阴湿，应保持整洁干爽，否则容易滋生细菌，滋养虫蚁、蟑螂、鼠类，进而影响主人身体的健康。而直接影响天井干爽度和整洁度的因素，除了居住人良好的卫生习惯之外，关键就是天井的水法布局。民国时期，有关天井水法布局的著作中记载："水沟者，即宅内之出水阴沟也。宜暗藏不宜显露。决沟折水宜顺地势，按子位屈曲而出，则气不流散。若直泄前去，则财不聚。如几宅并排居住，宜在门外横凿一沟，过门远抱出水为吉。对门放水，亦不聚财，水于两旁，富而悠长。人字流去，败财杀伤。"[1]讲述了天井内外水法如何趋利避害的布置格局。总之，天井具有排污、通气、采光等实用功能。

（三）天井的水法

据福溪村的老人们说，建天井时，建筑师通常会结合主人的生辰八字，择取良辰吉日，并进行宰鸡、烧纸、念经等民间祭神仪式，才能启动天井的建设工程。技艺高超的天井师傅通常根据屋檐的陡峭度及滴水于地面的高度，采取传统天井水法程式设计与建造天井。师傅基于其长年累积的实际经验进行天井设计，即使在暴雨时，屋檐流下来的激烈雨水依然可以避免滴溅到厅内和周边。这些雨水"十分规矩"地尽归天井的阳沟中。这些师傅建造出来的天井，在几十年时间里，既不会侵蚀柱头，也不会招引白蚁虫鼠，而且在天井的作用下，室内空气置换十分流畅，形成冬暖夏凉的宜居环境。[2]

福溪村的天井水法布局，沿用了传统的"九曲连环"水法。这种天井水法，最大的优点在于，既能顺畅排泄民居雨水和生活用水，又能节省天井制作的成本。这就要求师傅一方面充分考虑屋面的倾斜坡度大小，以及天井台面、阳沟、上下厅堂、左右四周的高度与滴水屋檐的距离；另一方面，宏观把握民居所处地势与周边房舍的相对高度，并兼顾与天井排水流向最为相近的村内外江河湖泊等地理因素。由此可见，"九曲连环"天井水法是一种科学合理的水法布局。[3]具体做法是，宏观把握村庄内部和周边房屋的水法布置格局，微观上细致处理民居内部的水法布局。在建设内部天井时，一方面在天井阴沟的四角各自布置一个材质较好且十分厚实的大龙缸（亦称"聚财缸"），用于沉淀民居中的雨水和生活用水，以冲刷流入阴沟里的杂物，使之不至于常年沉积而堵塞阴沟，破坏民居内部的水循环系统。在四个大缸对应的地方，再铺设一块比石缸口稍大些的石板，以便民居主人定期取出石板，清理其中污泥和杂物。同时，在建造天井阴沟和"聚财缸"时，有经验的师傅还会在阴沟里放一些生命力较强且喜好爬行的乌龟、黄鳝、蟛蜞鱼，让它们自然存活在阴沟和聚财缸里。它们在阴暗的环境中通过钻、扒等方式清淤，有利于天井内部水循环的畅通。这是人们根据生物的特

［1］刘沛林：《风水——中国人的环境观》，上海三联书店，1995年，201页。

［2］该资料由福溪村何宜能口述提供。何宜能，男，瑶族，1945年生，小学文化，传统建筑师。

［3］该资料由福溪村何宜达口述提供。何宜达，男，瑶族，1950年生，中学文化，传统建筑师。

质，利用生物来进行生态清淤的环境改造智慧。

二、天井禁忌

《论语·季氏》中有云：“君子有三畏：畏天命、畏大人、畏圣人之言。小人不知天命而不畏也，狎大人，侮圣人之言。”常言道：人而无畏，不知所谓。心存敬畏，有所禁忌才能让人行止有度，安身立命。禁忌是介于神圣与世俗之间的一种心态。在人类学研究中，人类可以借用自然界或者人类世俗精神生活的语汇，来表述令人敬畏的那种神秘、圣威或者令人沉醉的神圣。[1] 由此可知，人类社会实践活动中的一些特定场域和仪式中蕴含着的神圣与世俗，即为人们精神世界中的禁忌表达。福溪村民居天井，这个介于神圣与世俗的文化空间，大约存在两种禁忌。

（一）天井台面上的置物禁忌

福溪村的一些天井台面正中，有的人家会刻意布置一个大的风水石水缸或陶水缸，有的人家会布置一座规模相当的风水假山，也有的人家会放置几盆风水观赏盆景。这种景物布局不仅不方便民居主人和外人在天井中行走，还或多或少会阻碍民居内外的视线。此种现象看似不合理、不科学，但是正如黑格尔说的“存在即合理”，据福溪村村民说，天井中之所以有这样的摆设，原因有二：一方面，当地每家每户大厅正堂的神龛上都设置了“天地国亲师”或“天地君亲师”的香火神位，这是当地祖先崇拜的一种传统习俗表达，也是当地人精神世界的一个载体。当地人认为，一旦自家神位里的家神受到惊扰，会给主人带来一系列在精神上和财运上的不良反应，故障碍物的设置可以避灾去祸；另一方面，天井台面摆设障碍物，可以减缓外人进入宅内大厅的迅速，便于主人观察来者的身份，以此进行相应的接待。

（二）天井中的屏风禁忌

在福溪村遗存的传统民居中，天井屏风通常位于天井和下厅之间。天井屏风主要是起到挡煞和阻止财气外流的作用。一般而言，屏风连接下厅和大门，每个屏风都一分为四，屏风中间的两扇门组合为一个屏风大门，在屏风大门的两端均设有一个小门。平时，屏风中间的两扇大门都关闭，而分布在两侧的小门则日常开放。在婚丧嫁娶仪式中，无论是家人还是外人，通常从屏风右侧的小门进，从屏风左侧的小门出，这种循环模式可以避免走回头路，也是古人讲究的进退有序的习俗。倘若不知此细节，外

---

[1] ［罗马尼亚］米尔恰·伊利亚德：《神圣与世俗》，王建光译，华夏出版社，2003年，序言第2页。

人入宅贸然开启屏风中间的两扇门，则可能因惹恼主家而吃闭门羹，情节严重的还可能发生口角、摩擦。因此，只有主家家里有重大事情发生时，如办丧事（当地称"当大事"），才会拆下屏风中间的两扇大门。此外，家里子女嫁娶或迎接贵客（一般指官员到家）也会开启屏风中间的大门。

三、吉祥文化

从实用角度来讲，天井具有采光、通风、排污、排洪、去湿、防潮的功能；但把天井作为一个意识概念来讲，它是一个公共文化空间，它的布置及涉及事项包含各种文化意象。人们为追求和满足精神生活的需要，通常在这里举行各种跟宗教信仰相关的仪式活动，并留下各种颇具艺术价值和教化意义的文字与图案，以此启发和教育后人积极向上，或追求安居乐业的生活。

（一）祈福仪式

在福溪村和富川其他村落的民居天井里，人们每逢过年杀猪、接送灶神、谷物尝新、惊蛰等重大民俗节庆，当地人便会在天井进行祈福仪式，以寄托希望五谷丰登、人畜平安、日子越过越红火的良愿。

（二）吉祥图案和文字

福溪村等村落的民居天井台面，均由青石板或鹅卵石铺制而成，当地人在这些台面上做雕刻，或用不同色的鹅卵石、瓷片拼接镶嵌成各式各样的吉祥图案、文字。最为常见的有"重叠双钱""太极双鱼""阴阳八卦""金钱葫芦""宝剑花瓶"等图案，以及"吉祥""平安""出入平安"等文字。总之，这些图案和文字精雕细琢，寄托了人们对健康、财富的向往和追求，同时也具有一定辟邪消灾的寓意。

（三）壁画、对联、花板

根据不同民族屋主的审美旨趣与喜好，在天井周围的屋檐板、上下大厅的顶梁柱及柱墩、厢房窗户或墙壁等处，人们会做各种装饰，以体现屋主的审美意趣或发挥美德教化作用。顶梁柱上的对联，通常表现家族历史或家族美德；屋檐板和窗户雕花多采用湘雕或粤雕，用阳刻、阴刻和镂空等手法展示极具艺术价值的各类吉祥图案，包括"暗八仙""双凤朝阳""龙凤呈祥""梅兰松菊""竹报平安"等；而厢房上的壁画多为"二十四孝""忠、诚、孝、悌"之类的民间题材画，希望子孙后代要秉承传统品德。

四、结语

在传统村落古民居研究视域下，福溪村建筑天井作为典型文化符号，其与水的关联及文化内涵，彰显着传统民居建筑的精髓与古人环境改造的智慧。其文化象征意义主要体现在三个方面：

其一，传统哲学观念的空间缩影。一方面，天人合一观念借天井实现空间转译，将空间概念引入民居内部，使居民通过日常对日月更迭、气象变迁产生直观感知，达成人与自然的融合共生；另一方面，阴阳平衡逻辑以天井为场域呈现，外阳内阴的空间属性，随晴雨转换实现阴阳互动与动态平衡，隐喻自然秩序与生活秩序的和谐稳定。

其二，传承家族文化的物质载体。空间功能上，天井作为家族活动的核心场域，承载着婚丧嫁娶、节日庆祝等集体活动，通过强化家族成员互动频率凝聚血亲；文化传递上，长辈以天井为教育空间，向晚辈口传家族史与传统礼仪，使家族价值观、道德规范实现代际赓续，成为家族文化传承的物质依托。

其三，祈福纳财寓意的符号表达。水法构造层面，"四水归堂"的空间设计以屋面雨水汇流天井的形态，符号化诠释了"肥水不流外人田"的财富观，寄托了人们希冀家族财富内聚的心理诉求；装饰语义层面，天井构件上的吉祥图案（如蝙蝠喻福、白鹿示禄、仙鹤表寿、喜鹊兆喜），以视觉符号系统传递村民对美好生活的企盼，体现了祈福纳祥的文化表意。

征稿启事

为加强学术研究，促进学术交流，《桂林博物馆文集》热忱欢迎各位专家、学者、同仁赐稿。本刊定为一年一辑，公开出版。立足桂林，面向全国，以及时反映文物考古的新发现、研究的新成果和博物馆工作的新理念、新趋势为宗旨。

一、本刊拟常设下列专栏

    1. 博物馆学研究

    2. 文物研究与保护

    3. 考古学研究

    4. 历史学研究

    5. 民族学研究

    6. 文化遗产论坛

二、稿件要求

    1. 资料新颖，观点鲜明，文字精练，逻辑严密。

    2. 每篇文章以 5000 字左右为宜，最长不超过 10000 字。要求有 150 字左右的内容提要和 3—5 个关键词。稿件可配适量图片，以高清数码相片为宜（请存 JPG 或 TIF 格式），质量精美的彩色片、反转片或线描图亦可。

    3. 论文格式：

        正标题：20 个字以内，二号黑体加粗。

        副标题：小三号宋体。

        作者姓名：小四号楷体。

        提要：150 字左右，五号楷体。

        关键词：3—5 个，五号楷体。

        作者简介：姓名、单位、职称，五号楷体。

        正文：五号宋体，单倍行距。

        正文一级标题：小四号黑体，大写数字，单独成行。

        正文二级标题：五号黑体，带括号大写数字，单独成行。

正文三级标题：五号宋体，阿拉伯数字。

正文四级标题：五号宋体，带括号阿拉伯数字。

所有标点符号用全角，每段首行缩进全角2个字符。

4.注释随文脚注于每页之下，编号格式为：带方括号阿拉伯数字；编号方式为：每页重新编号。字体为小五号宋体。例：

专著类：[1] 杨玲、潘守永：《当代西方博物馆发展态势研究》，学苑出版社，2005年，13页。

期刊类文章：[1] 安来顺：《2000年：国际博物馆面临的三个主要问题》，载《中国博物馆》，1996年第2期。

论文集中的析出文献：[1] 崔波：《东南地区博物馆新思维撷录——如何落实展览、服务"三贴近"》，见曹兵武、李文昌主编《博物馆观察》，学苑出版社，2005年，49页。

报纸类文章：苏东海：《博物馆与全球化》，载《中国文物报》，2002年5月17日第6版。

网络电子文献：王明亮：《关于中国学术期刊标准化数据库系统工程的进展》，http：//www.cajcd.edu.cn/pub/wml.txt/980810－2.html，1998－08－16/1998－10－04。

5.本刊长期接受投稿，来稿以word文件格式（并附作者通讯地址、电子邮箱、电话等联系方式）通过电子邮件发送至《桂林博物馆文集》邮箱（glbwgwj@sohu.com）。

6.请勿一稿多投，并请自留原稿，由于编辑人手有限，来稿恕不退还。

7.稿件一经刊发即酌致稿酬，同时本刊即获得在桂林博物馆网站使用和传播该文章的权利，并有权以数字化方式复制、汇编、发行，在网络媒体传播本刊全文。该著作权使用费已与本刊稿酬一并支付。

8.凡牵涉作者著作权等知识产权问题，相关责任一律作者自负，与本馆刊无关。

9.所有稿件将由同行专家评议，编委会根据稿件的质量进行取舍。本馆刊对稿件有编辑、删改权。

三、编辑部地址及联系方式

地　　址：广西桂林市临桂区平桂西路桂林博物馆

邮政编码：541199

联系电话：0773-2898919

联　系　人：周华、孙微坚、吴海舟

邮　　箱：glbwgwj@sohu.com

《桂林博物馆文集》编辑部